Quest'opera è stata rilasciata con licenza Creative Commons Attribuzione - Non commerciale - Condividi allo stesso modo 3.0 Italia. Per leggere una copia della licenza visita il sito web http://creativecommons.org/licenses/by-nc-sa/3.0/it/ o spedisci una lettera a Creative Commons, 171 Second Street, Suite 300, San Francisco, California, 94105, USA.

GIS - UN MONDO A PORTATA DI MANO: Approcciarsi al GIS costruendo un SIT da principianti by Gaetano Antonio Mastroeni is licensed under a Creative Commons Attribuzione- Non commerciale - Non opere derivate 3.0 Unported License

Tutti i nomi citati nel libro sono marchi registrati appartenenti alle rispettive società. Essi sono usati in questa pubblicazione a scopo editoriale e a beneficio delle relative società.

ISBN #: 978-1-291-06416-2

per contattare l'autore: zonagis@gmail.com

Nel famoso film Philadelphia, l'avvocato Joe Miller (impersonato da Denzel Washington) ai clienti che si apprestavano a sottoporgli il loro problema, soleva dire: *Spiegamelo come se avessi soltanto quattro anni.*

Quando per necessità, o per semplice curiosità, ci documentiamo su un nuovo argomento in materia tecnica o scientifica, a volte, rimaniamo *bloccati* dal linguaggio estremamente tecnico e laborioso dei contenuti affrontati. Ovviamente non possiamo additare colpe ai *relatori* per la nostra poca comprensione; essi, giustamente, espongono la materia con la giusta terminologia e le giuste teorie formative, presupponendo l'adeguata formazione di base sull'argomento di coloro a cui è diretta l'esposizione.

L'obiettivo di questa guida è quello di fornire ai fruitori le giuste basi di conoscenza dell'ambiente GIS, affinchè possano affrontare successivamente, ove intendessero farlo, gli approfondimenti della materia.

Nel concreto, con questa guida, ci si propone di realizzare un SIT basilare con supporti informatici gratuiti (software libero e opensource) e di semplice uso; con operazioni elencate passo-passo nel modo più esplicito possibile, affrontando sommariamente l'argomento GIS partendo dai concetti base, il tutto esposto con un linguaggio meno tecnico.

Per quanto possibile, si cercherà di *spiegarvelo come se aveste soltanto quattro anni.*

Premessa 7

Cap. 1 - Introduzione al GIS e al SIT 11
Definizioni di GIS e SIT 12
Schermata iniziale di QuantumGIS Desktop 18

Cap. 2 - L'ambiente GIS 21
Dati vettoriali e dati raster: shapefiles e immagini 22
Sistema di Riferimento delle coordinate – Datum e proiezione 26
    [Gli ellissoidi] *26*
    [Proiezioni geometriche] *31*
    [Proiezione U.T.M.] *32*
    [Sistema Roma40 (o Gauss-Boaga)] *33*
    [Sistema ED50] *34*
    [Sistema WGS84] *34*
Conversione delle coordinate 36
    [Utilizzo del software TRASPUNTO] *40*
    [Aggiungere temi in QGIS] *42*
    [Modificare lo stile di visualizzazione di un tema] *44*
    [Assegnare il Sistema di Riferimento ad un tema] *49*
Attributi degli elementi (tabella dati) 56

Cap. 3 - Operare in ambiente GIS 59

Preparare tematismi in formato .dxf 60
Importare in QGIS elementi in formato .dxf 70
    [Importare un file .dxf come vettore] 70
    [Convertire un file .dxf in shapefile] 81
    [Unire gli attributi di due temi per posizione spaziale] 87
    [Unire gli elementi di due temi] 95
Editing degli attributi 102
    [Creare una nuova colonna di attributi] 103
    [Aggiornare i dati col calcolatore campi] 108
    [Inserire un'espressione nel calcolatore campi] 111
    [Eliminare colonne della tabella attributi] 120
    [Aggiungere una colonna dal calcolatore campi] 122
    [Ricerca manuale di un elemento in tabella dati] 125
Editing degli elementi geometrici 142
    [Georeferenziare un raster] 147
    [Rendere trasparente un tema] 158
    [Dividere un elemento geometrico] 163
    [Creare un nuovo elemento geometrico] 176
    [Utilizzo delle opzioni di snap] 184
Introduzione a QuantumGIS Browser 190
    [Importare un tema con QGIS Browser] 192
    [Creare uno shapefile di elementi selezionati] 196
Caratteristiche di visualizzazione dei temi 200
    [Cambiare l'ordine di sovrapposizione dei temi] 200
    [Creare un nuovo stile di visualizzazione di una linea] 201
    [Selezionare elementi della tabella con la ricerca semplice] 208
    [Selezionare elementi della tabella con la ricerca avanzata] 210
    [Creare uno stile di visualizzazione multiplo di un tema di linee] 215
    [Creare una nuova colonna raggruppando i valori di una colonna esistente] 225

[*Creare uno stile di visualizzazione multiplo di un tema di poligoni*]................*238*
 [*Creare uno stile trasparente di un tema*]..*248*
 [*Creare etichette di testo per gli elementi di un tema*]................................*254*

Cap. 4 - Elaborazioni GIS..**261**

Sviluppare nuovi tematismi *262*
 [*Creare un tema ex-novo con elementi geometrici lineari*]........................*263*
 [*Creare etichettature composte*]..*274*
 [*Creare un tema ex-novo con elementi geometrici puntiformi*]..................*278*
 [*Creare attributi collegandodosi agli attributi di altri temi: opzione Join*].........*288*
 [*Creare uno stile di visualizzazione multiplo di un tema di punti*]............*300*
 [*Creare un tema e i suoi elementi geometrici da dati georeferenziati*]..........*308*
 [*Creare un tema e i suoi elementi geometrici da dati non georeferenziati*]..........*318*
 [*Creare uno stile di visualizzazione personalizzato di un tema di punti*]..........*331*

Cap. 5 – SIT: condivisione del progetto **339**

Preparazione al SIT *340*
 [*Creare uno stile di visualizzazione personalizzato di un tema di linee*]..........*342*
 [*Creare uno stile di visualizzazione multiplo di un tema di poligoni*]............*346*
 [*Creare un collegamento esterno a QGIS: opzione Azioni*]......................*349*
 [*Creare un collegamento con street view di Google*]..................................*355*
 [*Aggiungere collegamenti con mappe online: uso dei Plugins*]..................*367*
 [*Ordinare l'elenco dei temi nell'area Layer*]...*370*

Gestione del SIT..*378*
 [*Visualizzazione parziale degli elementi di un tema*].................................*378*
 [*Creare un'area equidistante da un elemento: opzione buffer*]..................*382*
 [*Selezionare elementi in modo spaziale*]..*384*
 [*Creare una stampa*]...*387*

Importare il progetto SIT su una pendrive *394*

Premessa

Questa guida è la trasposizione di un lavoro di apprendimento, di elaborazione e costruzione di un SIT realizzato in una pubblica amministrazione comunale, operando con esigue risorse economiche e tecnologiche e con conoscenze informatiche di base.

Chi opera nella pubblica amministrazione sa quanto importante sia la gestione ed il controllo del territorio. Il territorio stesso è il fulcro del sistema amministrativo e non vi è attività che non sia correlata direttamente o inderettamente con esso.

Tralasciando gli uffici tecnici, che per predisposizione se ne occupano, vi sono altre attività della pubblica amministrazione che interagiscono indirettamente con il territorio. Basti pensare, ad esempio, al servizio anagrafe con la gestione dei residenti, i quali, nel concreto, sono distribuiti e localizzati sul territorio; al servizio scuola che gestisce strutture e utenti anch'essi dislocati sul territorio; al servizio finanziario che, per la gestione di tributi quali IMU e TARSU, interagisce con il territorio sotto forma catastale. Gli esempi sono svariati e molteplici e se si analizza a fondo ogni attività amministrativa scopriremo sicuramente un legame col territorio.

Se l'attività amministrativa gravita intorno al territorio, la sua gestione ed il suo controllo assumono rilevanza preponderante. Migliori sono i mezzi di gestione e controllo del territorio, migliori sono i servizi che l'ente pubblico può offrire.

Il SIT, come supporto, è in grado di ottimizzarne al meglio la gestione ed il controllo del territorio.

Sino ad una ventina d'anni fa la *gestione da scrivania* del territorio avveniva unicamente con mappe cartografiche cartacee. I comuni, come rappresentazione grafica, disponevano, generalmente, di fotogrammetrie, ossia rilievi ricavati da fotografie aeree del territorio. Tali elaborati erano redatti su particolari fogli di pellicola con basso grado di deformazione, al fine di contenere gli errori di misurazione grafica.

Ogni elemento grafico sulla fotogrammetria, aveva il suo corrispondente nel mondo reale; un poligono – disegnato in scala e posizionato in un determinato punto di un sistema di coordinate, scelto in analogia con delle coordinate geografiche terrestri (latitudine e longitudine) – rappresentava, ad esempio, uno specifico edificio esistente nella realtà.

Premessa

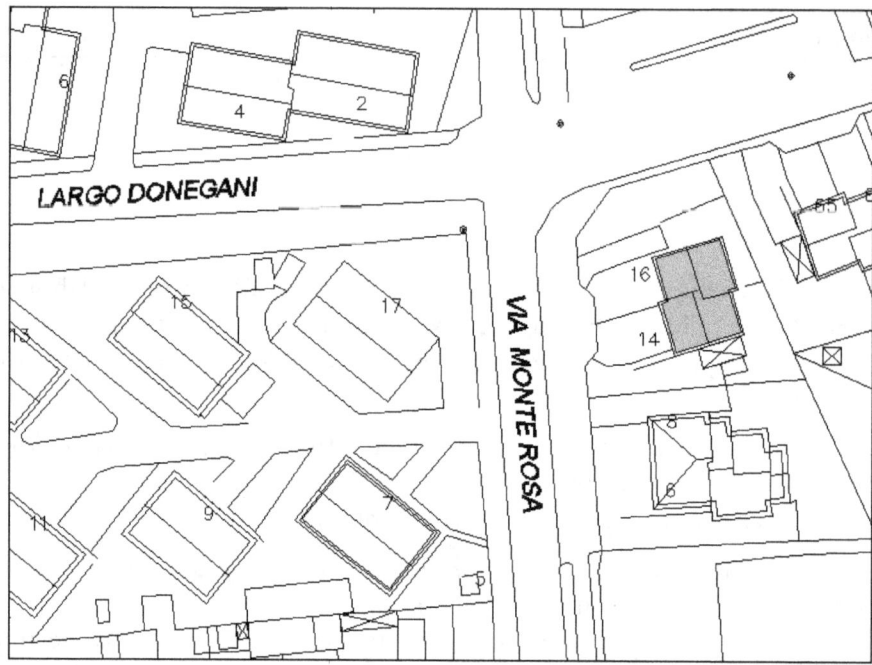

Con fotocopie, ingrandimenti, colpi di forbici, colla e quant'altro, si operavano poi tutte le elaborazioni grafiche finalizzate al nostro quotidiano lavororo gestionale.

Con l'avvento del CAD (Computer-Aided Drafting, cioè *disegno tecnico assistito dall'elaboratore*), la gestione *manuale* della cartografia ha lasciato il passo all'operatività *digitale*, rendendo operazioni pratiche, quali:

- ingrandimenti
- stralci
- riproduzioni
- modifiche

più celeri, precise ed immediate. Ma non solo; con il CAD – grazie alle informazioni che restituisce dei suoi elementi geometrici (punti, linee e poligoni) – dell'edificio/poligono abbiamo immediatamente informazioni quali:

- coordinate geografiche
- superficie del sedime

e, se rilevati e riportati come dati testuali, anche indicazioni sull'indirizzo, come:

- toponomastica (nome della via)
- numero civico.

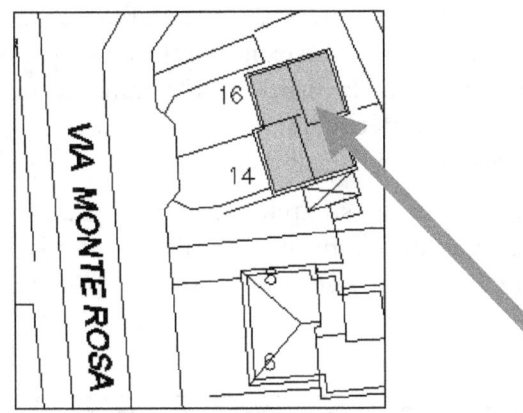

Geometria	
Vertice	1
X vertice	1510281.6276
Y vertice	5054496.3682
Larghezza segmento ini	0.0000
Larghezza segmento fir	0.0000
Larghezza globale	0.0000
Elevazione	232.6124
Area	164.4657

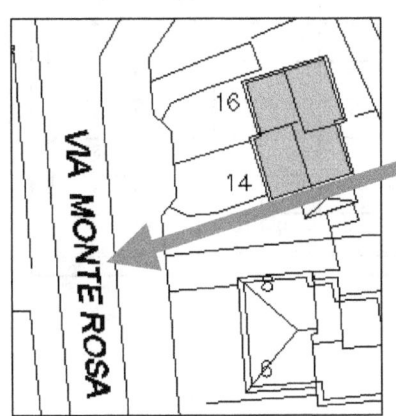

Testo	
Contenuto	VIA MONTE ROSA
Stile	Style01
Giustificato	Sinistra
Altezza	2.8000
Rotazione	275
Fattore di larghezza	1.0000
Inclinazione	10
X allineamento testo	0.0000
Y allineamento testo	0.0000
Z allineamento testo	0.0000

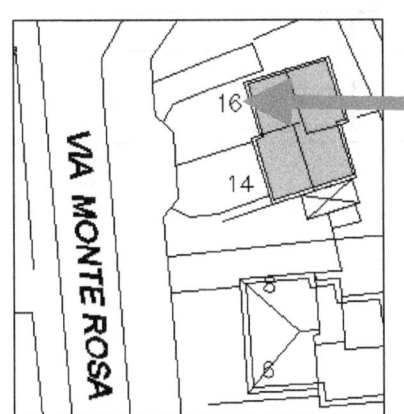

Testo	
Contenuto	16
Stile	Style02
Giustificato	Sinistra
Altezza	2.0000
Rotazione	0
Fattore di larghezza	1.0000
Inclinazione	0
X allineamento testo	0.0000
Y allineamento testo	0.0000
Z allineamento testo	0.0000

Premessa

Se oltre a queste informazioni *geometriche* volessimo, nell'immediato, conoscere informazioni di carattere anagrafico, statistico storico o tributario dell'edificio? Se volessimo sapere ad esempio, chi ci abita, quando è stato costruito l'immobile, qual è la rendita catastale, ecc., sarebbe ancora immediata la risposta? Ovviamente ci vorrà un po' più di tempo, perché dovremmo reperire le risposte effettuando ricerche presso altri archivi, altri uffici, o magari, presso altri enti.

Ma se ci fosse la possibilità di avere sottomano tutti questi archivi legati in qualche modo alla cartografia? E se all'occorrenza, con un semplice *tocco* alla geometria-poligono che rappresenta il nostro edificio, si aprissero gli archivi con le informazioni che cerchiamo?

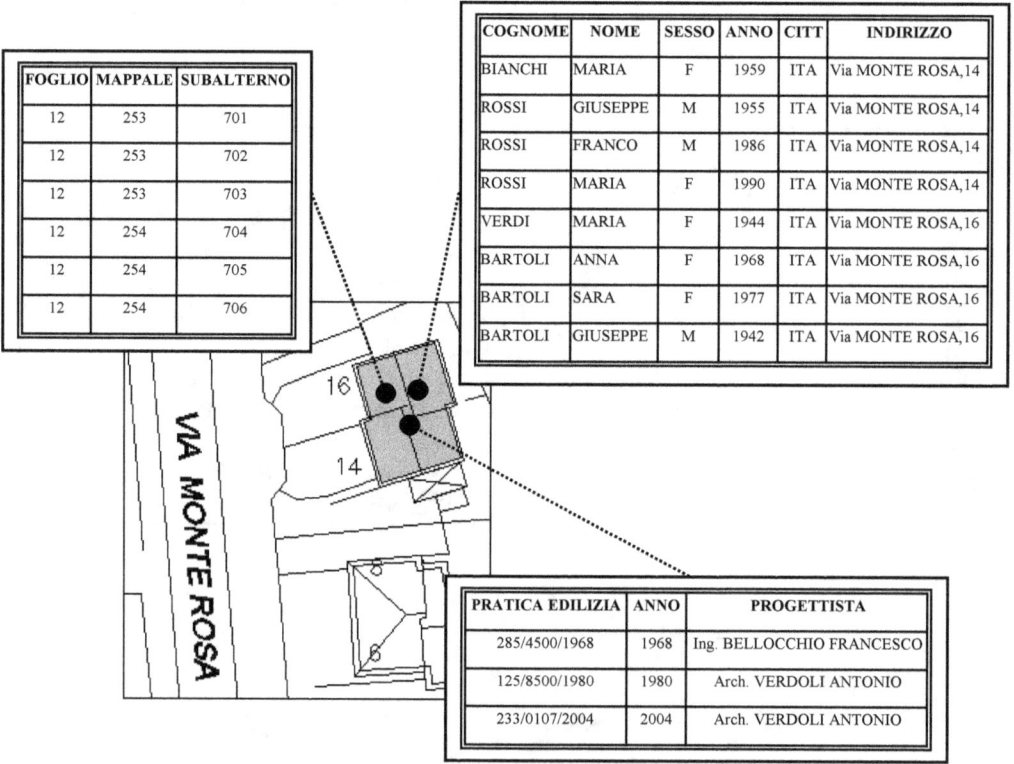

Se così fosse, ci troveremmo dinanzi ad un SIT.

Cap. 1 - Introduzione al GIS e al SIT

Cap. 1 – Introduzione al GIS e al SIT

Definizioni di GIS e SIT

Molti di noi, o almeno coloro che si apprestano a leggere questo testo, hanno sentito parlare di GIS e SIT.

Ma cosa sono esattamente?

Partiamo dall'etimologia: GIS e SIT sono due acronimi.

GIS è l'acronimo inglese di:

Geographical Information System

SIT è l'acronimo italiano di:

Sistema Informativo Territoriale

Considerata la traduzione letterale di GIS, si tende a considerare sinonimi i due termini, differenziati unicamente dalla lingua. In realtà, negli anni, diverse correnti di pensiero han fatto sì che rappresentassero due concetti distinti e, tra le diverse definizioni che sono state formulate, quelle che più si addicono, credo siano:

- **GIS :** "È composto da una serie di strumenti software per acquisire, memorizzare, estrarre, trasformare e visualizzare dati spaziali dal mondo reale" (Burrough);
- **SIT :** "È il complesso di uomini, strumenti e procedure (spesso informali) che permettono l'acquisizione e la distribuzione dei dati nell'ambito dell'organizzazione e che li rendono disponibili, validandoli, nel momento in cui sono richiesti a chi ne ha la necessità per svolgere una qualsivoglia attività" (Mogorovich).

Ridotto ancor più ai minimi termini:

- Il **GIS** è l'ambiente di lavoro, dove si elaborano i dati collegati geograficamente alla realtà;
- Il **SIT** è il risultato finale, dove possiamo interagire con i dati interrogandoli, implementandoli e condividendoli.

Entrando nel merito dei contenuti:

Il **GIS** è formato da una serie elementi georeferenziati legati da attributi tabellari che, a seguito di operazioni di analisi ed elaborazioni, formano un *tema* o *tematismo*;

l'insieme di più temi che possono essere interrogati, condivisi, implementati e distribuiti, formano il **SIT**.

GIS	SIT
- Elementi georeferenziati - Attributi tabellari - Operazioni di elaborazione ed analisi $\sum$ = **tema**	- Insieme di **temi** - Operazioni di interrogazione, condivisione, implementazione e distribuzione di dati

Un esempio di SIT, che ignoriamo di conoscere ma che quasi tutti utilizziamo, è il navigatore satellitare. In esso vi sono contenute una serie di temi (le strade, i viari, gli indirizzi, ecc.) che, con delle semplici operazioni, interroghiamo, condividiamo e implementiamo dati come le mappe e i P.O.I. (o P.D.I., punti di interesse, quali elenchi di distributori di benzina, banche, ristoranti, alberghi, autovelox, ecc.) tramite porta USB o scheda di memoria.

Per avere il nostro navigatore, in precedenza, qualcuno ha svolto un'attività preparatoria in ambiente GIS: ha raccolto dati, li ha rilevati, li ha georeferenziati, analizzati ed infine elaborati, sino a creare i temi necessari al SIT/navigatore.

Strumenti informatici: software libero e open source

I contenuti appena illustrati necessitano, ovviamente, di supporti informatici specifici.

Esistono sul mercato diversi software GIS; tra questi, il più noto è ArcGIS della ESRI, ove il suo formato ***shapefile*** è considerato di fatto un *file standard* , utilizzato per l'interscambiabilità tra i vari software GIS (così come, ad esempio, il formato *.doc* di Microsoft-Word lo è per i software di testo; i formati *.dwg* o *.dxf* di AutoCAD-Autodesk lo sono per il disegno tecnico; ecc.).

Nell'ambiente del GIS, così come in generale in tutto il campo dell' informatica, è sempre più massiva la presenza di **software libero** e di **software open source**.

Ma cosa sono questi sofware?

Il software libero e l'open source, nascono dal nobile concetto di *libertà di pensiero e di espressione* quale diritto universale dell'uomo. Le idee e l'ingegno, frutto del pensiero ed espressione umana, sono poste sul piano del *libero scambio* tra gli uomini; il software quale espressione immateriale di un'idea e dell'ingegno, è anch'esso destinato al libero scambio. La libera diffusione del software, permette la crescita e l'evoluzione, non solo del software stesso, ma dell'intero genere umano.

Senza addentrarci nelle sottili diversità concettuali, filosofiche ed etiche che li caratterizzano, essi si propongono, sostanzialmente, di essere messi a disposizione di tutti in forma gratuita, con l'intento che tutti contribuiscono alla loro diffusione e al loro sviluppo.

Lo spirito che accomuna questi due mondi, ribadiamo sostanzialmente simili, sono racchiuse in **quattro libertà fondamentali** imprescindibili:

- Libertà di eseguire il programma, per qualsiasi scopo **(libertà 0)**.
- Libertà di studiare come funziona il programma e adattarlo alle proprie necessità **(libertà 1)**.
- Libertà di ridistribuire copie in modo da aiutare il prossimo **(libertà 2)**.
- Libertà di migliorare il programma e distribuirne pubblicamente i miglioramenti, in modo tale che tutta la comunità ne tragga beneficio **(libertà 3)**.

In questa guida, per la realizzazione del nostro SIT, verrà illustrato ed utilizzato **QGIS** (o **QuantumGIS**) *ver.1.8.0*, un software GIS con licenza open source reperibile e scaricabile dal sito ufficiale:

http://www.qgis.org/

 nota!

Come prima installazione, si consiglia di scaricare, dalle opzioni di download del sito, l'eseguibile:

Standalone Installer (recommended for new users)

Lanciandolo e accettando tutte le opzioni di default che vengono proposte, installerà sul PC il software.

Per le elaborazioni di supporto al GIS, verranno poi utilizzati solo ed esclusivamente software liberi, gratuiti o open source, che di seguito si elencano:

DraftSight

Software CAD con licenza freeware (gratuita), in alternativa ad AutoCAD-Autodesk:

http://www.3ds.com/it/products/draftsight/download-draftsight/

SumatraPdf

Lettore Pdf con licenza freeware (gratuita), in alternativa ad Adobe-Reader:

http://sumatra-pdf.softonic.it/

Traspunto

Convertitore di coordinate gratuito, realizzato dal Ministero dell'Ambiente:

http://www.mondogis.com/traspunto.html

Inoltre, all'indirizzo :

https://www.box.com/s/67546cd7b0ea441601ab

è possibile scaricare una cartella compressa contenente il database demo, necessario al prosieguo di questa guida e per la realizzazione del nostro SIT.

Lo *zip* contiene due cartelle: **database** e **demotemi**.

Nella cartella **database**, troviamo:

- **fotogrammetrico.dwg** :

restituzione grafica del volo fotogrammetrico del nostro territorio demo;

- **foglio1.dxf e foglio2.dxf** :

estratti mappa dei n°2 fogli catastali del territorio demo;

- **estratto_mappa.jpg** :

estratto mappa catastale di un recente frazionamento di alcuni mappali del territorio;

- **residenti.dbf** :

estrazione tabellare del database demo dell'anagrafe residenti;

- **puntiluce.dbf** :

estrazione tabellare del database demo del gestore dell'energia elettrica, inerente l'illuminazione pubblica;

Nella cartella **demotemi**, invece, possiamo trovare alcuni temi già realizzati per implementare il SIT che andremo a realizzare.

 nota!

Per problemi di download, informazioni o chiarimenti, è possibile contattare l'autore all'email:
zonagis@gmail.com

Schermata iniziale di QuantumGIS Desktop

Dall'icona generata dall'installazione sul nostro desktop, lanciamo **QGIS Desktop**

Quantum GIS
Desktop
(1.8.0)

La prima schermata iniziale dovrebbe presentarsi così:

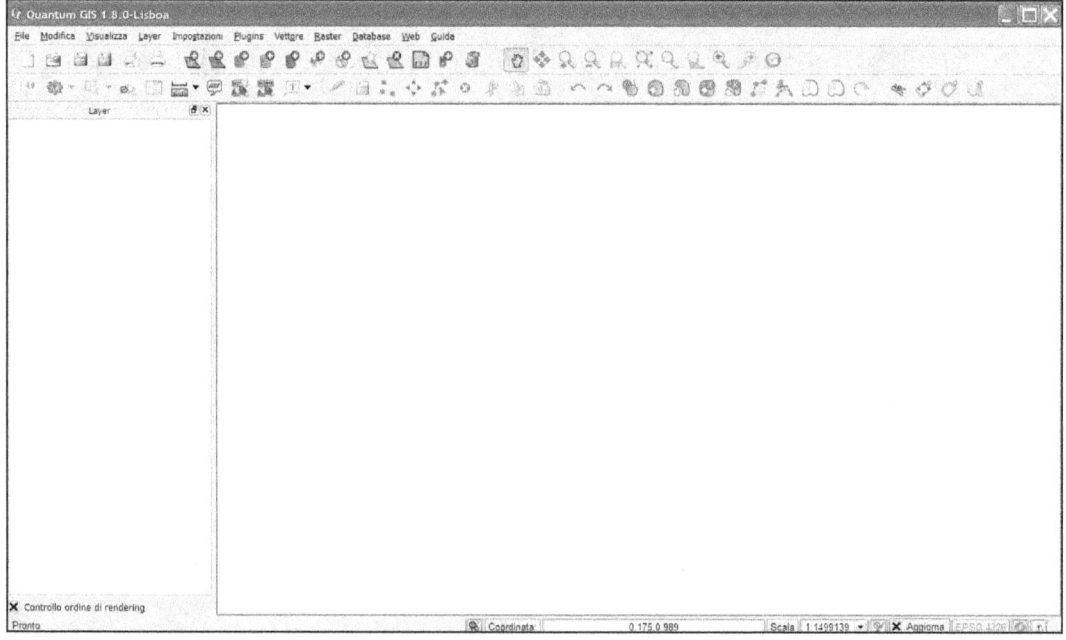

 nota!

Sul desktop, dopo l'installazione, compariranno diverse icone, tra cui due col simbolo di Qgis:

Una, *Qgis Desktop*, lancerà il nostro programma; l'altra, *Qgis Browser*, aprirà un applicativo di gestione temi: una sorta di *esplora risorse* per Qgis che illustreremo in seguito.

La parte dominante, è riservata all' **area di visualizzazione grafica**; mentre sul lato sinistro è posizionata di default l'**area dei Layer**, dove in seguito troveremo i temi caricati.

Nella parte superiore è posizionata l'**area dei menù**, dove, oltre al classico *menù a tendina*

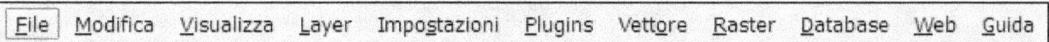

trovano posto di default, una serie di gruppi di *comandi a bottone o pulsante*, quali:

File

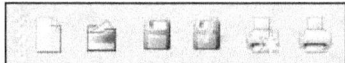

Gestione layer

Orientazione della mappa

Attributi

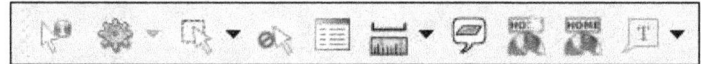

Digitalizzazione

Digitalizzazione avanzata

Etichette

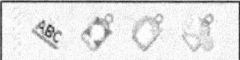

I comandi a pulsante possono essere attivati o disattivati dal menù a tendina, selezionando **Visualizza – Barra degli strumenti**.

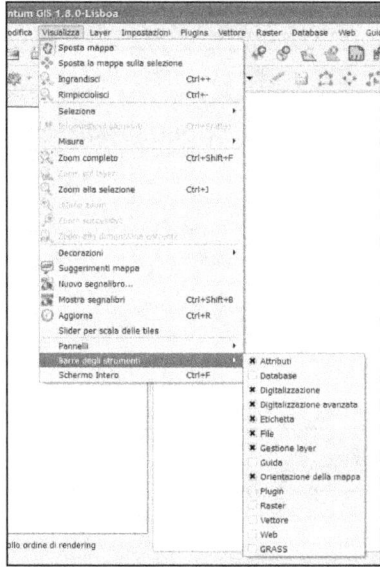

e come gli analoghi strumenti di altri software, possono essere posizionati a piacimento sulla schermata, puntandoli col tasto sinistro del mouse e trascinandoli; soffermandosi sul singolo pulsante per qualche istante, comparirà la funzione di comando ad esso associato.

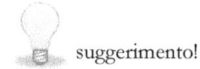 suggerimento!

Il menù a tendina per attivare o disattivare i gruppi di comandi a pulsante, può essere aperto anche posizionandosi col puntatore sull'**area dei menù** e cliccando con il tasto destro del mouse.

Comandi del **mouse**:

- **tasto sinistro** = selezione
- **tasto destro** = attivazione di finestre di opzioni
- **rotellina** = nell'*area di visualizzazione:*
    - funzione zoom, roteandola in avanti o all'indietro;
    - funzione sposta vista, tenendola premuta e muovendo il mouse;

  nelle *finestre con elenchi*:
    - funzione scorrimento della lista roteandola.

Cap. 2 - L'ambiente GIS

Dati vettoriali e dati raster: shapefiles e immagini

Nell'ambito della computer grafica vi sono sostanzialmente due tipi di formati grafici per immagini digitali: **vettoriale e raster.**

Per grafica **vettoriale** si intendono immagini digitali descritte grazie a forme geometriche; il disegno tecnico, realizzato col CAD, ne è un esempio.

Caratteristica dell'immagine vettoriale, sono i tre elementi geometrici primitivi:

- punti
- linee
- poligoni

Un'immagine **raster** (o **bitmap**), diversamente, è composta da un reticolato di pixel (tasselli) disposti a scacchiera così da creare, come in un mosaico, un'immagine. Tanto più sarà la quantità di pixel in una superficie unitaria, tanto più sarà nitida e dettagliata l'immagine.

Questa tecnica è usata per realizzare e riprodurre immagini fotografiche digitali.

Caratteristiche dell'immagine raster, sono:

- profondità di colore
- risoluzione

Nel GIS i dati raccolti e visualizzati, si basano su queste due diverse modalità grafiche, a cui vengono associate <u>georeferenziazioni</u> e <u>attributi tabellari</u>. Avremo, pertanto:

- **dati vettoriali**
- **dati raster**

Il formato **vettoriale** più usato nell'ambiente GIS, come detto in precedenza, è lo *shapefile* della ESRI.

Di norma, per *shapefile*, si indica *un insieme di files* che racchiudono tutte le informazioni di un tema GIS.

Affinchè possa avvenire un corretto caricamento in un software GIS, sono indispensabili tre files:

- **.shp** - file che conserva le geometrie;
- **.dbf** - il database degli attributi;
- **.shx** - file che associa gli attributi alle geometrie.

Ci sono poi altri files considerati opzionali che possono contenere ulteriori informazioni, come:

- **.sbn** e **.sbx** - indici spaziali;
- **.prj** - file che conserva le informazioni sul sistema di coordinate;
- **.shp.xml** - metadato dello shapefile.

 nota!

Affinchè si possa parlare di *shapefile*, tutti i files formante l'insieme, devono avere lo stesso nome.
Ad esempio: *edifici.shp; edifici.dbf; edifici.shx; edifici.sbx; edifici.prj; edifici.shp.xml*

Il formato **raster**, consiste in un'immagine in formato *jpeg, tif,* ecc. o meglio ancora in formato *geoTIFF* (più pixel, migliore definizione), associata ad un file con informazioni sul sistema di coordinate.

L'immagine raster può essere utilizzata come *sfondo* a temi vettoriali oppure come vero è proprio dato-gis, ove una tabella attributi è associata ai diversi pixel tramite le caratteristiche di profondità di colore e di definizione.

Esempio di utilizzo come *sfondo* al tema vettoriale, è la funzione di GoogleMap che ci permette di visualizzare la viabilità avendo come sottofondo l'immagine satellitare e viceversa.

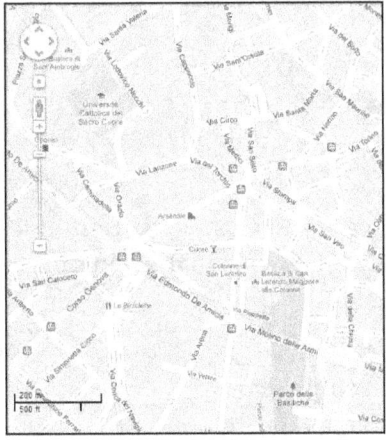

Esempio di utilizzo come dato-gis, sono le elaborazioni effettuate per le previsioni del tempo, dove, alla diversità cromatica, vengono associati diversi valori meteorologici.

Altro esempio di elaborazione in ambiente GIS di un *raster*, è la realizzazione del *fotogrammetrico* che abitualmente usiamo. Esso è il risultato di una conversione, tramite appositi software, di un'immagine aerea (o satellitare) chiamata *fotopiano* dalla quale si identificano le geometrie e le altimetrie che determinano un modello vettoriale 3D; il tutto attraverso l'elaborazione delle informazioni rese dalle caratteristiche del raster, ossia *profondità di colore* e *definizione*.

In questa guida, considerato lo scopo di approcciare un SIT per la gestione del territorio di un comune, verrà utilizzato il dato raster unicamente come supporto alla base cartografica.

Qgis, così come gli altri software GIS, gestisce **dati vettoriali** e **dati raster**, caricabili nel sistema, rispettivamente, mediante i primi due pulsanti del gruppo **Gestione layer**

oppure dal menù tendina, selezionando:

Dati vettoriali e dati raster: shapefiles e immagini

Layer – Aggiungi vettore… o Aggiungi raster…

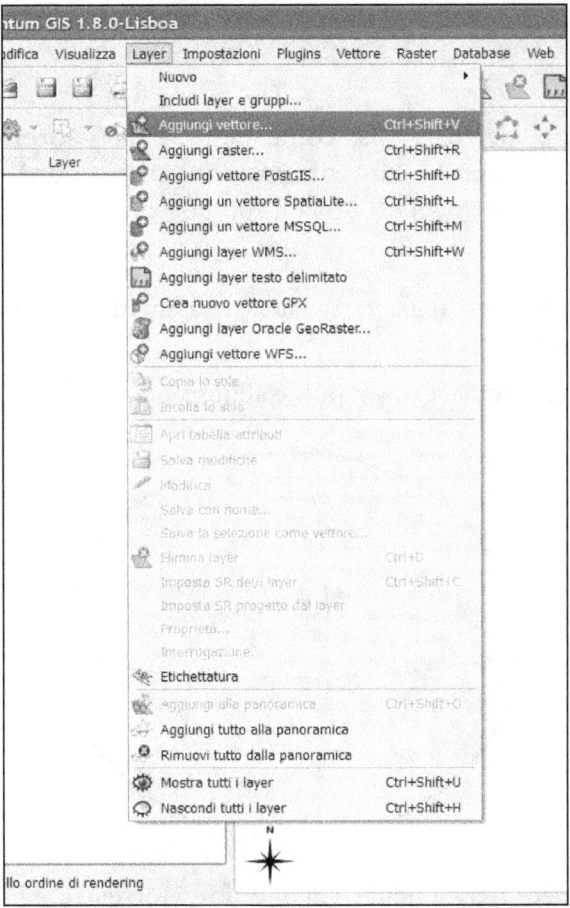

 nota!

Una volta aggiunto un **vettore**, nella finestra dei Layer comparirà associata al tema, una simbologià che ci permetterà di individuare immediatamente da che tipo di elemento geometrico è costituito; le tre opzioni saranno così indicate:

       punti
       linee
       poligoni

Aggiungendo un **raster**, la simbologia associata sarà una miniatura dell'immagine caricata.

Sistema di Riferimento delle coordinate – Datum e proiezione

[Gli ellissoidi]

Caratteristica primaria dei dati Gis, come detto, è la **georeferenziazione**. Essa scaturisce da un **sistema di riferimento di coordinate**, determinato convenzionalmente, in cui l'oggetto trova il suo posizionamento geografico.

In cartografia, la superficie della terra viene schematizzata con un **ellissoide** di rotazione detto *sferoide*.

Lo **sferoide** è una sfera schiacciata ai poli e allungata all'equatore;

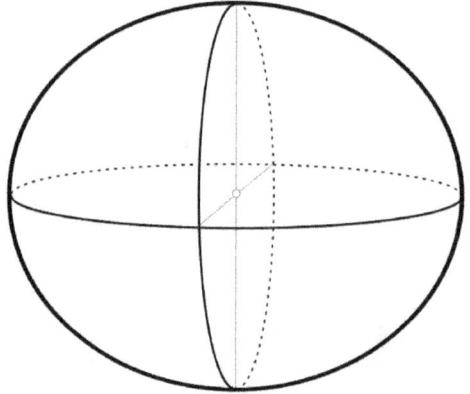

esso si avvicina, geometricamente, al **geoide terrestre**, ossia alla superficie perpendicolare in ogni punto della terra alla direzione della verticale, cioè alla direzione della forza di gravità: di fatto, rappresenta la superficie media terrestre.

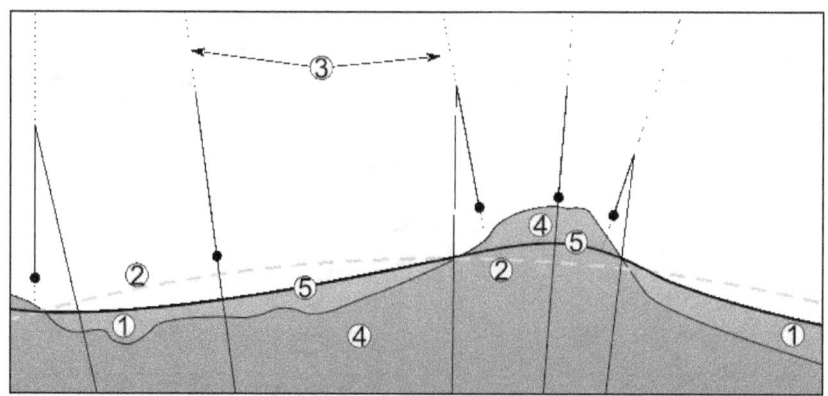

1- oceani; 2- sferoide/ellissoide; 3- filo a piombo locale; 4- continente; 5- geoide (by MesserWoland)

La complessità geometrica del nostro pianeta, ha portato negli anni alla definizione di diversi modelli matematici di **ellissoidi** in grado di rappresentarlo al meglio in determinati territori nazionali. Alcuni dei più famosi, nei quali potremmo incappare operando nel campo del GIS, sono:

- EVEREST (1830), utilizzato in India

- BESSEL (1841), utilizzato in Europa

- CLARKE (1866), utilizzato nel Nord America

- CLARKE (1880), utilizzato in Francia e in Africa

- HAYFORD (1909), utilizzato negli Usa e in Italia

- **INTERNAZIONALE (1924)**, utilizzato in Europa

- NAD27 (1927), utilizzato nel Nord America

- KRASSOVSKY (1942), utilizzato in Russia

- WGS66 (1966), utilizzato negli Usa

- WGS72 (1972), utilizzato negli Usa

- NAD83 (1983), utilizzato nel Nord America

- **WGS84 (1984)** utilizzato nella cartografia Gps mondiale

Il solo modello matematico di ellissoide, però, non è sufficiente a rappresentare, seppur schematicamente, il geoide terrestre; altra condizione fondamentale è l'**orientazione** dell'ellissoide, rispetto al geoide stesso.

L'**orientazione** può essere *geocentrica (o globale)*, ove il centro dell'ellissoide coincide col centro di massa del geoide,

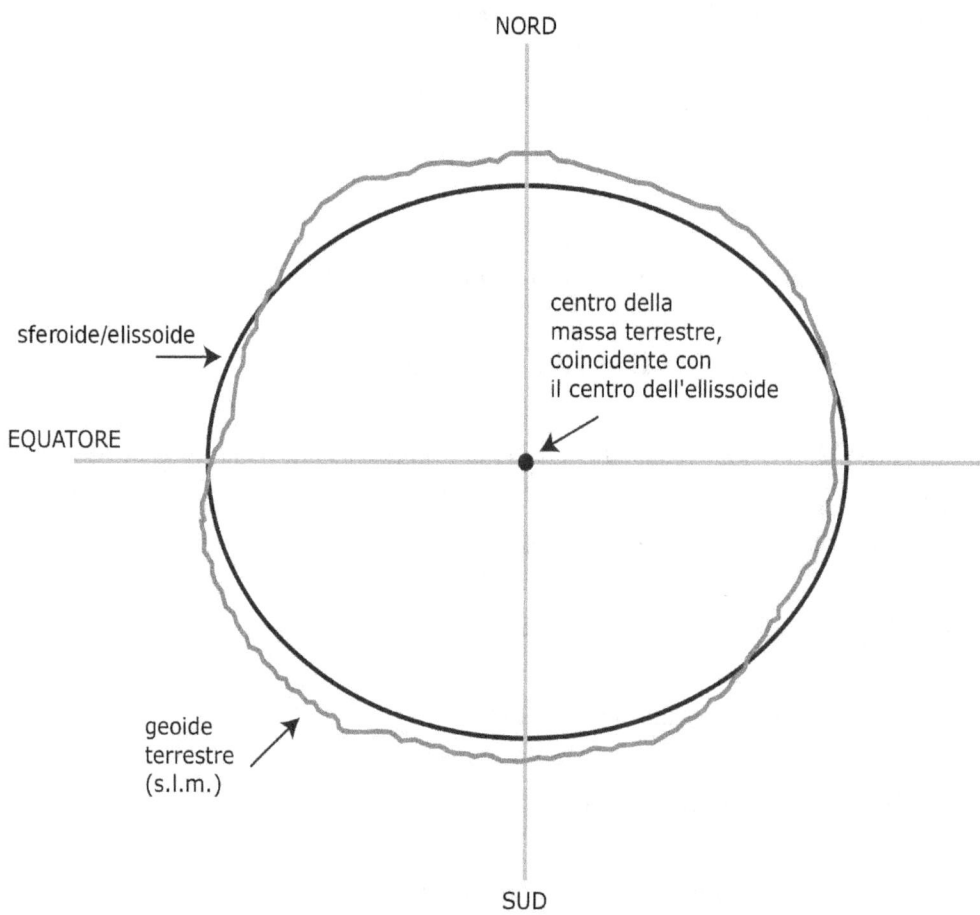

oppure, può essere *regionale*, ove la superficie dell'ellissoide tende a tangere maggiormente una determinata zona del geoide, con la conseguenza di ottenere una migliore rappresentazione del territorio locale.

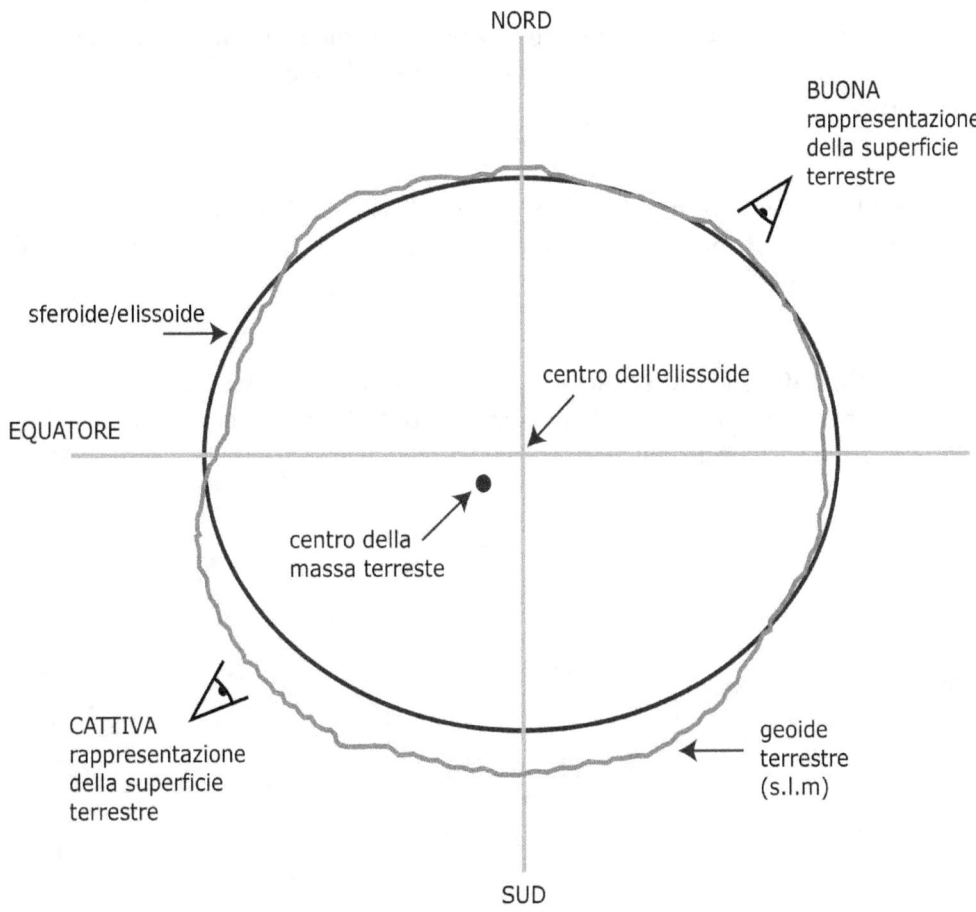

[Datum]

Il sistema di riferimento geodetico generato da un determinato **ellissoide** e dalla sua **orientazione**, è definito **Datum**.

In Italia, i datum più usati sono tre:

- **WGS84** – Datum mondiale, con ellissoide WGS84 di orientazione geocentrica: è usato per i sistemi Gps e per le rappresentazioni interattive di internet come GoogleMaps;

- **ED50** – Datum medio europeo, con ellissoide INTERNAZIONALE 1924 orientato sul meridiano di Bonn: è usato nelle carte numeriche dell'IGM e dall'ISTAT;

- **ROMA40** – Datum italiano, con ellissoide INTERNAZIONALE 1924 orientato sul meridiano dell'osservatorio di Roma Monte Mario: è la base del sistema cartografico italiano.

[Proiezioni geometriche]

Con la schematizzazione della superficie terrestre fornita dal datum, è possibile, convenzionalmente, determinare delle **coordinate geografiche** (ad esempio: latitudine e longitudine) del territorio. Tali coordinate però, si riferiscono ad un modello tridimensionale con superficie sferica; per realizzare quella che comunemente viene definita mappa, necessita effettuare un'operazione di *proiezione geometrica*.

Nello specifico, vengono utilizzate generalmente due tipi di **proiezioni**:

- conica
- cilindrica

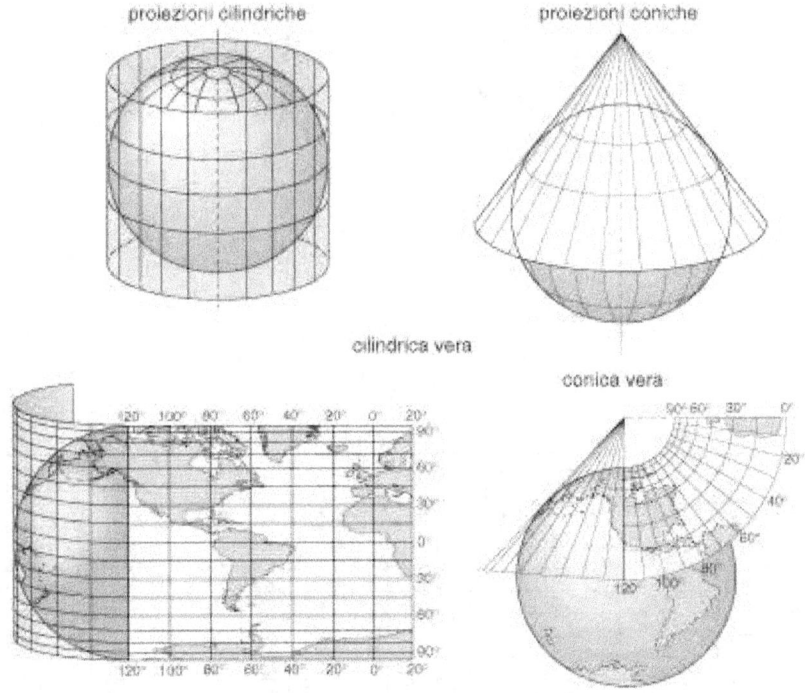

ed ognuna, in riferimento alla <u>posizione del proprio asse</u>, può essere di tipo:

- diretta: asse coincidente con quello terrestre;
- inversa: asse giacente nel piano equatoriale;
- obliqua: asse passante per il centro terrestre.

[Proiezione U.T.M.]

Il sistema di proiezione più usato in ambito Gis, è l'**UTM** (acronimo di Universal Transverse Mercator) che prende in considerazione l'intera superficie terrestre, suddividendola in 60 fusi, numerati da 1 a 60, di 6° ciascuno, partendo da una proiezione cilindrica inversa.

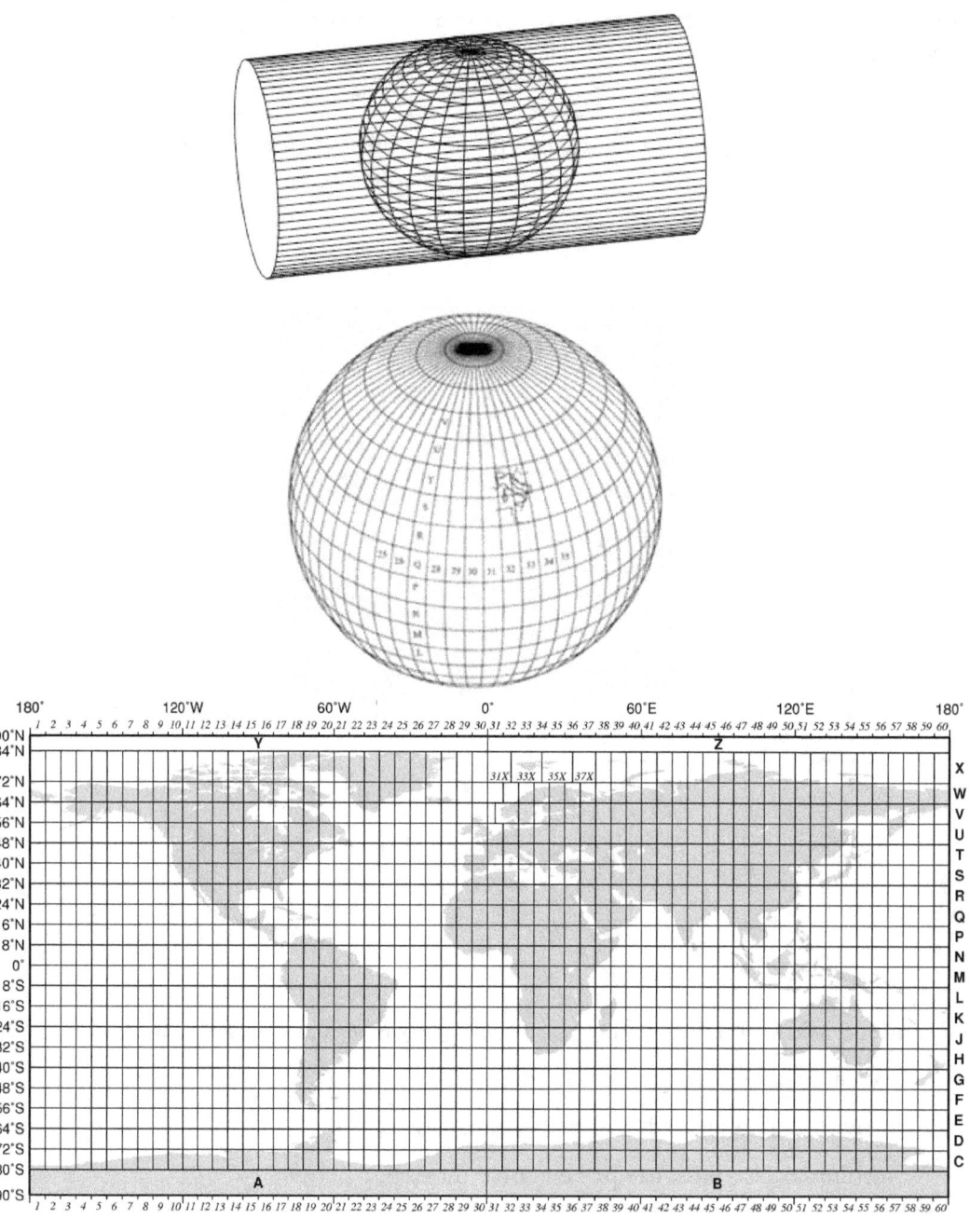

Dall'abbinamento di un Datum, con un sistema di proiezione cartografica, si ottiene un **sistema di coordinate di riferimento (SR)**.

I più noti SR, in Italia, sono:

Sistema Roma40 (o Gauss-Boaga)

È formato dal Datum *Roma40*, a cui è associato il **sistema cartografico *Gauss-Boaga***, che utilizza la rappresentazione conforme di Gauss (Mercatore inversa) e suddivide il territorio italiano in 2 fusi di 6°.

I fusi sono indicati come:
fuso Ovest (indicativamente coincidente col fuso 32 UTM) che spazia da 6° a 12°, rispetto a Greenwich, e ha il meridiano centrale a 9°;
fuso Est (indicativamente coincidente col fuso 33 UTM) che spazia da 12° a 18° e ha il meridiano centrale a 15°.
Le coordinate si esprimono in metri. Per evitare l'utilizzo di numeri negativi per la longitudine, si impone al meridiano centrale del fuso Ovest una coordinata x pari a **1500000** (invece di zero), detta anche *falso Est*. Al meridiano centrale del fuso Est si impone invece un *falso Est* di **2520000**. In questo modo la prima cifra della longitudine indica a quale fuso facciamo riferimento: cifra 1 per il fuso Ovest, cifra 2 per il fuso Est.

Sistema ED50

È formato dal Datum *ED50* a cui è associato il **sistema cartografico *UTM***. Anch'esso utilizza la proiezione conforme di Gauss, prendendo in considerazione l'intera superficie terrestre suddividendola in 60 fusi.

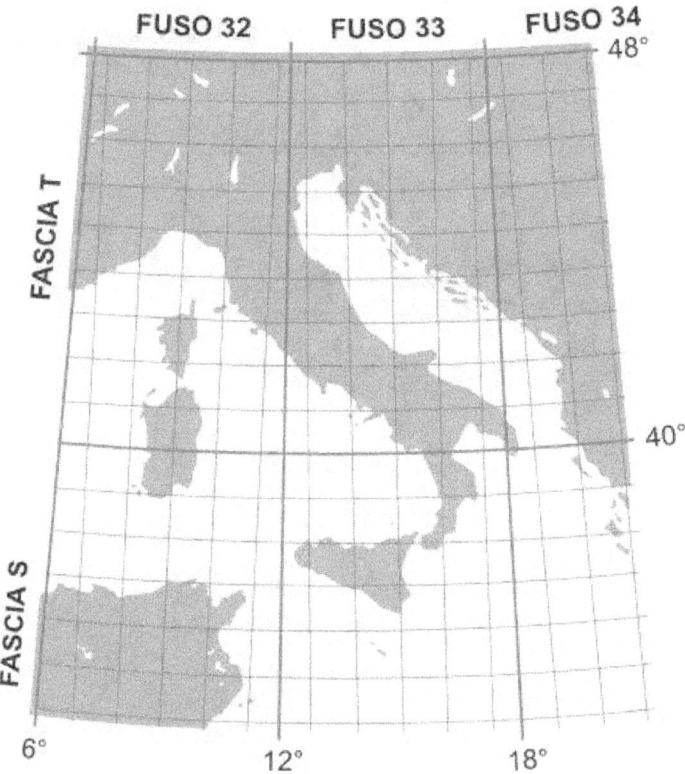

Come per il sistema precedente, convenzionalmente, l'ED50-UTM è basato sul *falso est* di **500000**.

Sistema WGS84

È formato dal Datum *WGS84* a cui, così come per il sistema ED50, è associato il **sistema cartografico *UTM*** che prende in considerazione l'intera superficie terrestre suddividendola, come precedentemente detto, in 60 fusi.

Anche qui il *falso est*, per l'Italia, è di **500000**.

Ricapitolando:

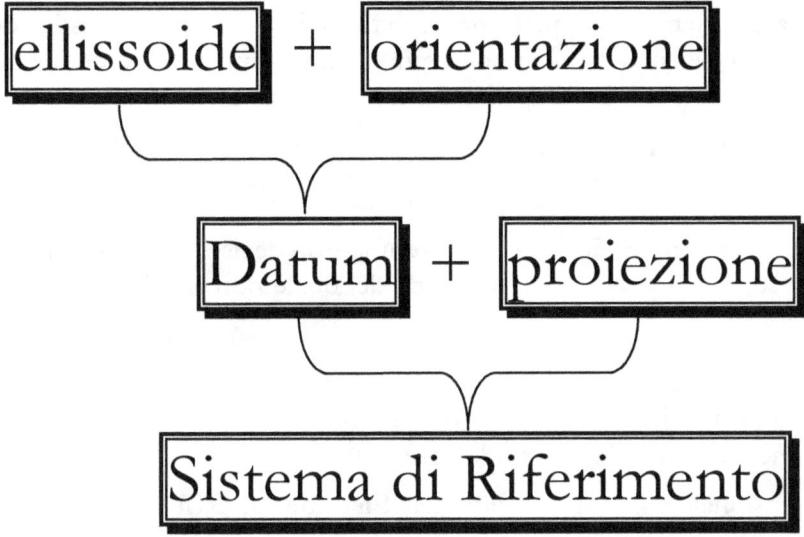

Conversione delle coordinate

Quando si appronta ad esempio un progetto architettonico, vuoi con l'ausilio del Cad piuttosto che con l'ausilio di strumenti più datati come il vecchio tavolo tecnigrafo, le prime scelte da fare per impostare il disegno, sono:

- la scala (1:50, 1:100, 1:200, 1:1000, …);
- l'unità di misura (mm, cm, m, km, pollici, piedi, …)

Senza un sistema di misura e di scala di riferimento, deciso a priori, non è ipotizzabile approcciare un progetto architettonico del quale non si avrebbe nessun riferimento dimensionale.

Così come il disegno tecnico, anche il GIS ha bisogno del suo riferimento dimensionale, anzi, ne è una peculiarità fondamentale.

Il riferimento dimensionale nel GIS è dato dal **Sistema di Riferimento delle coordinate**.

Analizzando i dati che abbiamo a disposizione siamo in grado capire a quale sistema di coordinate fanno riferimento.

Se apriamo con DraftSight (o con AutoCAD) i files Cad demo che abbiamo scaricato, dalla barra delle coordinate notiamo che, al variare del posizionamento del puntatore, le coordinate x si orientrano intorno al valore di 1500000, sia per il fotogrammetrico,

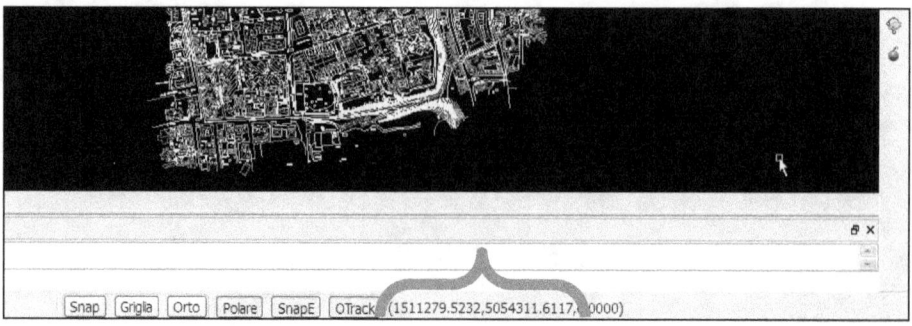

sia per il foglio catastale.

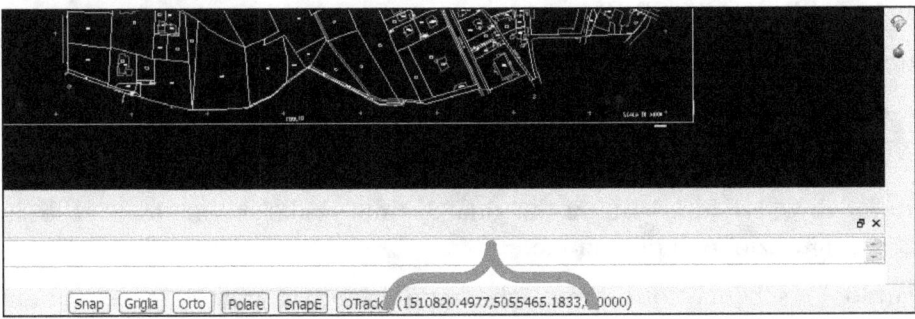

In base a quanto illustrato in precedenza, possiamo desumere che i dati in nostro possesso sono rappresentati con il sistema di coordinate Gauss-Boaga ed il nostro territorio si trova nel fuso 32 ovest.

A questo punto nasce spontaneamente la domanda: ma se ho dei dati rapprentati con un dato sistema di riferimento di coordinate, posso convertirle in un altro sistema a me più congeniale? Possiamo realizzare il nostro SIT con il Sistema WGS84 per poterlo implementare ad esempio con navigatori Gps, con Google Maps, ecc., quando i dati di partenza sono in Gauss-Boaga?

La risposta è ovviamente si.

In precedenza, abbiamo visto che i diversi sistemi di coordinate (SR) non differenziano unicamente da un diverso riferimento convenzionale delle coordinate (falso est, falso nord, ecc) ma, oltre a questo, vi sono anche differenti piani di proiezione degli elementi, riportati su diversi elissoidi di riferimento, che a loro volta hanno diversi orientamenti rispetto al geoide.

Nel nostro caso, appurato ad esempio che il fotogrammetrico è in Gauss-Boaga fuso 32, non possiamo trasformarlo in WGS84 traslando semplicemente tutti gli elementi – nel piano di lavoro del Cad ad esempio – di 1000000 unità verso sinistra, in modo da spostare il falso est da 1500000 a 500000. Così facendo, avremmo solo cambiato convenzionalmente il punto di riferimento delle nostre coordinate, ma non avremmo corretto, ovviamente, la proiezione degli elementi sul piano che, per peculiarità, è diverso da Gauss-Boaga a WGS84.

Per chiarire meglio il concetto, ipotizziamo – _unicamente in modo teorico, senza che ciò rappresenti i corretti canoni matematici e geometrici che, vista la loro complessità, sarebbero di non facile immediata comprensione_ – di avere due punti, A e B, su una superficie curva.

Ipotizziamo ora di avere due piani di proiezione distinti, che per comodità chiameremo: SR Rosso e SR Blu.

Ognuno di questi due sistemi, ha un proprio falso est:

coordinata X = 1500000 per il Rosso

coordinata X = 500000 per il Blu

ed ognuno di questi due sistemi, ha una distinta scala chilometrica calibrata alla propria configurazione di proiezione.

Guardando lo schema sottostante, che rappresenta la nostra ipotesi puramente teorica, possiamo notare che la distanza tra i punti A e B – malgrado un diverso sistema di riferimento di coordinate, malgrado una diversa configurazione di proiezione – è determinata in Km 6,00 , sia nel sistema Rosso che in quello Blu, perché la scala dimensionale di ogni SR è calibrata geometricamente al rispettivo piano di proiezione.

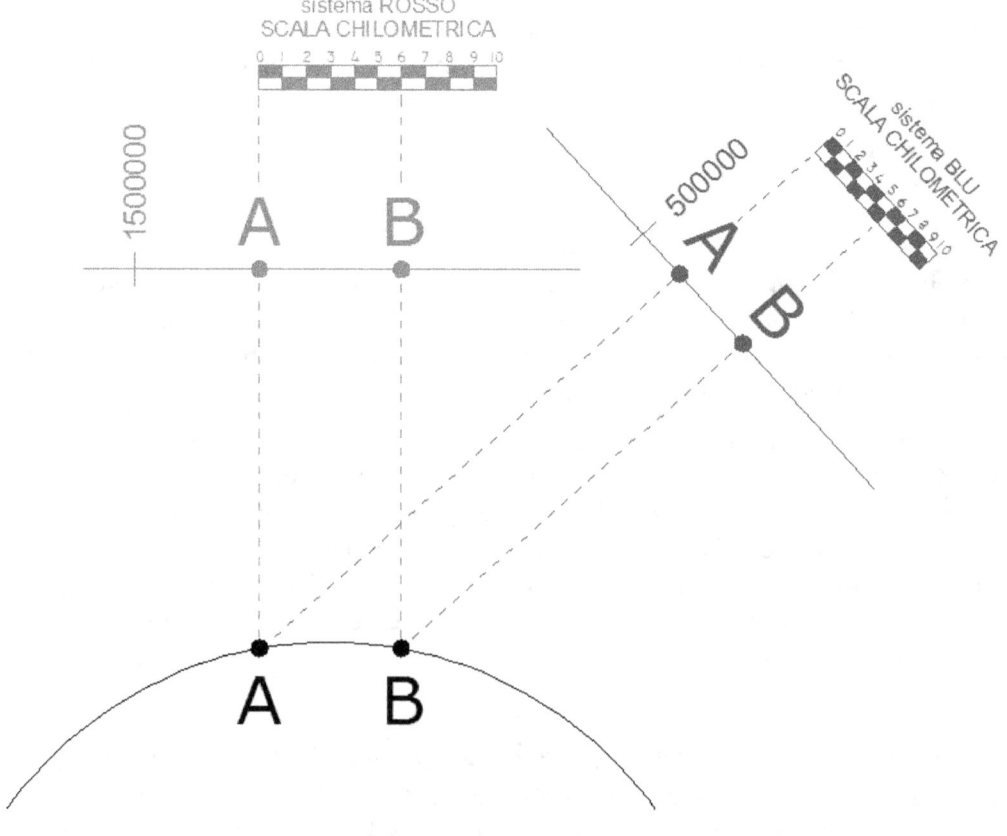

Se volessimo ora "convertire" gli oggetti generati con il sistema Rosso, nel sistema Blu, non possiamo operare unicamente una traslazione di coordinate spostandone il riferimento del piano Rosso, perché i parametri di scala del sistema Blu, con cui dobbiamo ora operare e che restano immutati, genererebbero errori nel calcolo dimensionale, così come si evince da quest'altro schema:

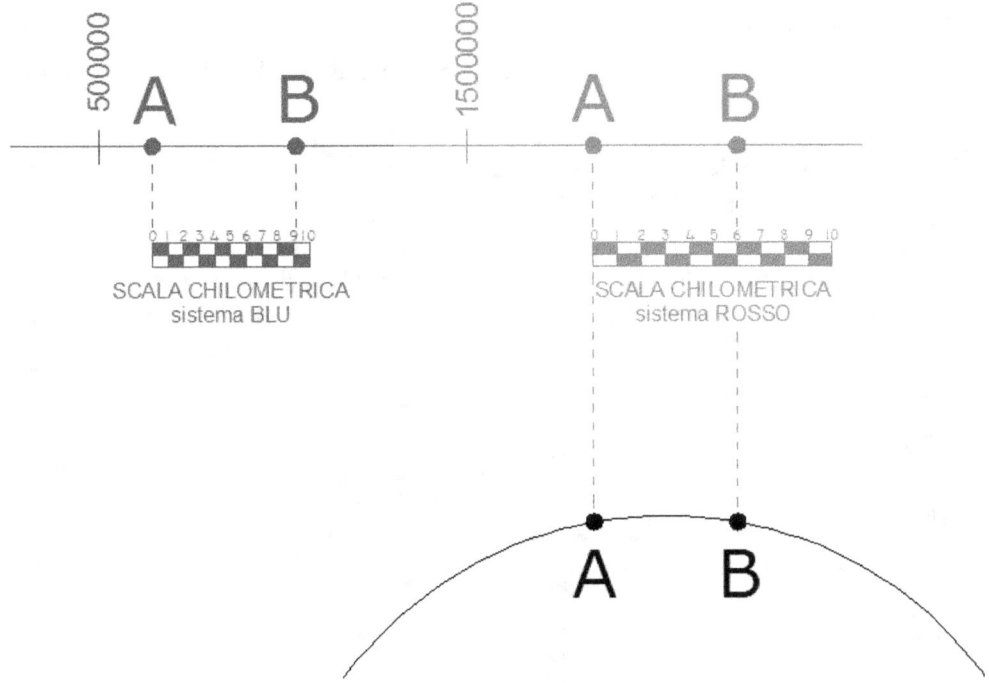

Come fare, allora, a passare dal sistema Rosso a quello Blu senza generare errori?

Come fare per convertire il nostro fotogrammetrico, trasponendo i suoi elementi dal sistema Gauss-Boaga al sistema WGS84?

Vi sono diversi software che, operando su precisi calcoli geometrici, effettuano tale operazione. Uno di questi è **TRASPUNTO**: un semplice software di conversione di coordinate piane e geometriche sviluppato dal Ministero dell'Ambiente e messo a disposizione gratuitamente.

Proviamo ora, nel concreto, ad operare delle conversioni di coordinate.

Scarichiamo dal sito Istat lo shapefile aggiornato di tutti i confini dei comuni italiani che si trova all'indirizzo:

http://www.istat.it/storage/basi-territoriali/comuni_2011.zip

Il sistema di riferimento utilizzato da Istat è: **ED_1950_UTM Zona 32**

Scompattato il file *.zip*, troviamo una serie di files con diversa estensione ma con lo stesso nome: **Comuni_2011**.

[Utilizzo del software TRASPUNTO]

Iniziamo le operazioni di conversione.

Lanciata l'applicazione **TRANS.EXE per avviare TRASPUNTO**, ci troviamo di fronte a questa schermata:

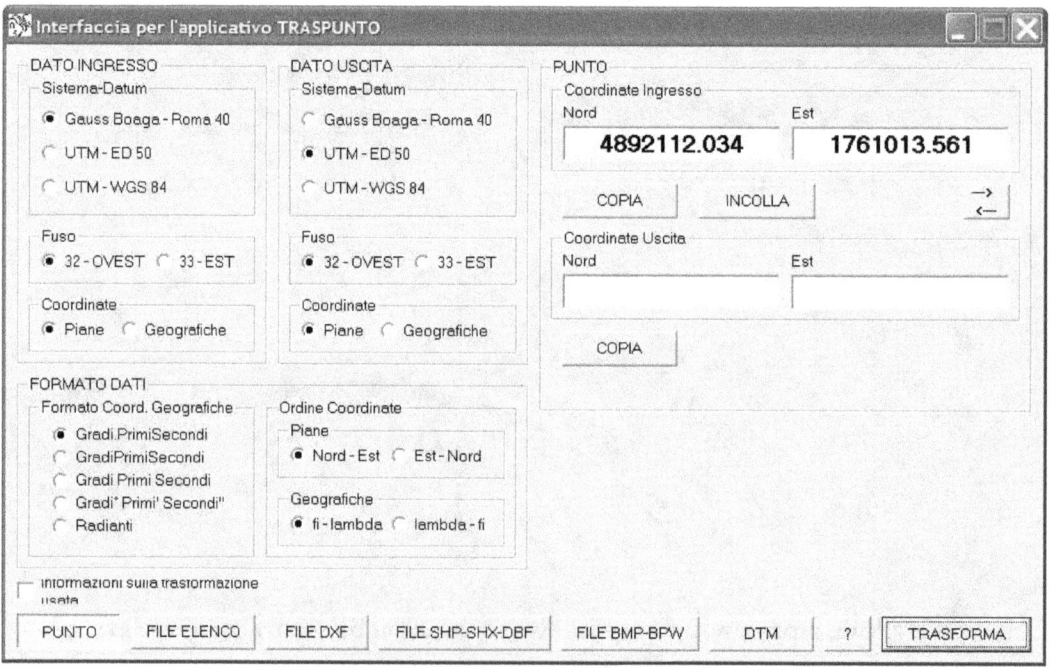

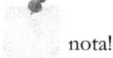 nota!

TRASPUNTO non gestisce bene nomi di file troppo lunghi o percorsi troppo annidati o con nomi composti (quali Document and Setting, All User, ecc.); è consigliabile mettere i files da convertire direttamente in **C:/** magari in una cartella provvisoria, ad esempio **C:/abc**, che elimineremo terminato il lavoro di conversione.

Rinominiamo tutti i files appena scompattati (anche se basterebbe farlo per i soli tre files *.shp* , *.dbf* e *.shx*) in **ComuniE** e parcheggiamoli nella cartella **C:\abc** .

Nella parte bassa della schermata di TRASPUNTO vi sono le diverse opzioni di tipologia dei dati da convertire:

1. selezioniamo il pulsante **FILE SHP-SHX-DBF**

sul lato sinistro della nuova schermata:

    spuntiamo in **DATO INGRESSO:**

2. **Sistema-Datum = UTM - ED 50**
3. **Fuso = 32 – OVEST**
4. **Coordinate = Piane**

    spuntiamo in **DATO USCITA**:

5. **Sistema-Datum = UTM - WGS 84**
6. **Fuso = 32 – OVEST**
7. **Coordinate = Piane**

sul lato destro:

8. in **File Ingresso** selezioniamo **ComuniE.shp**
9. in **File Uscita** lo salviamo come **ComuniW.shp**
10. clicchiamo su **TRASFORMA** .

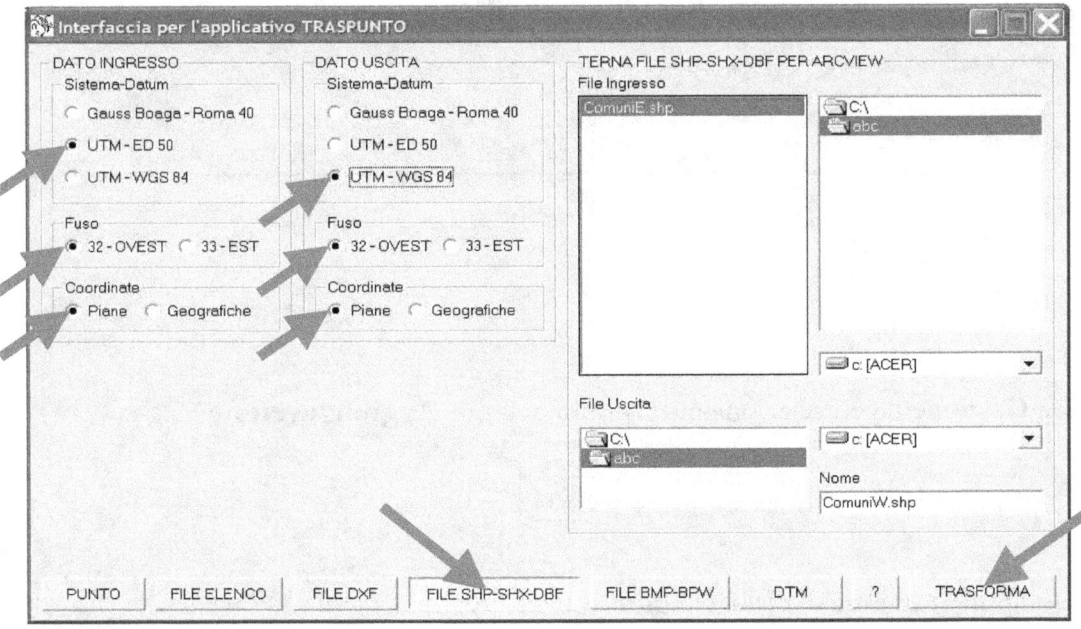

>  nota!
>
> Le operazioni di trasformazione potrebbe richiedere anche qualche minuto di attesa, considerato la quantità di elementi contenuti nello shape.

Ripetiamo il tutto spuntando, questa volta, come **DATO USCITA** il sistema-datum **Gauss Boaga – Roma 40** e salviamo la trasformazione come **ComuniG.shp** .

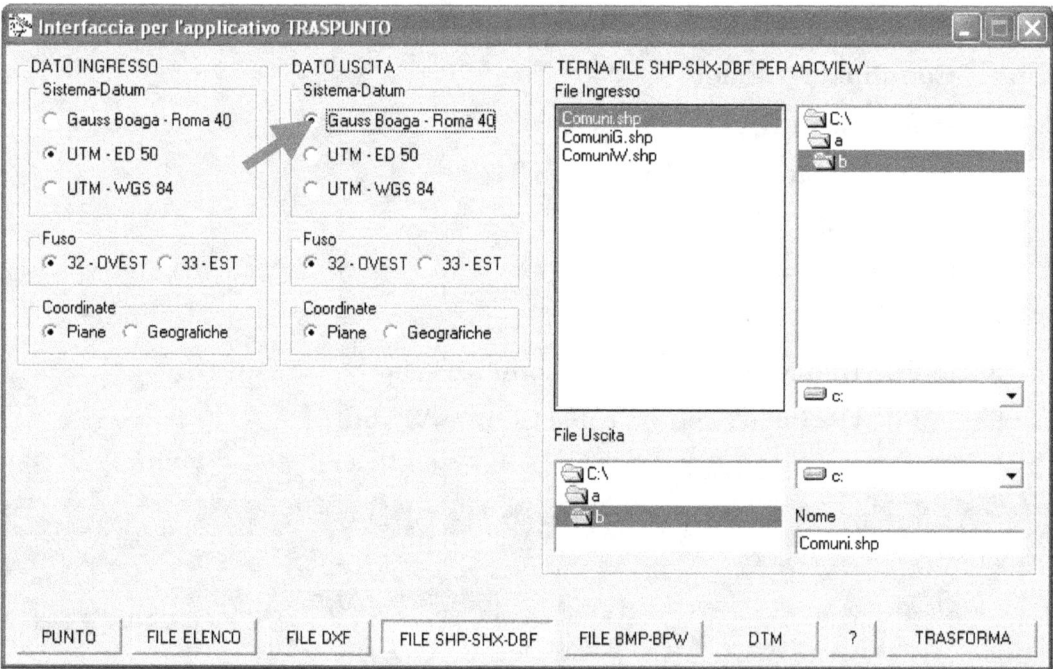

[Aggiungere temi in QGIS]

Torniamo in Qgis.

Da **Gestione layer**, selezioniamo il primo pulsante **Aggiungi vettore**

e si aprirà la finestra di dialogo **Aggiungi vettore**:

Clicchiamo su **Sfoglia**, e si aprirà un'altra finestra;

- Tenendo premuto il tasto *Ctrl*, selezioniamo col tasto sinistro del mouse: **ComuniE.shp, ComuniG.shp e ComuniW.shp**
- **Apri**
- **Open**

Nella finestra layer compaiono attivi i tre temi caricati che sono visualizzati graficamente nell'area di visualizzazione.

Cap. 2 – L'ambiente GIS

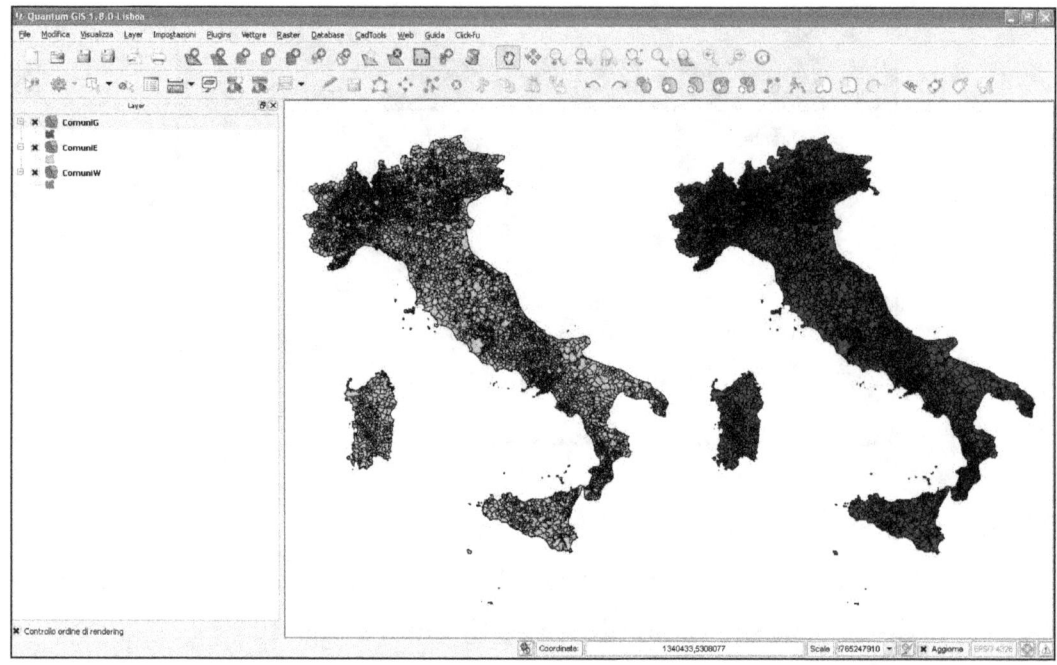

[Modificare lo stile di visualizzazione di un tema]

Il software, in modo casuale, assegna a tutti gli elementi dei singoli temi, un colore. Lo scopo sarà quello di assegnare ai tre temi i colori primari giallo, blu e rosso in modo da distinguerli meglio tra loro

Cominciamo a prendere confidenza con alcuni comandi e proviamo ad assegnare noi i colori ai temi.

- Selezioniamo nella **finestra layer** il tema **ComuniG**
- Tasto destro del mouse e selezioniamo **Proprietà** nella tendina che compare.

L'operazione attiva una finestra di dialogo denominata **Prorietà layer**, dove selezioneremo, in alto, la scheda **Stile**.

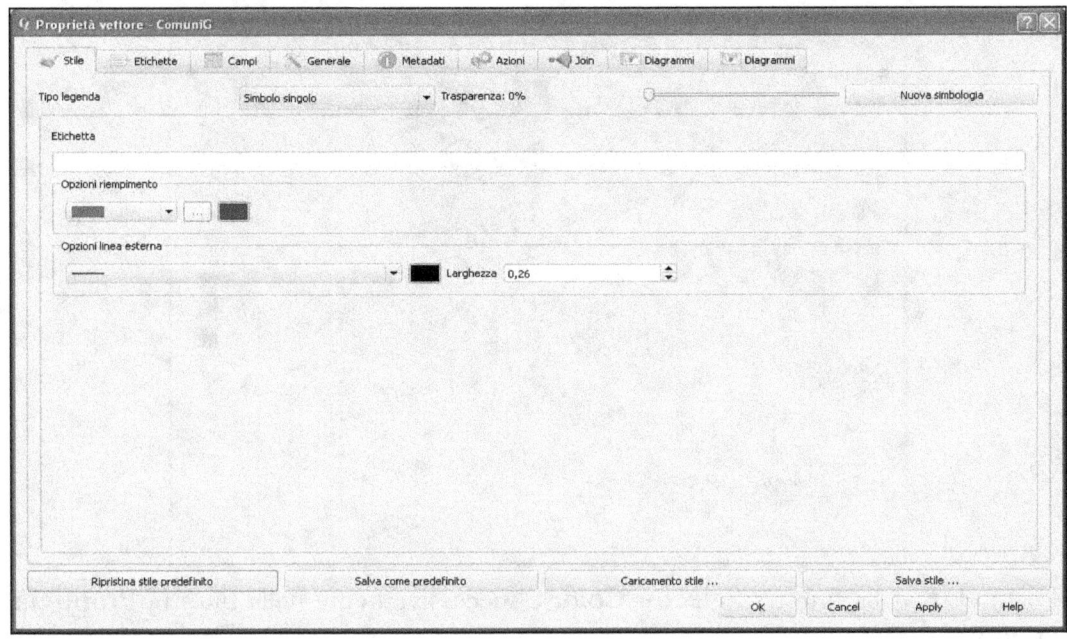

 suggerimento!

La finestra di dialogo delle **Proprietà layer**, può essere attivata anche con un doppio clic sul tema selezionato.

In **Opzioni di riempimento**, con un clic del mouse, possiamo modificare la modalità di retinatura dell'elemento (1) ed il suo colore (2);

in **Opzioni linea esterna**, sempre con un clic del mouse, possiamo modificare il tipo di linea del perimetro dell'elemento (3), il suo colore (4) ed il suo spessore (5).

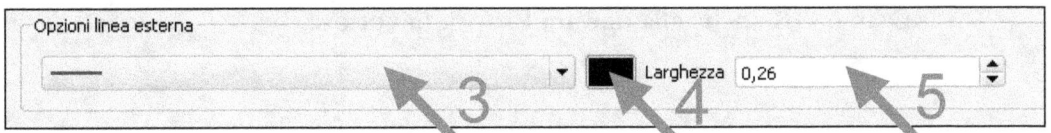

Selezioniamo la precedente opzione 2 che attiverà la finestra di selezione colore, dove selezioniamo il colore *giallo*:

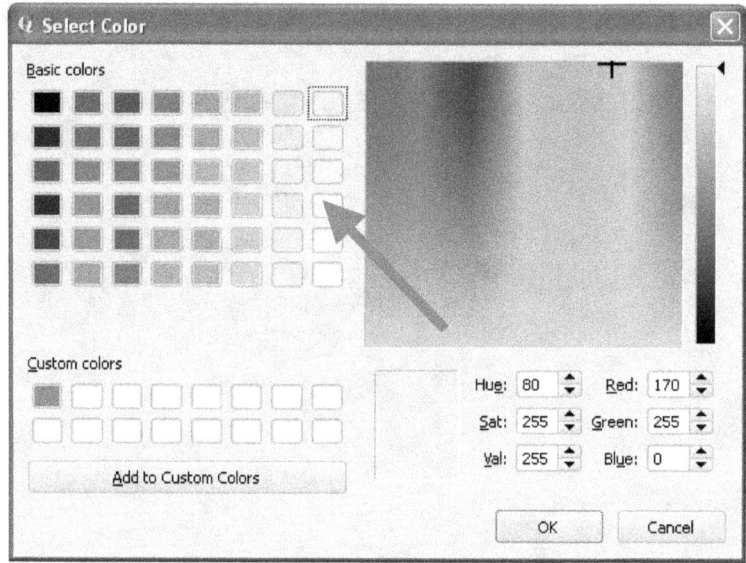

Diamo **OK** nella finestra **Selector Color** e successivamente nella finestra **Proprietà vettore**.

Ripetiamo l'operazione, per gli altri due temi.

- Selezioniamo nella **finestra layer** il tema **ComuniE**

- Tasto destro del mouse e selezioniamo **Proprietà** nella tendina che compare;

- Nella scheda **Stile** della finestra **Proprietà vettore** clicchiamo sul colore delle *Opzioni riempimento*;

- Nella successiva finestra, selezioniamo il colore *blu* e diamo **OK**.

- Diamo **OK** anche alla finestra **Proprietà vettore**.

- Selezioniamo nella **finestra layer** il tema **ComuniW**

- Tasto destro del mouse e selezioniamo **Proprietà** nella tendina che compare;

- Nella scheda **Stile** della finestra **Proprietà vettore** clicchiamo sul colore delle *Opzioni riempimento*;

- Nella successiva finestra, selezioniamo il colore *rosso* e diamo **OK**.

- Diamo **OK** anche alla finestra **Proprietà vettore**.

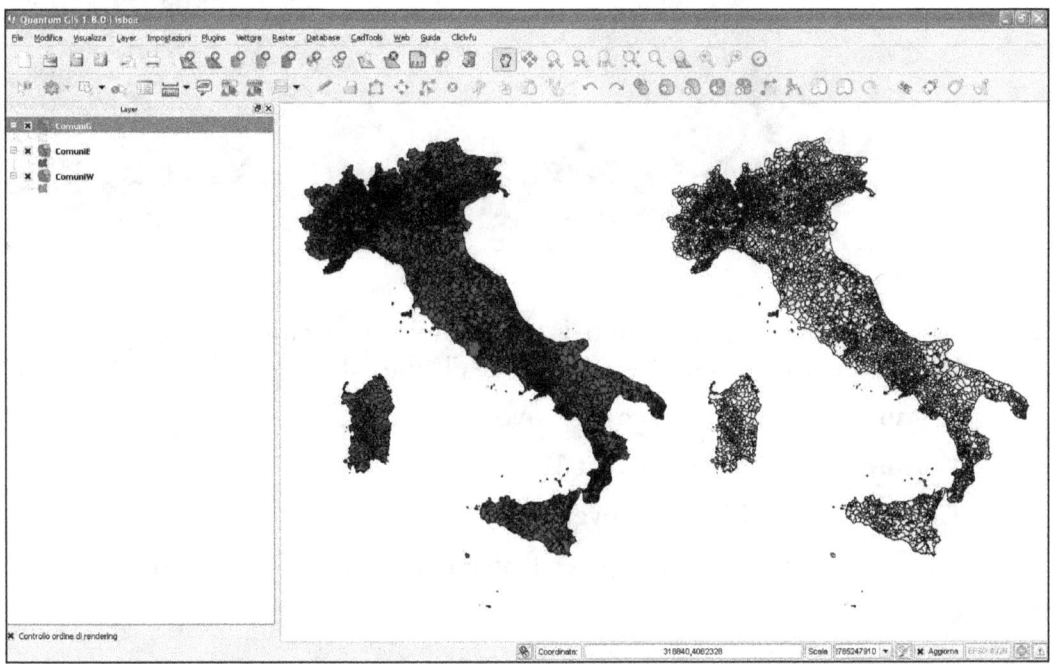

Ad un primo impatto sembrerebbero visibili solo i temi **comuniG** e **comuniE**, in realtà – operando sul tema **comuniE** uno zoom con una finestra di selezione **zoom ingrandisci**

ad esempio su una zona di confine delle Alpi – noteremo come il tema **comuniE** sia quasi sovrapposto a **comuniW**.

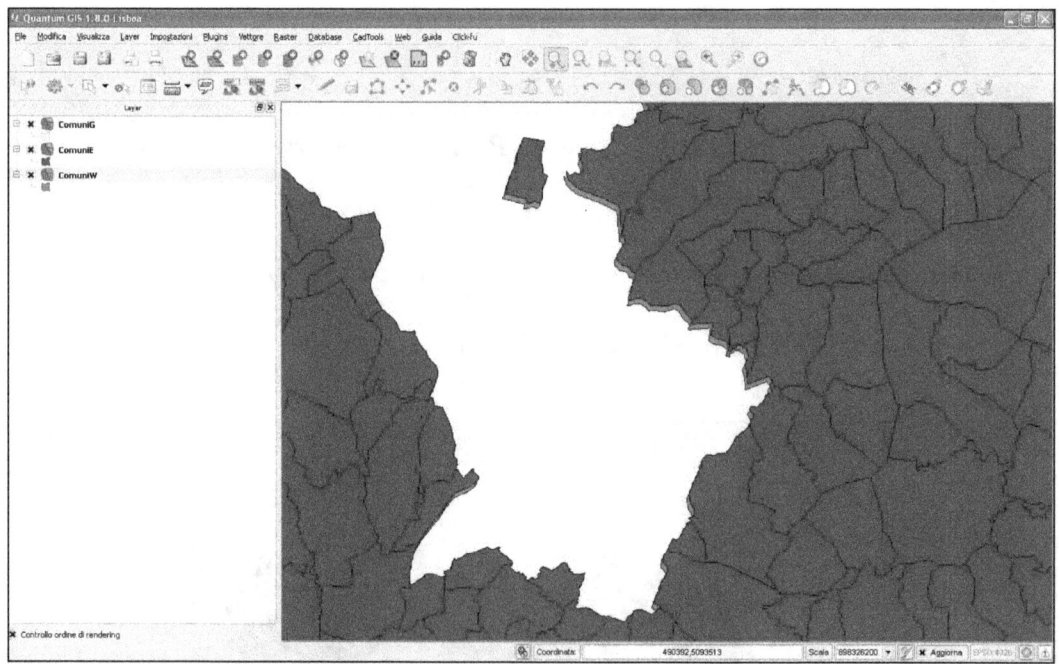

La mancata sovrapposizione di tutti i temi è dovuta al fatto che, seppur con i medesimi contenuti, sono stati generati con tre distinti SR:

ComuniG – Gauss-Boaga fuso ovest 32

ComuniE – ED50 fuso ovest 32

ComuniW – WGS84 fuso ovest 32

che, entrando nello specifico come precedentemente illustrato, sono così schematizzati:

Shape	*Elissoide*	*Orientamento*	*Proiezione*
ComuniG	INTERNAZIONALE	meridiano di Monte Mario (Roma)	Gauss-Boaga
ComuniE	INTERNAZIONALE	meridiano di Bonn	UTM
ComuniW	WGS84	geocentrico	UTM

Un ulteriore aggravio, per la mancata sovrapposizione, sta nel fatto che i temi sono proiettati contemporaneamente, nel software GIS, sullo stesso SR impostato di default: **WGS84 generico** (EPSG: 4326).

 nota!

I vari SR sono identificati convenzionalmente con un codice chiamato EPSG; in QGIS, sulla barra delle coordinate in fondo a destra, è riportato l'identificativo del SR del progetto.

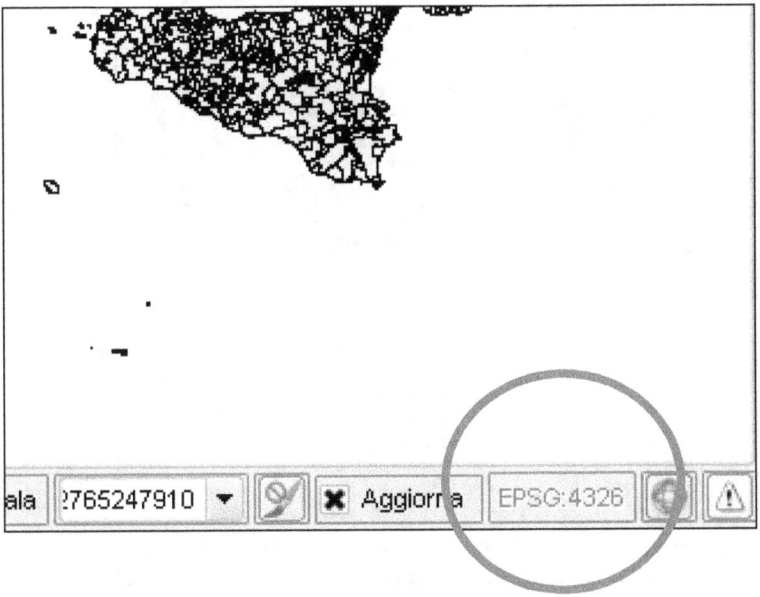

È sconsigliabile operare in ambiente GIS, con temi aventi SR diversi.

In QGIS è comunque possibile, ove ci fossero particolari esigenze, operare simultaneamente con SR diversi, a patto che tutti gli elementi vengano **riproiettati** in un unico Sistema di Riferimento utilizzato nel progetto.

[Assegnare il Sistema di Riferimento ad un tema]

Cap. 2 – L'ambiente GIS

Per prima cosa, assegnamo ad ogni tema, il proprio SR nel programma.

Se in precedenza, prima di operare le conversioni con TRASPUNTO, abbiamo provveduto a rinominare tutti i files scaricati dall'Istat in **ComuniE**, il tema ha già le indicazioni sulle coordinate riportate nel file **ComuneE.prj** che QGIS legge automaticamente; infatti:

1. Selezioniamo nella **finestra layer** il tema **ComuniE**;
2. Tasto destro del mouse e selezioniamo **Imposta il SR del layer** nella tendina che compare.

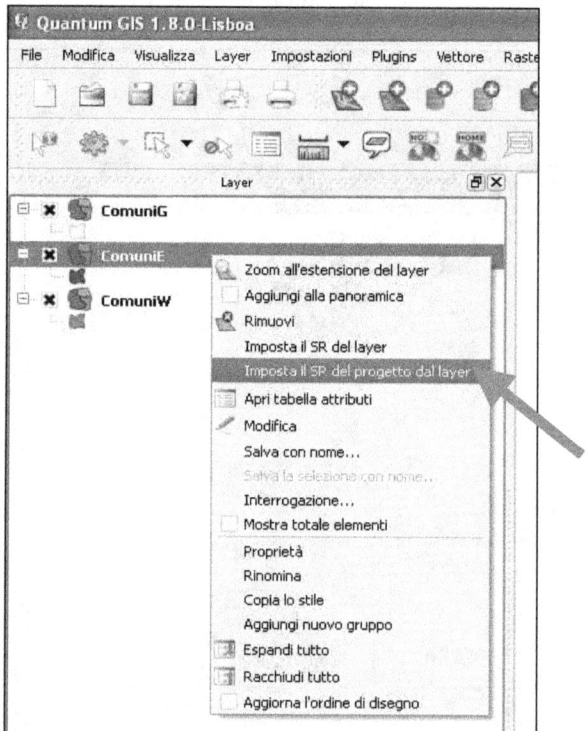

Si apre una finestra dove ci viene consigliato, nella parte bassa - **Sistemi di riferimento mondiali** - il **SR** che il programma legge nel file *.prj*:

ED50/UTM zone 32 (EPSG: 23032).

Confermiamo con **OK**.

Conversione delle coordinate

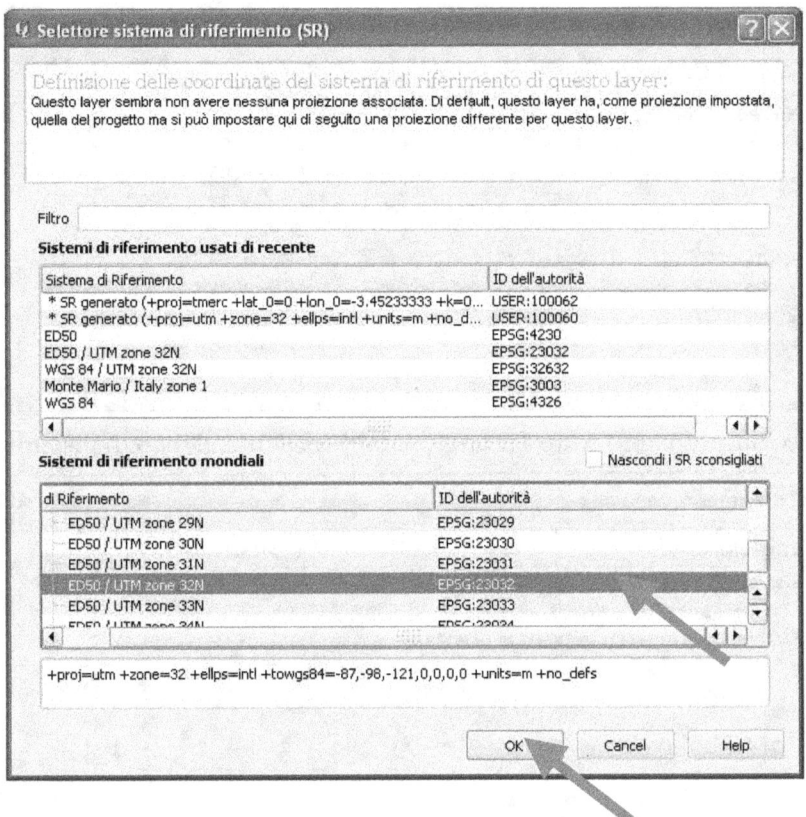

TRASPUNTO, seppur effettui le corrette conversioni di coordinate, non genera un file *.prj* con indicate tali informazioni.

Per **ComuniG** e **ComuniW** è pertanto <u>necessario</u> assegnare all'interno di QGIS i rispettivi SR, in luogo del generico SR di default che gli assegnerebbe il programma.

Procediamo.

ComuniG (layer convertito con TRASPUNTO in coordinate Gauss-Boaga)

1. Selezioniamo nella **finestra layer** il tema **ComuniG**;
2. Tasto destro del mouse e selezioniamo **Imposta il SR del layer**;
3. Ci viene proposto WGS84 (EPSG:4326);
4. Facciamo scorrere verso l'alto la lista dei SR e comprimiamo la radice cliccando sul simbolo [-] alla destra della dicitura in cima all'elenco:

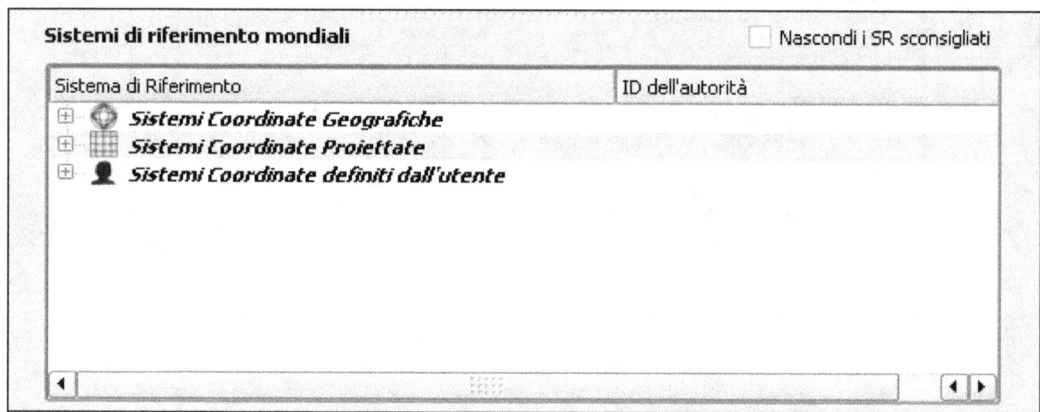

5. Comprimiamo tutto ed otteniamo il seguente elenco di insiemi:

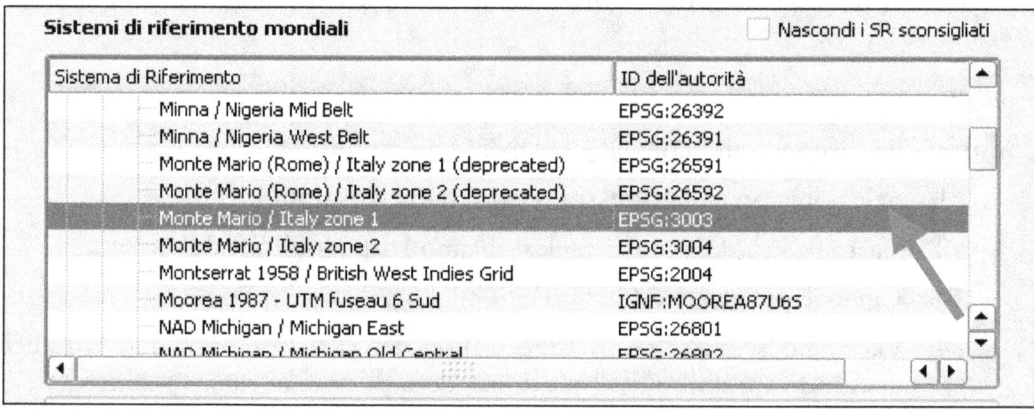

6. Espandiamo **Sistemi Coordinate Proiettate**;
7. Espandiamo il suo sottoinsieme **Transverse Mercator**;
8. Selezioniamo **Monte Mario / Italy zone 1** (EPSG:3003);

9. Confermiamo con **OK**.

ComuniW (layer convertito con TRASPUNTO in coord. WGS84/UTM zone 32)

1. Selezioniamo ora nella **finestra layer** il tema **ComuniW**;
2. Tasto destro del mouse e selezioniamo **Imposta il SR del layer**;
3. Anche qui ci viene proposto WGS84 (EPSG:4326);
4. Facciamo scorrere verso l'alto la lista dei SR;
5. comprimiamo tutto;
6. Espandiamo **Sistemi Coordinate Proiettate**;
7. Espandiamo il sottoinsieme **Universal Transverse Mercator (UTM)**;
8. Selezioniamo **WGS84/UTM zone 32N** (EPSG:32632);

Sistema di Riferimento	ID dell'autorità
WGS 84 / UTM zone 2N	EPSG:32602
WGS 84 / UTM zone 2S	EPSG:32702
WGS 84 / UTM zone 30N	EPSG:32630
WGS 84 / UTM zone 30S	EPSG:32730
WGS 84 / UTM zone 31N	EPSG:32631
WGS 84 / UTM zone 31S	EPSG:32731
WGS 84 / UTM zone 32N	EPSG:32632
WGS 84 / UTM zone 32S	EPSG:32732
WGS 84 / UTM zone 33N	EPSG:32633
WGS 84 / UTM zone 33S	EPSG:32733

9. Confermiamo con **OK**.

Impostato il SR per i tre temi, provvediamo ora ad impostare un unico SR al progetto dove i layer verranno **riproiettati**.

Dal menù a tendina, selezionando **Impostazioni - Proprietà di progetto...**

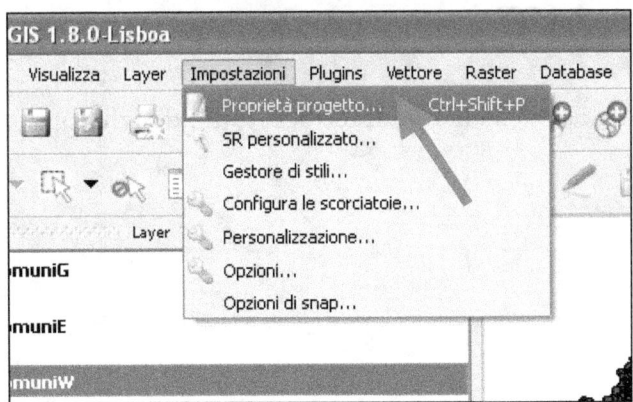

si aprirà una finestra, dove selezioneremo la scheda **Sistema di Riferimento**:

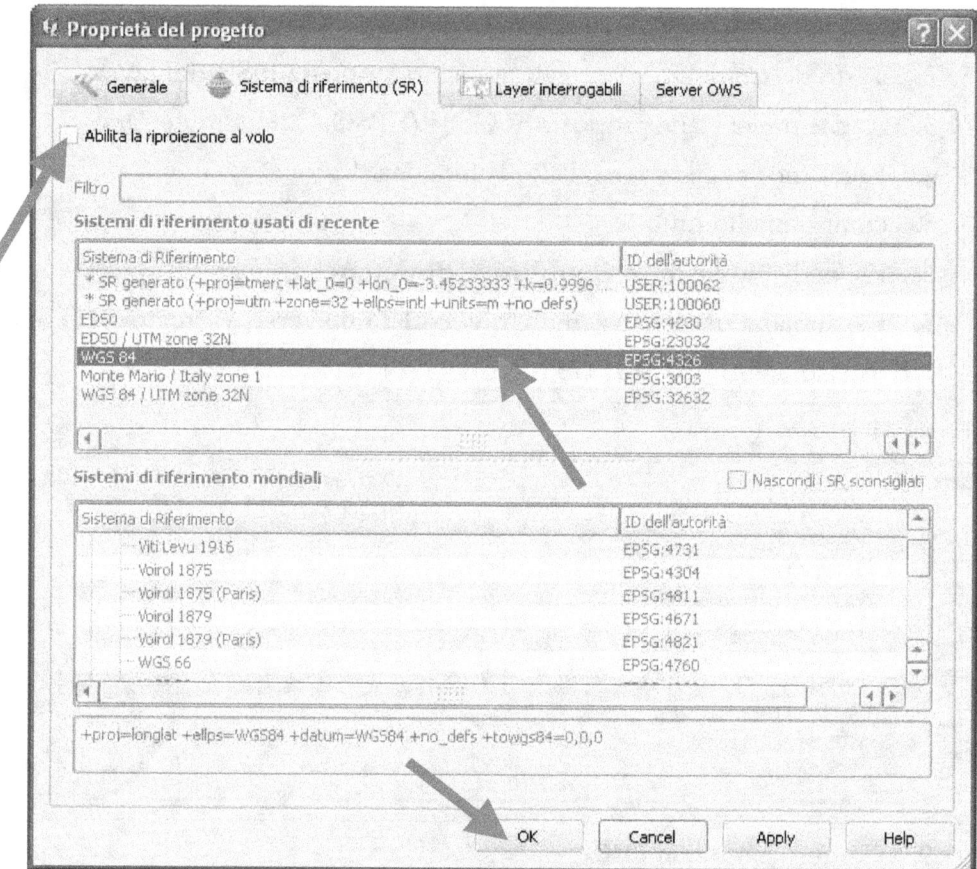

Spuntiamo in alto a sinistra **Abilita la riproiezione al volo**; assegnamo come SR il **WGS84/UTM zone 32N** (EPSG:32632) che troveremo velocemente in **Sistemi di riferimento usati di recente**.

Confermiamo tutto con **OK**.

Dopo qualche secondo, affinchè QGIS elabori tutti i dati di riproiezione, otterremo il seguente risultato:

Conversione delle coordinate

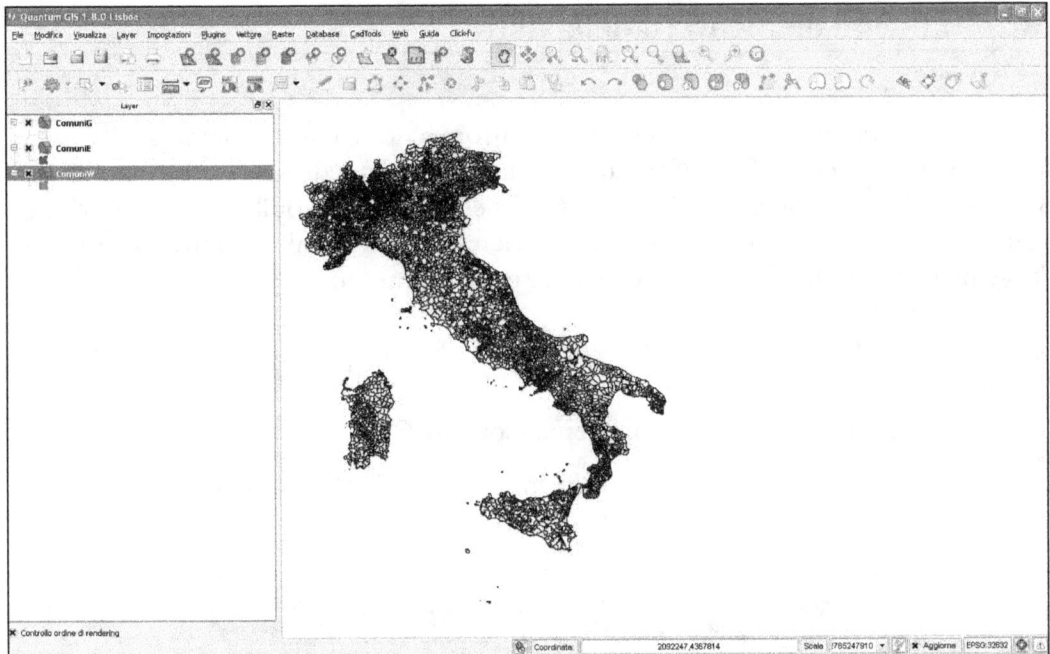

dove tutti i layer sono proiettati nello stesso punto.

 nota!

Se operiamo ripetuti zoom lungo i confini, noteremo che comunque le geometrie discostano leggermente. Questo è dovuto, esclusivamente alle approssimazioni di calcolo che il software opera nella riproiezione degli elementi.

Attributi degli elementi (tabella dati)

Altro contenuto fondamenale del GIS, è l'informazione che possiamo associare ad un elemento del tema. Tale informazione viene gestita mediante una raccolta di dati ordinati in modo tabellare - da cui il termine **attributo tabellare** - ove ogni riga riporta tutti di dati inerenti il singolo elemento ed ogni colonna rappresenta l'insieme di un medesimo attributo associato agli elementi.

Esempio.
- In QGIS selezioniamo, il tema **ComuniE**;
- tasto destro del mouse e selezioniamo **Apri tabella attributi** nella tendina che compare.

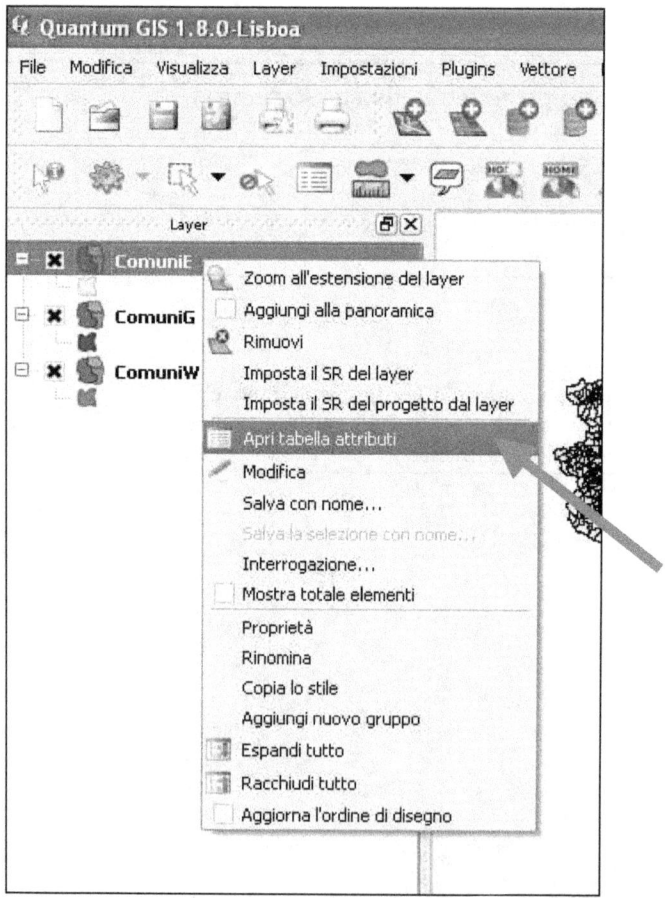

si aprirà la seguente finestra:

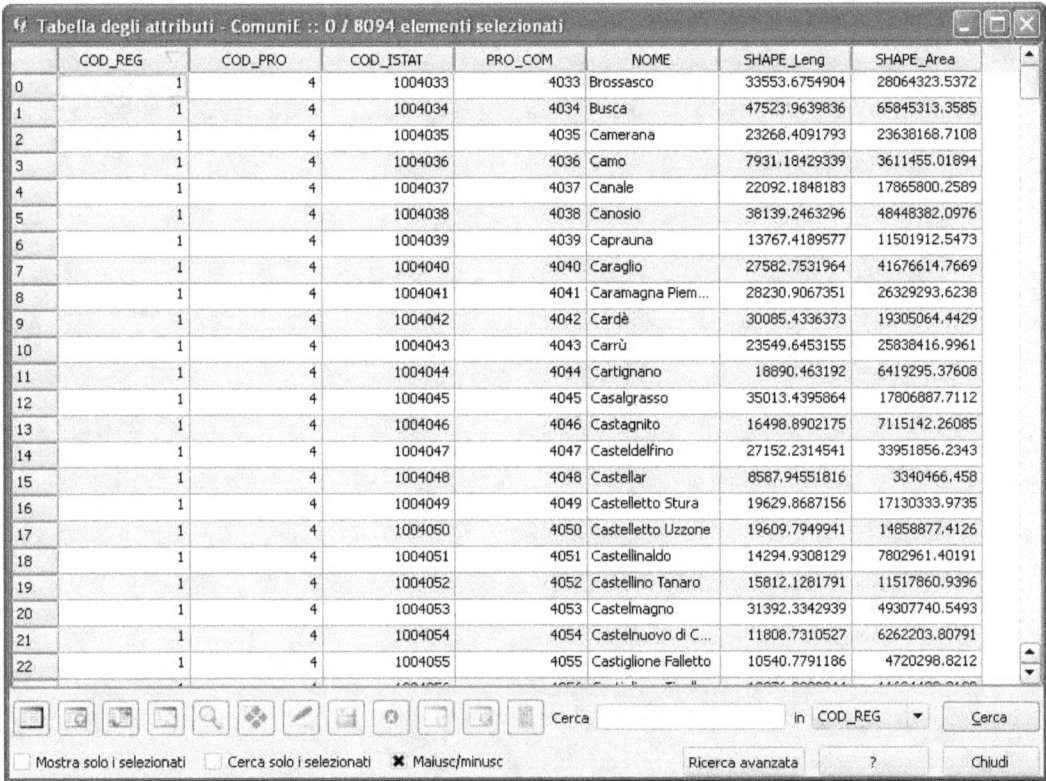

Le **righe** rappresentano gli 8094 comuni d'Italia che in questo tema sono stati raccolti dall'Istat.

Le **colonne** rappresentano gli attributi associati ad ogni comune, che nello specifico sono:

COD_REG, codice convenzionale che indica la regione (1=Valle d'Aosta, 2=Piemonte, 3=Lombardia, ecc.);

COD_PRO, codice convenzionale della provincia;

COD_ISTAT, codice Istat assegnato al comune;

PRO_COM, altro codice inerente il comune;

NOME, indicazione del nome del comune;

SHAPE_Leng, lunghezza del confine comunale (determinato dall'elemento vettoriale);

SHAPE_Area, superficie comunale (determinata dall'elemento vettoriale).

Cap. 3 - Operare in ambiente GIS

Cap. 3 – Operare in ambiente GIS

Preparare tematismi in formato .dxf

Analizziamo il materiale demo che abbiamo scaricato in precedenza.

Dalla fotogrammetria in formato CAD dobbiamo ricavare la base cartografica che farà da riferimento al nostro SIT.

Da essa vogliamo estrapolare e ricavare i seguenti tematismi:

- confine comunale;
- insieme degli edifici;
- restante base fotogrammetrica.

Apriamo con DraftSight, il file **fotogrammetrico.dwg**.

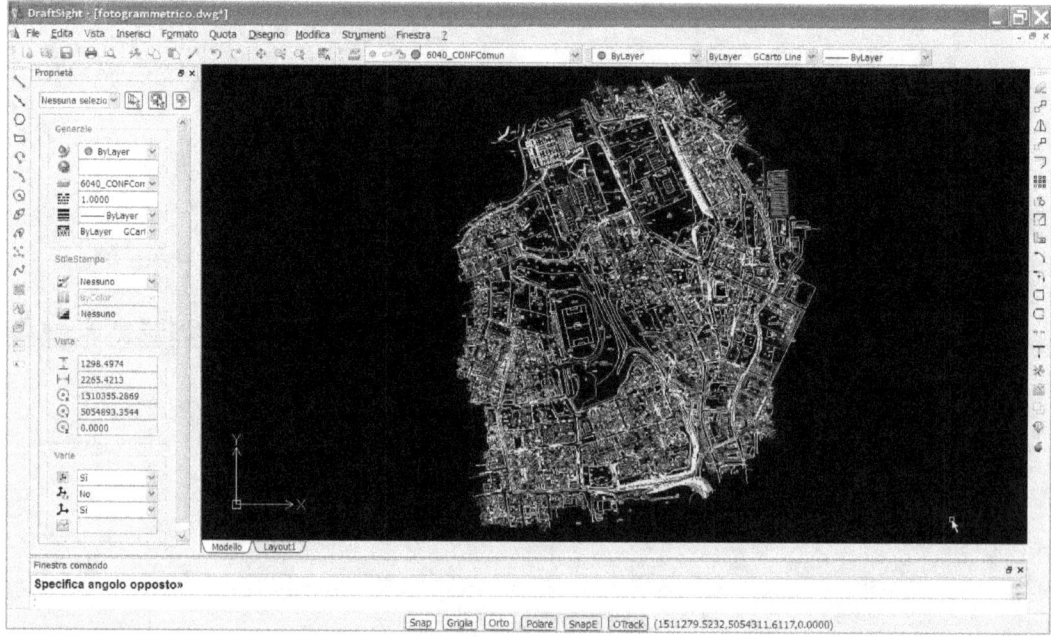

Analizzando il contenuto dei layer, riscontriamo che tutti gli elementi sono stati catalogati.

Con il relativo gestore, che si attiva cliccando sul suo punsante a sinistra

60

selezioniamo tutti i layer:

- teneniamo premuto il tasto *shift* della tastiera e clicchiamo sul primo e sull'ultimo layer.

e poi li congeliamo:

- clicchiamo col tasto sinistro del mouse uno qualsiasi dei simboli di congelamento.

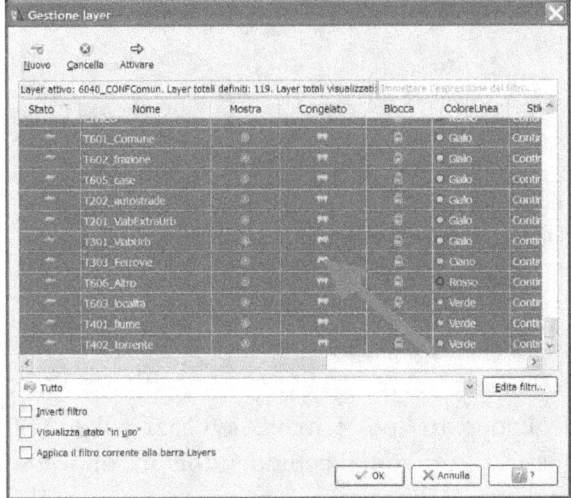

Ovviamente, il layer attivo **6040_CONFComun** (che rappresenta il nostro confine comunale) non è stato congelato. Confermiamo con **OK**.

Dal menù **File**, esportiamo il disegno tramite **Esporta – Esporta disegno**;

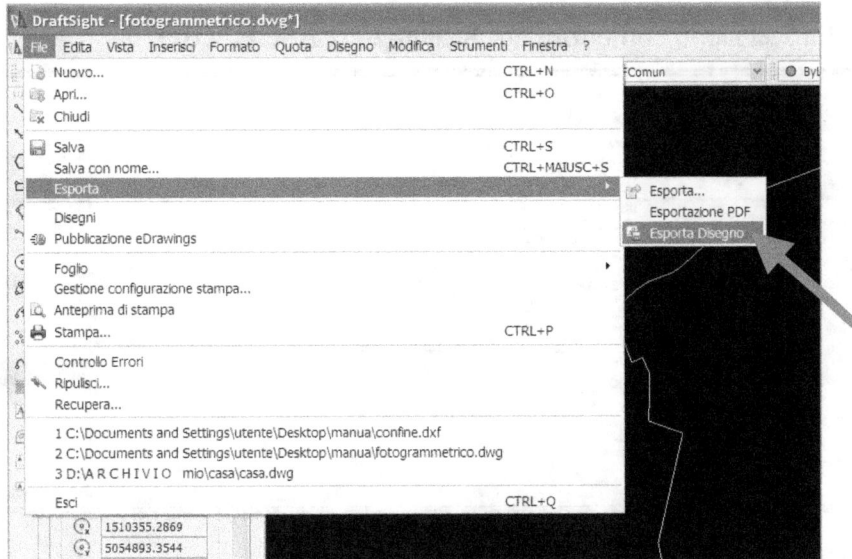

clicchiamo su **Specifica oggetti**

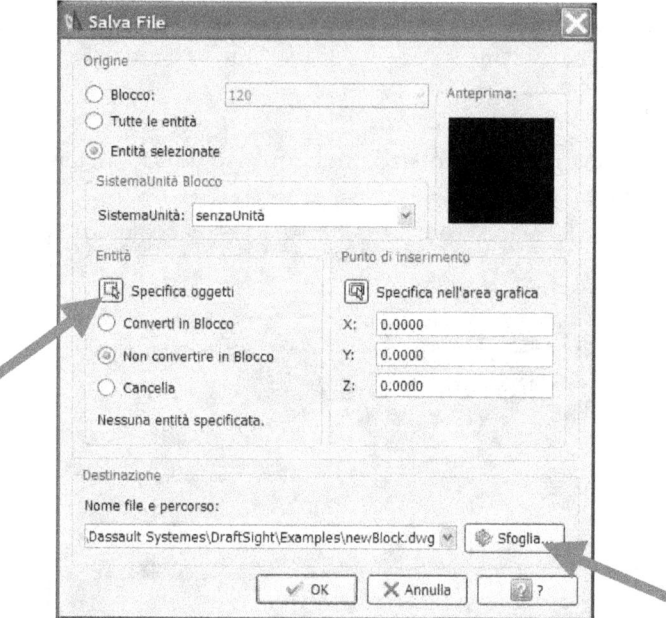

e selezioniamo tutti gli oggetti (per i meno avvezzi col CAD, ricordiamo che la selezione di più oggetti si ottiene racchiudendoli in un rettangolo di selezione, puntando col tasto sinistro delmouse in un punto esterno al gruppo di oggetti e trascinando poi il puntatore nell'angolo opposto).

Diamo **INVIO**.

Da **Sfoglia** scegliamo come formato **R2000-2002 ASCII *.dxf**

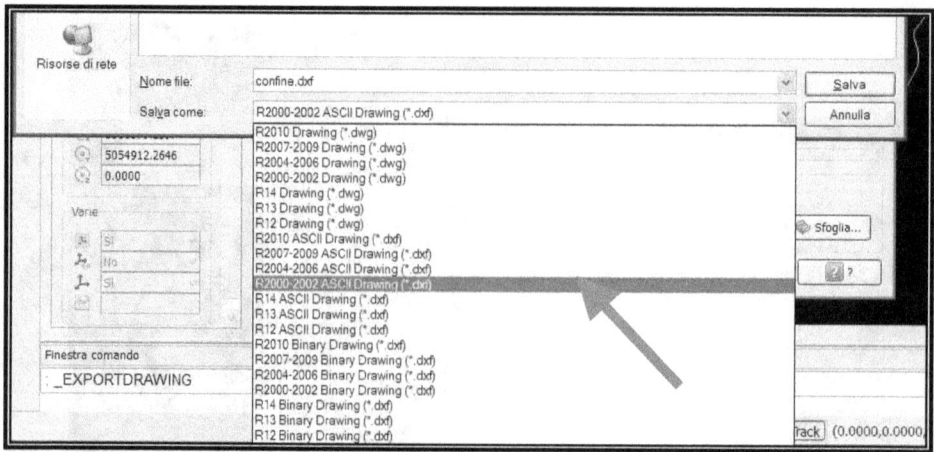

e salviamo il tutto col nome **confine.dxf**.

In modo analogo dobbiamo estrapolare i layer contenenti gli edifici. Quindi:
1. apriamo il gestore layer;
2. selezioniamo e congeliamo tutti i layer;
3. scongeliamo i seguenti layer che contengono le geometrie degli edifici:

   3013_BARACCHE

   3016_BOXmur

   3018_EDminori

   3070_EDcostr

   3071_EDdir

   3110_EDresiden

   3121_EDfienile

   3300_ED_pubbl

   3312_MUNICIPIO

   3317_SCUOLA

   3410_ED_In

4. rendiamo attivo uno dei layer scongelati, di cui sopra, in modo da poter congelare il layer **6040_CONFComun** che era attivo in precedenza;

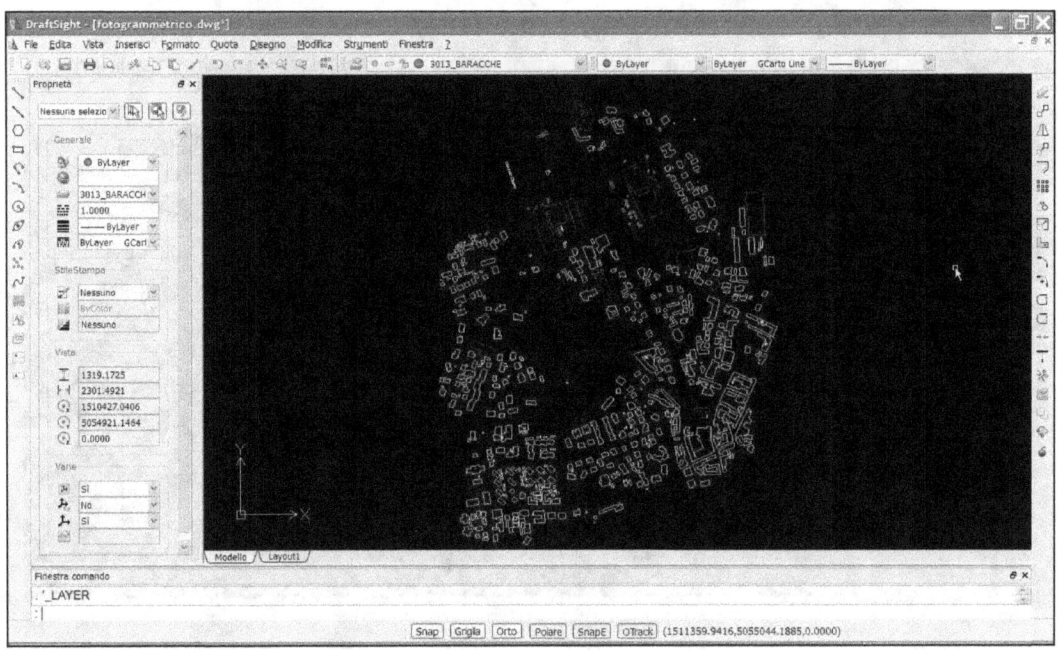

5. apriamo menù **File – Esporta – Esporta disegno**;
6. selezioniamo tutti gli oggetti ;
7. diamo **INVIO** ;
8. scegliamo il formato **R2000-2002 ASCII *.dxf**;
9. salviamo come **edifici.dxf** .

Infine, con tutti i layer non esportati sinora, creiamo il file **base.dxf**, sempre con le medesime modalità.

Tra la documentazione cartografica che abbiamo a disposizione, vi sono anche due fogli catastali del territorio. La fornitura rilasciata dal catasto può essere in diversi formati, nel nostro caso – ed utili allo scopo – i dati sono già in .dxf .

Seppur del formato a noi utile, dobbiamo estrapolare i dati per i tematismi a noi necessari. In particolare:

- particelle catastali;
- fabbricati catastali.

Con DraftSight apriamo, il file **foglio1.dxf**.

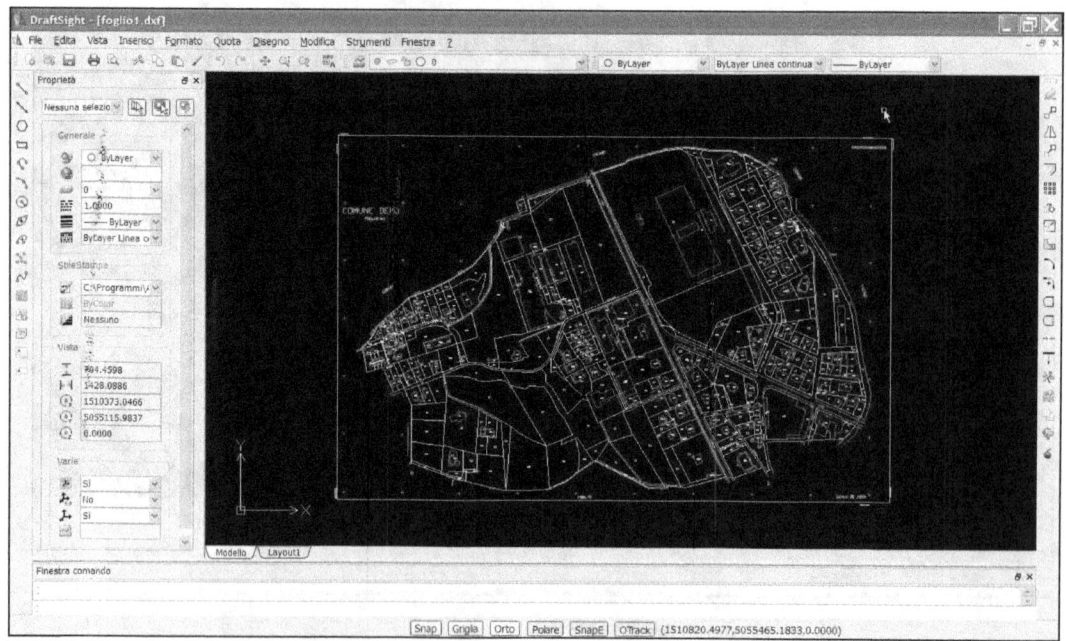

Come abbiamo fatto in precedenza, dobbiamo estrapolare, singolarmente, i layer relativi ai tematismi che vogliamo creare.

Analizziamo l'elenco dei layer dal gestore e attiviamo **PARTICELLE** congelando tutti gli altri.

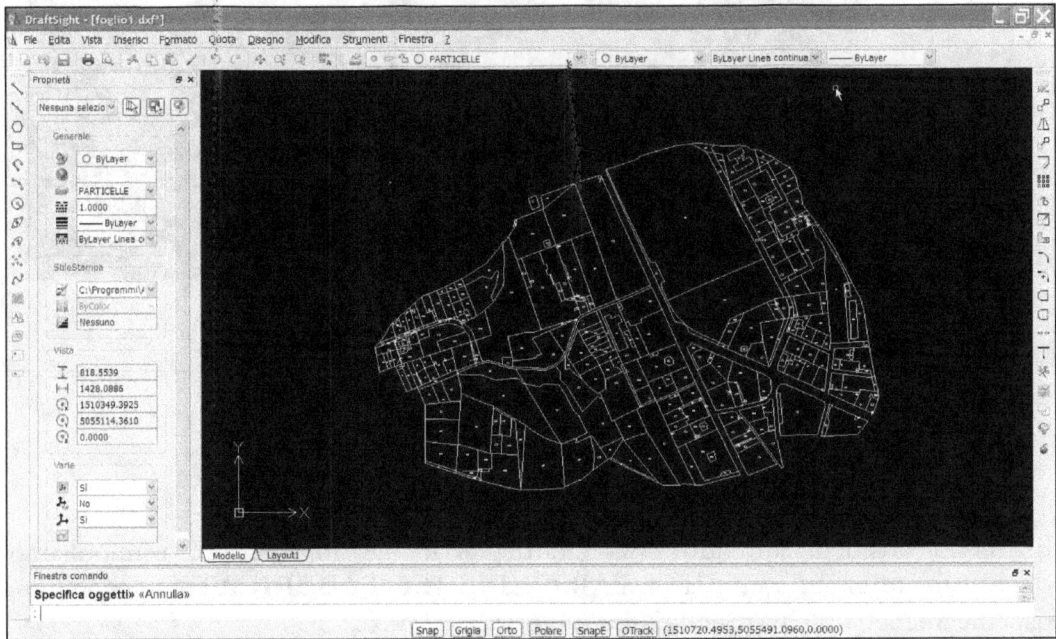

Procediamo quindi con:

(ripetendo l'ultima sequenza da 5 a 9)

5. menù **File – Esporta – Esporta disegno**;
6. selezioniamo tutti gli oggetti;
7. diamo **INVIO**
8. scegliamo il formato **R2000-2002 ASCII *.dxf**;
9. salviamo come **particelle1.dxf** .

Ripetiamo da 5 a 9 la procedura di estrapolazione anche col layer **FABBRICATI**

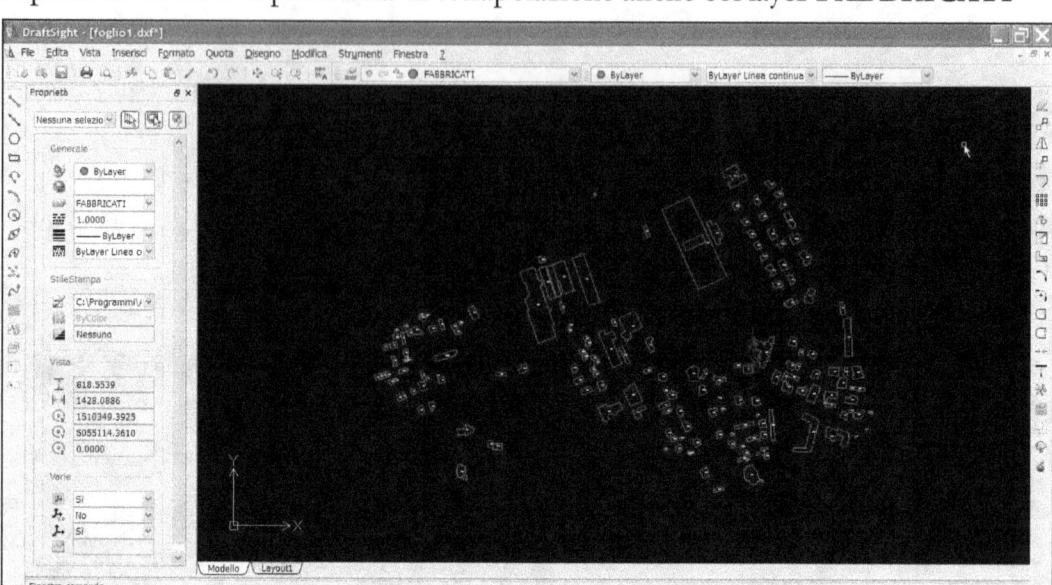

e generiamo il file **fabbricati1.dxf** .

In modo analogo, aprendo con DraftSight il file **foglio2.dxf**, estrapoliamo singolarmente anche qui i layer **PARTICELLE** e **FABBRICATI** , generando, rispettivamente, i file **particelle2.dxf** e **fabbricati2.dxf** .

Decidiamo di impostare il nostro lavoro in WGS84, per uniformarlo ed allinearlo agli attuali sistemi Gps e a Google Map. Nulla vieta, ovviamente, di impostare il nostro progetto in altri sistemi più consoni al nostro lavoro, vuoi per interscambio di dati con altri DataBase, vuoi per particolari necessità progettuali.

Operiamo le conversioni dei temi appena ricavati, ricordandoci di quanto già appreso in precedenza al paragrafo *Conversione delle coordinate*, ove avevamo appurato che il *fotogrammetrico* e i *fogli catastali* sono stati prodotti con il sistema di coordinate Gauss-Boaga ed il nostro territorio si trova nel fuso 32 ovest.

Avviamo **TRASPUNTO**.

Nella parte bassa della schermata, selezioniamo **FILE DXF**.

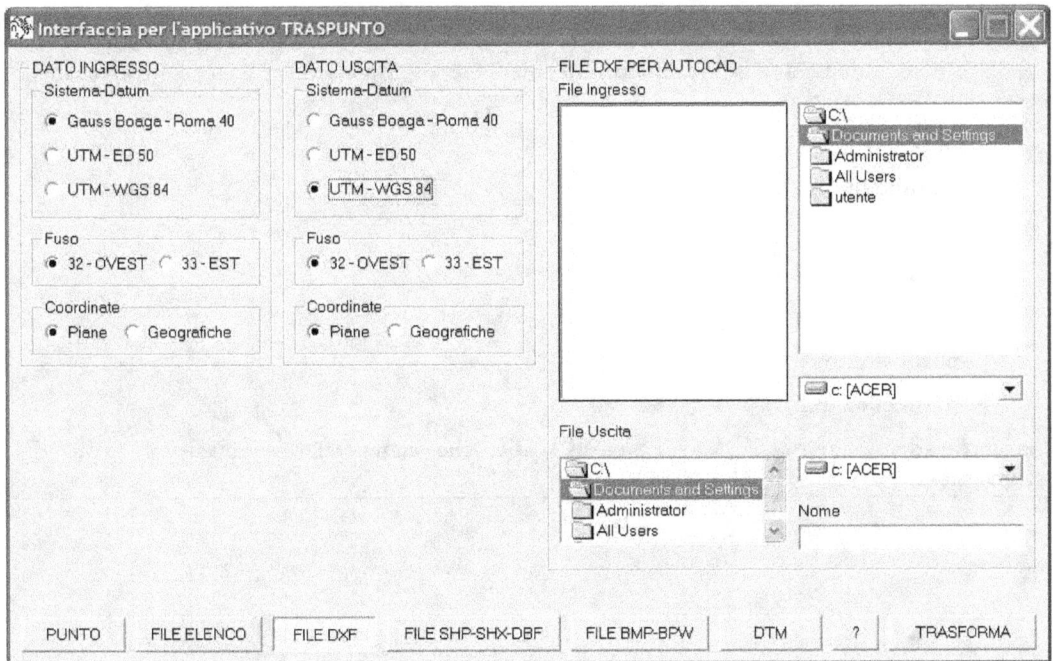

Come **DATO INGRESSO**, sul lato sinistro, spuntiamo:

      Sistema-Datum = Gauss-Boaga-Roma 40

      Fuso = 32-OVEST

      Coordinate = Piane

e come **DATO USCITA**:

> **Sistema-Datum = UTM-WGS84**
>
> **Fuso = 32-OVEST**
>
> **Coordinate = Piane**

Nella parte destra della schemata, dobbiamo selezionare il file da convertire ed indicare la posizione ed il nome di salvataggio.

---

 nota!

Ricordiamoci che TRASPUNTO non gestisce bene nomi di file troppo lunghi o percorsi troppo annidati o con nomi composti (quali Document and Setting, All User, ecc.), e che è consigliabile mettere i files da convertire:

> **base.dxf**
>
> **confine.dxf**
>
> **edifici.dxf**
>
> **fabbricati1.dxf**
>
> **fabbricati2.dxf**
>
> **particelle1.dxf**
>
> **particelle2.dxf**

in una cartella provvisoria, ad esempio **C:/abc**, che elimineremo terminato il lavoro di conversione.

Selezioniamo in **File Ingresso**, il primo file da convertire: **base.dxf**

ed in **File Uscita**, indichiamo il percorso ed il nome del file da salvare.

Il software ci suggerisce lo stesso nome ma, anziché sovrascrivere l'esistente, è consigliabile farne una nuova copia; per differenziarlo dall'originario (considerata l'avvertenza di non utilizzare nome complessi per i files con TRASPUNTO) aggiungiamo una W finale a ricordarci il sistema WGS84.

Generiamo così il file **baseW.dxf**, cliccando su **TRASFORMA**

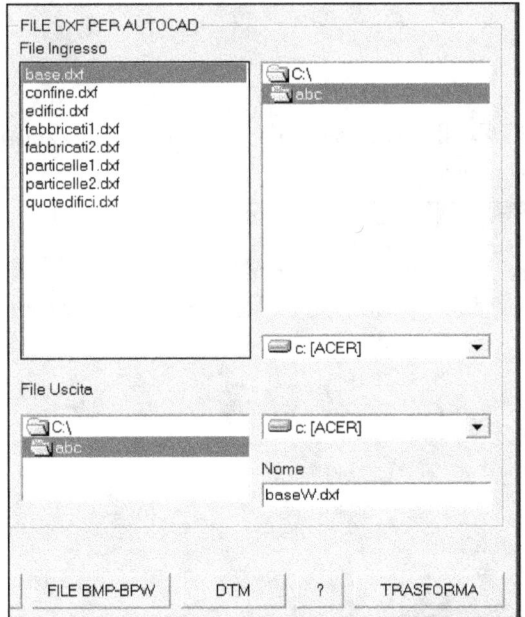

Ultimata l'elaborazione (base.dxf potrebbe richiedere anche qualche minuto di attesa, vista la quantità di elementi che contiene), provvediamo con la medesima procedura, alla conversione dei restanti file files *.dxf* , ottenendo i seguenti files convertiti:

        confineW.dxf

        edificiW.dxf

        fabbricati1W.dxf

        fabbricati2W.dxf

        particelle1W.dxf

        particelle2W.dxf

Importare in QGIS elementi in formato .dxf

Apriamo QuantumGIS Desktop o, se è già aperto, inizializziamo un nuovo progetto cliccando sull'apposito pulsante

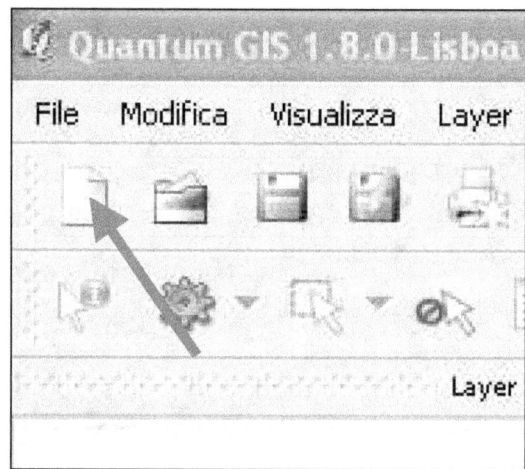

[Importare un file .dxf come vettore]

1. Da **Gestione layer**, selezioniamo il primo pulsante **Aggiungi vettore**

si aprirà la finestra di dialogo **Aggiungi vettore**:

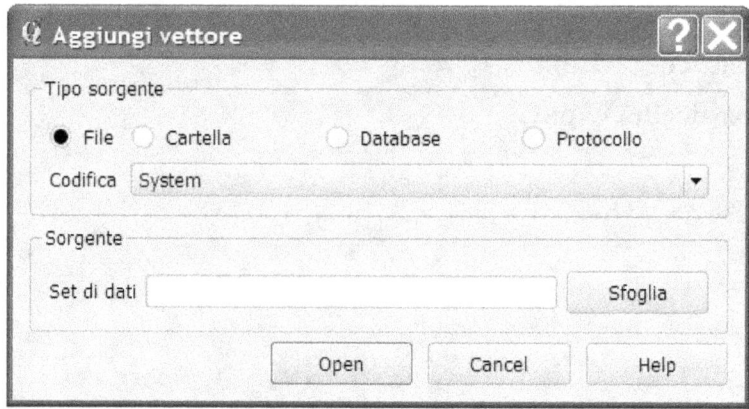

2. Clicchiamo su **Sfoglia**;
3. si aprirà un'altra finestra e selezioniamo come *Tipo file* – **AutoCAD DXF**;

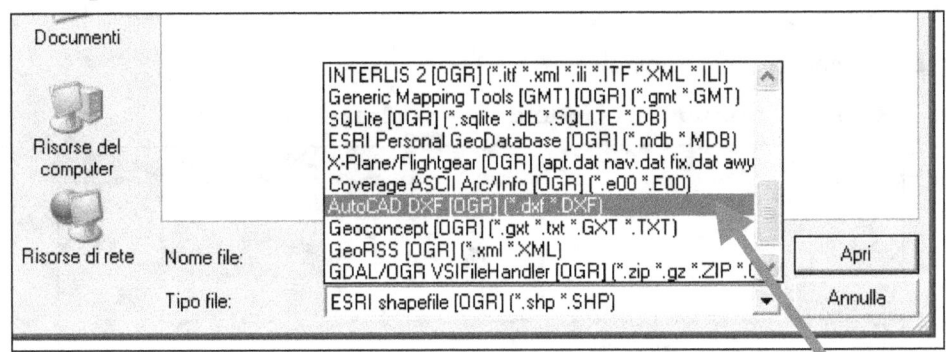

4. selezioniamo il file **edificiW.dxf** ;
5. **Apri** ;
6. **Open** .

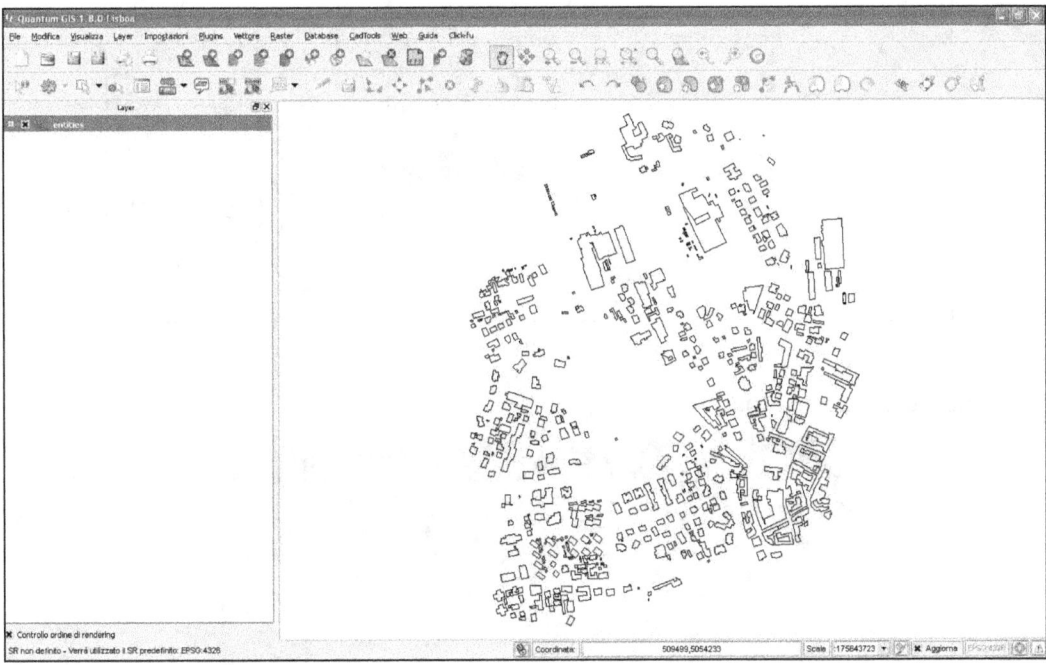

Dalla simbologia riportata nell'*Area dei Layer*, notiamo che gli elementi del tema in .*dxf*, sono caricati e letti come **linee**.

Provvediamo ora a generare da questi elementi, uno shapefile con elementi geometrici poligonali.

Dal menù a tendina, selezioniamo:
7. **Vettore - Strumenti di Geometria - Da linee a poligoni**

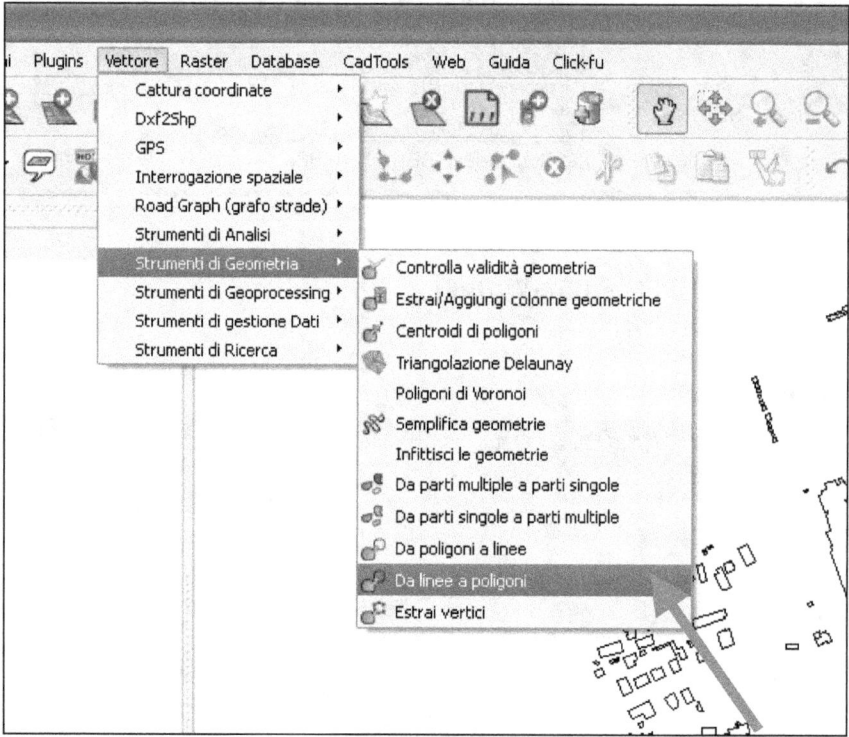

Si aprirà una finestra di dialogo:

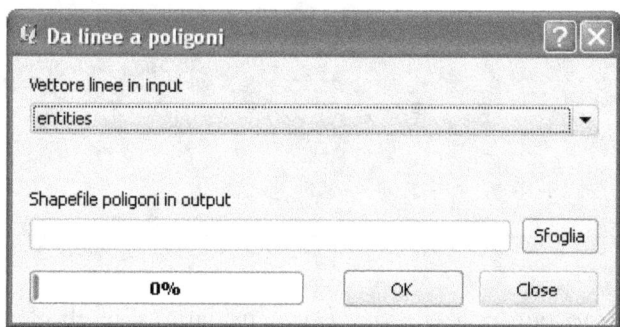

8. dove come *Vettore linee in input* è già selezionato l'unico tema caricato, denominato **entities**;
9. clicchiamo su **Sfoglia**;

10. Altra finestra: selezioniamo il percorso dove vogliamo salvare il nostro tema;
11. lo nominiamo **EdificiW**;

e diamo **Save**, in quanto di defualt è impostato il salvataggio come shapefile.

12. Finestra precedente: **OK**.
13. Un avviso ci chiederà se *vuoi aggiungerlo alla legenda*: clicchiamo **YES**.

Nell'*Area dei Layer* è comparso lo shape appena creato e che è visibile nelle sue geometrie, ovviamente, nell'*Area di Visualizzazione*.

14. Chiudiamo la finestra generatrice di shape cliccando su **Close**.

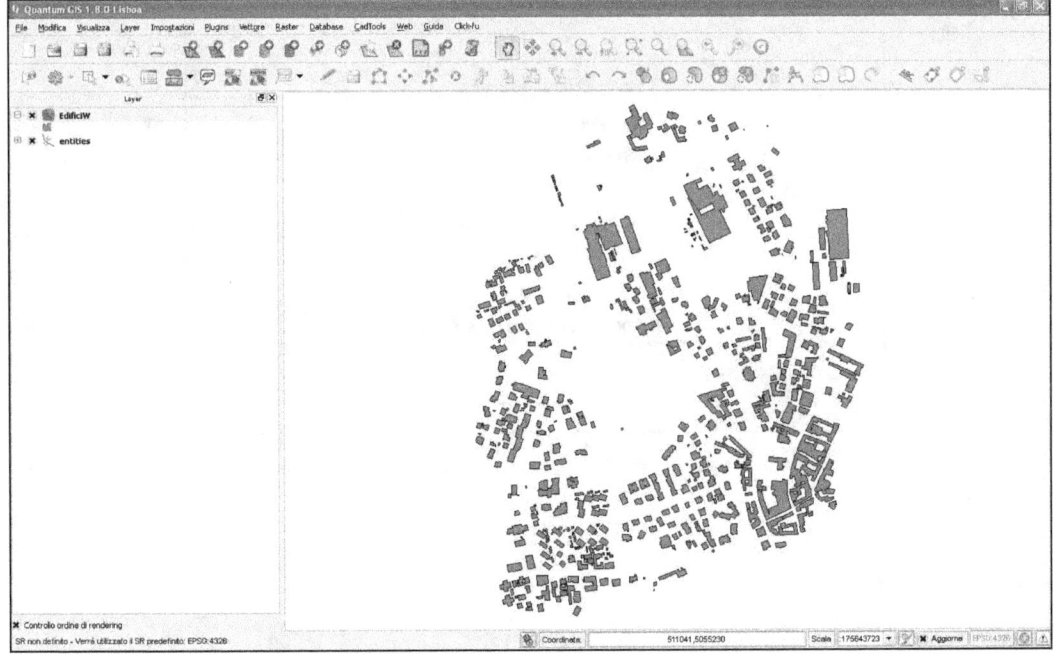

15. Rimuoviamo **entities** che non occorre più:
    - Selezioniamo **entities**;
    - Tasto destro su **entities**;
    - **Rimuovi**.

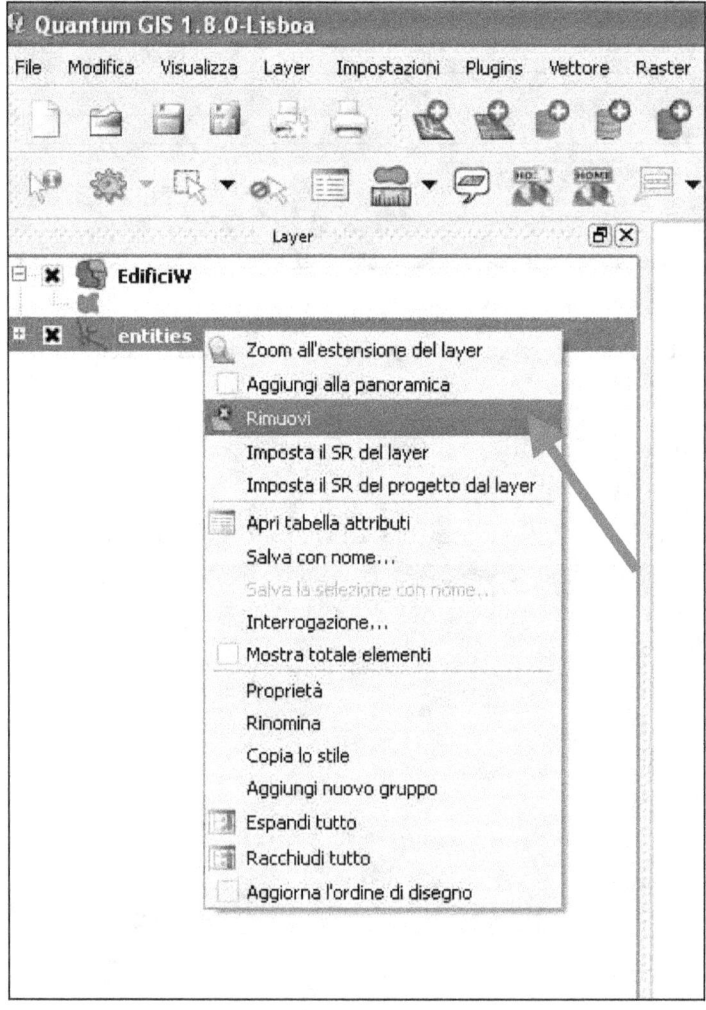

In modo analogo, importiamo **confiniW.dxf** . *(ripetendo ultima sequenza da 1 a 15)*

1. Menù a pulsanti: **Gestione layer - Aggiungi vettore**
2. Clicchiamo su **Sfoglia**;
3. Altra finestra: selezioniamo come *Tipo file* – **AutoCAD DXF**;
4. selezioniamo il file **confineW.dxf** ;
5. **Apri** ;
6. **Open** .

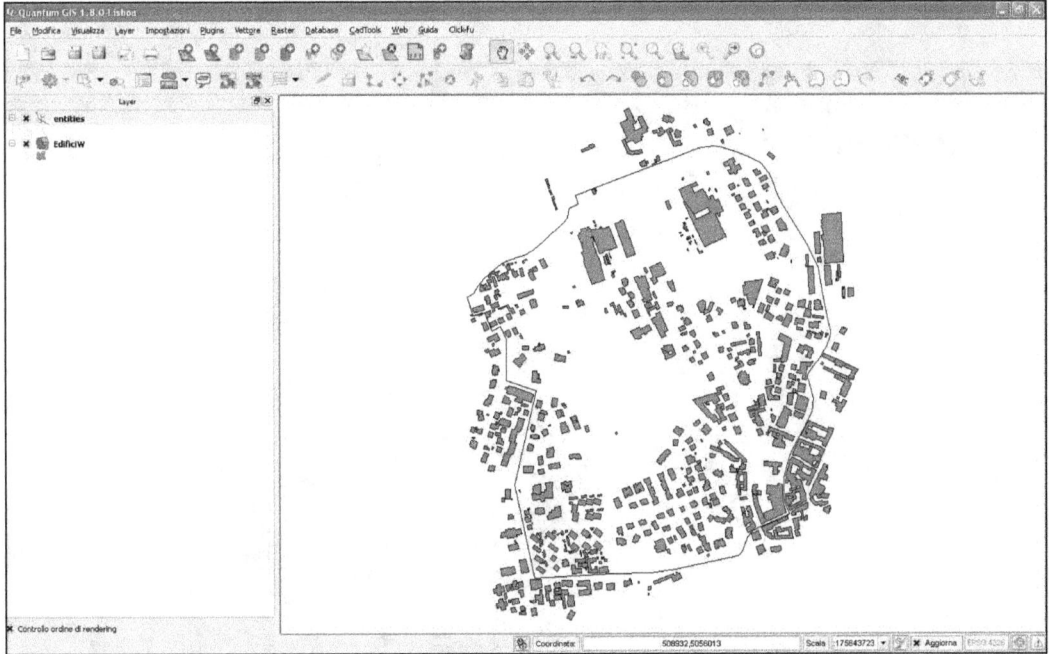

Viene caricato **entities** che rappresenta il confine con elemento **lineare**.
Anche per questo elemento, generariamo uno shapefile con elemento poligonale.

Dal menù a tendina, selezioniamo:
7. **Vettore - Strumenti di Geometria - Da linee a poligoni** .
8. Altra finestra: come *Vettore linee in input* è già selezionato **entities**;
9. clicchiamo su **Sfoglia**.

10. Altra finestra: selezioniamo il percorso dove vogliamo salvare il nostro tema;
11. lo nominiamo **ConfineW** e diamo **Save**.
12. Finestra precedente: **OK**.
13. *Vuoi aggiungerlo alla legenda?* clicchiamo **YES**.
14. Chiudiamo la finestra generatrice di shape cliccando su **Close**.
15. Rimuoviamo **entities:**
    - Selezioniamolo nell'*Area dei Layer* ;
    - Tasto destro su di esso;
    - **Rimuovi**.

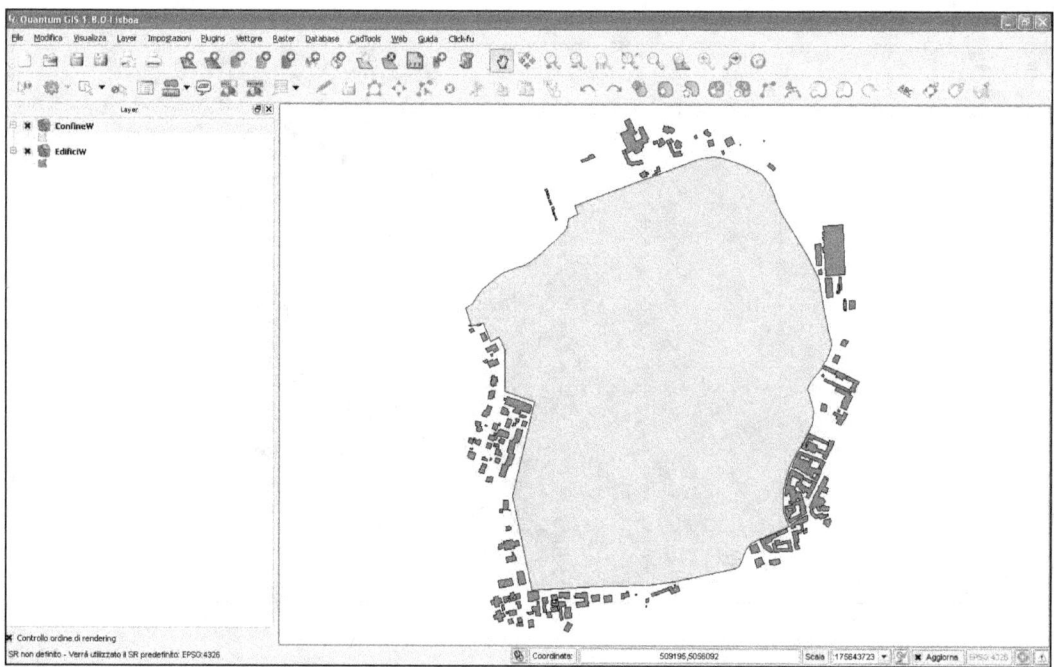

 nota!

Il tema **ConfineW** avrebbe avuto più logica crearlo come geometria lineare. L'averlo generato come poligono ci permetterà in seguito di utilizzarlo con la doppia valenza di indicazione del limite territoriale e di superficie del territorio.

suggerimento!

Come qualsiasi lavoro fatto al computer, è buona norma di tanto in tanto, effettuare dei salvataggi per non rischiare di perdere tutto.

Salviamo il nostro lavoro usando i pulsanti **Salva progetto** o **Salva progetto con nome**

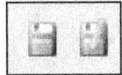

dal **gruppo File**.

Sempre dal medesimo gruppo, troviamo il pulsante per riaprire il progetto salvato

Come primo progetto, con molta originalità e come buon auspicio, lo salviamo ad esempio col nome: **primolavoro** .

Tutti queste operazioni possono essere attivate anche dal menù a tendina **File.**

Quella appena illustrata, non è l'unica procedura per importare elementi in formato .*dxf* .

A volte capita che gli elementi geometrici contenuti in un file cad *(.dwg* o *.dxf)* abbiano abbinato un determinato attributo di testo georeferenziato al singolo elemento. Il risultato dell'estrazione di questi elementi (salvati in .*dxf),* genera elementi di diversa tipologia geometrica che Qgis, ed i strumenti GIS in generale, non gestiscono.

Importiamo ad esempio in Qgis il file **fabbricati1W.dxf** .

1. Menù a pulsanti: **Gestione layer** - **Aggiungi vettore**
2. Clicchiamo su **Sfoglia**;
3. Altra finestra: selezioniamo come *Tipo file* – **AutoCAD DXF**;
4. selezioniamo il file **fabbricai1W.dxf** ;
5. **Apri** ;
6. **Open** .

Togliamo la spunta a fianco di **ConfineW** e **EdificiW**,.

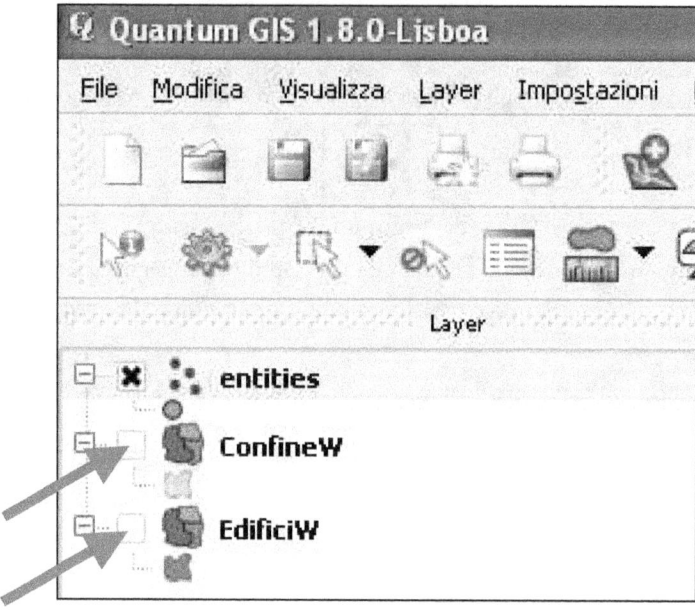

in modo da non renderli visibili e lasciare visibile solo gli elementi di **entities** appena caricato.

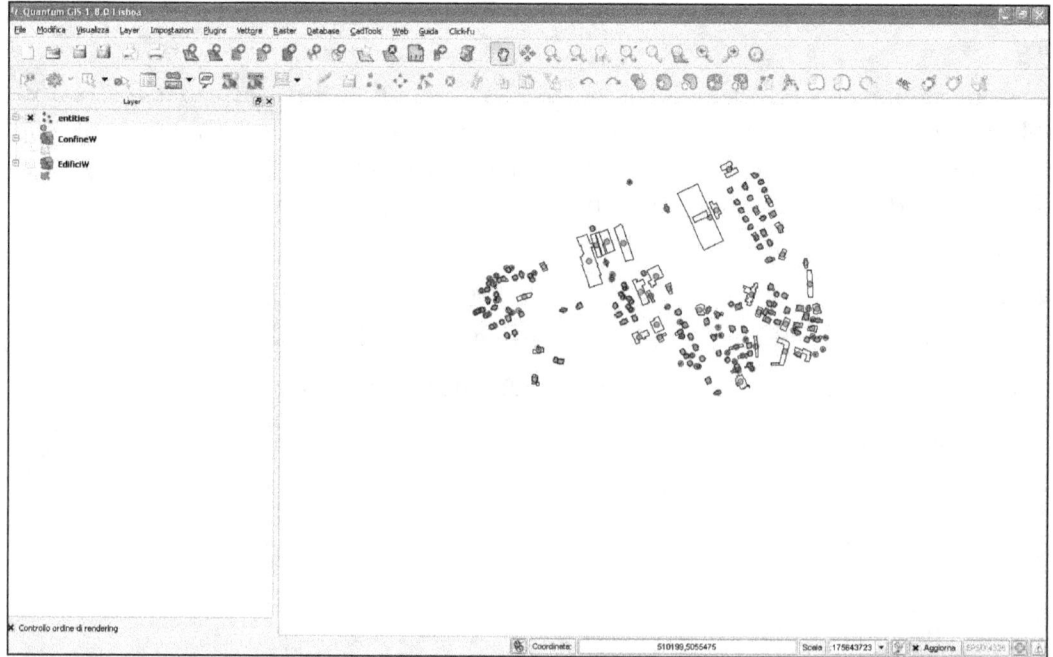

Se analizziamo la simbologia abbinata ad entities nell'*Area dei Layer*, essa ci indica che gli elementi caricati sono dei **punti**.

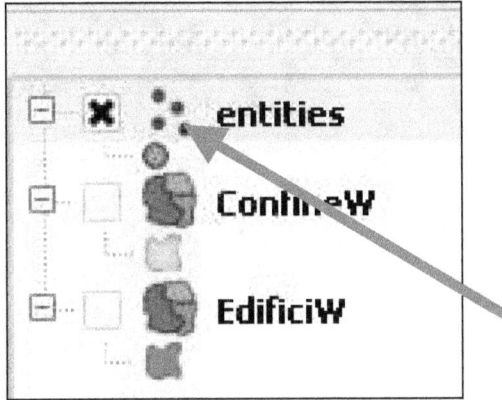

Analizzando invece l'*Area di Visualizzazione*, notiamo che oltre a dei punti sono visibili elementi geometrici composti da linee.

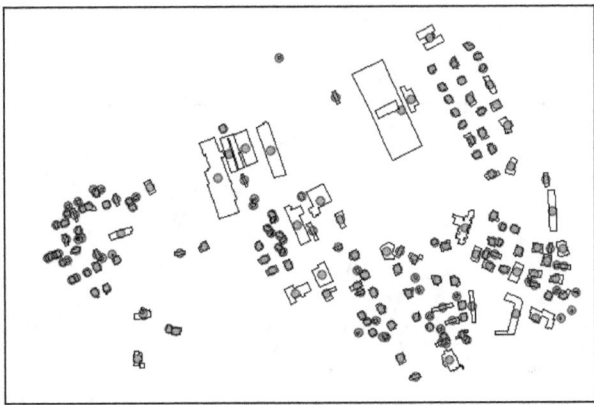

Qgis, come detto, **gestisce** solo una tipologia di elemento per tema; in questo caso solo **punti** (che nello specifico rappresentanto il testo indicante la particella catastale), lasciando alla sola visualizzazione gli elementi **lineari** (che rappresentano le sagome degli edifici accatastati).

Infatti, se proviamo a selezionare gli elementi con l'apposito pulsante degli **Attributi - Selezione elementi con rettangolo**

puntando il cursore col tasto sinistro del mouse in un angolo e trascinandolo nell'angolo opposto

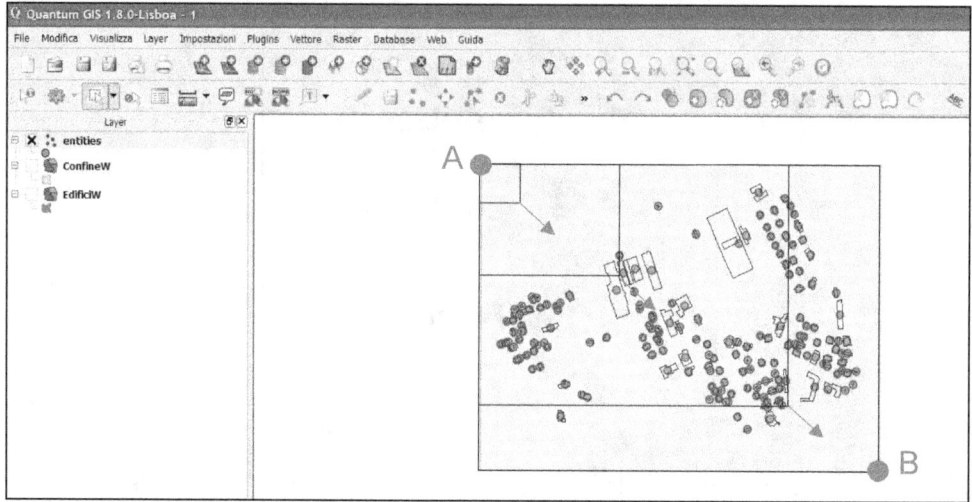

noteremo che verranno selezionati solo i **punti** e non le sagome rappresentanti gli edifici.

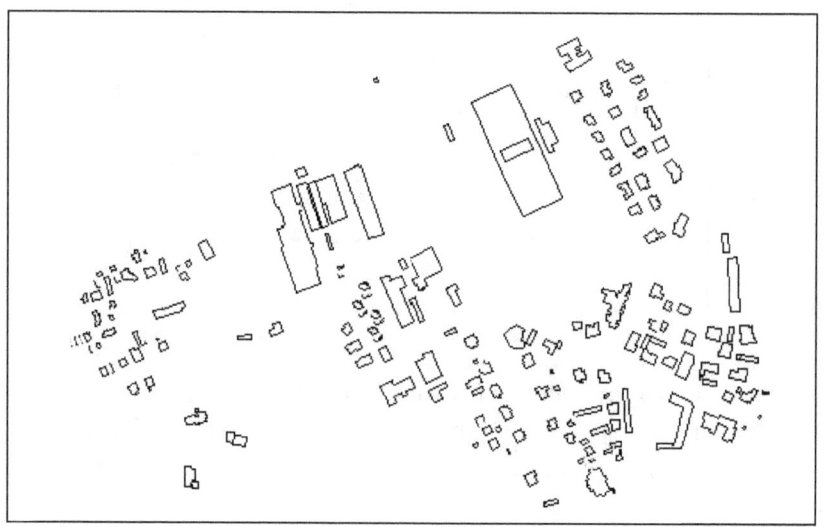

 nota!

Gli elementi selezionati assumeranno il colore giallo impostato di default.

Importiamo **fabbricati1W.dxf** con l'altra procedura; prima, però, rimuoviamo **entities:**

- Selezioniamolo nell'*Area dei Layer*;
- Tasto destro su di esso;
- **Rimuovi**.

[Convertire un file .dxf in shapefile]

Dal menù a tendina:

1. **Vettore – Dxf2Shp - Dxf2Shp Converter**

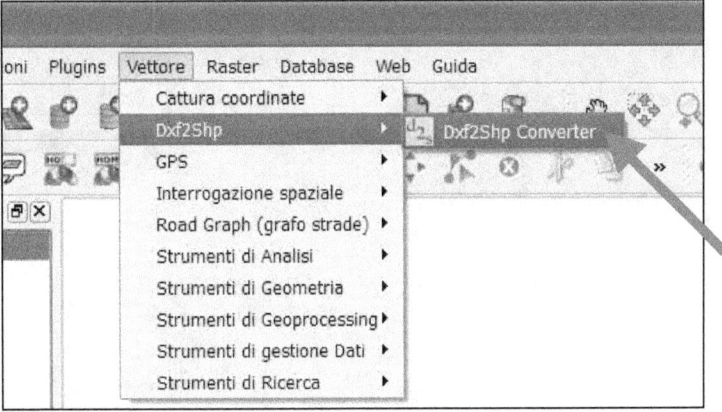

Si aprirà la seguente finestra:

Cliccando sui pulsanti

2. selezioniamo come file da convertire **fabbricati1W.dxf**,
3. e come nome di shapefile da generare **Fab1uso** (di fatto, comunque, sarà uno shape che non utilizzeremo ma che il programma ci chiede comunque di generare);
4. Spuntiamo **Esporta le etichette di testo**,
5. e come *Tipo di file di output* spuntiamo **Poligono**.
6. Diamo **OK**.

Verranno caricati due nuovi temi:

> **Text layer**
>
> **Data layer**

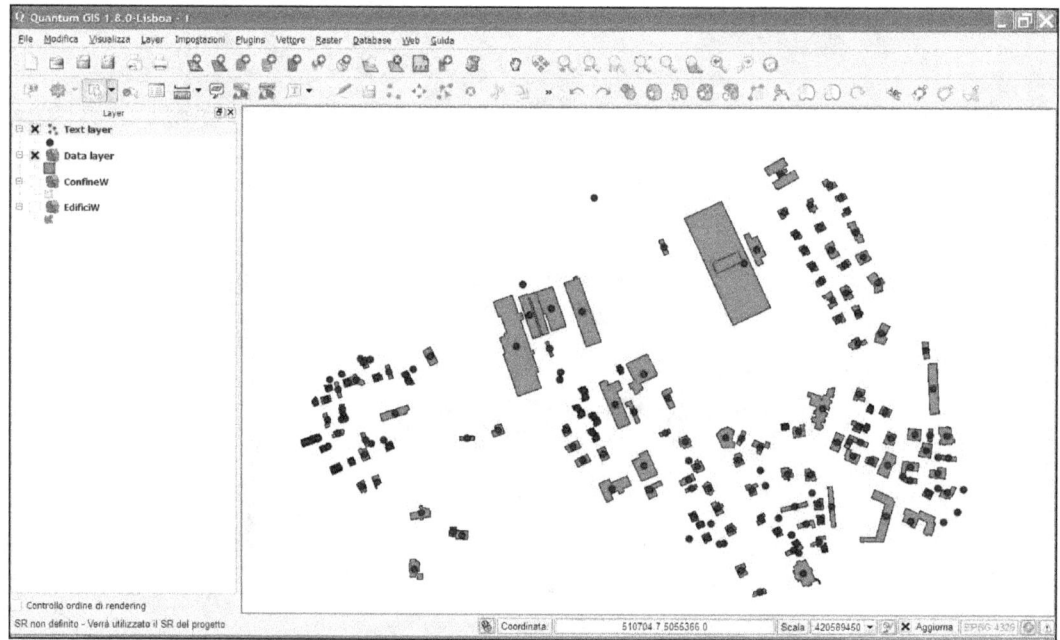

il primo, visualizzato con elementi **punto**, raccoglie tutte le informazioni inerenti gli attributi del tema *.dxf*;

il secondo, visualizzato con elementi poligono, rappresenta l'area di ingombro del fabbricato accatastato.

Per meglio comprendere, proviamo ad utilizzare il comando di interrogazione degli elementi, attivabile col pulsante del gruppo **Attributi**

il cursore si trasformerà in una freccia nera;

- selezioniamo **Text layer** nell'*Area dei Layer*

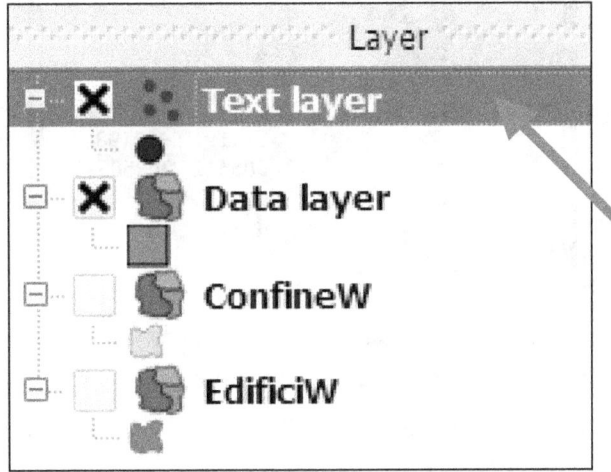

- clicchiamo nell'*Area di Visualizzazione* su un elemento **punto**

e si aprirà una finestra di **report** dove sono riportati gli attributi associati a quell'elemento:

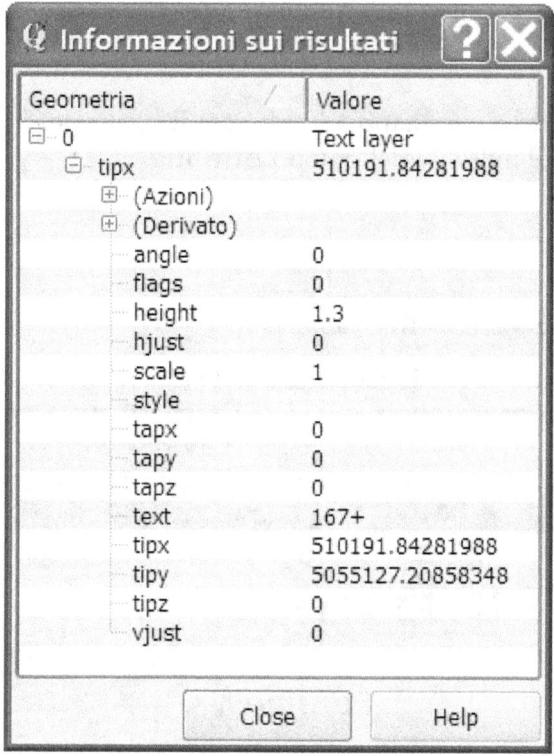

Se apriamo la **Tabella degli attributi** di **Text layer**

- tasto destro su **Text layer** nell'*Area dei Layer* – **Apri tabella attributi** (oppure usando l'apposito pulsante nei menù)

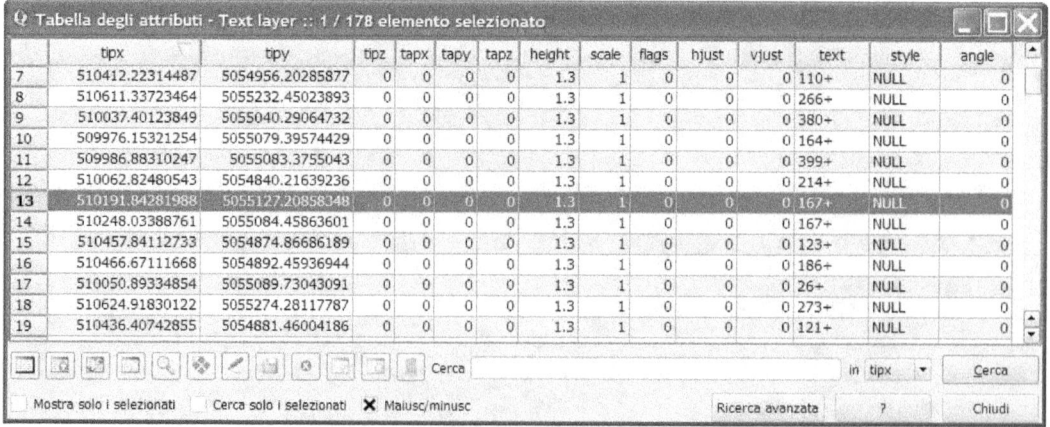

notiamo che le informazioni del **report**, altro non sono che le informazioni riportate nella riga, inerente l'elemento interrogato, della **tabella attributi**, che nel merito sono:

- **tipx**, longitudine del testo rispetto al SR originario;
- **tipy**, latitudine del testo rispetto al SR originario;
- **tipz**, altitudine del testo rispetto al SR originario;
- **tapx**, coordinata di servizio del sistema originario;
- **tapy**, coordinata di servizio del sistema originario;
- **tapz**, coordinata di servizio del sistema originario;
- **height**, altezza del testo nel sistema originario;
- **scale**, scala del testo nel sistema originario;
- **flags**, orientamento del testo nel sistema originario;
- **hjust**, dato sulla configurazione del testo nel sistema originario;
- **vjust**, dato sulla configurazione del testo nel sistema originario;
- **text**, valore del testo;
- **style**, stile grafico del testo nel sistema originario;
- **angle**, angolo grafico del testo nel sistema originario.

Ripetiamo l'interrogazione su un elemento di **Data layer**.

- selezioniamo **Data layer** nell'*Area dei Layer*

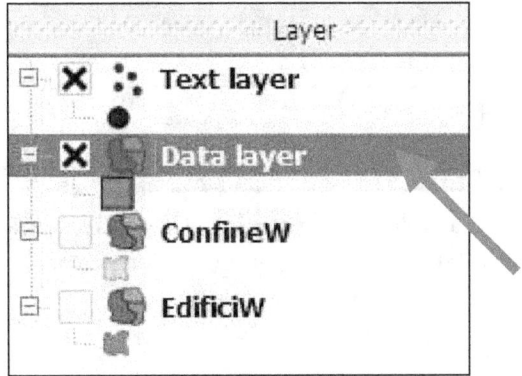

- clicchiamo nell'*Area di Visualizzazione* su un elemento **poligono** e si aprirà la relativa finestra di **report**:

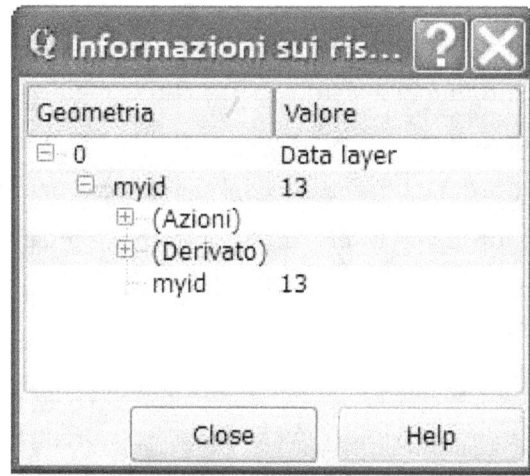

Notiamo subito che a quell'elemento è associato un solo attributo, conferma che abbiamo aprendo la **Tabella degli attributi**.

- tasto destro su **Data layer** nell'*Area dei Layer* – **Apri tabella attributi**

    (oppure usando l'apposito pulsante nei menù)

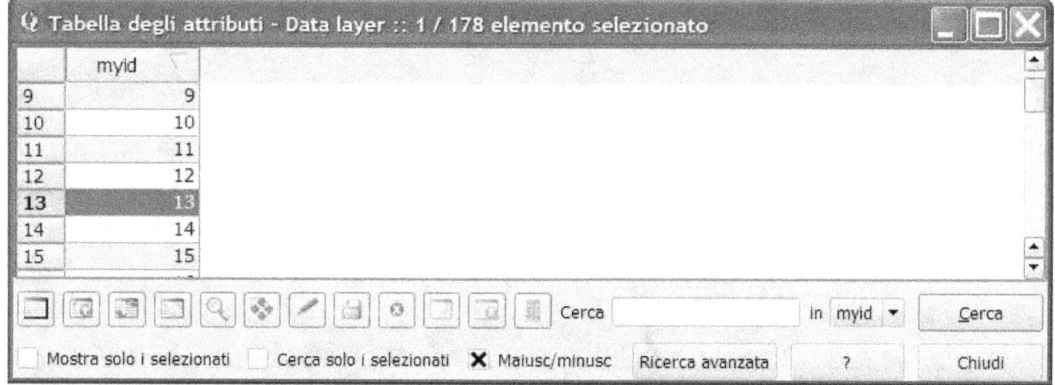

dove è presente una sola colonna (**myid**) che rappresenta il numero progressivo che il sistema originario ha assegnato al singolo elemento.

[Unire gli attributi di due temi per posizione spaziale]

Del tema **fabbricati1W.dxf**, a noi serve un unico tema, con elementi **poligonali** a cui sono associati gli attributi del sistema originario.

Dal menù a tendina:

7. **Vettore – Strumenti di gestione Dati - Unisci attributi per posizione**

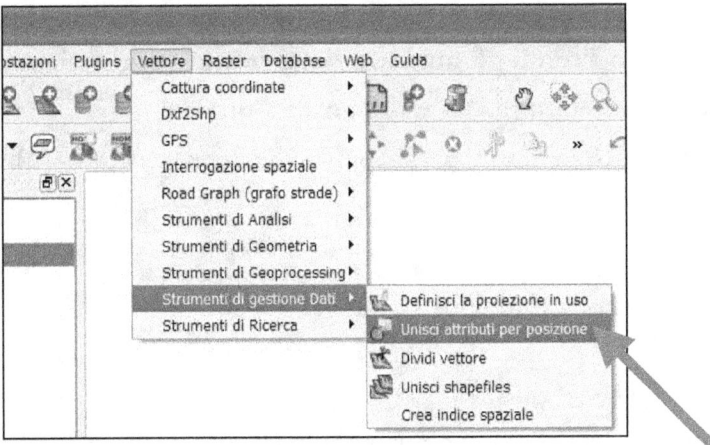

Si apre una finestra:

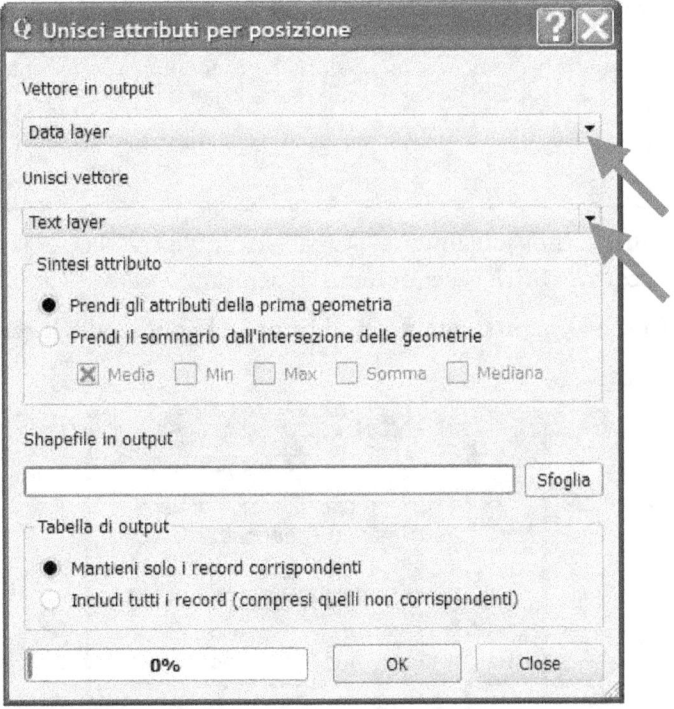

Cliccando su i due simboli triangolari ▼ accediamo a delle opzioni di scelta a tendina:

8. per **Vettore in output** selezioniamo **Data layer**;
9. per **Unisci vettore** selezioniamo **Text layer**

10. Spuntiamo **Prendi gli attributi della prima geometria**;
11. Selezioniamo **Sfoglia**, si aprirà un'altra finestra,
12. inseriamo come nome del shapefile che verrà generato **Fabbricati1Wdef**,
13. e diamo **Save**;

14. Tornati alla finestra precedente ci assicuriamo che sia spuntata l'opzione **Mantieni solo i record corrispondenti**
15. e diamo **OK**.

Un avviso ci ricorderà che non abbiamo ancora assegnato i SR ai layer,

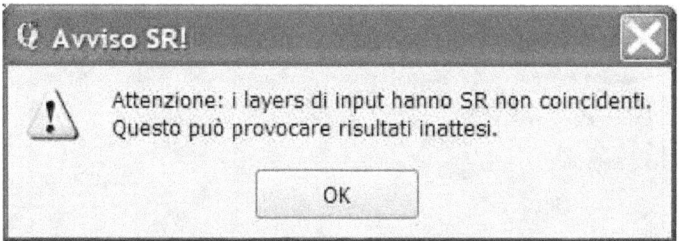

16. ma diamo tranquillamente **OK**, in quanto l'operazione non verrà pregiudicata e i SR li assegneremo in seguito.

Ci verrà chiesto se vogliamo aggiungere il nuovo shapefile alla legenda:

17. diamo **Yes**.

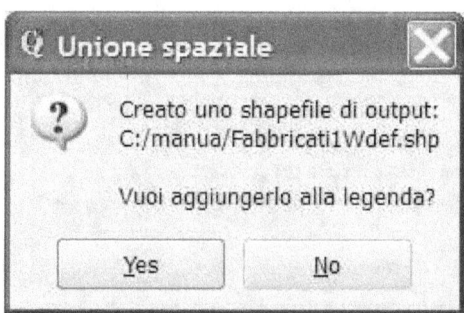

18. Concludiamo infine, cliccando su **Close** nella finestra generatrice.

Con questa operazione abbiamo legato agli elementi di **Data layer** gli attributi di **Text layer**.

Rimuoviamo i temi **Data layer** e **Text layer**.

Uno alla volta:

- Selezioniamone uno nell'*Area dei Layer*;
- Tasto destro su di esso;
- **Rimuovi**.

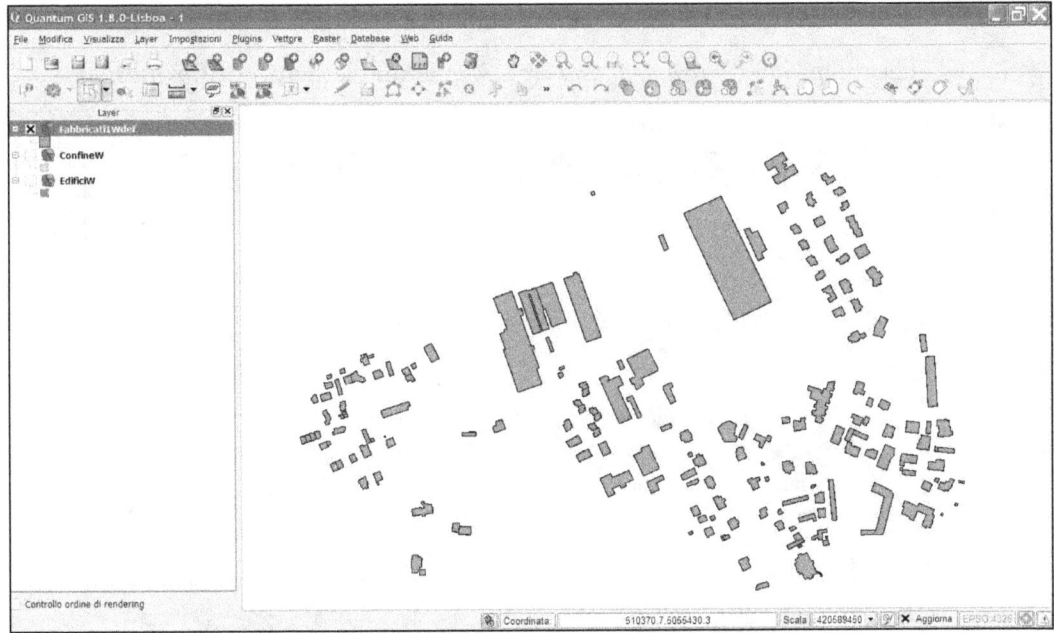

Del nuovo tema **Fabbricati1Wdef**, se apriamo la **Tabella degli attributi**.

- tasto destro su **Data layer** nell'*Area dei Layer* – **Apri tabella attributi**

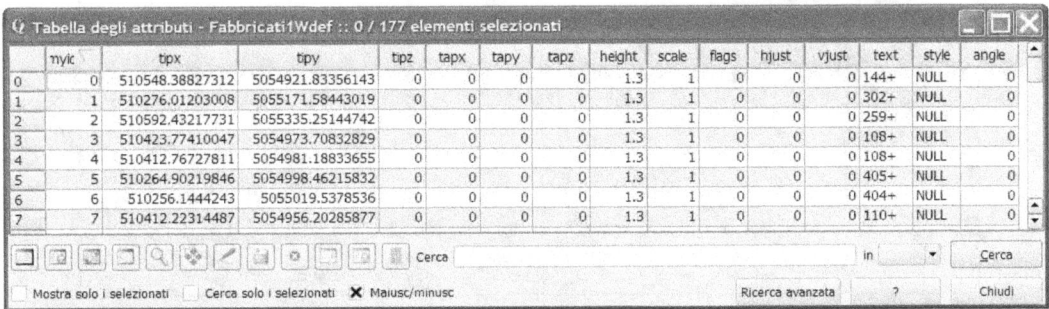

noteremo che le due tabelle aperte in precedenza – quella di **Data layer** e quella di **Text layer** – si sono fuse, ma cosa più importante, tutti gli attributi sono ora associati, riga per riga, ai poligoni che rappresentano gli edifici del catasto.

A riprova di ciò, interroghiamo un elemento/edificio:

clicchiamo sul pulsante di **Informazione elementi** del gruppo **Attributi**

- selezioniamo **Fabbricati1Wdef** nell'*Area dei Layer*
- clicchiamo nell'*Area di Visualizzazione* su un elemento **poligonale**

e si aprirà la relativa finestra di **report**:

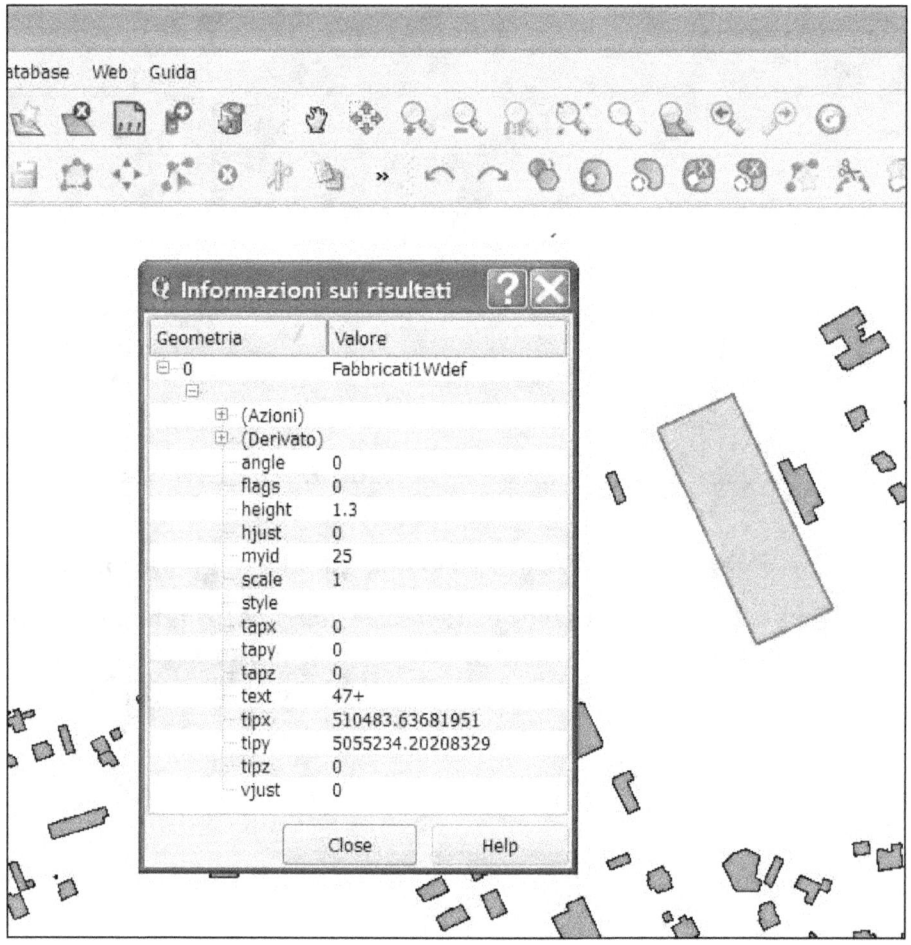

che riporterà tutti gli attributi del file originario dell'edificio catastale.

Tutte le operazioni svolte per importare il file **fabbricati1W.dxf**, dovranno essere ripetute per importare anche i files:

    fabbricati2W.dxf

    particelle1W.dxf

    particelle2W.dxf

Importiamo **fabbricati2W.dxf**. *(ripetendo ultima sequenza da 1 a 18)*

Dal menù a tendina:

1. **Vettore – Dxf2Shp - Dxf2Shp Converter**

Si aprirà una nuova finestra:

2. selezioniamo come file da convertire **fabbricati2W.dxf**,
3. selezioniamo come nome di shapefile da generare **Fabbricati2W**
4. spuntiamo **Esporta le etichette di testo**,
5. come *Tipo di file di output* spuntiamo **Poligono**.
6. **OK**.

Verranno caricati due nuovi temi:

    Text layer

    Data layer

Dal menù a tendina:

7. **Vettore – Strumenti di gestione Dati – Unisci attributi per posizione**

Si aprirà una finestra:

8. per *Vettore in output* selezioniamo **Data layer**;
9. per *Unisci vettore* selezioniamo **Text layer**
10. Spuntiamo **Prendi gli attributi della prima geometria**;
11. Selezioniamo **Sfoglia** e si aprirà un'altra finestra;
12. Inseriamo come nome del shapefile che verrà generato **Fabbricati2Wdef**;
13. **Save**;
14. Tornati alla finestra spuntiamo l'opzione **Mantieni solo i record corrispondenti**;

15. **OK**;
16. Diamo **OK** all'avviso di SR dei layer;
17. Aggiungiamo il nuovo shapefile alla legenda dando **Yes**;
18. Dopo il caricamento del nuovo tema, chiudiamo la finestra generatrice, con **Close**

Andata a buon fine l'operazione, rimuoviamo i temi **Data layer** e **Text layer**.
Uno alla volta:

- Selezioniamone uno nell'*Area dei Layer*;
- Tasto destro su di esso;
- **Rimuovi**.

<u>Importiamo</u> **particelle1W.dxf**. *(ripetendo ultima sequenza da 1 a 18)*
Dal menù a tendina:

1. **Vettore – Dxf2Shp - Dxf2Shp Converter**

Si aprirà una nuova finestra:

2. selezioniamo come file da convertire **particelle1W.dxf**,
3. selezioniamo come nome di shapefile da generare **Particelle1W**
4. spuntiamo **Esporta le etichette di testo**,
5. come *Tipo di file di output* spuntiamo **Poligono**.
6. **OK**.

Verranno caricati due nuovi temi:

Text layer

Data layer

Dal menù a tendina:

7. **Vettore – Strumenti di gestione Dati – Unisci attributi per posizione**

Si aprirà una finestra:

8. per *Vettore in output* selezioniamo **Data layer**;
9. per *Unisci vettore* selezioniamo **Text layer**
10. Spuntiamo **Prendi gli attributi della prima geometria**;

11. Selezioniamo **Sfoglia** e si aprirà un'altra finestra;
12. Inseriamo come nome del shapefile che verrà generato **Particelle1Wdef**;
13. **Save**;
14. Tornati alla finestra spuntiamo l'opzione **Mantieni solo i record corrispondenti**;
15. **OK**;
16. Diamo **OK** all'avviso di SR dei layer;
17. Aggiungiamo il nuovo shapefile alla legenda dando **Yes**;
18. Dopo il caricamento del nuovo tema, chiudiamo la finestra generatrice, con **Close**

Rimuoviamo i temi **Data layer** e **Text layer**.

Uno alla volta:

- Selezioniamone uno nell'*Area dei Layer*;
- Tasto destro su di esso;
- **Rimuovi**.

Importiamo **particelle2W.dxf**. *(ripetendo ultima sequenza da 1 a 18)*

Dal menù a tendina:

1. **Vettore – Dxf2Shp - Dxf2Shp Converter**

Si aprirà una nuova finestra:

2. selezioniamo come file da convertire **particelle2W.dxf**,
3. selezioniamo come nome di shapefile da generare **Particelle2W**
4. spuntiamo **Esporta le etichette di testo**,
5. come *Tipo di file di output* spuntiamo **Poligono**.
6. **OK**.

Verranno caricati due nuovi temi:

Text layer

Data layer

Dal menù a tendina:

7. **Vettore – Strumenti di gestione Dati – Unisci attributi per posizione**

Si aprirà una finestra:

8. per *Vettore in output* selezioniamo **Data layer**;
9. per *Unisci vettore* selezioniamo **Text layer**
10. Spuntiamo **Prendi gli attributi della prima geometria**;
11. Selezioniamo **Sfoglia** e si aprirà un'altra finestra;
12. Inseriamo come nome del shapefile che verrà generato **Particelle2Wdef**;
13. **Save**;
14. Tornati alla finestra spuntiamo l'opzione **Mantieni solo i record corrispondenti**;
15. **OK**;
16. Diamo **OK** all'avviso di SR dei layer;
17. Aggiungiamo il nuovo shapefile alla legenda dando **Yes**;
18. Dopo il caricamento del nuovo tema, chiudiamo la finestra generatrice, con **Close**

Rimuoviamo i temi **Data layer** e **Text layer**.

Uno alla volta:

- Selezioniamone uno nell'*Area dei Layer*;
- Tasto destro su di esso;
- **Rimuovi**.

suggerimento! Salviamo *il progetto* ; dal gruppo dei pulsanti **File**:

Diamo uno **zoom completo**, con l'apposito pulsante del gruppo **Orientazione della mappa**

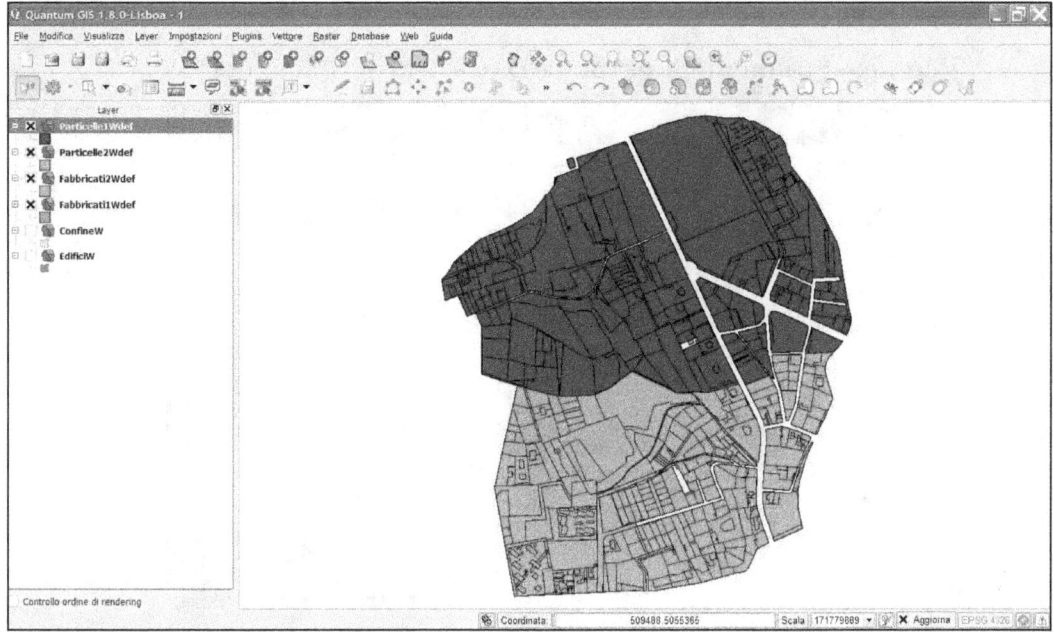

e visualizzeremo tutti i temi attivi.

 nota!

Nell'*area dei layer* i temi sono elencati in ordine di sovrapposizione: il primo si sovrapporrà al secondo nell'*area di visualizzazione*, il secondo sul terzo, e via discorrendo.

È possibile modificare l'ordine di sovrapposizione, per una miglior lettura dell'intero progetto, selezionando, col tasto sinistro del mouse, un tema nell'*area dei layer* e trascinandolo nella posizione dell'elenco che desideriamo.

[Unire gli elementi di due temi]

Analizzando i temi che abbiamo attualmente in QGIS, solo ConfineW e EdificiW rappresentano temi unici nei loro contenuti; i restanti temi, a coppie, hanno i medesimi contenuti, seppur con dati diversi.

La prossima operazione che procederemo ad eseguire, sarà quella di creare un unico tema contenente i fabbricati accatastati nel nostro territorio ed un unico tema contenente le particelle catastali.

Iniziamo dai fabbricati.

Dal menù a tendina:

1. **Vettore – Strumenti di gestione Dati – Unisci shapefiles**

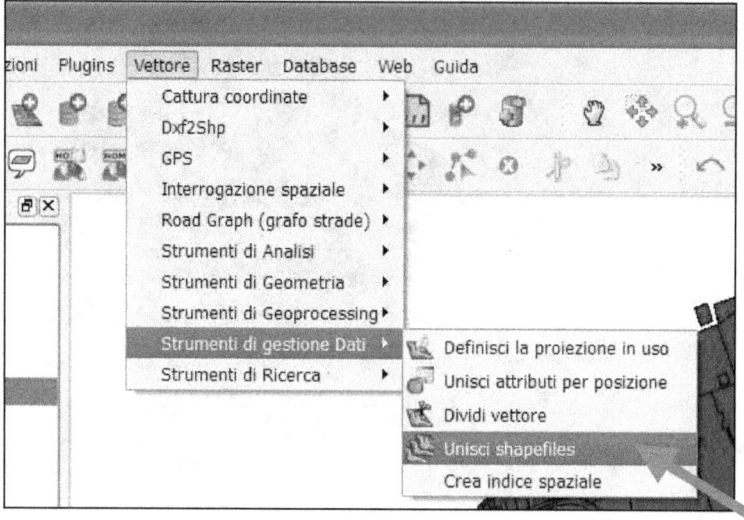

Si apre una nuova finestra:

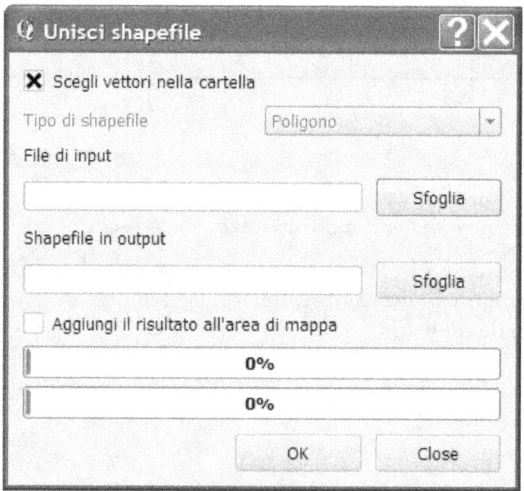

2. spuntiamo **Scegli vettori nella cartella**;
3. per *File di input* digitiamo su **Sfoglia**;

Si apre un'altra finestra dove andiamo a selezionare gli shapefiles che vogliamo unire; la selezione, ovviamente, può essere multipla: per selezionare più files, basta tenere premuto il tasto Ctrl mentre si opera col mouse. Quindi:

4. tenere premuto **Ctrl** sulla tastiera;
5. cliccare sul file **Fabbricati1Wdef**;

6. cliccare sul file **Fabbricati2Wdef**;

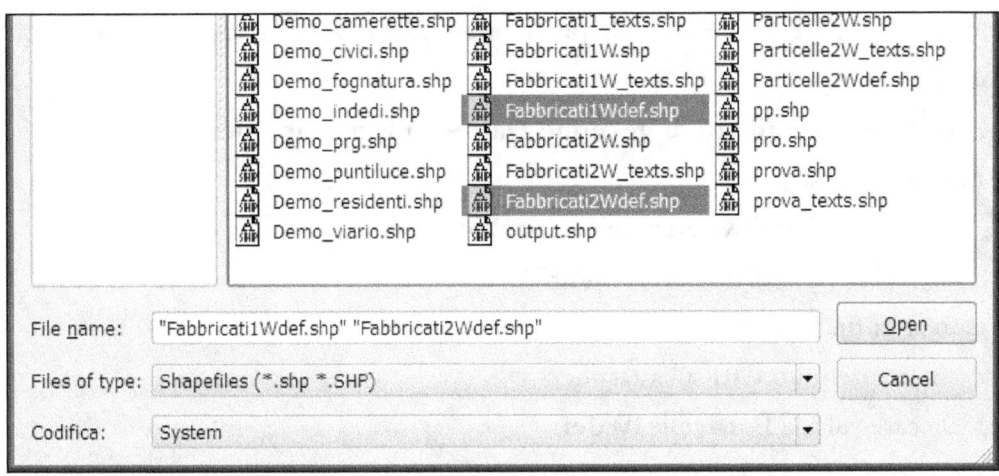

7. lasciare il tasto **Ctrl**;
8. **Open**;

si torna alla finestra precedente

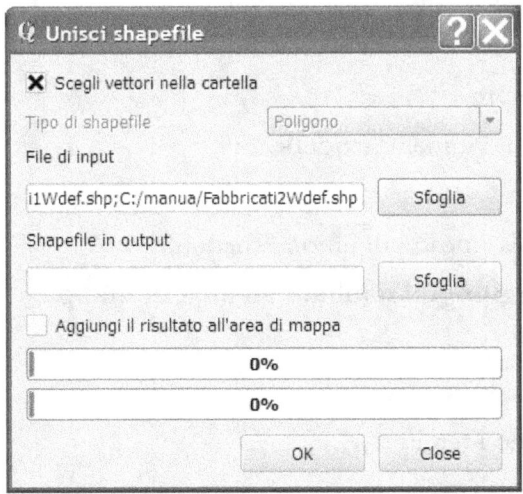

9. per *Shapefile in output* digitiamo su **Sfoglia**;

e nella finestra che si apre

10. assegnano come nome: **FabbricatiW**;
11. **Save**;

tornati nuovamente alla finestra di unione shapefile

12. spuntiamo **Aggiungi il risultato all'area di mappa**;
13. **OK**.

In modo analogo, procediamo con le **particelle** *(ripetendo ultima sequenza da 1 a 13)*
Dal menù a tendina:

1. **Vettore – Strumenti di gestione Dati – Unisci shapefiles**

Dalla nuova finestra:

2. spuntiamo **Scegli vettori nella cartella**;
3. per *File di input* digitiamo su **Sfoglia**;

Si apre un'altra finestra

4. tenere premuto **Ctrl** sulla tastiera;
5. cliccare sul file **Particelle1Wdef**;
6. cliccare sul file **Particelle2Wdef**;
7. lasciare il tasto **Ctrl**;
8. **Open**;

si torna alla finestra precedente

9. per *Shapefile in output* digitiamo su **Sfoglia**;

e nella finestra che si apre

10. assegnano come nome: **ParticelleW**;
11. **Save**;

tornati nuovamente alla finestra di unione shapefile

12. spuntiamo **Aggiungi il risultato all'area di mappa**;
13. **OK**.

Per ultimo, rimuoviamo i temi:

Fabbricati1Wdef;

Fabbricati2Wdef;

Particelle1Wdef;

Particelle2Wdef

che ormai sono superati dalle ultime operazioni. Uno alla volta:

- Selezioniamone uno nell'*Area dei Layer*;
- Tasto destro su di esso;

- **Rimuovi**.

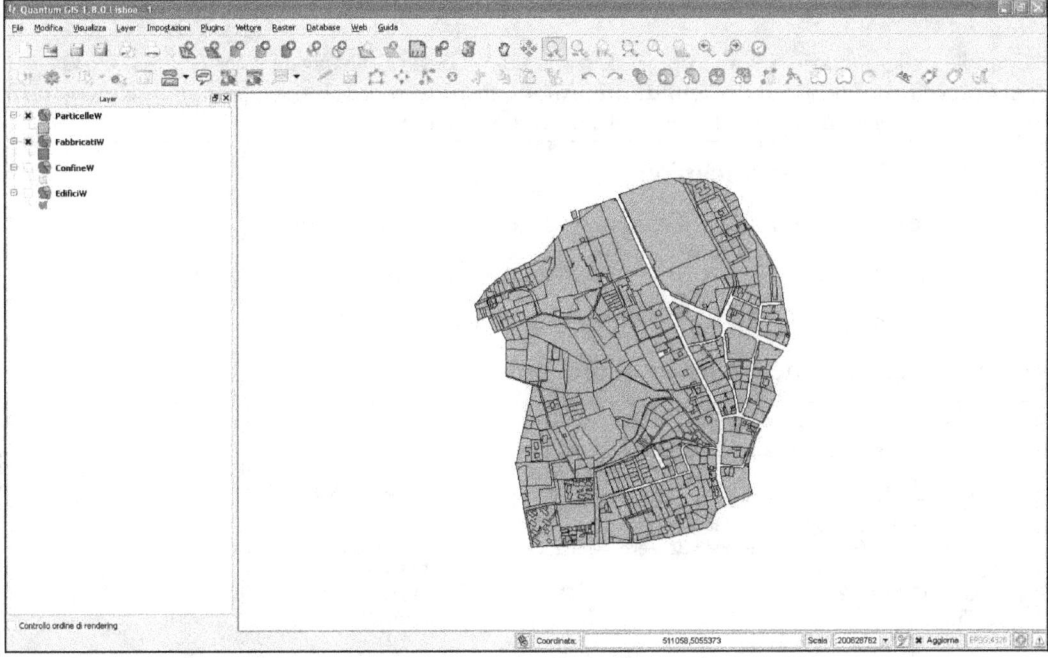

A questo punto, potremmo finalmente assegnare il SR ad ogni tema ed impostare anche il SR di progetto.

Riprendendo la procedura già vista al paragrafo *Conversioni coordinate* del *Cap.1* .

1. Selezioniamo nell'*Area dei Layer* il tema **ParticelleW**;

2. Tasto destro del mouse e selezioniamo **Imposta il SR del layer**;

3. Ci viene proposto WGS84 (EPSG:4326);

4. Facciamo scorrere verso l'alto la lista dei SR;

5. comprimiamo tutto;

6. Espandiamo **Sistemi Coordinate Proiettate**;

7. Espandiamo il sottoinsieme **Universal Transverse Mercator (UTM)**;

8. Selezioniamo **WGS84/UTM zone 32N** (EPSG:32632);

9. Confermiamo con **OK**.

> nota!
>
> Considerate le operazioni fatte in precedenza, il SR **WGS84/UTM zone 32N (EPSG:32632)** lo troviamo già tra l'elenco in **Sistemi di riferimento usati di recente**, dove possiamo selezionarlo velocemente, saltando i punti da 4 a 7 della procedura appena illustrata.

Assegnamo il SR a **FabbricatiW**:

1. Selezioniamo nell'*Area dei Layer* il tema **FabbricatiW**;
2. Tasto destro del mouse e selezioniamo **Imposta il SR del layer**;
3. Ci viene proposto WGS84 (EPSG:4326);

da **Sistemi di riferimento usati di recente**

Sistema di Riferimento	ID dell'autorità
* SR generato (+proj=tmerc +lat_0=0 +lon_0=-3.45233333 ...	USER:100062
* SR generato (+proj=utm +zone=32 +ellps=intl +units=m +...	USER:100060
ED50	EPSG:4230
ED50 / UTM zone 32N	EPSG:23032
WGS 84	EPSG:4326
Monte Mario / Italy zone 1	EPSG:3003
WGS 84 / UTM zone 32N	EPSG:32632

4. Selezioniamo **WGS84/UTM zone 32N** (EPSG:32632);
5. Confermiamo con **OK**.

Ripetiamo per **ConfineW**:

1. Selezioniamo nell'*Area dei Layer* il tema **ConfineW**;
2. Tasto destro del mouse e selezioniamo **Imposta il SR del layer**;
3. Ci viene proposto WGS84 (EPSG:4326);
4. Selezioniamo **WGS84/UTM zone 32N** (EPSG:32632);
5. Confermiamo con **OK**.

e per **EdificiW**:

1. Selezioniamo nell'*Area dei Layer* il tema **EdificiW**;
2. Tasto destro del mouse e selezioniamo **Imposta il SR del layer**;
3. Ci viene proposto WGS84 (EPSG:4326);

4. Selezioniamo **WGS84/UTM zone 32N** (EPSG:32632);
5. Confermiamo con **OK**.

Impostato il SR per i temi, impostiamolo anche al progetto.

Dal menù a tendina, selezionando **Impostazioni - Proprietà di progetto...** si aprirà una finestra, dove selezioneremo la scheda **Sistema di Riferimento**:

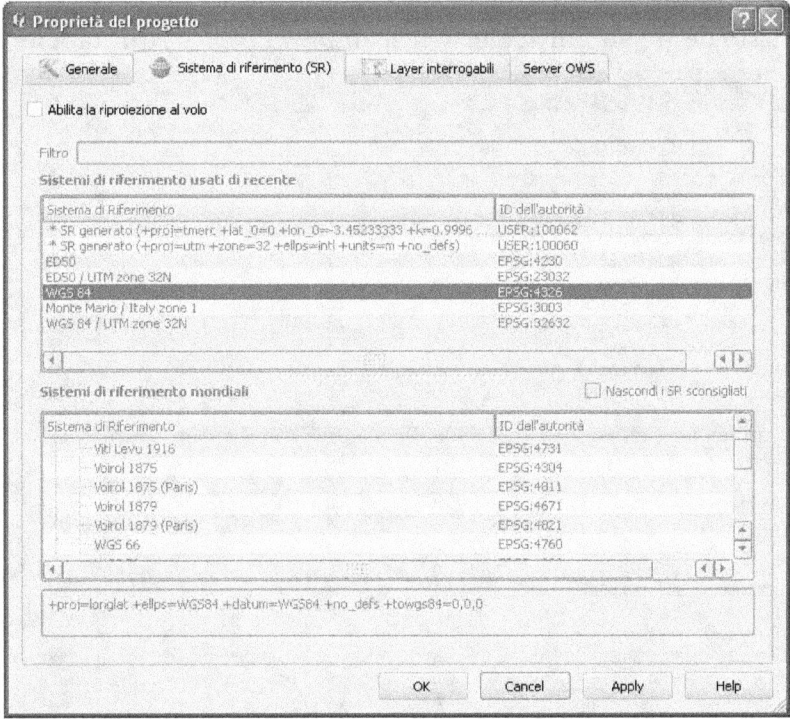

- Spuntiamo in alto a sinistra **Abilita la riproiezione al volo**;

- Assegnamo come SR il **WGS84/UTM zone 32N** (EPSG:32632) che troveremo in **Sistemi di riferimento usati di recente**.

- Disabilitiamo **Abilita la riproiezione al volo** in quanto i temi hanno tutti lo stesso SR e non necessita ulteriori riproiezioni

- Confermiamo con **OK**.

Editing degli attributi

Apriamo la tabella attributi di **ParticelleW**.

- tasto destro su **ParticelleW** nell'*Area dei Layer* – **Apri tabella attributi**

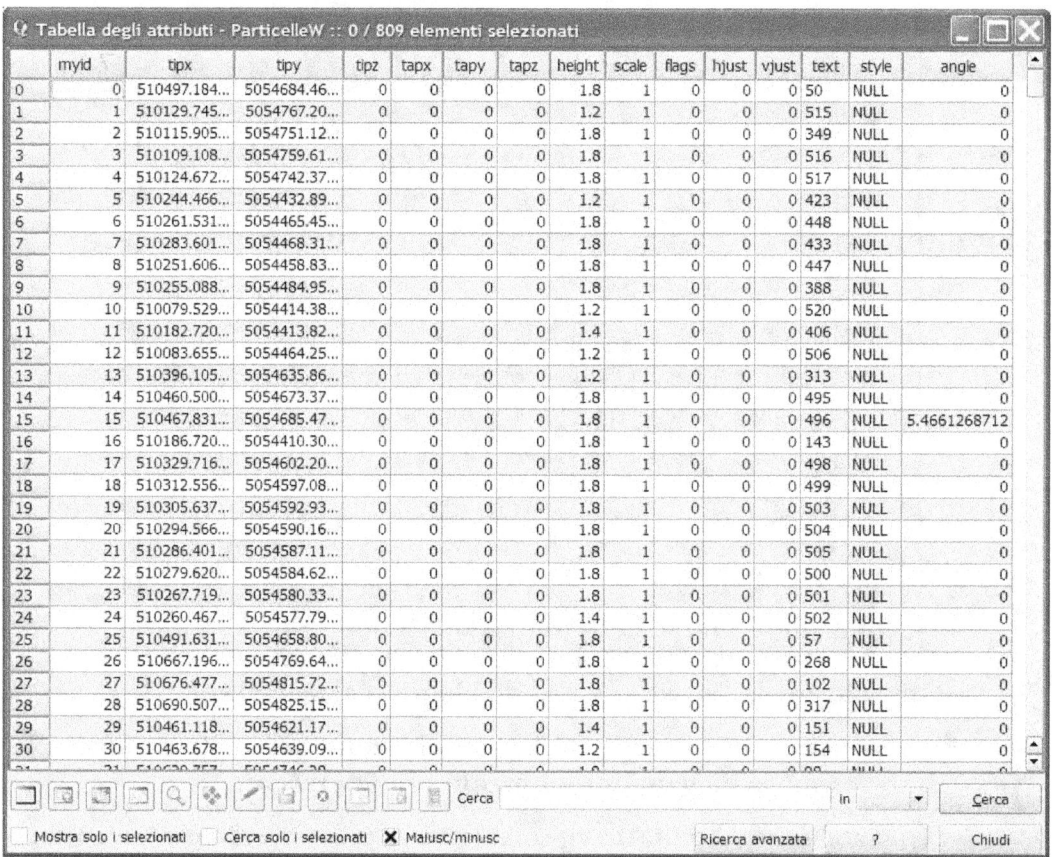

Procederemo ora col modificare la tabella ripulendola dagli attributi che non ci servono ed implementandola con altri che andremo a creare.

In QGIS per operare modifiche ai temi (*editing* è il termine tecnico), sia che riguardino le geometrie, sia che riguardino i dati tabellari, necessita che il tema sia impostato in modalità di *editing* appunto.

Tale modalità si attiva/disattiva cliccando sull'apposito pulsante

che troviamo, sia tra i pulsanti del gruppo **Digitilizzazione** (1), sia in basso tra i comandi proposti dalla **Tabella degli attributi** (2).

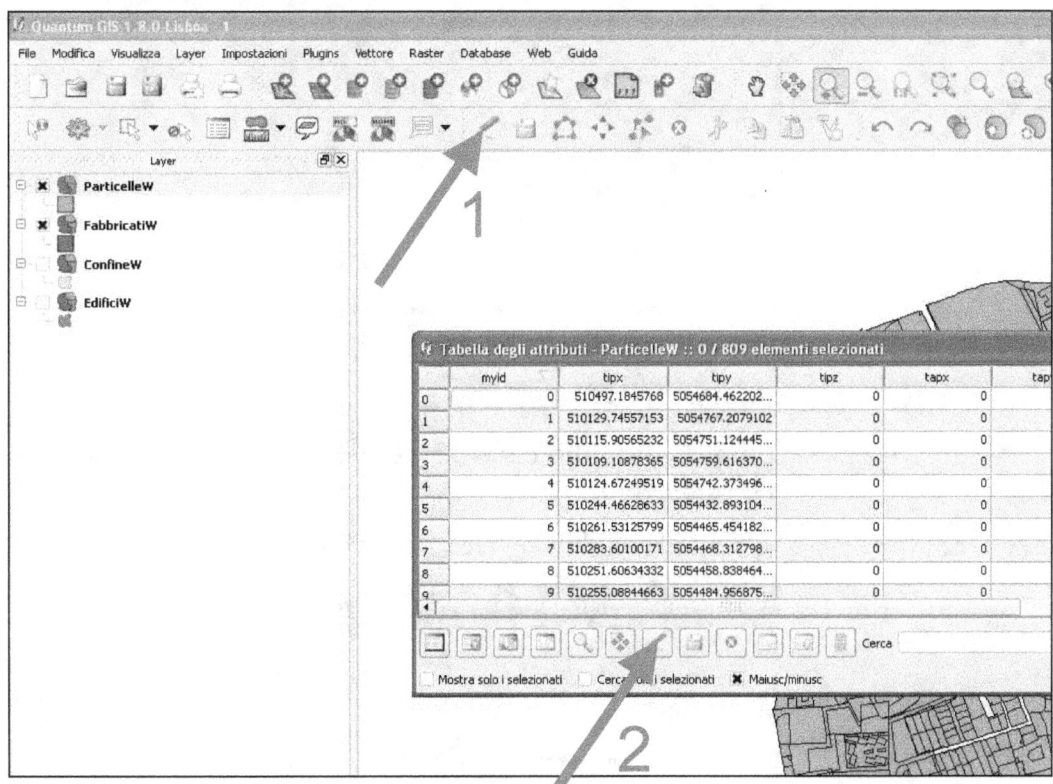

Attivata la modalità *editing*, cominciamo aggiungere una nuova colonna/attributo che denomineremo **Foglio**.

[Creare una nuova colonna di attributi]

Sulla **Tabella degli attributi**, clicchiamo sul pulsante **Nuova colanna** che diventa attivo in modalità *editing*.

Si apre una finestra

dove, in ordine, inseriremo:

- *Nome*   **Foglio**

- *Commento*   **numero di foglio catastale** (è comunque facoltativo inserire un commento)

- *Tipo*   apriamo la tendina con le opzioni che propone

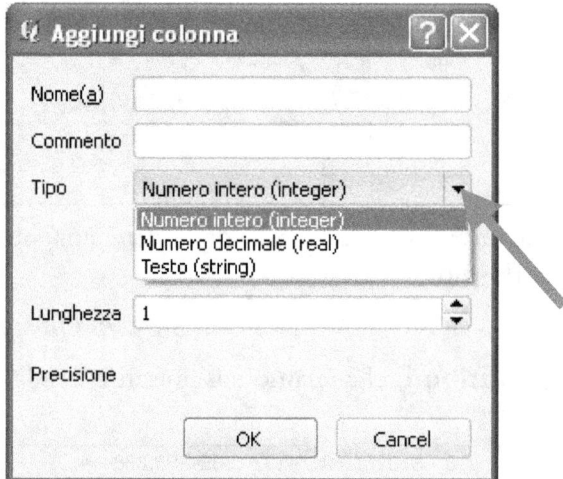

e scegliamo **Testo**.

- *Lunghezza*   inseriamo **3**, quale numero di caratteri massimo che sarà possibile inserire come dato in questa colonna.

Diamo **OK**.

Aggiungiamo altre due nuove colonne:

- una, che chiameremo **Mappale**, dovrà contenere i numeri di mappa delle particelle;
- un'altra, che chiameremo **Cod_Cat**, dove genereremo un nostro codice catastale personale per ogni particella.

Tabella degli attributi, pulsante **Nuova colanna**

- *Nome* **Mappale**
- *Commento* **numero di mappale catastale**
- *Tipo* **Testo**
- *Lunghezza* **3**

pulsante **Nuova colanna**

- *Nome* **Cod_Cat**
- *Commento* **codice catastale**
- *Tipo* **Testo**
- *Lunghezza* **7**

>  nota!
>
> L'operazione di creare una nuova colanna denominata **Foglio**, dove inserire il numero di foglio catastale, sarebbe stata opportuno effettuarla prima dell'operazione di *unione di shape* che abbiamo eseguito col paragrafo precedente, sui singoli temi **Particelle1Wdef** e **Particelle2Wdef** ove già avevamo una distinzione tra le particelle di un foglio catastale e l'altro. Per una scelta didattica si è preferito procedere ora in modo da da illustrare anche altre opzioni di *editing*.

Facendo scorrere le righe della **Tabella degli attributi**, notiamo che nella prima colonna **myid** vi sono due serie numeriche che vanno una da 0 a 420 e l'altra da 0 a 338. Esse, ricordiamo, che rappresentano il numero progressivo degli elementi del tema originario che in seguito abbiamo unito in un unico tema.

Digitiamo col tasto sinistro del mouse sulla **riga 0** della tabella.

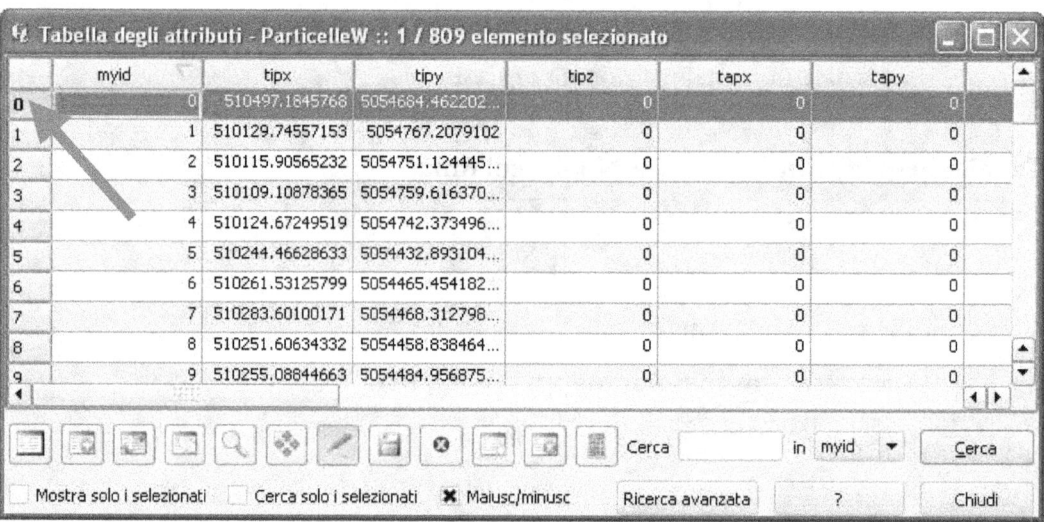

Facciamo scorrere le righe sino ad arrivare alla 470.

Tenendo premuto il tasto *shift* della tastiera, clicchiamo col tasto sinistro del mouse sulla **riga 470**.

Editing degli attributi

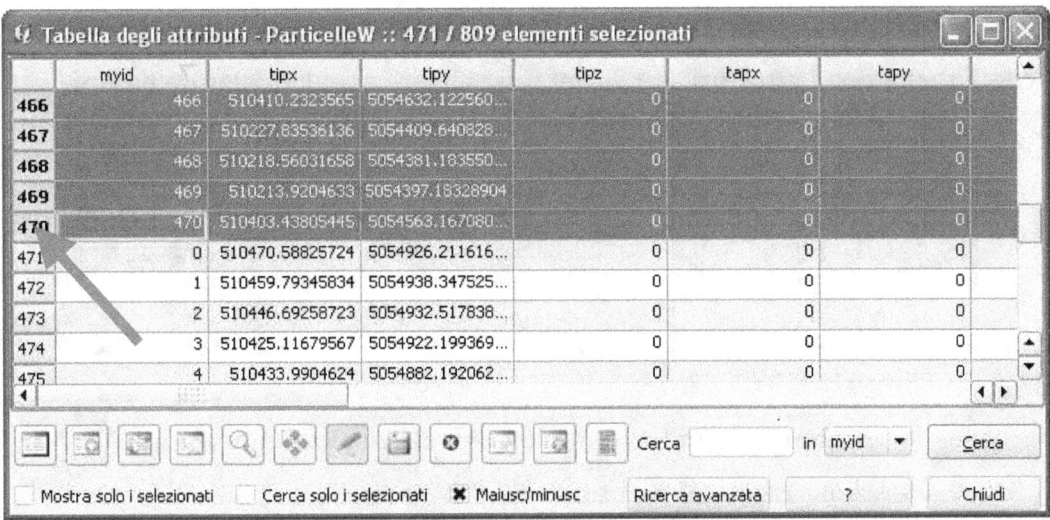

In questo modo abbiamo selezionato tutti gli elementi della prima serie 0-470 che nell'area di visualizzazione sono evidenziati col colore giallo; qui appuriamo che trattasi delle particelle del Foglio2:

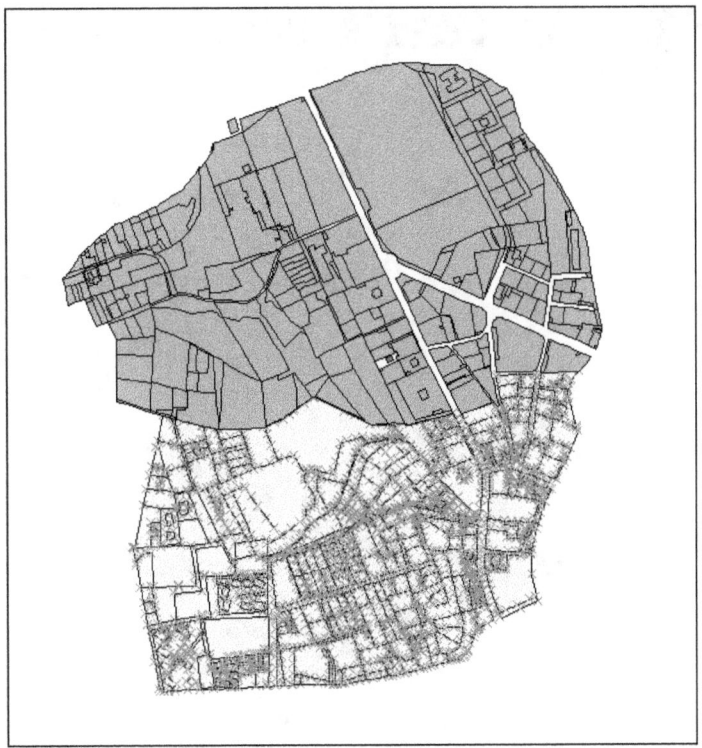

[Aggiornare i dati col calcolatore campi]

Sulla **Tabella degli attributi**, clicchiamo sul pulsante **Apri calcolatore campi**.

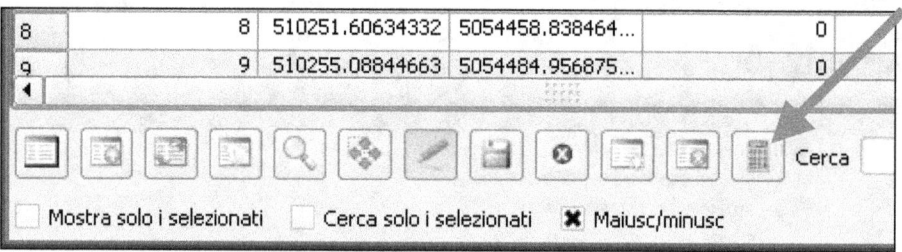

si apre la finestra di calcolo, dove:

- selezioniamo **Aggiorna solo le geometrie selezionate**;
- selezioniamo **Aggiorna un campo esistente**;
- selezioniamo, aprendo la relativa tendina di opzione, come campo esistente **Foglio**;
- inseriamo nell'area **Espressione** il valore 002, che essendo un testo, va inserito tra due apici '' , quindi : **'002'**

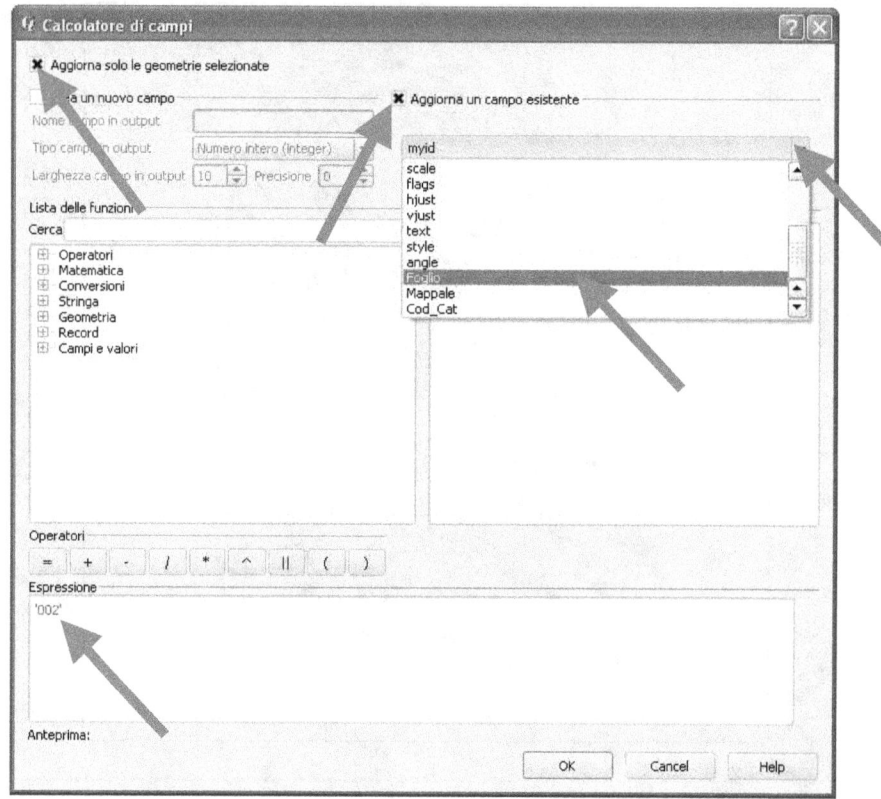

Dando conferma con **OK**, nella **Tabella degli attributi**, per le righe selezionate, verrà aggiornato il dato nella colonna **Foglio**.

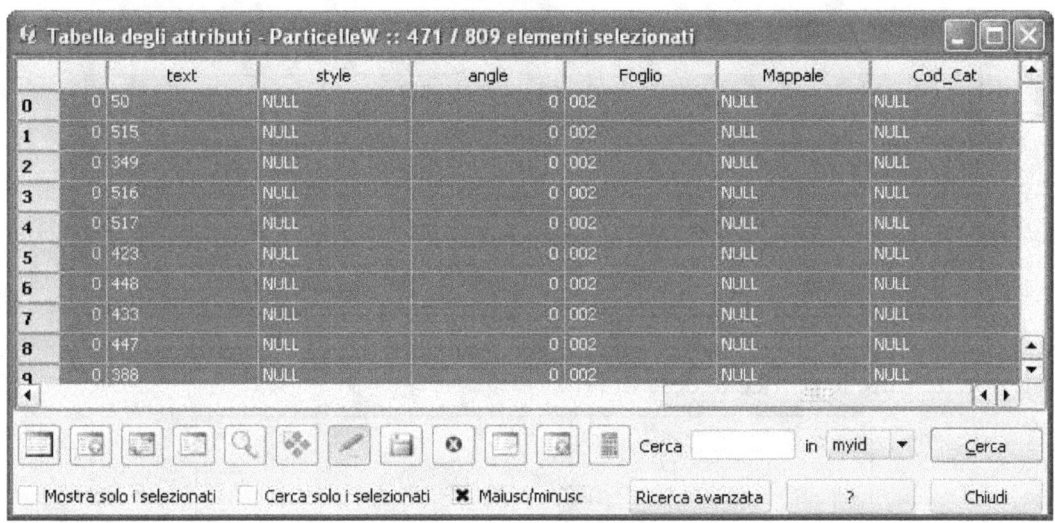

suggerimento!

Dopo ogni operazione di *editing*, è consigliabile salvare il tema appena modificato cliccando sull'appostito tasto della **Tabella degli attributi**..

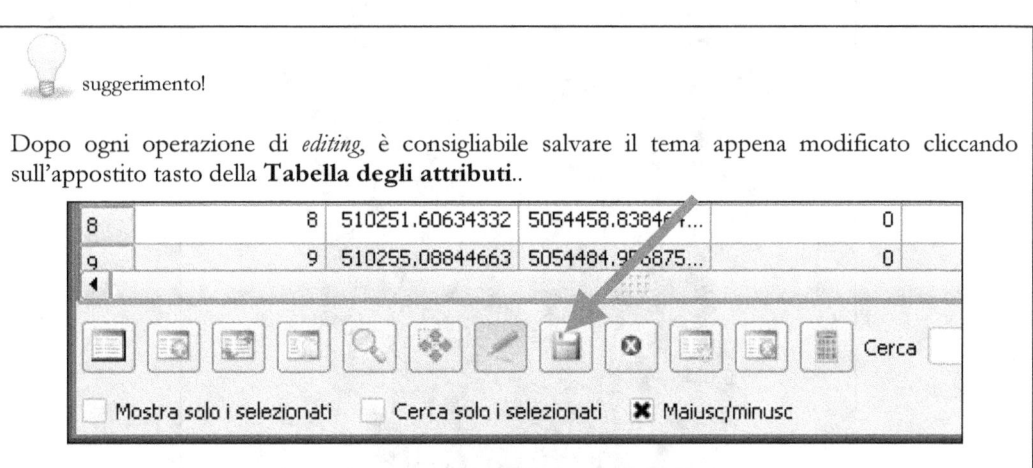

 nota!

Una volta salvato l'*editing* del tema, a volte, può capitare che i calcoli dei campi non siano visibili correttamente o addirittura non visibili del tutto. I dati non sono andati persi: è solo un problema di visualizzazione dovuto alla complessità di calcolo. Chiudendo la finestra della **Tabella degli attributi** e riaprendola, la visualizzazione dei dati sarà corretta.

Sempre dalla **Tabella degli attributi**, clicchiamo sul pulsante **Inverti selezione**.

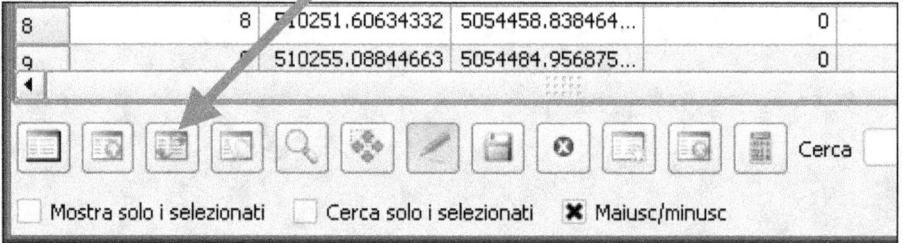

Con questo comando abbiamo invertito la selezione degli elementi: ora risultano selezionate tutte le particelle del Foglio 1.

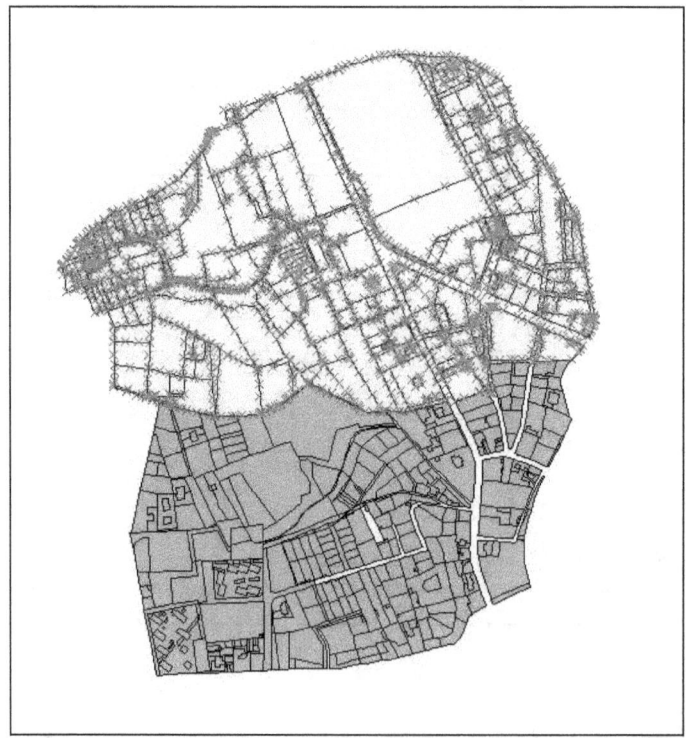

Anche per questi elementi dalla **Tabella degli attributi**, clicchiamo sul pulsante **Apri calcolatore campi**.

nella finestra di calcolo:

- spuntiamo **Aggiorna solo le geometrie selezionate**;
- spuntiamo **Aggiorna un campo esistente**;

- selezioniamo, aprendo la relativa tendina di opzione, come campo esistente **Foglio**;
- inseriamo nell'area **Espressione** il valore 001 come testo, quindi : **'001'**
- Diamo **OK**

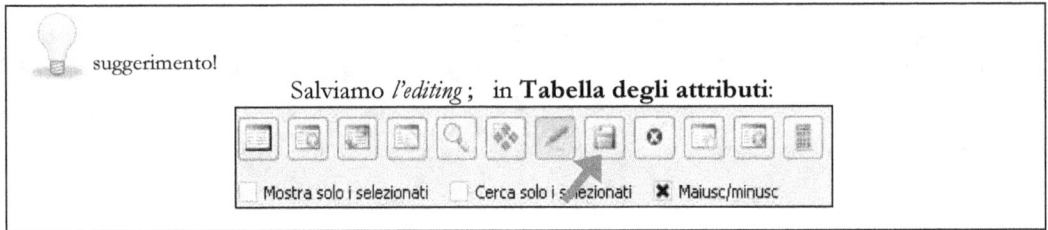

suggerimento! Salviamo *l'editing*; in **Tabella degli attributi**:

Proseguiamo con l'editing operando sulla colonna **Mappale**.

Il nostro intento sarà quello di inserire nella colonna **Mappale** il numero di mappale delle singole particelle, non in formato numerico, ma in formato testo così come abbiamo fatto per la colonna **Foglio**, anteponendo tanti *zeri* davanti al numero di mappale sino a saturare i *tre* caratteri a disposizione per la colonna.

Dalla **Tabella degli attributi**, clicchiamo sul pulsante **Deseleziona tutto**.

[Inserire un'espressione nel calcolatore campi]

Ancora dalla **Tabella degli attributi**, clicchiamo sul pulsante **Apri calcolatore campi**.

nella finestra di calcolo:

- spuntiamo **Aggiorna un campo esistente**;
- selezioniamo, aprendo la relativa tendina di opzione, come campo esistente **Mappale**;

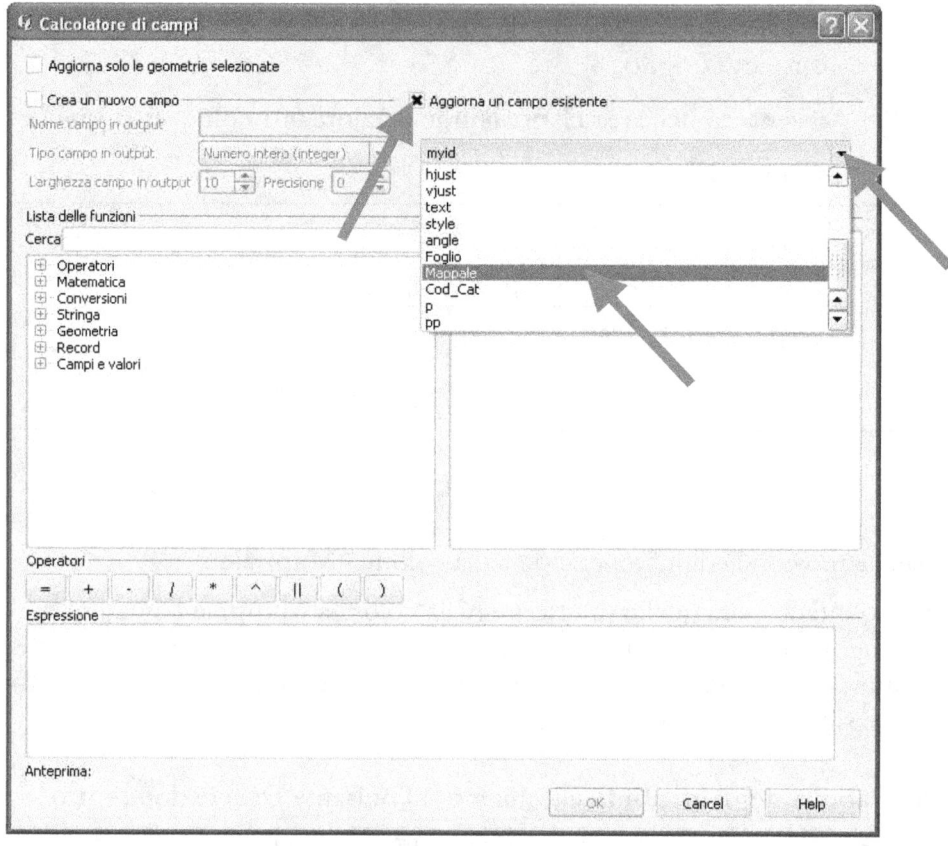

- nell'area **Espressione** dobbiamo arrivare ad inserire inserire la formula:

  substr(('00' || "text"), length("text"), 3)

Soffermiamoci un attimo sul significato di questa formula e su come verrà *composta*.

Nell'area della **Lista delle funzioni** del **Calcolatore campi**, espandiamo cliccando su ☐+ la voce **Stringa**

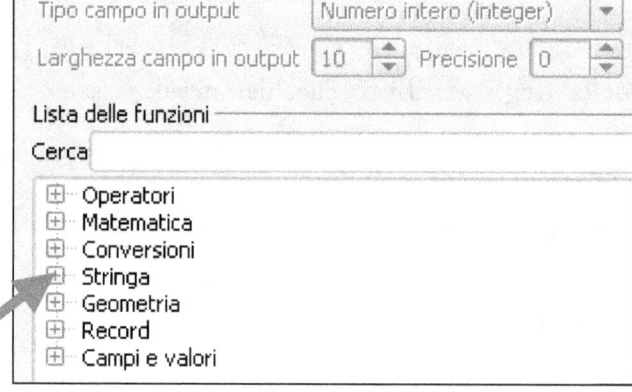

compariranno una serie di funzioni tra cui **substr**;

Con un doppio clic su **substr**, inseriamo la funzione nell'area **Espressione**; mentre nell'area **Aiuto per la funzione scelta** troviamo un esempio di utilizzo della funzione stessa.

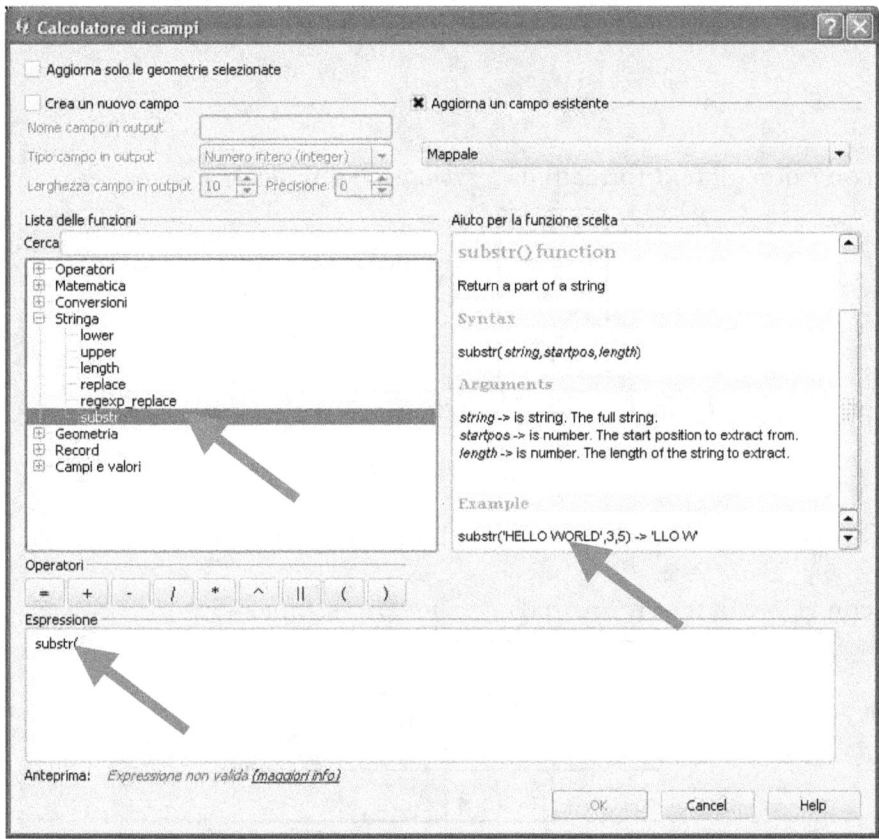

Analizzando la formula nell'*esempio*

$$\text{substr('HELLO WORLD',3,5)} \rightarrow \text{'LLO W'}$$

il suo significato è:

da un *testo* (es. **HELLO WORD**), partendo da un carattere che si trova in una determinata posizione conteggiata partendo da sinistra (es. **3**), restituisci un pezzo del testo, formato da un determinato numero di caratteri (es. **5**).

1	2	3							
H	E	L	L	O		W	O	R	D
		1	2	3	4	5			

Tornando al nostro lavoro, il *testo* è formato dal valore che si trova nella colonna **text** preceduto da due *zeri*; la posizione di partenza sarà la lunghezza del *testo* stesso che varierà di particella in particella, mentre la lunghezza del testo da restituire è **3**.

Schematizzando le varie ipotesi possibili, dobbiamo ottenere:

- con valore di **text** formato da <u>*un carattere*</u>, esempio **4**:

posizione = **1**; lunghezza = **3**; risultato = **004**

- con valore di **text** formato da <u>*due caratteri*</u>, esempio **45**:

posizione = **2**; lunghezza = **3**; risultato = **045**

- con valore di **text** formato da <u>*tre caratteri*</u>, esempio **458**:

posizione = **3**; lunghezza = **3**; risultato = **458**

Pertanto, nell'area **Espressione** dopo **substr(**

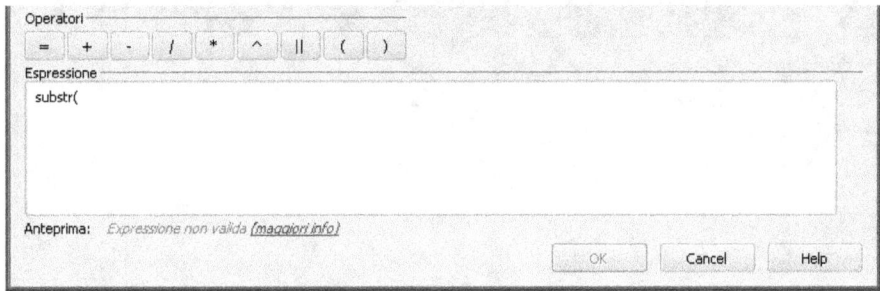

scriviamo **'00'**

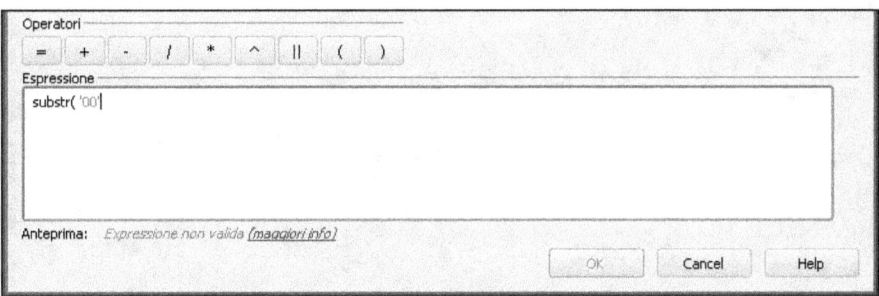

inseriamo poi il simbolo || che crea unione tra stringhe di testo; tale simbolo si inserisce cliccando sull'apposito pulsante degli **operatori**

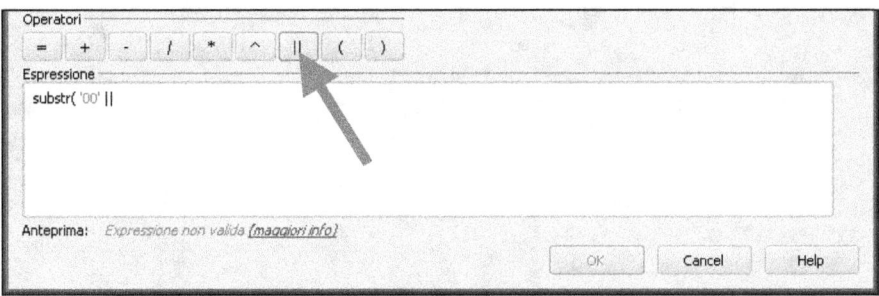

Nell'area della **Lista delle funzioni** del **Calcolatore campi**, espandiamo cliccando su + la voce **Campi e valori**.

Cerchiamo **text** e con un doppio clic lo inseriamo nell'area **Espressione**.

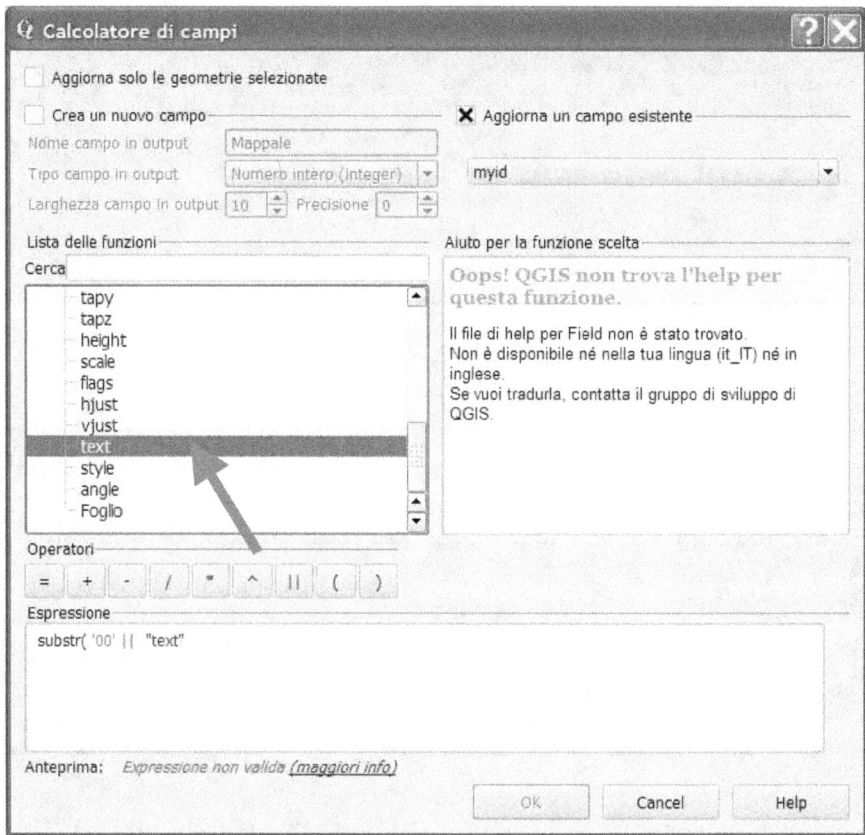

la stringa di testo che deve essere elaborata, la racciudiamo tra due parentesi ( ).

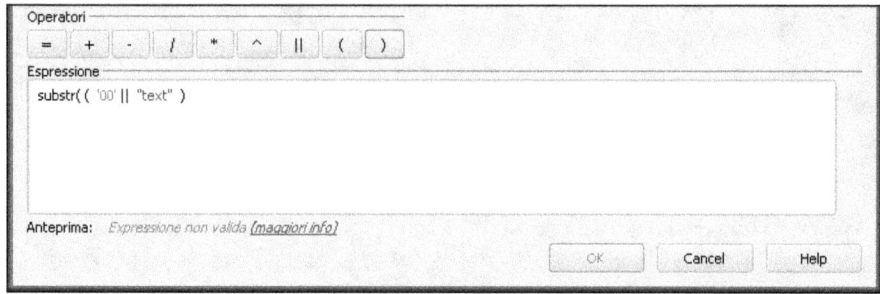

Inseriamo ora il valore della posizione di partenza del testo che deve essere variabile a seconda del valore di **text**.

Nella **lista delle funzioni**, in **Stringa**, selezioniamo la funzione **lengh**.

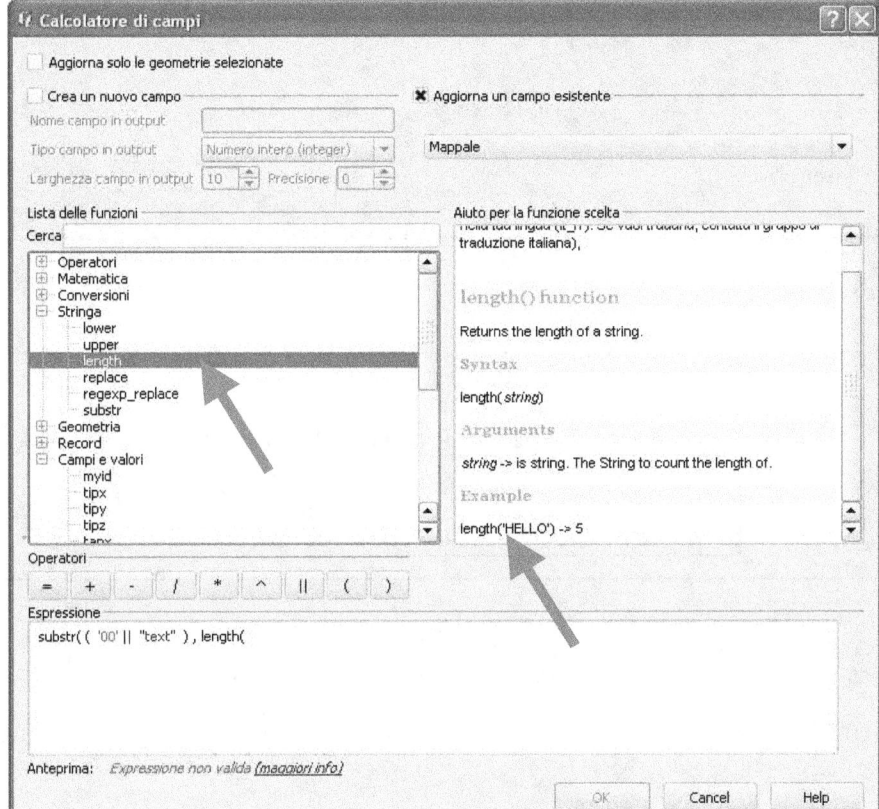

dall'esempio vediamo che la formula, inserendone tra parentesi un testo, restituisce il conteggio dei caratteri dello stesso testo.

Quindi:
- aggiungiamo una virgola all'espressione che stiamo scrivendo;
- doppio clic sulla funzione **lengh**, così si inserisce in coda all'espressione;
- riprendiamo nella **Lista delle funzioni** il campo **text**;
- doppio clic su **text** per accodarlo all'espressione;
- parentesi tonda di chiusura **)** ;
- inseriamo una virgola in coda all'espressione;
- digitiamo **3** e chiudiamo con un'altra parentesi **)** .

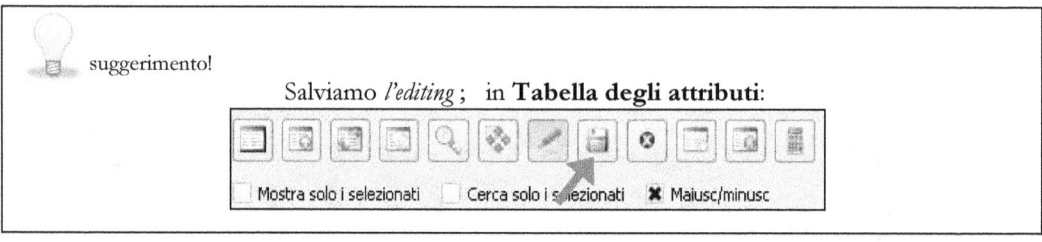

Diamo **OK**.

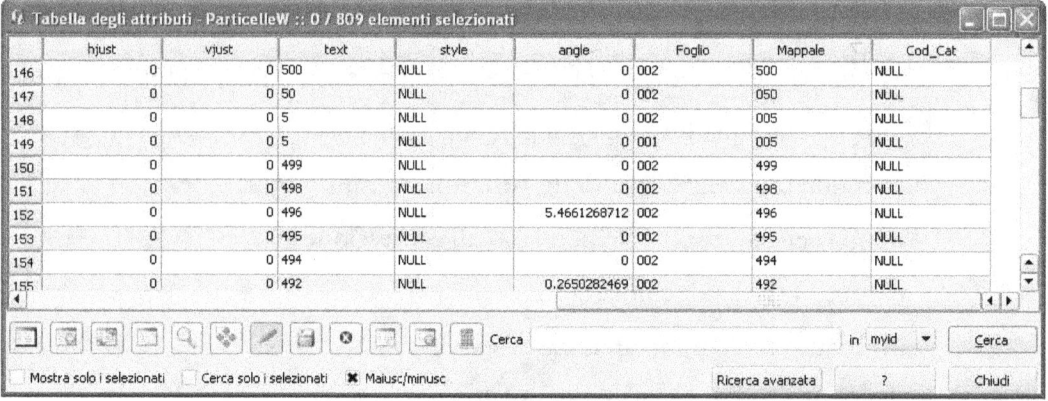

Controlliamo la **Tabella degli attributi** e vediamo che il risultato nella colonna **Mappale** è quello che ci eravamo prefissati.

Generiamo ora il nostro codice catastale personalizzato. Esso dovrà essere del tipo:

000/000

dove i tre caratteri iniziali rappresentano il foglio catastale; gli altri tre caratteri, dopo la barra, rappresentano il numero di mappale della particella.

Dalla **Tabella degli attributi**, clicchiamo sul pulsante **Apri calcolatore campi**.
nella finestra di calcolo:

- selezioniamo **Aggiorna un campo esistente**;
- selezioniamo, aprendo la relativa tendina di opzione, come campo esistente **Cod_Cat**;
- nell'area della **Lista delle funzioni**, espandiamo cliccando su "+" la voce **Campi e valori**;
- doppio clic sul campo **Foglio**;
- in coda all'espressione inseriamo **||** cliccando sull'apposito pulsante degli **operatori**;
- in coda all'espressione digitiamo **'/'** ;
- inseriamo ancora il simbolo di unione stringhe di testo **||** ;
- torniamo alla **Lista delle funzioni**, cerchiamo e diamo il doppio clic sul campo **Mappale**.

Se abbiamo operato correttamente, l'espressione finale dovrebbe essere:

"Foglio" || '/' || "Mappale"

Diamo **OK** così da generare nella colonna **Cod_Cat** il nostro codice catastale personalizzato.

Cap. 3 – Operare in ambiente GIS

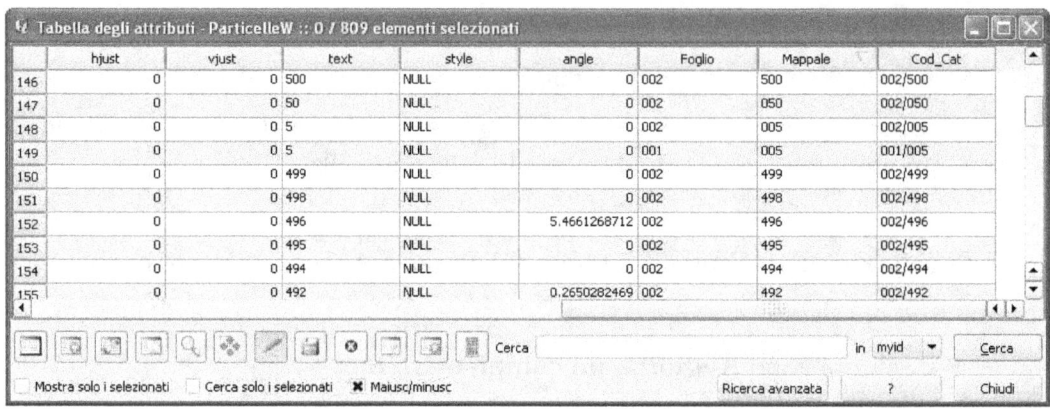

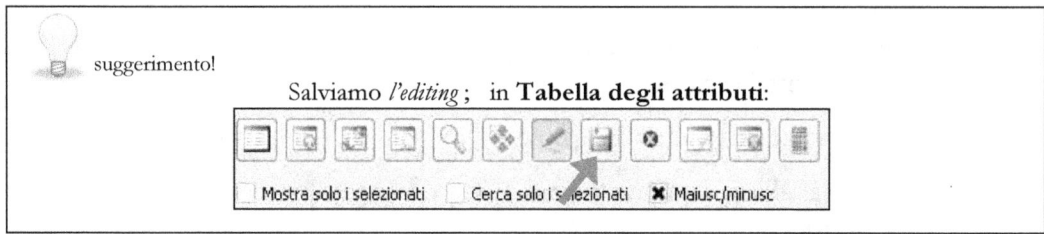

[Eliminare colonne della tabella attributi]

A questo punto, eliminiamo tutte le colonne di attributi che non ci servono: praticamente tutte, tranne **Foglio**, **Mappale** e **Cod_Cat** che abbiamo generato noi.

Sulla **Tabella degli attributi**, clicchiamo sul pulsante **Elimina colonna**.

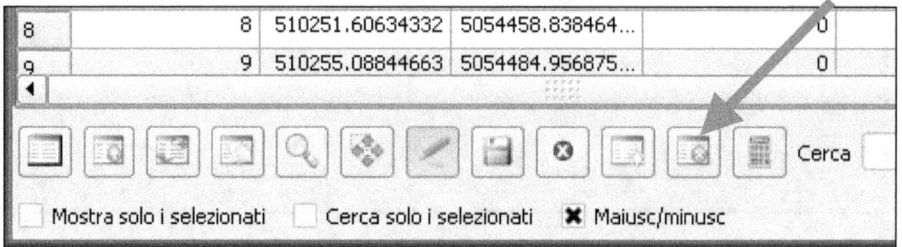

Si apre una finestra dove sono elencati tutti gli attributi.

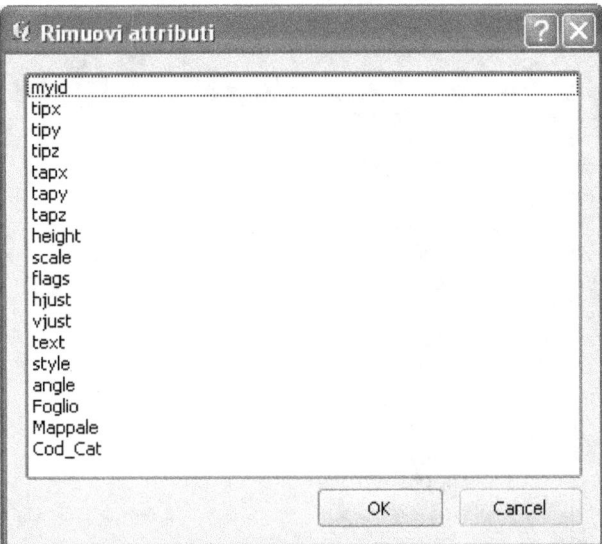

Selezioniamo col tasto sinistro del mouse, uno ad uno, tutti gli attributi tranne tranne **Foglio**, **Mappale** e **Cod_Cat**.

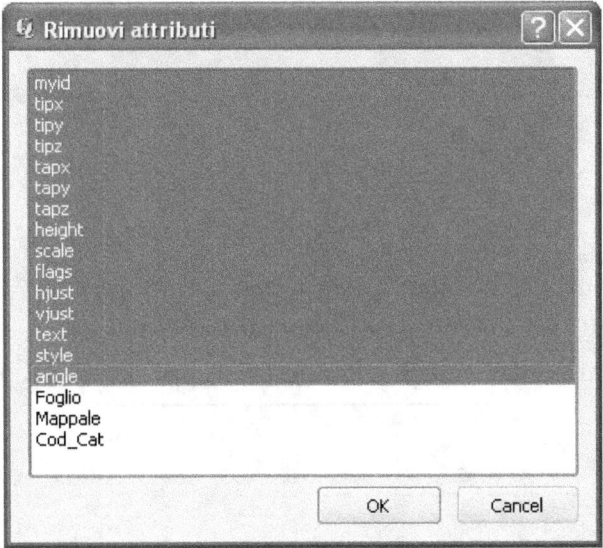

Diamo **OK**.

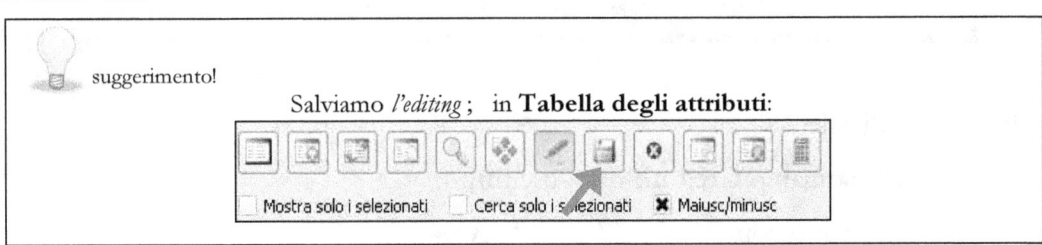

suggerimento!

Salviamo *l'editing* ; in **Tabella degli attributi**:

La **Tabella degli attributi**, ora, si presenterà con i soli nostri tre attributi creati

	Foglio	Mappale	Cod_Cat
0	002	0X3	002/0X3
1	002	0X2	002/0X2
2	002	0X1	002/0X1
3	002	0X1	002/0X1
4	002	0X1	002/0X1
5	001	0X1	001/0X1
6	001	00B	001/00B
7	001	00A	001/00A
8	002	099	002/099
9	001	099	001/099
10	002	098	002/098
11	001	098	001/098
12	001	098	001/098
13	002	097	002/097
14	001	097	001/097
15	002	096	002/096
16	001	096	001/096
17	002	095	002/095

[Aggiungere una colonna dal calcolatore campi]

Proviamo ad aggiungere un'altra *colonna* utilizzando un'altra procedura che ne prevede la creazione direttamente dal **Calcolatore dei campi**.

Apriamo il **Calcolatore dei campi** cliccando sull'apposito pulsante.

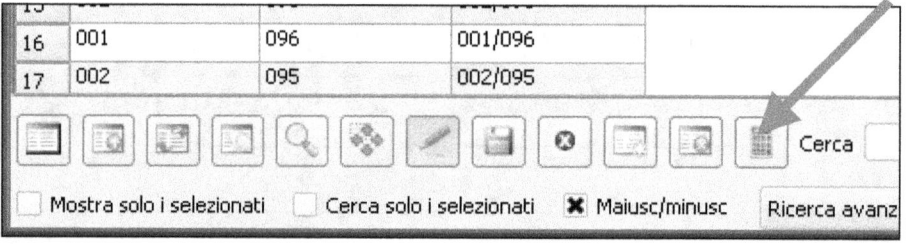

nella finestra di calcolo:

- selezioniamo **Crea un nuovo campo**;
- inseriamo come *Nome del campo* = **Area** ;

- come *Tipo campo in output*, selezioniamo dall'elenco, aprendo la relativa tendina di opzione, **Numero decimale (real)**;

- inseriamo come *Larghezza campo in output*, il valore **15**;
- inseriamo come *Precisione* (il numero di decimali), il valore **4**.

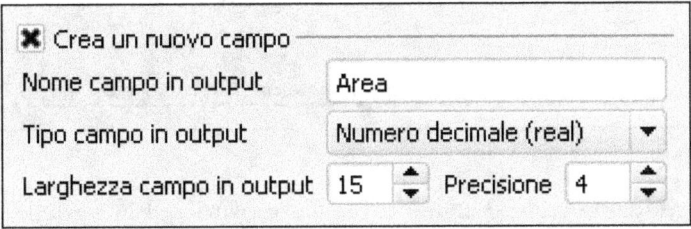

Nell'area della **Lista delle funzioni**, espandiamo cliccando su [+] la voce **Geometrie**.

Cerchiamo **$area** e con un doppio clic inseriamo questa formula nell'area **Espressione**.

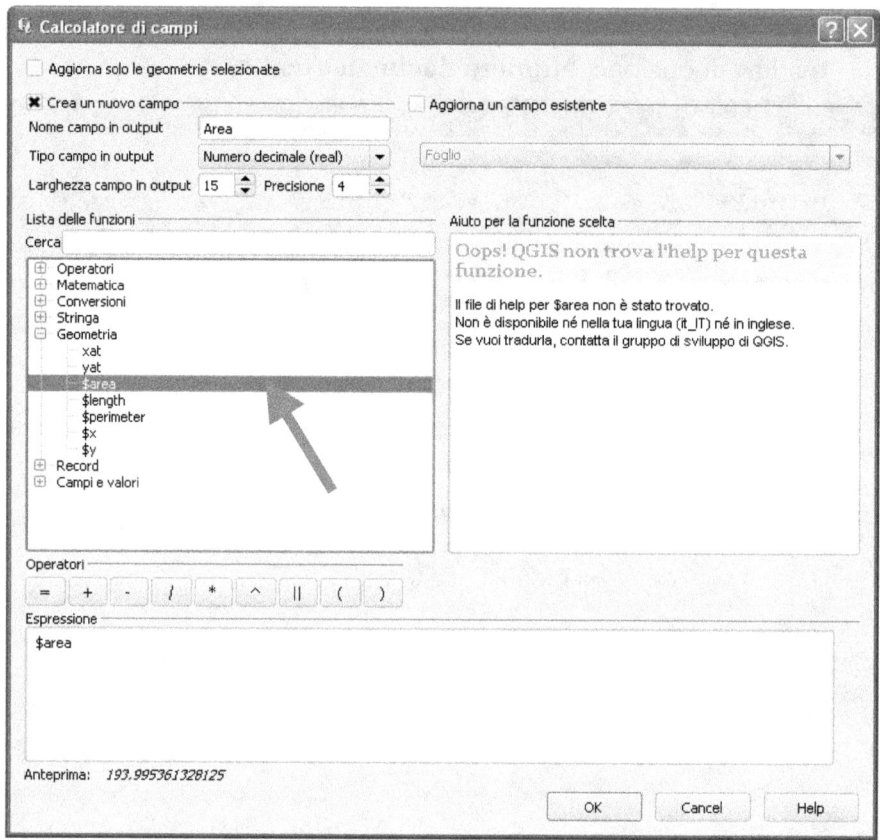

Diamo **OK**

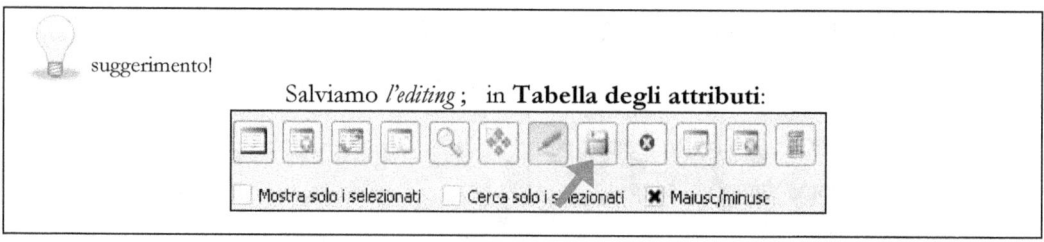

Usciamo dalla modalità *editing*, digitando sull'apposito pulsante della **Tabella degli attributi**

La **Tabella degli attributi** del tema **ParticelleW**, contiene, dopo picccole operazioni, tutte le informazioni che per ora ci siamo imposti di ottenere.

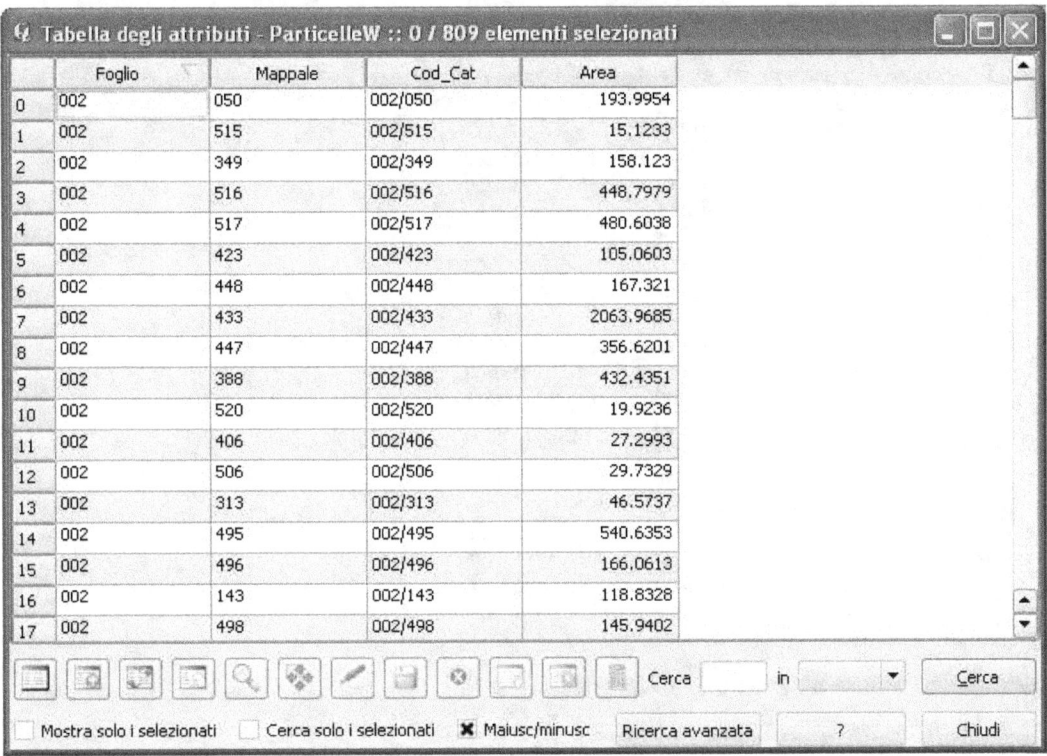

[Ricerca manuale di un elemento in tabella dati]

Tralasciando momenaneamente l'illustrazione delle operazioni di ricerca di un elemento partendo dai suoi attributi (operazioni che vedremo comunque in seguito), ci soffermiamo un attimo su un paio di funzioni della **Tabella degli attributi** che celermente ci permettono di individuare nell'**area di visualizzazione** un determinato elemento, che nel nostro caso, è una particella catastale.

Le righe, in tabella, sono ordinate in base all'ordine progressivo con cui sono stati creati i singoli elementi.

Se clicchiamo una volta sull'intestazione di una colonna, le righe si ordineranno in modo *crescente* rispetto ai dati inseriti in quella colonna; mentre cliccando due volte, si ordineranno in modo *decrescente*.

Clicchiamo una volta col tasto sinistro del mouse sull'intestazione della colonna **Cod_Cat**.

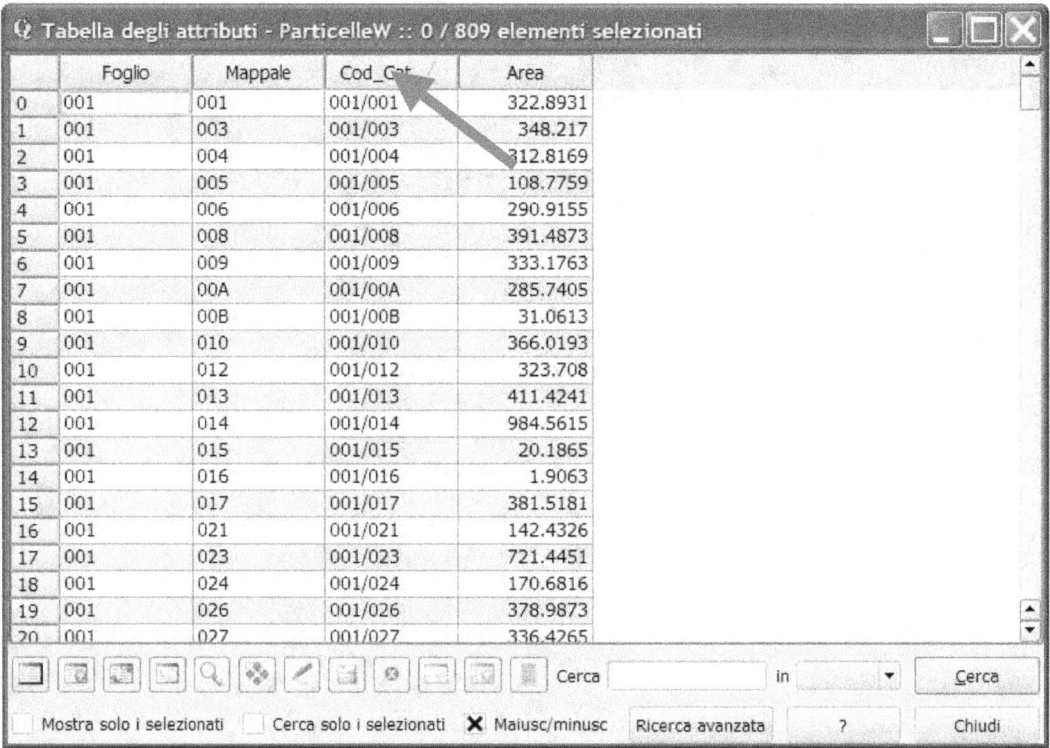

Le righe, o meglio, gli elementi, si sono ordinati in modo crescente rispetto al nostro codice catastale personalizzato.

Se volessimo ora ricercare velocemente, ad esempio, la particella Foglio 2 - Mappale 248, basterà:

- far scorrere velocemente le righe sino ad individuare nella colonna **Cod_Cat** il valore **002/248**;

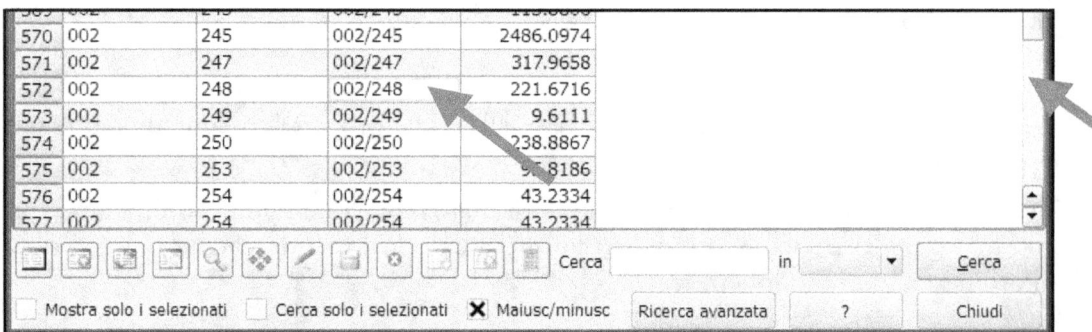

- selezionare l'intestazione della riga corrispondente;

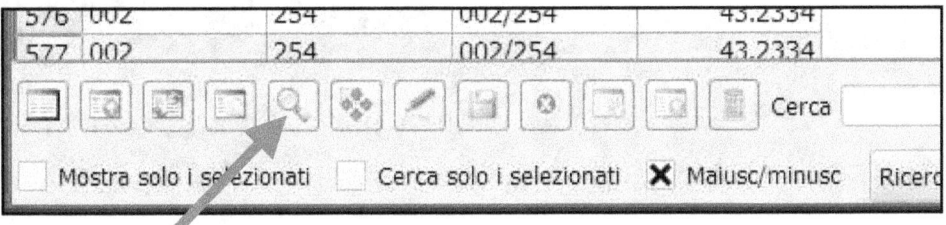

- e cliccare, in basso sulla **Tabella degli attributi**, il pulsante **Zoom mappa alle righe selezionate**.

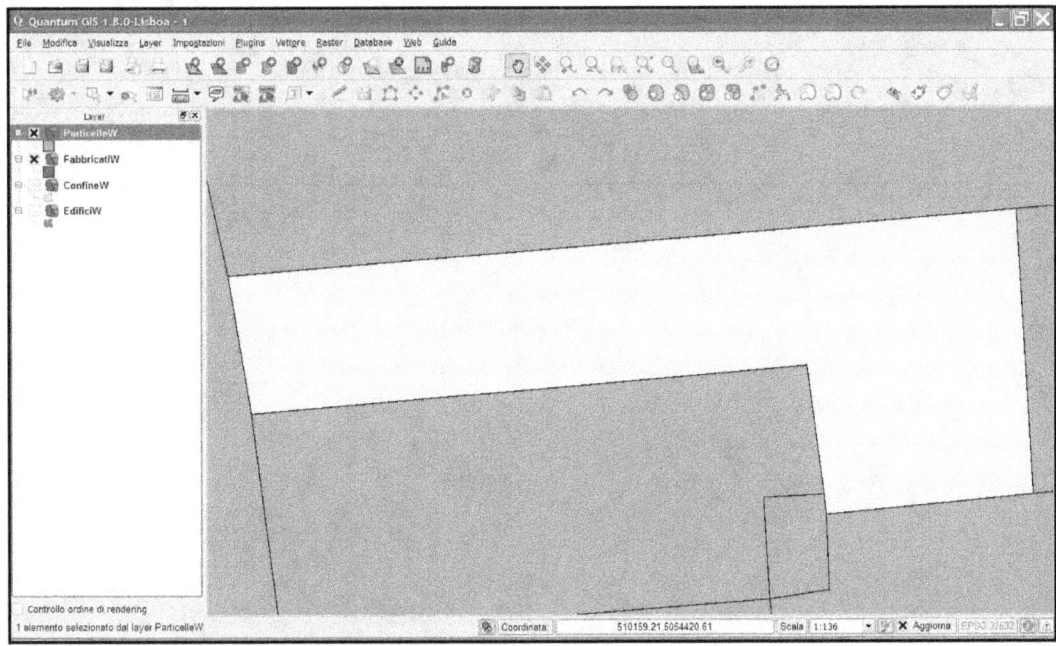

Come risultato, nell'**area di visualizzazione** troveremo in primo piano, evidenziato di giallo, il mappale che cercavamo.

Roteando all'indietro la rotellina del mouse, graduando lo zoom di rimpicciolimento, individueremo in quale parte del territorio è ubicata la particella trovata.

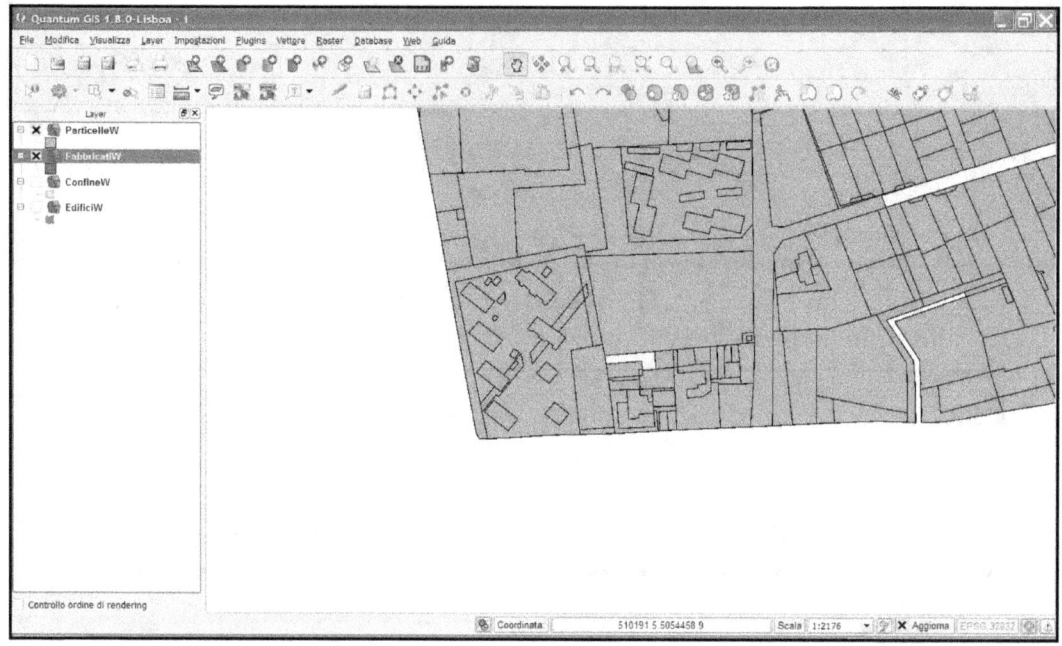

suggerimento!

Salviamo *il progetto* ; dal gruppo dei pulsanti **File**:

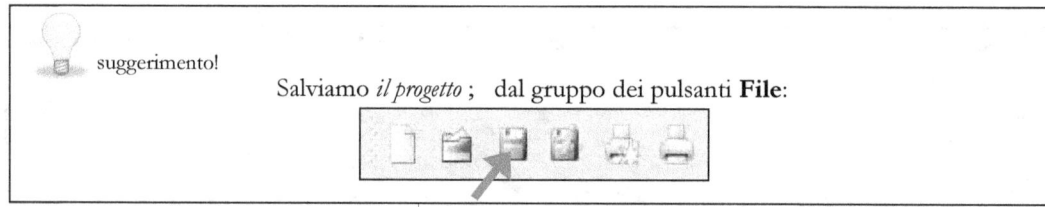

Editing degli attributi

Tutte le operazioni di *editing* fatte per **ParticelleW**, vanno eseguite anche per **FabbricatiW**.

Delle due procedure viste per aggiungere *colonne*, utilizzeremo, per comodità, quella che ne prevede la creazione direttamente dal **Calcolatore dei campi**.

Procediamo.

Disattiviamo dall'*Area dei Layer* il tema **ParticelleW** in modo da lasciare attivo solo **FabbricatiW**.

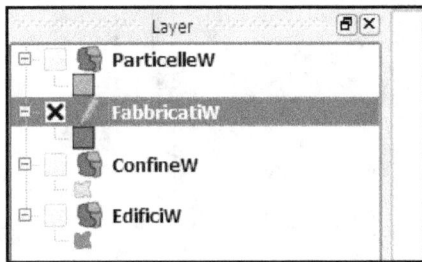

Effettuiamo uno **zoom completo**, digitando sulll'apposito pulsante tra il gruppo **Orientazione della mappa**

così da avere sott'occhio tutti gli elementi che rappresentano gli immobili accatastati

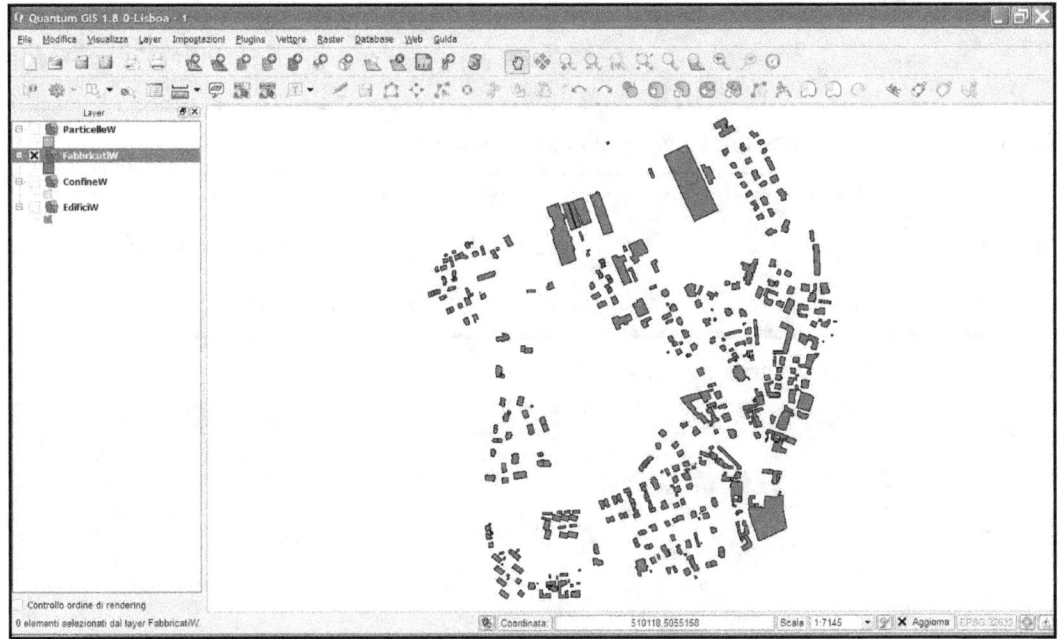

129

Apriamo ora la tabella attributi di **FabbricatiW**.

- tasto destro su **FabbricatiW** nell'*Area dei Layer* – **Apri tabella attributi**

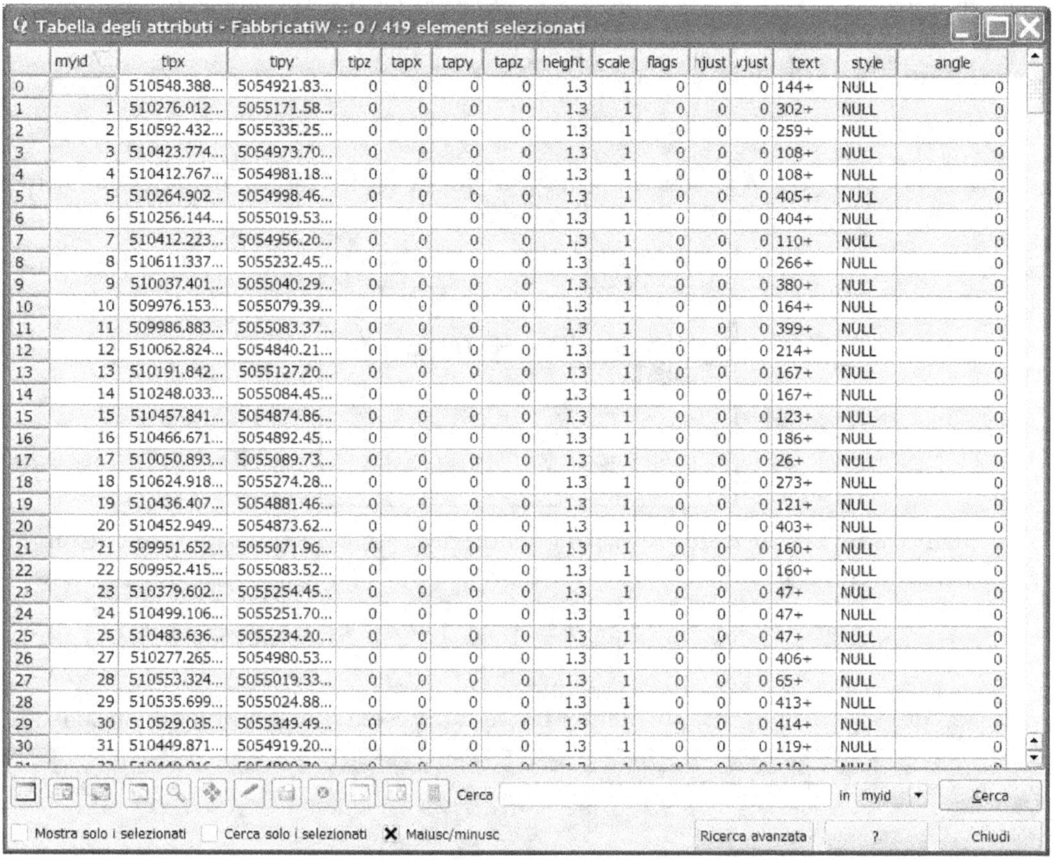

Mettiamo il tema in modalità *editing* cliccando sull'apposito tasto.

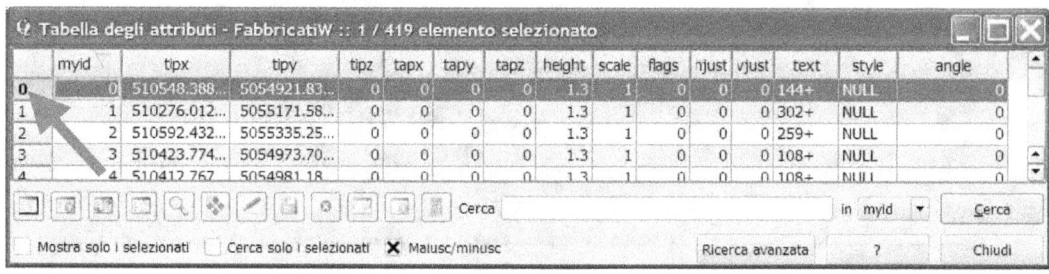

Digitiamo col tasto sinistro del mouse la **riga 0** della tabella.

Facciamo scorrere le righe sino ad arrivare alla 176.

Tenendo premuto il tasto *shift* della tastiera, clicchiamo col tasto sinistro del mouse sull'intestazione della **riga 176**.

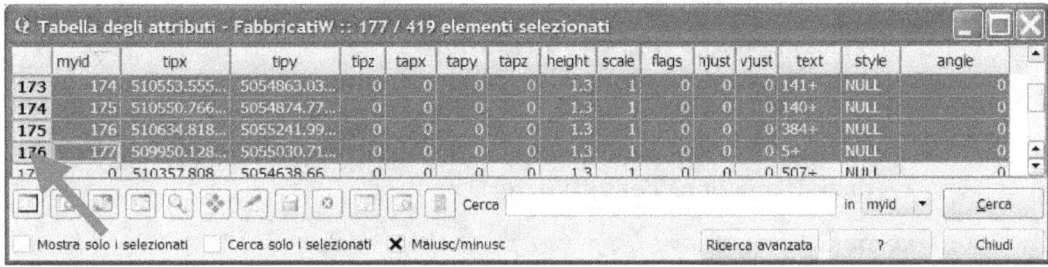

Nell'**area di visualizzazione**, appuriamo che gli elementi selezionati appartengono al Foglio 1

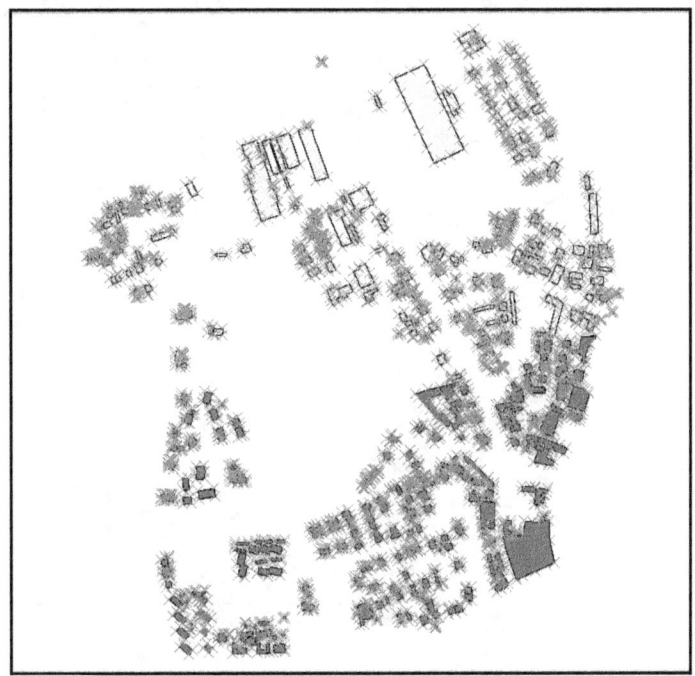

Sulla **Tabella degli attributi**, clicchiamo sul pulsante **Apri calcolatore campi**.

Nella finestra di calcolo:

- selezioniamo **Aggiorna solo le geometrie selezionate**;
- selezioniamo **Crea un nuovo campo**;
- inseriamo come *Nome del campo* = **Foglio** ;
- come *Tipo campo in output*, selezioniamo dall'elenco, aprendo la relativa tendina di opzione, **Testo (string)**;
- come *Larghezza campo in output*, inseriamo il valore **3**;
- inseriamo nell'area *Espressione* il valore 001 come testo, quindi : **'001'**

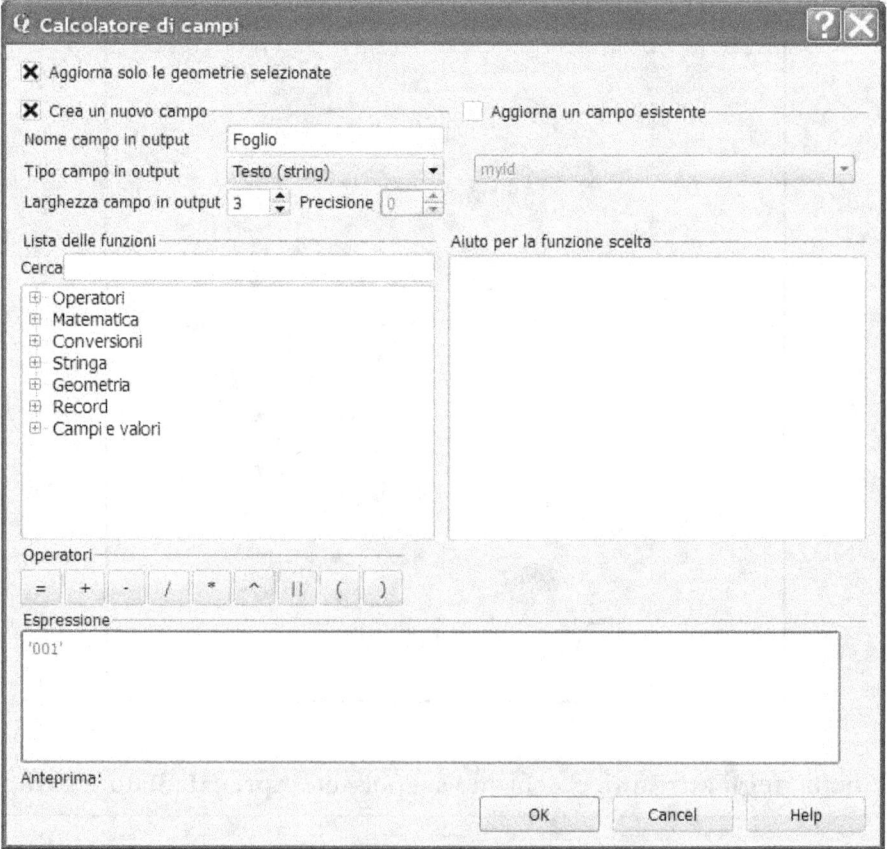

- Diamo **OK**

Sulla **Tabella degli attributi**, clicchiamo sul pulsante **Inverti selezione**.

clicchiamo sul pulsante **Apri calcolatore campi**

e nella finestra di calcolo:

- selezioniamo **Aggiorna solo le geometrie selezionate**;
- selezioniamo **Aggiorna un campo esistente**;
- selezioniamo, aprendo la relativa tendina di opzione, come campo esistente **Foglio**;

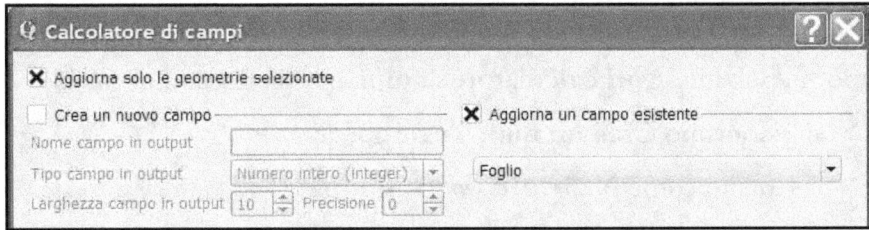

- inseriamo nell'area **Espressione** il valore 002 come testo, quindi : **'002'**

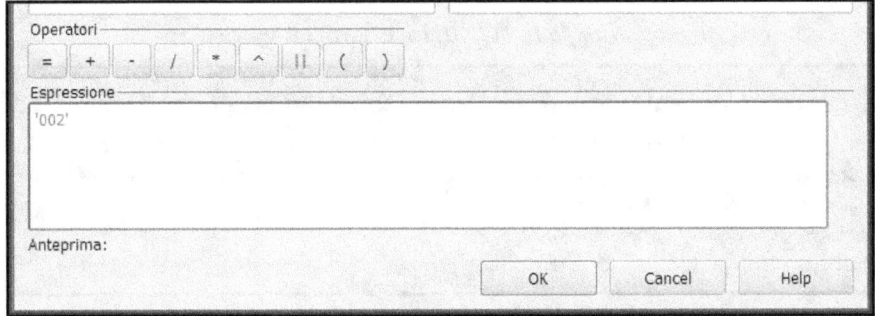

- Diamo **OK**

Salviamo *l'editing*; in **Tabella degli attributi**:

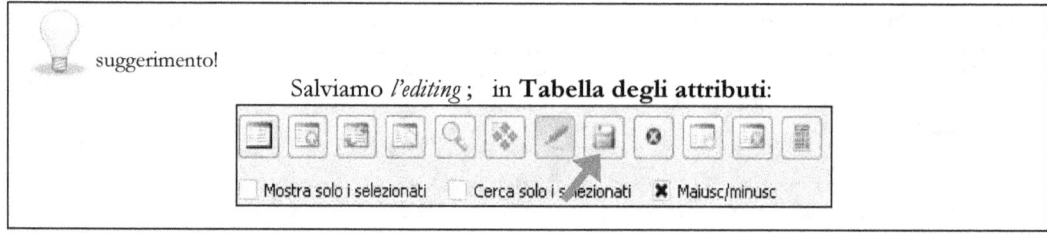

Dalla **Tabella degli attributi**, clicchiamo sul pulsante **Deseleziona tutto**.

Clicchiamo sul pulsante **Apri calcolatore campi**, e nella finestra di calcolo:

- selezioniamo **Crea un nuovo campo**;
- inseriamo come *Nome del campo* = **Mappale** ;
- come *Tipo campo in output*, selezioniamo dall'elenco, aprendo la relativa tendina di opzione, **Testo (string)**;
- come *Larghezza campo in output*, inseriamo il valore **3**;

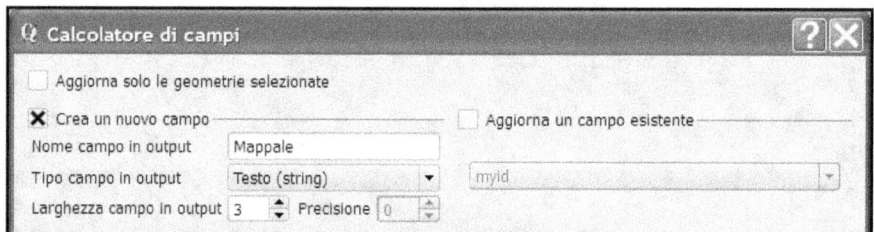

Come formula finale, nella finestra *Espressione*, dobbiamo ottenere:

substr(('00' || "text") , (length("text")) -1 , 3)

A differenza della formula usata in precedenza per i mappali delle particelle, il dato riportato nel campo **text** di **FabbricatiW**, ha come aggiunta finale un segno "+" che sta ad indicare che si tratta di un fabbricato; nella formula da costruire dobbiamo togliere una posizione dalla partenza del *testo* da compilare.

Schematizzando anche qui le varie ipotesi possibili, dobbiamo ottenere:

- con valore di **text** formato da *due caratteri*, esempio **4+**:

1		
0	0	4	+
1	2	3

posizione = **1**; lunghezza = **3**; risultato = **004**

- con valore di **text** formato da *tre caratteri*, esempio **45+**:

1	2		
0	0	4	5	+
	1	2	3

posizione = **2**; lunghezza = **3**; risultato = **045**

- con valore di **text** formato da *quattro caratteri*, esempio **458+**:

1	2	3		
0	0	4	5	8	+
		1	2	3

posizione = **3**; lunghezza = **3**; risultato = **458**

Nell'area della **Lista delle funzioni** del **Calcolatore campi**:

- espandiamo cliccando su [+] la voce **Stringa** ;

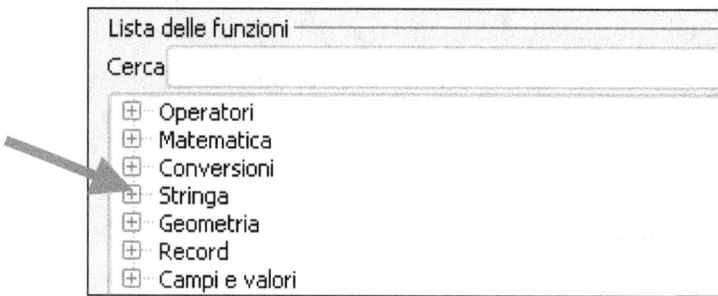

- doppio clic sulla funzione **substr**;
- nell'area **Espressione** dopo **substr(** scriviamo **'00'** ;

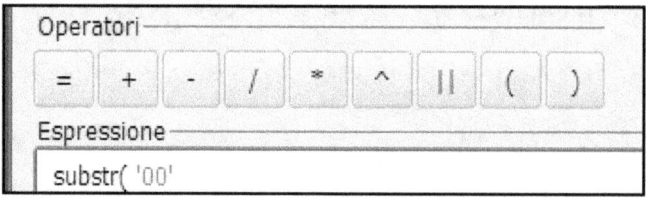

- clicchiamo sul simbolo **||** che crea unione tra stringhe di testo;

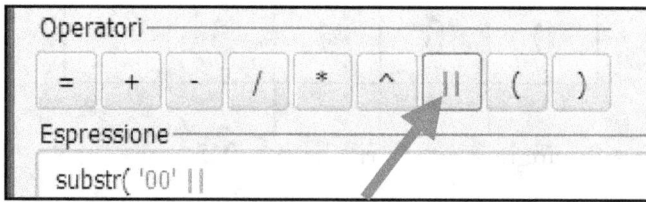

Nell'area della **Lista delle funzioni** del **Calcolatore campi**:

- espandiamo cliccando su [+] la voce **Campi e valori**.

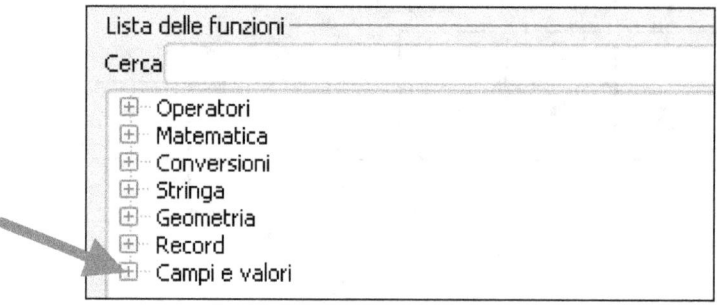

- doppio clic sul campo **text**;

- inseriamo il testo tra due *parentesi* ( ) seguite da una *virgola*;

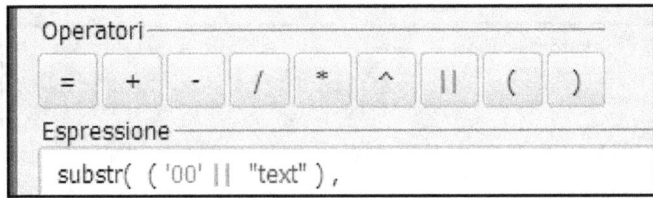

Nella **lista delle funzioni**, in **Stringa**:

- doppio clic sulla funzione **lengh**;

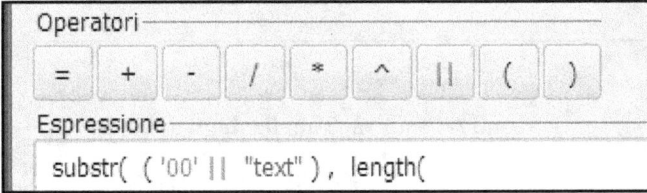

- doppio clic sul campo **text**;

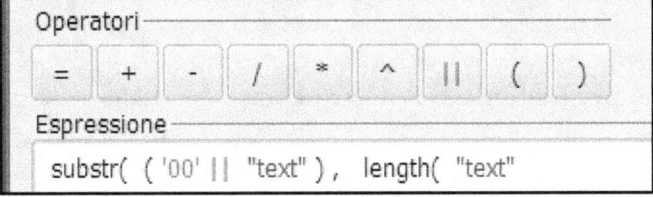

- inseriamo una parentesi di chiusura **)** ;

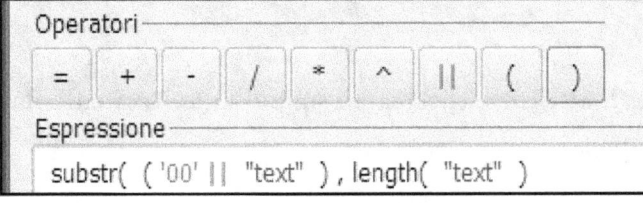

- racchiudiamo tra due parentesi **( )** la *posizione di partenza* **length("text")**;

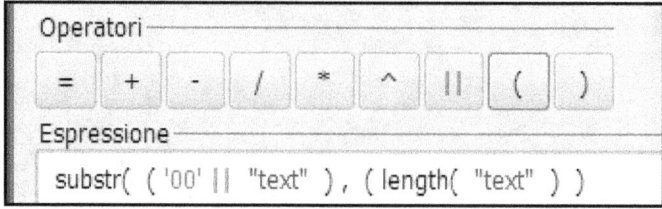

- completiamo la formula digitando in coda **-1), 3)** ;

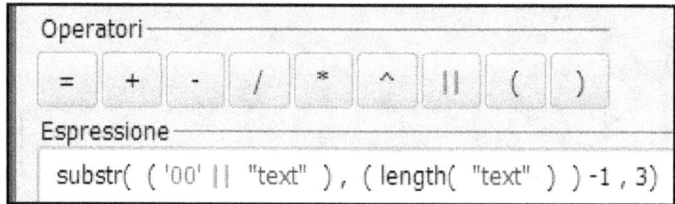

- Diamo **OK**.

Generiamo anche per i fabbricati il nostro codice catastale personalizzato che sarà del tipo:

000/000+

con i tre caratteri iniziali che rappresentano il foglio catastale e gli altri tre caratteri, dopo la barra, rappresentano il numero di mappale del fabbricato, con l'aggiunta in coda del segno "+".

Dalla **Tabella degli attributi**, clicchiamo sul pulsante **Apri calcolatore campi**.
nella finestra di calcolo:

- selezioniamo **Crea un nuovo campo**;
- inseriamo come *Nome del campo* = **Cod_Cat**;
- come *Tipo campo in output*, selezioniamo dall'elenco, aprendo la relativa tendina di opzione, **Testo (string)**;
- come *Larghezza campo in output*, inseriamo il valore **8**;
- nell'area della **Lista delle funzioni**, espandiamo cliccando su + la voce **Campi e valori**
- doppio clic sul campo **Foglio**;
- in coda all'espressione inseriamo | | cliccando sull'apposito pulsante degli **operatori**;
- in coda all'espressione digitiamo **'/'** ;
- inseriamo ancora il simbolo di unione stringhe di testo | | ;
- torniamo alla **Lista delle funzioni**, cerchiamo e diamo il doppio clic sul campo **Mappale**;
- inseriamo un altro simbolo di unione stringhe di testo | | ;
- aggiungiamo in coda **'+'**.

Se abbiamo operato correttamente, l'espressione finale dovrebbe essere:

"Foglio" | | '/' | | "Mappale"| | '+'

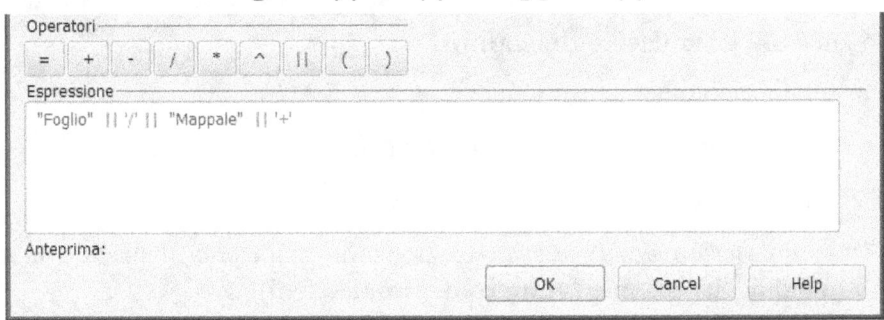

- Diamo **OK**.

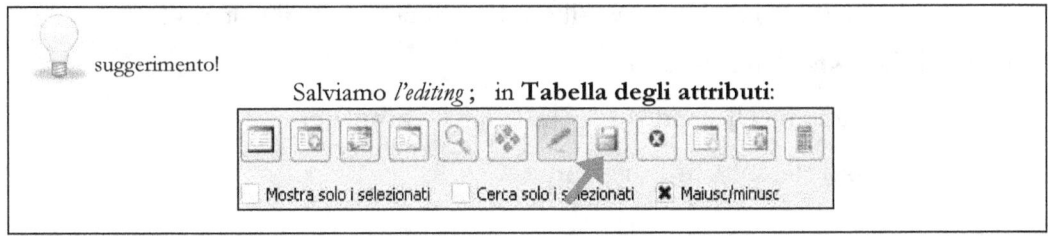

suggerimento! Salviamo *l'editing*; in **Tabella degli attributi**:

Sulla **Tabella degli attributi**, clicchiamo sul pulsante **Elimina colanna**

si apre l'elenco degli attributi:

- selezioniamo, uno ad uno, tutti gli attributi tranne **Foglio**, **Mappale** e **Cod_Cat** ;
- Diamo **OK**.

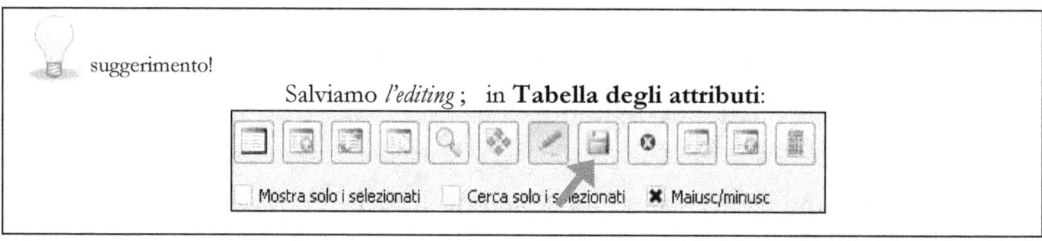

Apriamo ancora il **Calcolatore dei campi**.

Nella finestra di calcolo:

- selezioniamo **Crea un nuovo campo**;
- inseriamo come *Nome del campo* = **Area** ;
- come *Tipo campo in output*, selezioniamo dall'elenco, aprendo la relativa tendina di opzione, **Numero decimale (real)**;
- inseriamo come *Larghezza campo in output*, il valore **15**;
- inseriamo come *Precisione* (il numero di decimali), il valore **4**.

Nell'area della **Lista delle funzioni**:

- espandiamo cliccando su $\boxed{+}$ la voce **Geometrie**;
- doppio clic sulla formula **$area**.

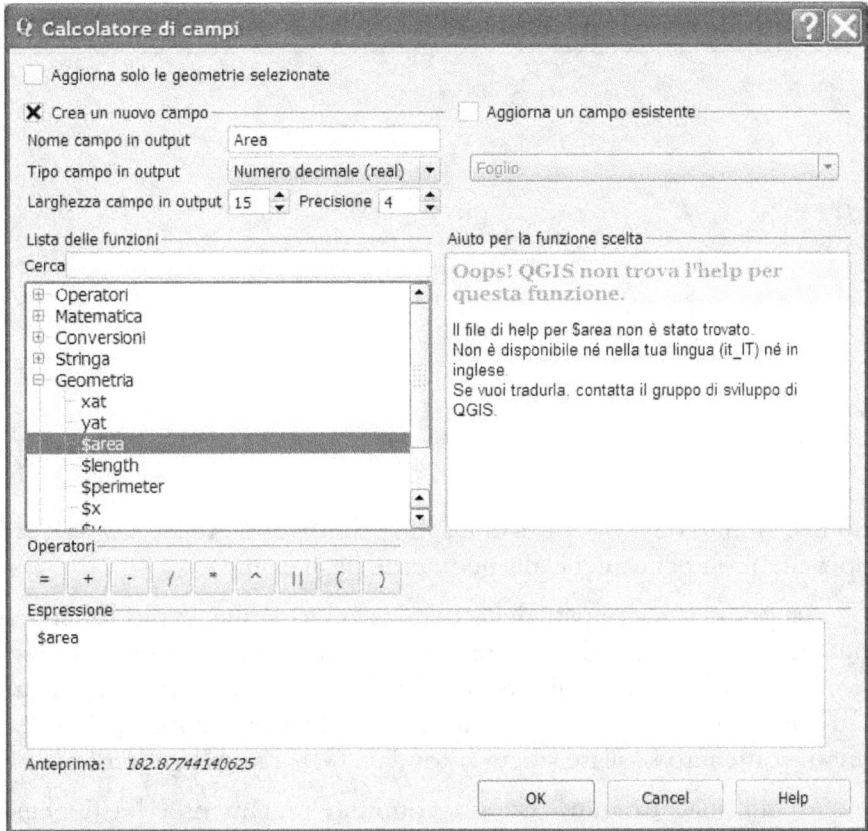

- Diamo **OK**.

Usciamo dalla modalità *editing*, digitando sull'apposito pulsante della **Tabella degli attributi**

>
> suggerimento!
> Salviamo *il progetto* ; dal gruppo dei pulsanti **File**:

Editing degli elementi geometrici

Operando nell'ambito del GIS, oltre che agli attributi, di un tema, vi è la necessità di dover apportare modifiche anche alle geometrie degli elementi.

Va detto, a supporto dei puristi della materia, che ogniqualvolta operiamo delle modifiche *manuali* a elementi georeferenziati creati con apposite attrezzature e strutture, commettiamo vilipendio. Se modifichiamo manualmente la geometria di un edificio rilevato con sistemi fotogrammetrici, satellitari o apparati Gps, faremmo venir meno il contenuto basilare su cui si fonda il GIS, ossia la georeferenziazione.

Il territorio è un soggetto dinamico in continuo mutamento. Basti pensare agli edifici o alle strade che continuamente variano la loro forma e dimensione, piùttosto che agli elementi tecnologici come i lampioni dell'illuminazione pubblica che possono variare posizione in caso di modifiche viabilistiche.

Come comportarci con la nostra gestione del territorio al suo variare?

Ogni volta che un edificio viene ampliato, o una strada viene rettificata, o un lampione viene spostato, dobbiamo rilevare le loro nuove geometrie con strumentazioni georeferenzianti? Dobbiamo recarci sul posto con rilevatori Gps che ci certifichino l'esatte coordinate di vertici e punti e poi riportarli nel software di gestione? La risposta sarebbe si, ma possiamo arrivare ad un compromesso tecnico che non urti troppo la sensibilità dei puristi e che nello stesso tempo soddisfi le nostre esigenze e le nostre economie.

Utilizzando gli attributi, potremmo abbinare all'elemento un'informazione che ne attesti la non *purezza* georeferenziante, in attesa di dotarci in futuro, programmandone la tempistica, di un aggiornamento o revisione dell'intero tema, quale ad esempio un nuovo rilievo fotogrammetrico del territorio o dei nuovi fogli catastali aggiornati. Avremmo così dei dati che impropriamente intenderemo georeferenziati ma che in realtà dovremmo considerare solamente *localizzati*.

Creiamo il nuovo attributo dove ad esempio inseriremo la data di aggiornamento della geometria.

Apriamo la tabella attributi di **ParticelleW**.

- tasto destro su **ParticelleW** nell'*Area dei Layer* – **Apri tabella attributi**

Mettiamo il tema in modalità *editing* cliccando sull'apposito tasto.

Sulla **Tabella degli attributi**, clicchiamo sul pulsante **Nuova colanna** .

Si apre una finestra dove, in ordine, inseriremo:

- *Nome* **Modifica**
- *Commento* **data modifica manuale**
- *Tipo* apriamo la tendina e tra le opzioni scegliamo **Testo (string)**.
- *Lunghezza* inseriamo **15**.

Diamo **OK**.

Questa nuova colonna, ovviamente, non ha nessun dato inserito; provvederemo in seguito, ogniqualvolta modificheremo una geometria, ad inserire la data di aggiornamento dell'elemento.

Salviamo e usciamo dalla modalità *editing* cliccando sugli appositi pulsanti.

Ripetiamo l'operazione, creando l'attributo Modifica anche al tema **FabbricatiW**.

Apriamo la tabella attributi di **FabbricatiW**.

- tasto destro su **FabbricatiW** nell'*Area dei Layer* – **Apri tabella attributi**

Mettiamo il tema in modalità *editing* cliccando sull'apposito tasto.

Sulla **Tabella degli attributi**, clicchiamo sul pulsante **Nuova colanna** .

Si apre una finestra dove, in ordine, inseriremo:

- *Nome*   **Modifica**
- *Commento*   **data modifica manuale**
- *Tipo*   apriamo la tendina e tra le opzioni scegliamo **Testo (string)**.
- *Lunghezza* inseriamo **15**.

Diamo **OK**.

Salviamo e usciamo dalla modalità *editing* cliccando sugli appositi pulsanti.

Tra i dati che abbiamo a disposizione, nella cartella **database**, vi è un estratto mappa catastale: **estratto_mappa.jpg**

in esso sono riportati dei frazionamenti e dei nuovi inserimenti catastali di recente formazione che non sono riportati nei temi **ParticelleW** e **FabbricatiW** che risultano di data antacedente.

Attiviamo dai *Layer* il tema **FabbricatiW,** selezioniamolo e, tenendo premuto il tasto sinistro del mouse, trasciniamolo in cima alla lista dei temi in modo da visualizzare, con il sottostante **ParticelleW,** la mappa catastale nel suo intero.

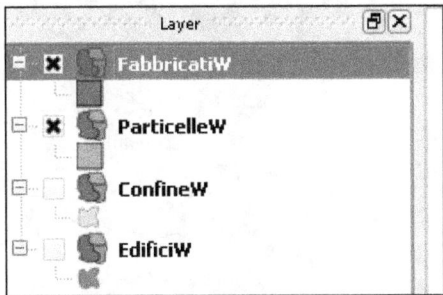

Effettuiamo uno **zoom completo**, digitando sulll'apposito pulsante tra il gruppo **Orientazione della mappa**

così da avere sott'occhio tutti gli elementi che rappresentano le particelle catastali ed individuare quelli corrispondenti all'estratto mappa aggiornato

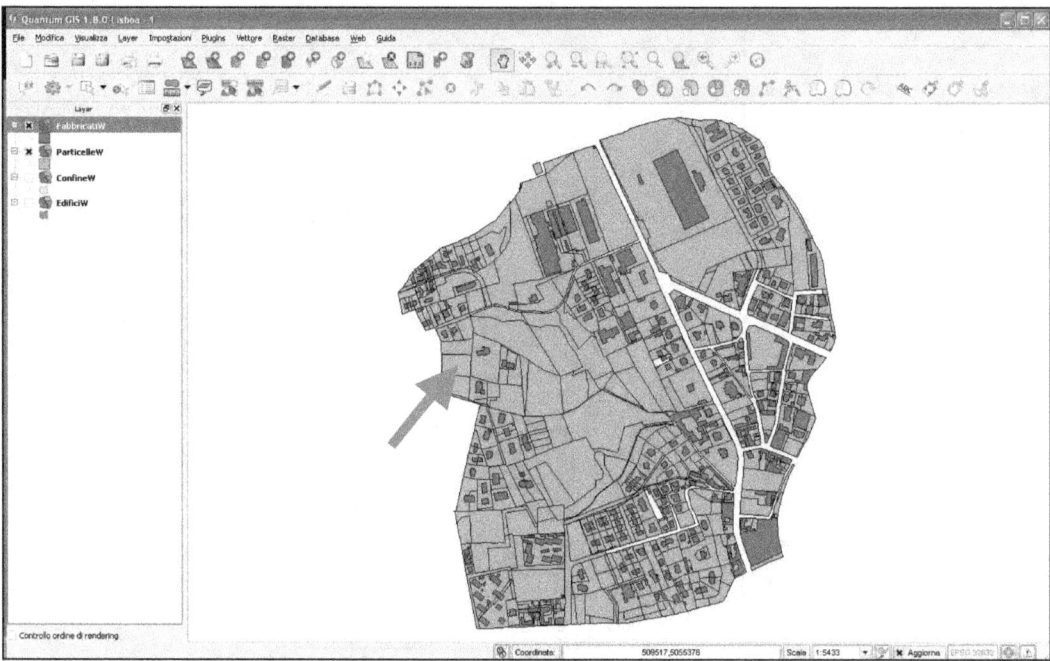

che meglio visualizzeremo, roteando in avanti la rotellina del mouse con il puntatore posizionato nell'*area di visualizzazione*.

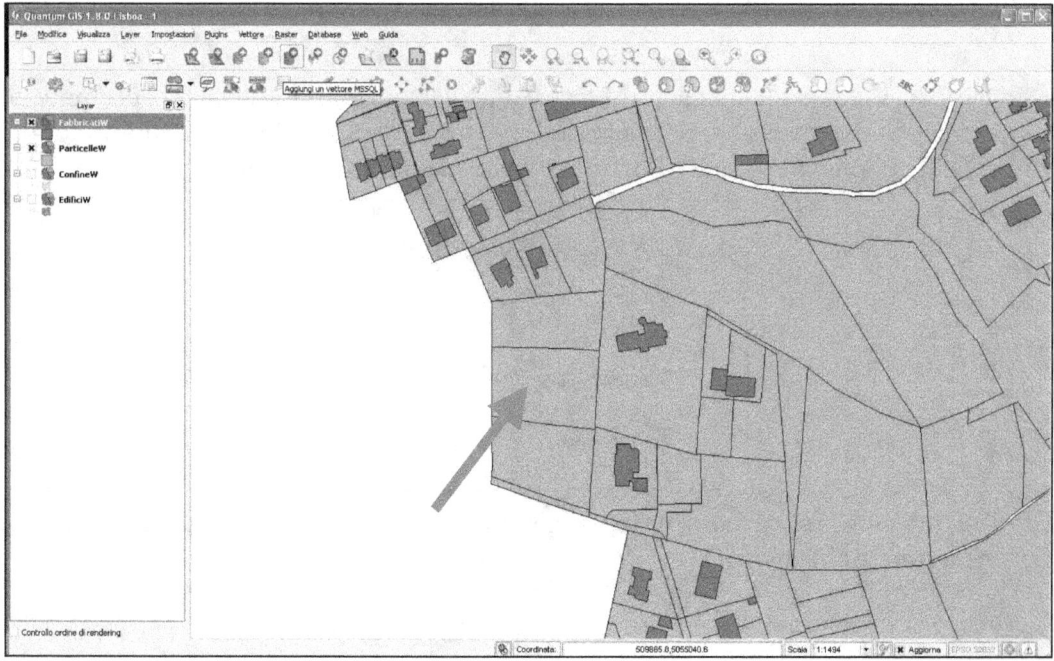

Editing degli elementi geometrici

[Georeferenziare un raster]

Dal menù **Raster**, selezioniamo **Georeferenziatore - Georeferenziatore**

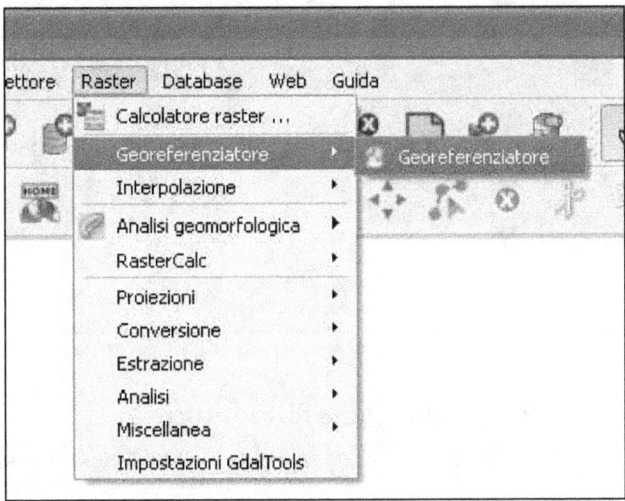

All'*area di visualizzazione* si aggiungono altre due aree denominate:

- **Georeferentatore**;
- **Tabella GCP**.

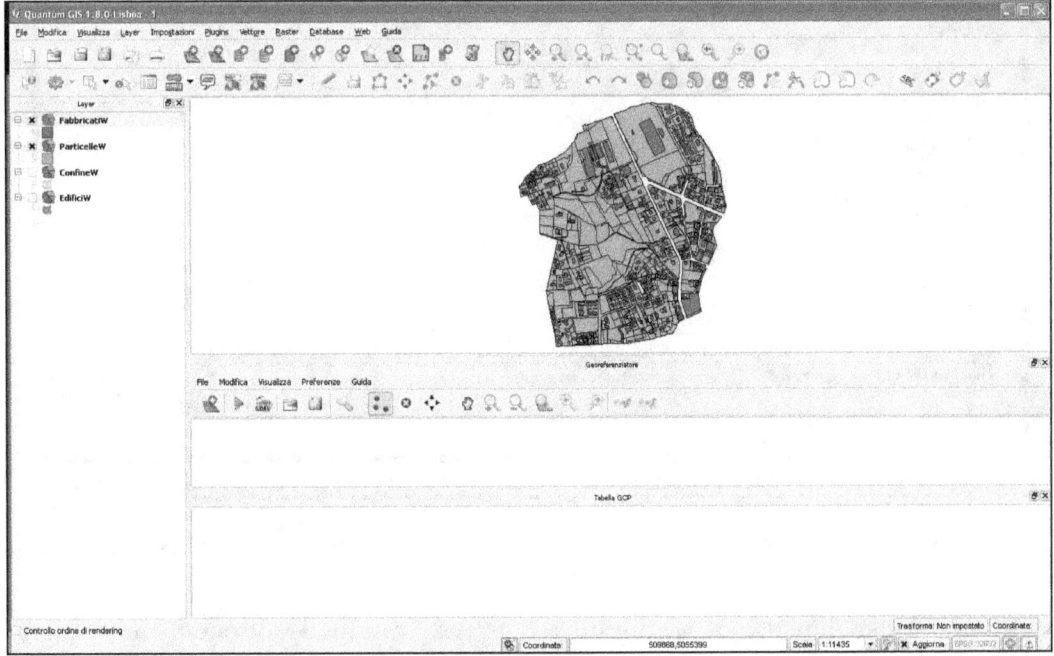

Dall'area *Georeferentatore* clicchiamo sull pulsante **Aggiungi raster**

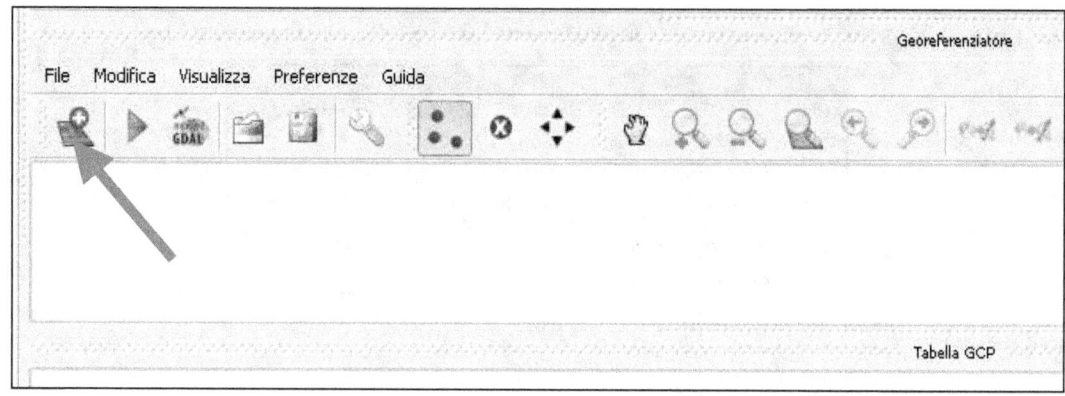

selezioniamo il file **estratto_mappa.jpg** e diamo **Apri**.

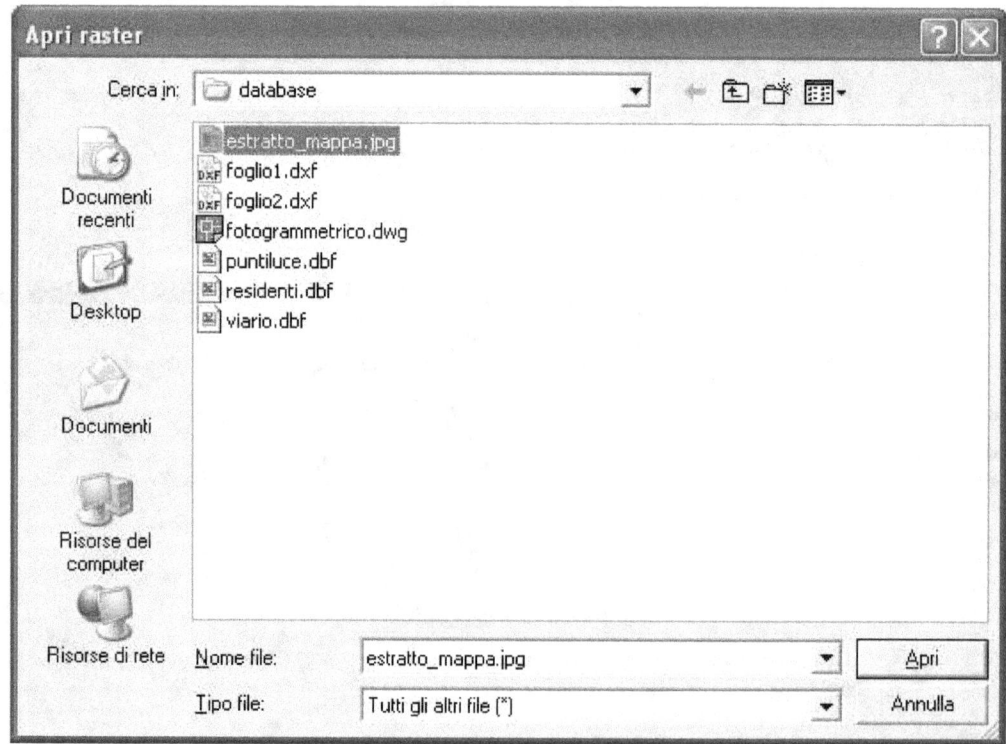

L'immagine viene caricata nell'area *Georeferentatore*, ma viste le dimensioni è quasi invisibile.

Operiamo sulle dimensioni di queste tre aree in modo da ottenere una visione migliore.

Posizionandoci col cursore in prossimità del *confine* tra le *aree*, la freccia del puntatore si trasforma in:

Premiamo il tasto sinistro del mouse e spostiamo i *confini* allargando l'area *Georeferentatore* e rimpicciolendo l'area **Tabella GCP**.

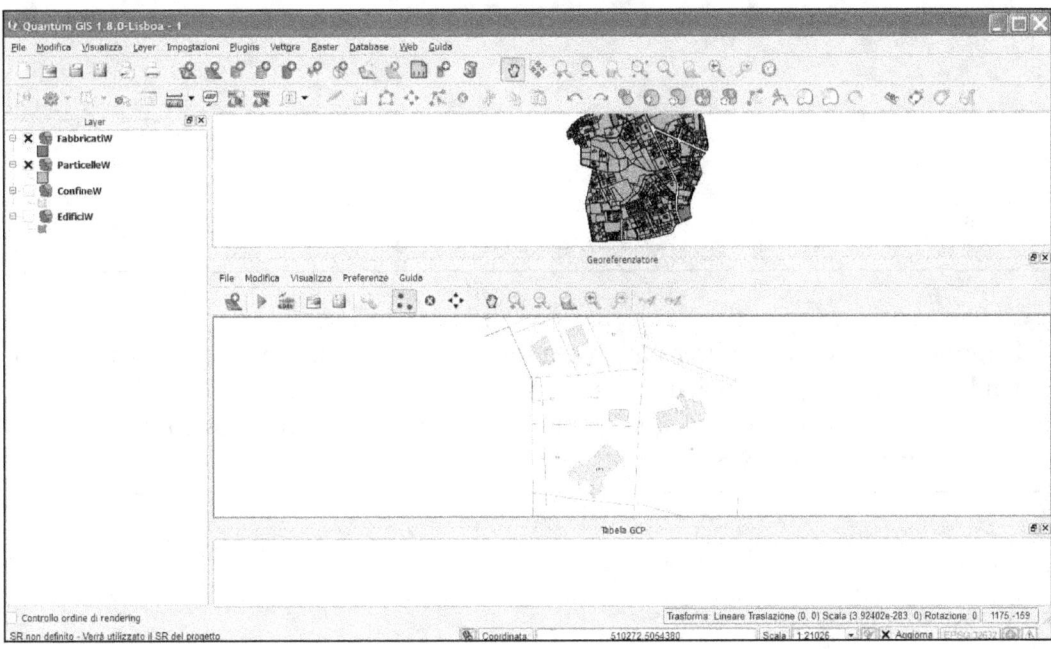

> nota!
>
> Dal menù **Preferenze** dell'area *Georeferentatore*, selezioniamo **Configura il georeferentatore**
>
>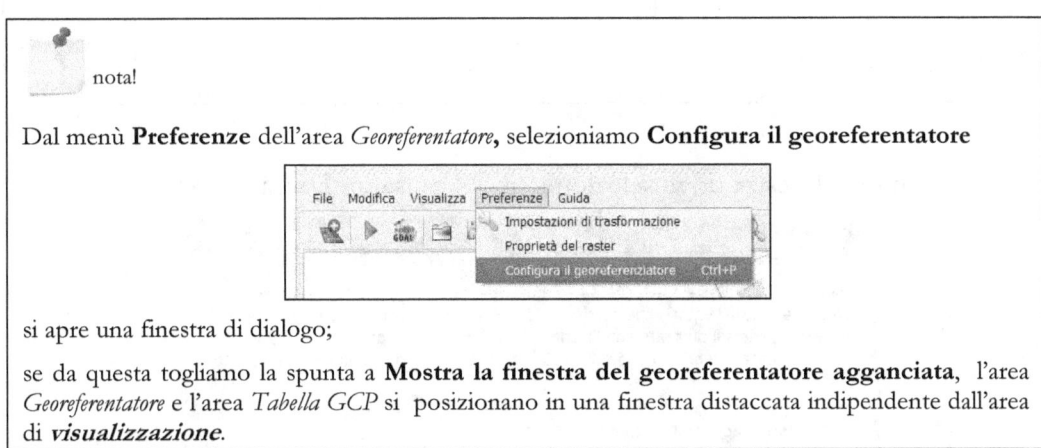
>
> si apre una finestra di dialogo;
>
> se da questa togliamo la spunta a **Mostra la finestra del georeferentatore agganciata**, l'area *Georeferentatore* e l'area *Tabella GCP* si posizionano in una finestra distaccata indipendente dall'area di *visualizzazione*.

Dall'area *Georeferentatore* assicuriamoci che sia attivo il pulsante **Aggiungi punti**

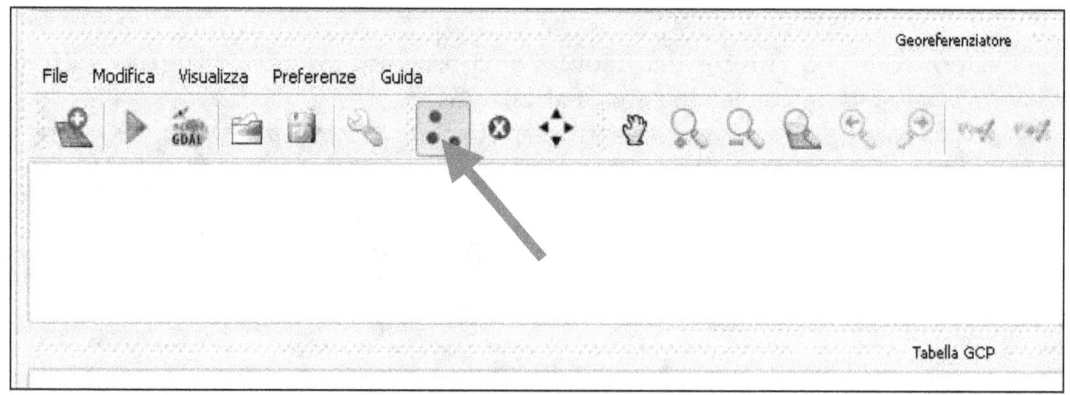

All'interno dell'area *Georeferentatore*, roteando la rotellina del mouse per zoomare e tenendola premuta per spostare la vista, individuiamo un punto di riferimento del raster ed inseriamo un punto di riferimento, con più precisione possibile, cliccando col tasto sinistro del mouse.

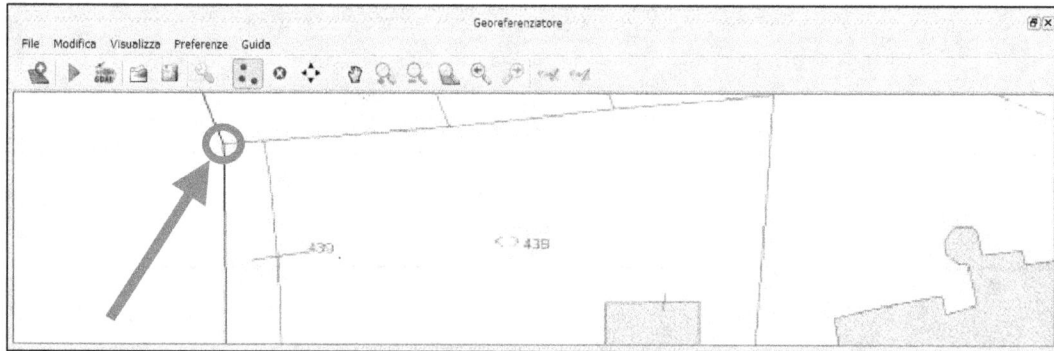

Si apre una nuova finestra dove selezioneremo il pulsante **Dalla mappa**

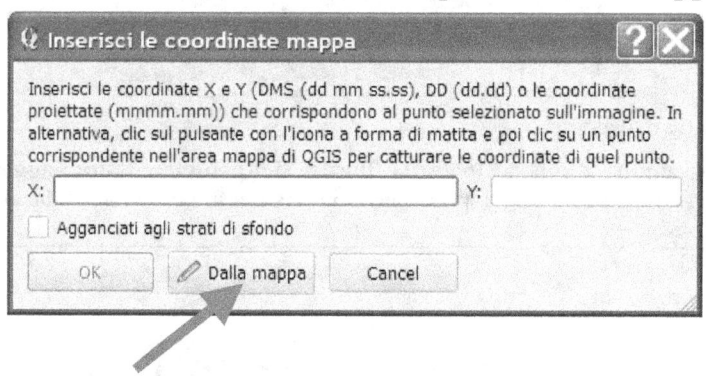

Spostiamo quest'ultima finestra che ci ostruisce la vista :

- puntatore posizionato sulla barra blu in alto, tenere premuto il tasto sinistro del mouse e spostarla

Posizioniamoci all'interno dell'*area di visualizzazione* e roteando la rotellina del mouse per zoomare e tenendola premuta per spostare la vista, individuiamo il corrispettivo punto di riferimento che abbiamo selezionato nel raster.

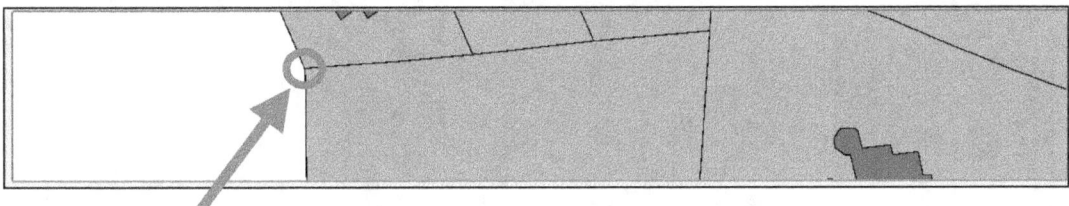

Anche in questa circostanza, con più precisione possibile (aiutandosi magari con più zoomate), inseriamo il punto cliccando col tasto sinistro del mouse.

Nella finestra che abbiamo spostato in un angolo compaiono le coordinate geografiche di quest'ultimo punto.

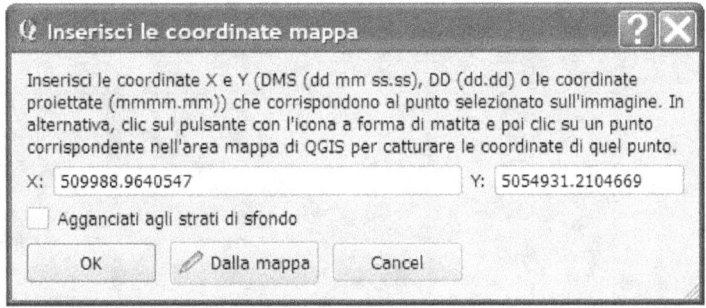

Diamo **OK**.

Nelle tre aree – nelle prime due graficamente, nella terza come coordinata – compare il primo punto di riferimento che abbiamo inserito.

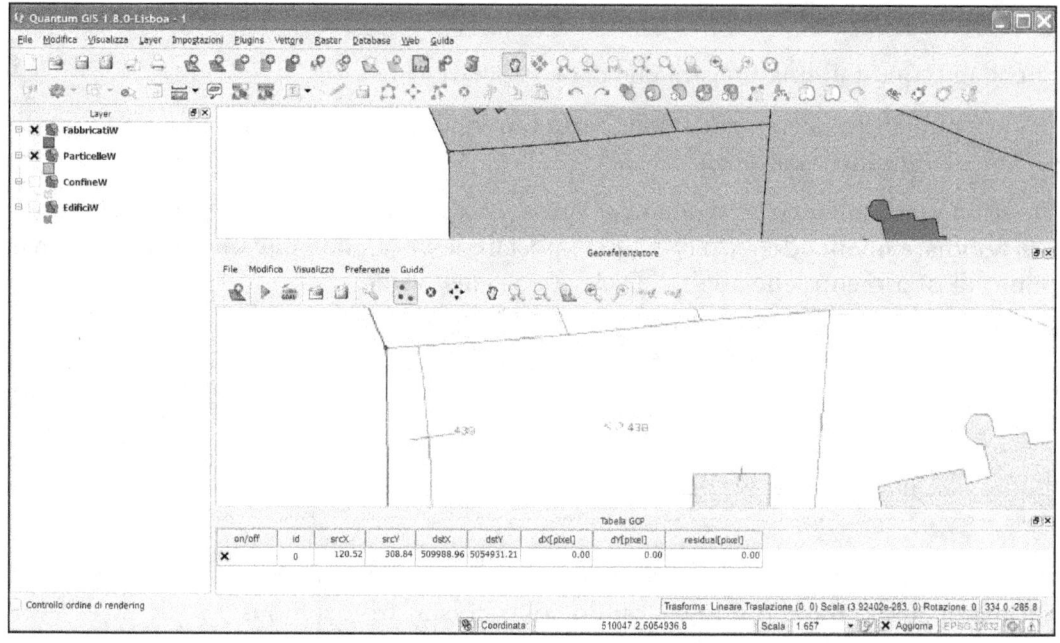

Individuiamo un secondo punto nell'area *Georeferentatore*, roteando con la rotellina del mouse.

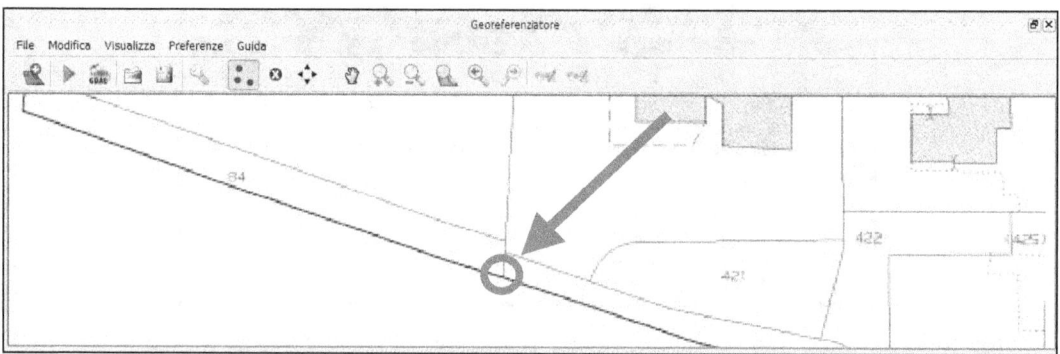

- Inseriamo il punto cliccando col tasto sinistro del mouse;
- Si apre la finestra dove selezioneremo il pulsante **Dalla mappa** ;
- Spostiamo la finestra;
- Ci posizioniamo nell'*area di visualizzazione*;
- Con la rotellina del mouse zoomiamo ed individuiamo il punto corrispettivo;

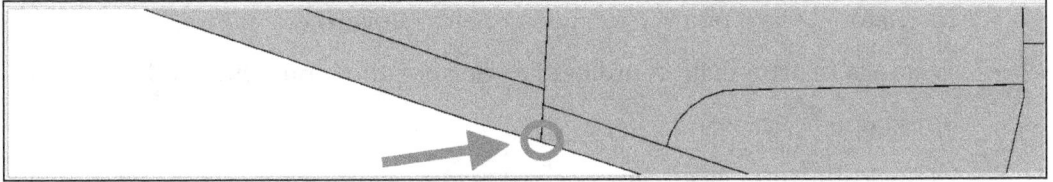

- Inseriamo anche qui il punto cliccando col tasto sinistro del mouse;
- Le coordinate si caricano nella finestra che abbiamo spostato;
- **OK** nella finestra con le coordinate;

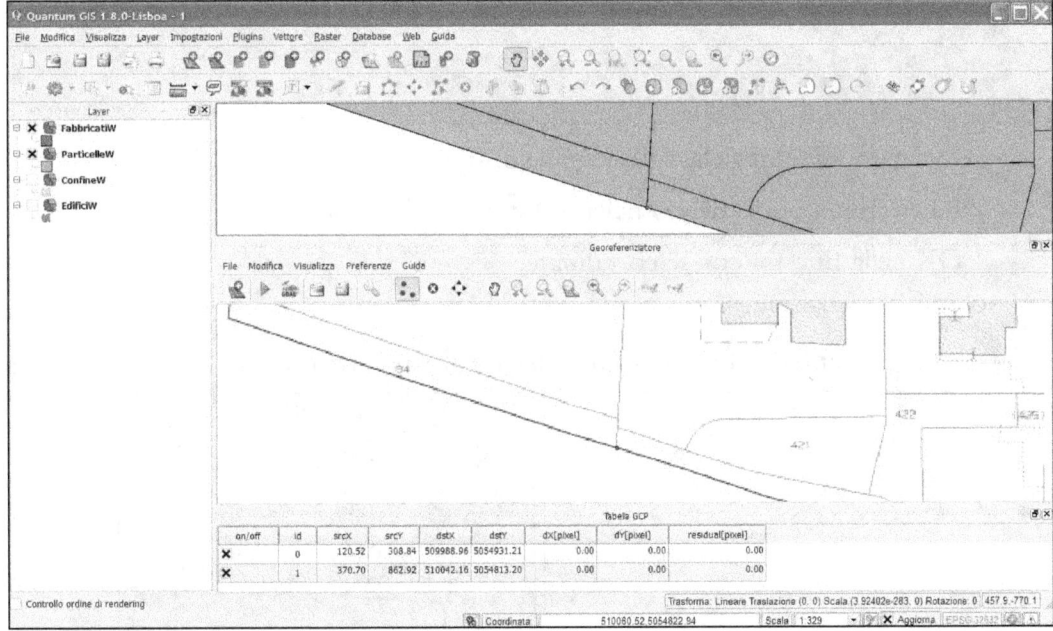

ed il secondo punto è inserito.

Procediamo con un terzo.

Individuiamolo nell'area *Georeferentatore*, con la rotellina del mouse.

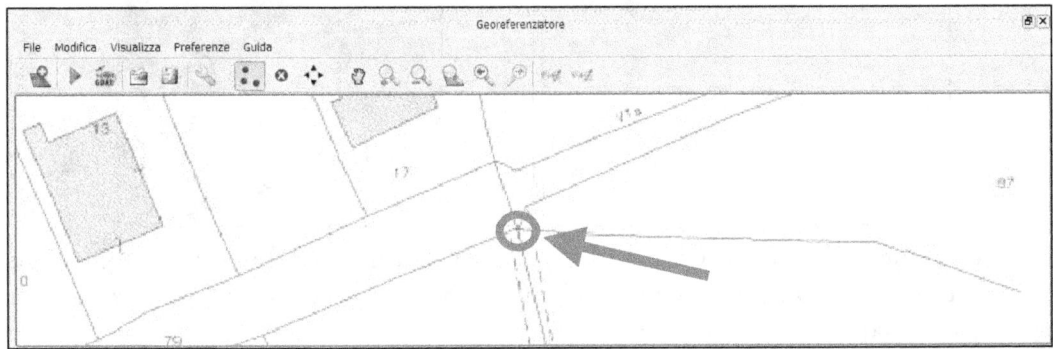

- Inseriamo il terzo punto cliccando col tasto sinistro del mouse;
- Si apre la finestra delle coordinate e selezioniamo il pulsante **Dalla mappa** ;
- Spostiamo la finestra;
- Ci posizioniamo nell'*area di visualizzazione*;
- Con la rotellina del mouse zoomiamo ed individuiamo il terzo punto corrispettivo;

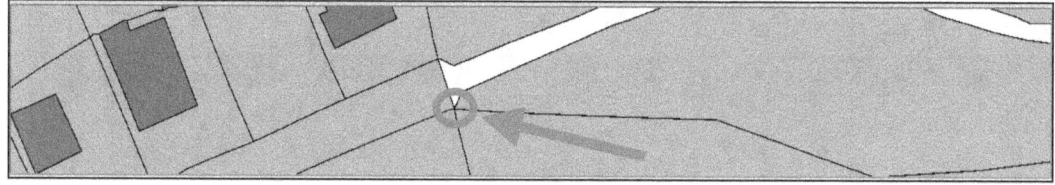

- Inseriamo il punto cliccando col tasto sinistro del mouse;
- Le coordinate si caricano nella finestra che abbiamo spostato;
- **OK** nella finestra con le coordinate.

Individuati i tre punti di riferimento nel raster e i loro corrispettivi nei temi

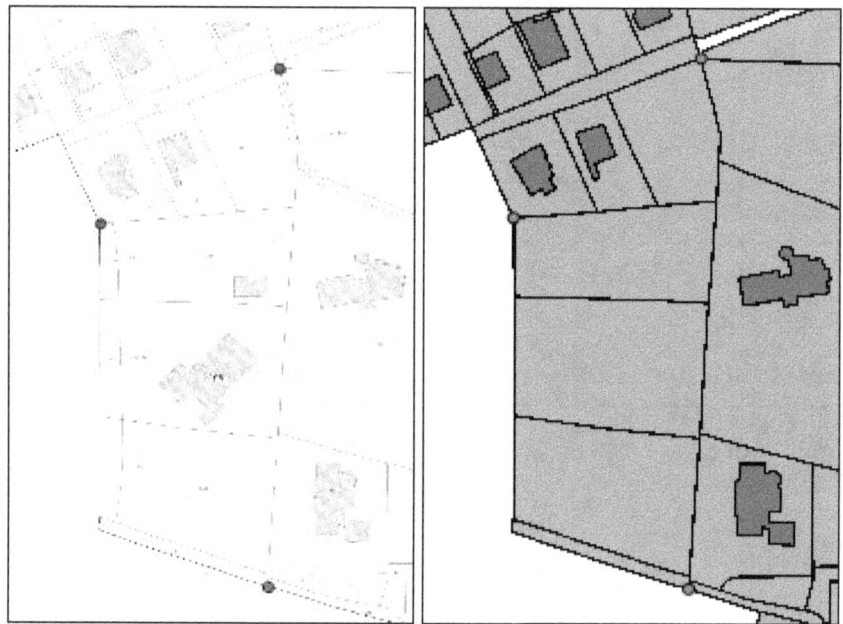

provvederemo, col prossimo comando, a *stirare* il raster in modo da farlo coincidere con gli elementi geometrici corrispondenti, o meglio facendolo coincidere nei tre punti individuati.

Dall'area *Georeferentatore* clicchiamo sul pulsante **Inizia georeferenzazione**

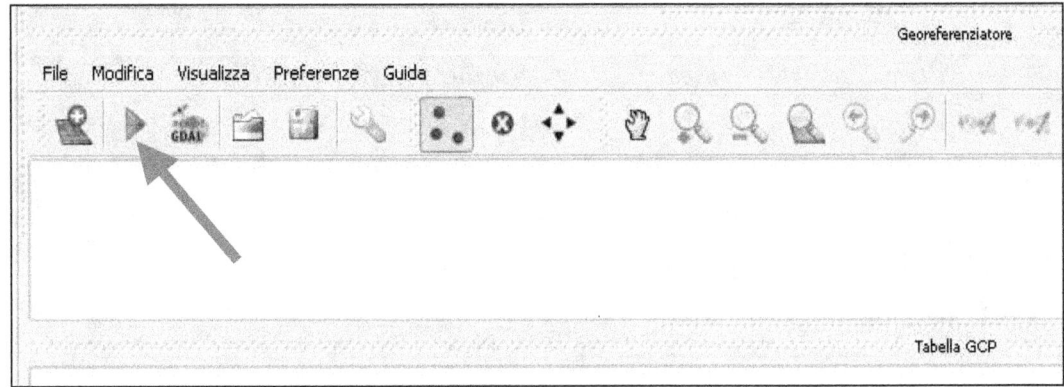

Un avviso ci dice di scegliere il *tipo di trasformazione*: diamo **OK**.

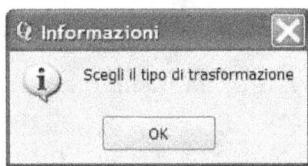

Si apre una finestra di dialogo:

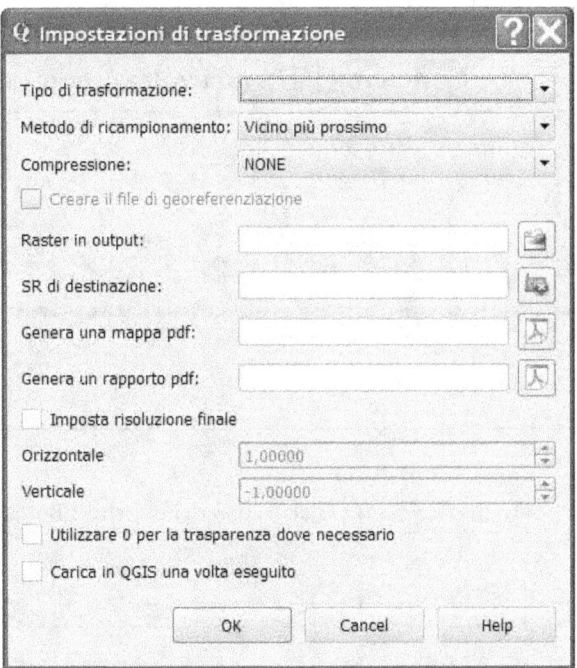

dove selezioniamo, aprendo le relative liste di opzioni cliccando col tasto sinistro:

- *Tipo di trasformazione* = **Lineare**
- *Metodo di ricampionamento* = **Vicino più prossimo**
- *Compressione* = **NONE**

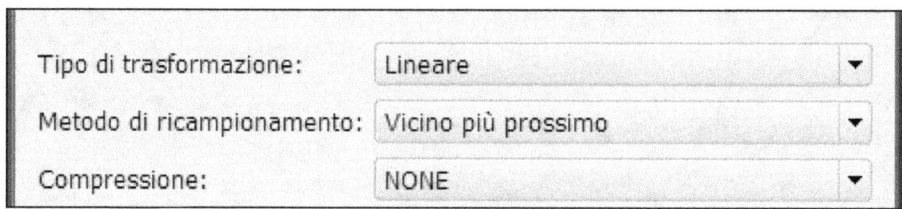

Per **Raster in output** e **SR di destinazione**, apriamo le rispettive finestre di dialogo cliccando sui rispettivi pulsanti alla loro destra, e diamo

come nome del raster da salvare quello proposto: **estratto_mappa_modificato.tif** ;

come SR, quello in uso che troviamo tra quelli recenti: **WGS 84 / UTM zone 32N**.

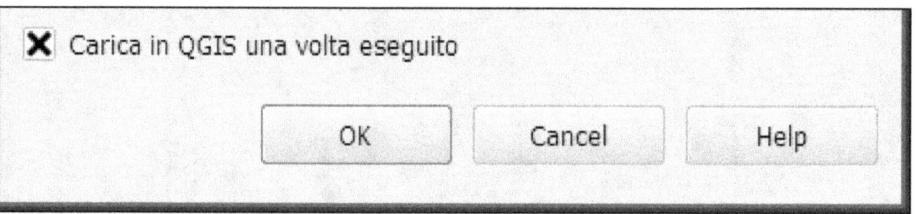

Spuntiamo infine l'opzione **Carica in QGIS una volta eseguito**.

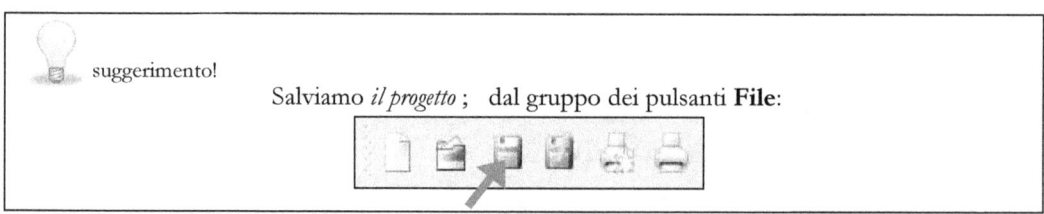

Diamo **OK**.

> suggerimento!
> Salviamo *il progetto* ; dal gruppo dei pulsanti **File**:

Dal menù a tendina, selezioniamo: **Visualizza – Pannelli – Georeferentatore**

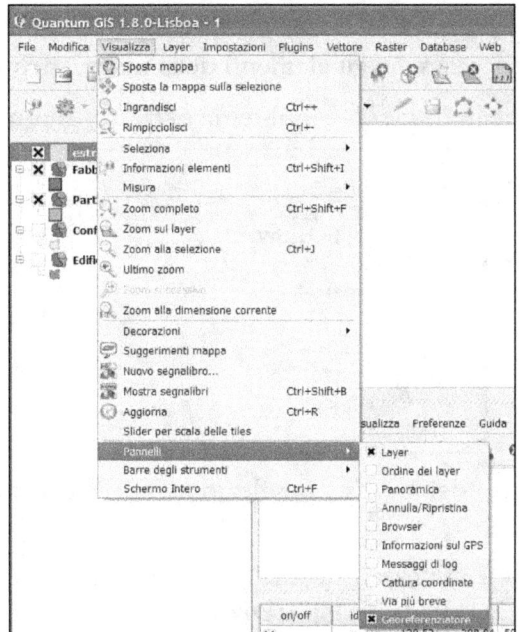

togliamo la spunta a **Georeferentatore** in modo da nasconderlo dall'area di lavoro.

Nell'*area di visualizzazione* vedremo così il nostro raster *incollato* come un francobollo sulla mappa attiva.

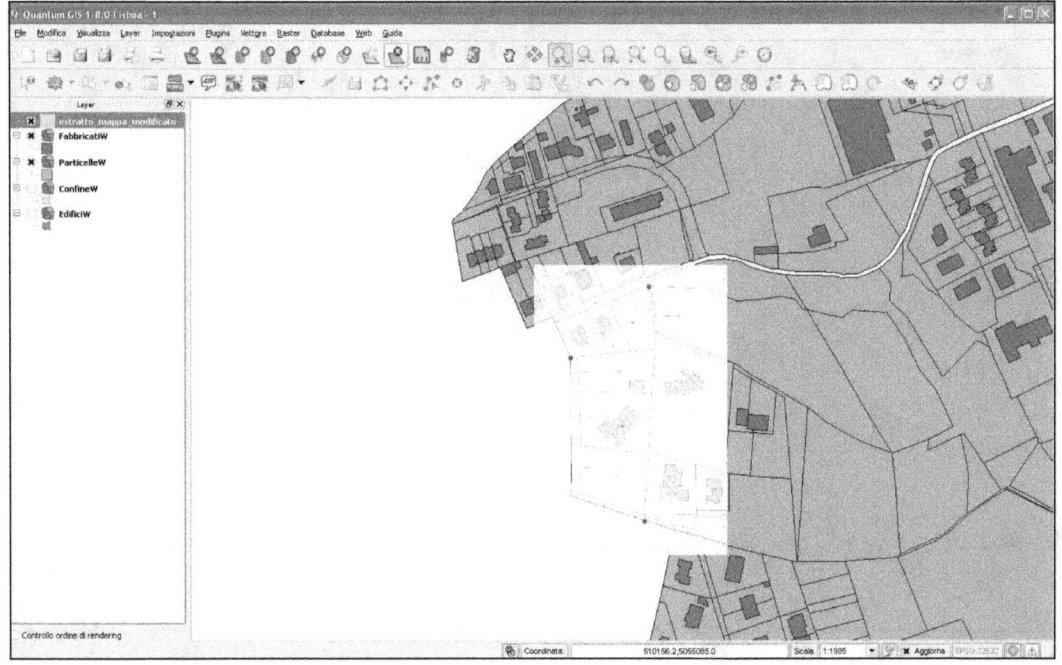

[Rendere trasparente un tema]

Modificando le opzioni di proprietà dei temi, rendiamo semitrasparente il raster in modo da poter intravedere anche gli elementi della mappa posizionati sotto di esso.

- Selezioniamo nell'*Area dei Layer* il tema **estratto_mappa_modificato**.

- Tasto destro del mouse e selezioniamo **Proprietà** nella tendina che compare.

L'operazione attiva una finestra di dialogo denominata **Prorietà layer**, dove selezioneremo, in alto, la scheda **Trasparenza**.

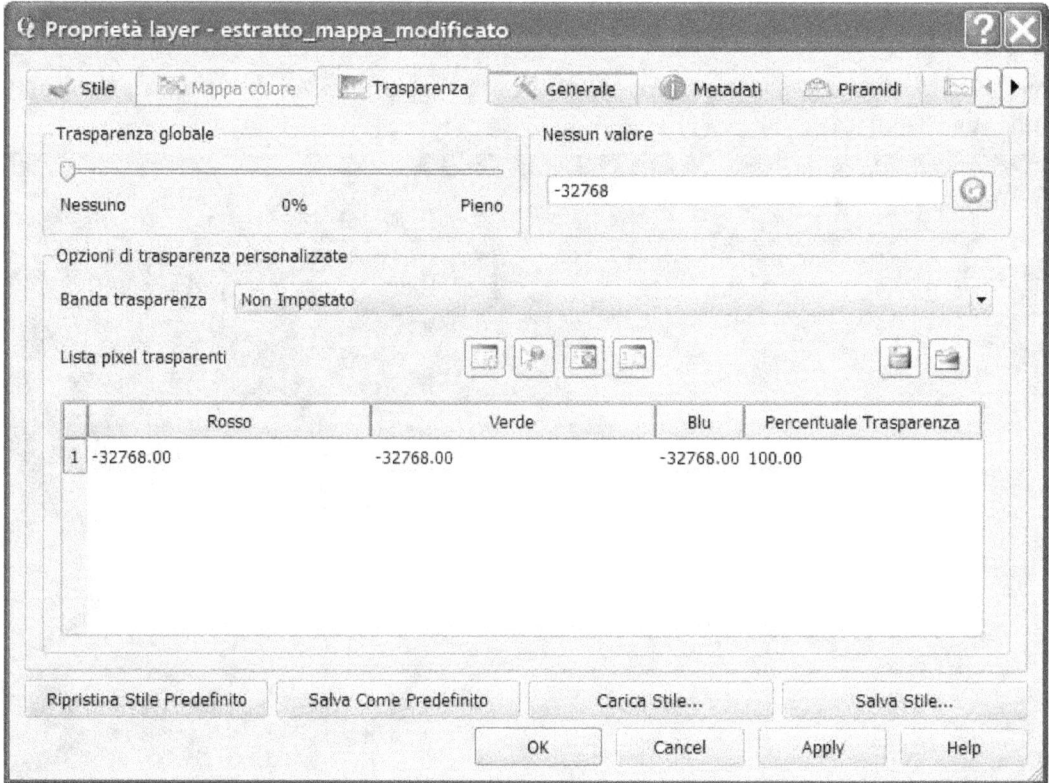

In **Trasparenza globale**, puntiamo il bottoncino posizionato su **Nessuno** tenendoci premuto sopra il tasto sinistro del mouse e spostandolo, poi, verso la metà del livello, raggiungento una percentuale di trasparenza del **50%** circa.

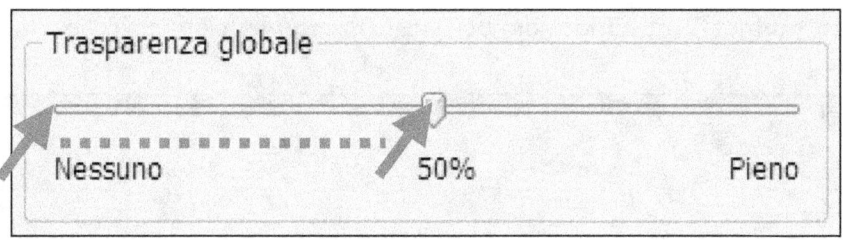

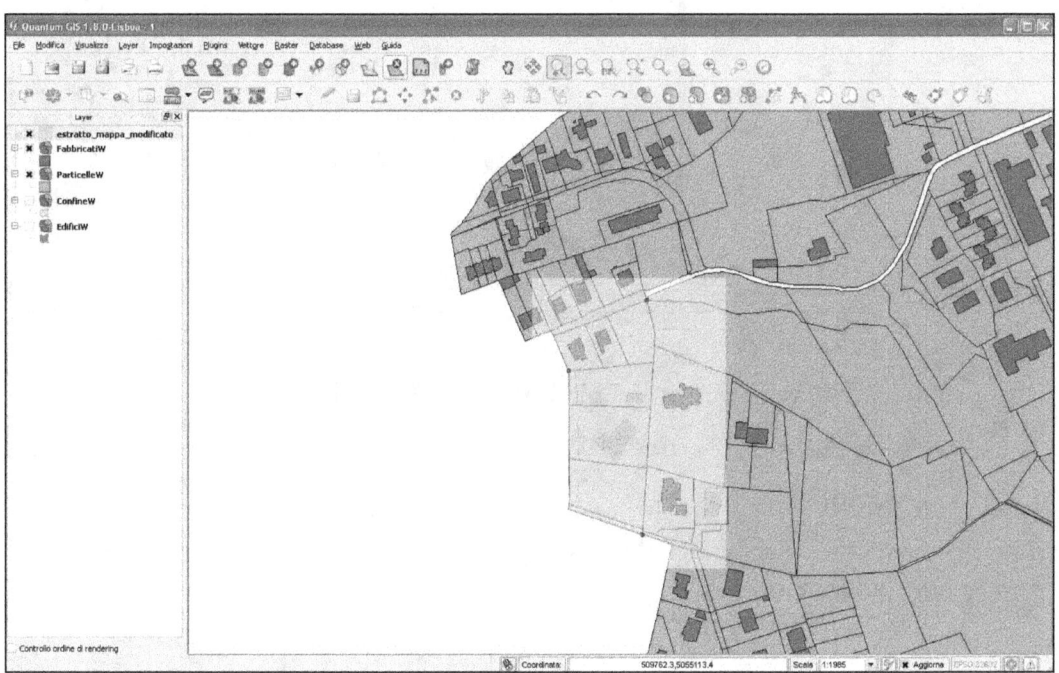

Procediamo adesso con editare gli elementi in mappa aggiornandoli alla sistuazione attuale raffigurata nel raster.

Operiamo con la rotellina del mouse zoom (roteandola) e spostamenti di vista (tenendola premuta) in modo da ben visualizzare le tre particelle catastali da aggiornare.

Selezioniamo nell'*Area dei Layer* il tema **ParticelleW** e attiviamolo all'*editing* :

- tasto destro su **ParticelleW**
- **Modifica**.

oppure, una volta selezionato **ParticelleW**, clicchiamo sull'apposito pulsante del gruppo **Digitalizzazione**

Le geometrie delle particelle catastali diventano così editabili e i vertici diventano visibili con un simbolo a *croce* o a *cerchio* a seconda delle impostazioni.

 nota!

Per modificare le impostazioni di visualizzazione dei vertici in modalità di *editing* , dal menù a tendina selezionare **Impostazioni – Opzioni**

Si apre una finestra a schede da dove selezioneremo in alto la scheda Digitilizzazione; a metà di questa scheda troviamo le opzioni sulla visualizzazione dei vertici in modalità di modifica.

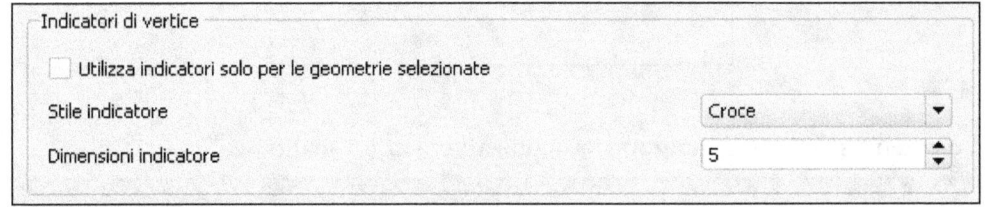

Dal gruppo **Attributi** clicchiamo sul pulsante **Seleziona elementi con un rettangolo**

selezioniamo le tre geometrie che dobbiamo aggiornare facendo in modo che il rettangolo di selezione tocchi solo queste tre: clicchiamo col tasto sinistro del mouse in un punto di una geometria e, tenendo premuto il tasto, trasciniamo sino a creare il rettangolo di selezione.

Cap. 3 – Operare in ambiente GIS

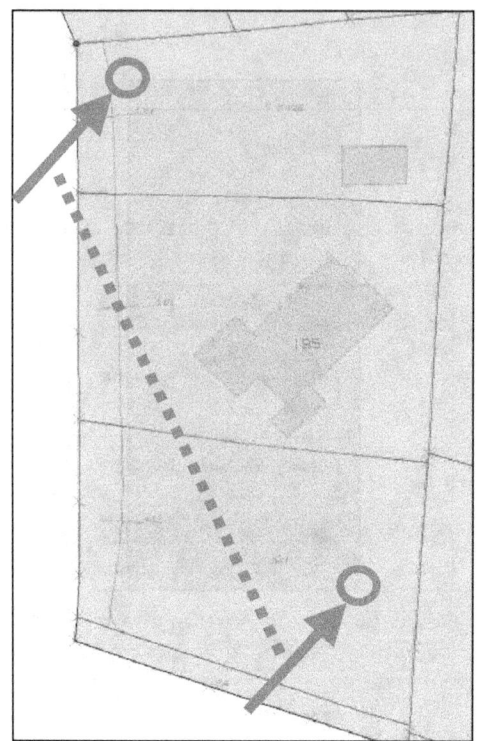

I tre elementi selezionati vengono visualizzati col color giallo.

[Dividere un elemento geometrico]

Attiviamo dal gruppo **Digitalizzazione avanzata** il pulsante **Spezza elemento**.

Aiutandoci con la rotellina del mouse per operare zoom e spostamenti di vista, tracciamo una *linea* seguendo quella di frazionamento dei mappali, riportata nel raster. Ogni punto della linea che andiamo a tracciare, va inserito cliccando col tasto sinistro del mouse; l'ultimo punto, a chiusura e completamento della linea, va inserito cliccando col tasto destro del mouse. Il primo e l'ultimo punto devono essere inseriti fuori dal gruppo di selezione, in modo che la linea tracciata possa *tagliare* completamente gli elementi interessati.

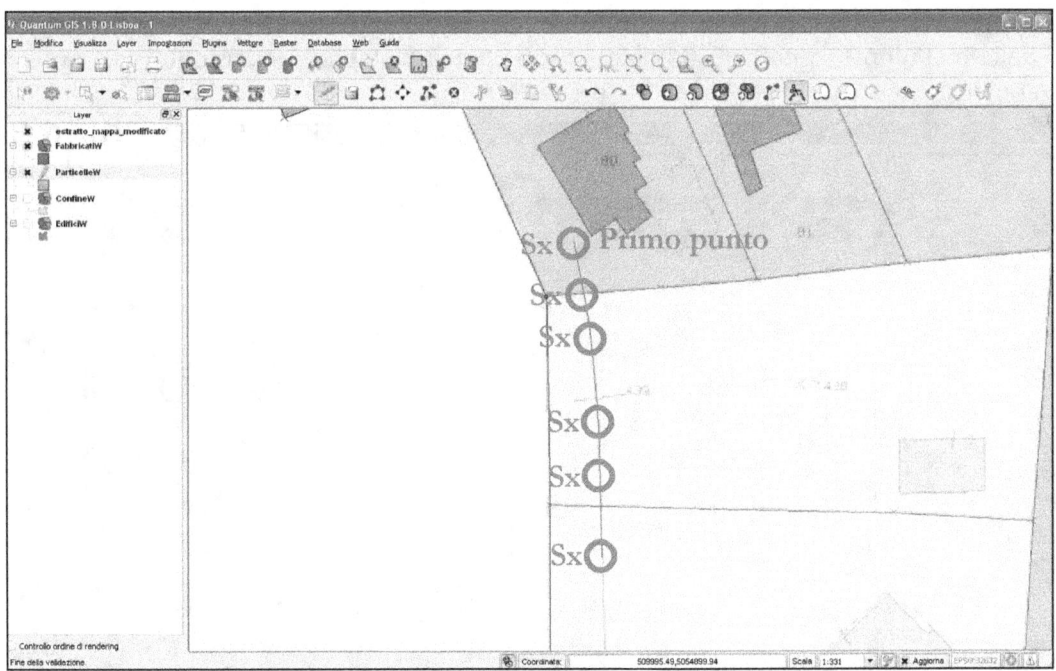

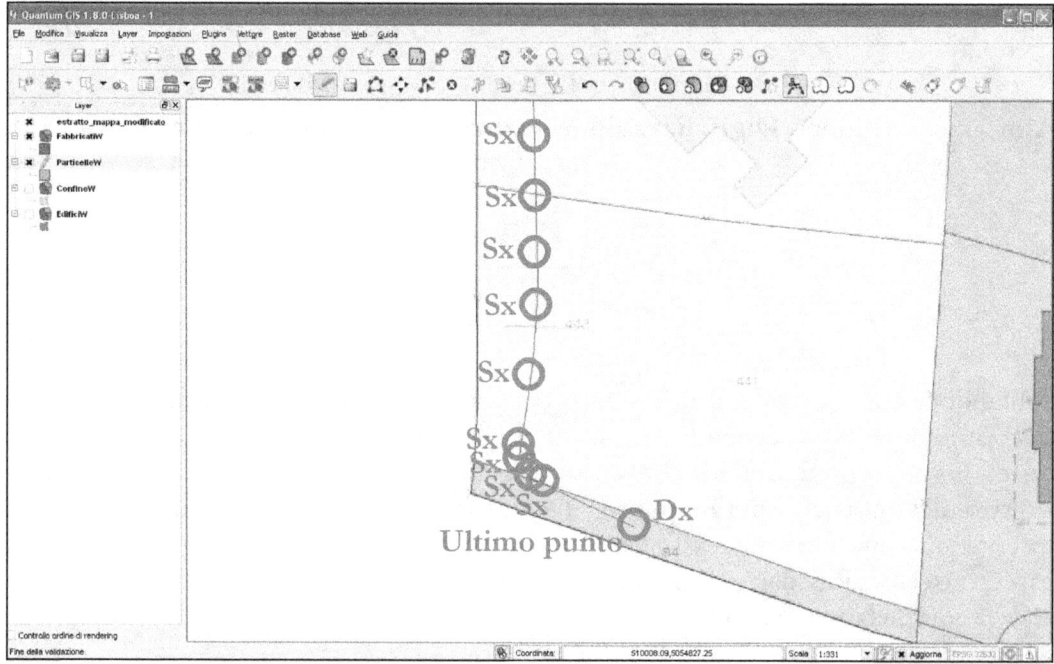

Digitato l'ultimo punto, il software opererà un taglio generando tre nuove geometrie.

Dal gruppo **Attributi** clicchiamo nuovamente sul pulsante **Seleziona elementi con un rettangolo**

e selezioniamo tutte le sei geometrie ottenute dal *taglio*.

Apriamo nuovamente la **Tabella degli attributi** di **ParticelleW** e spuntiamo in basso **Mostra solo i selezionati**

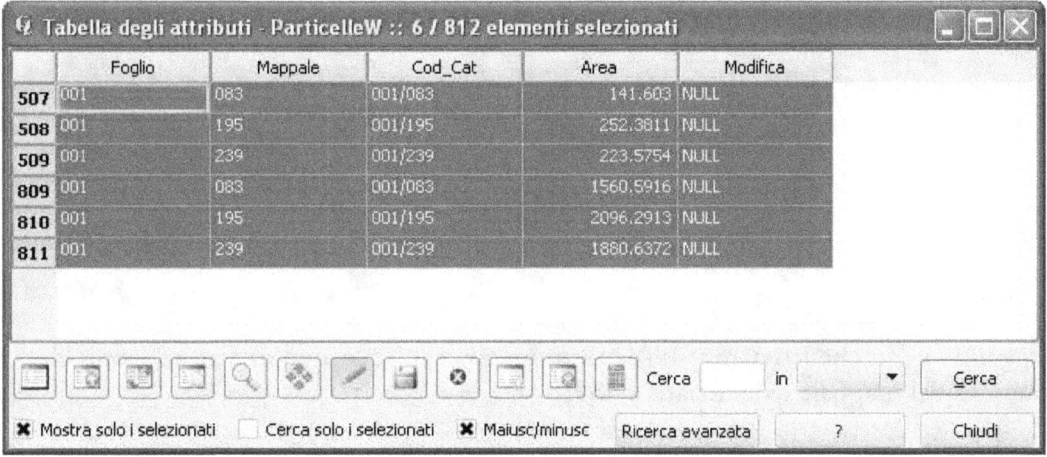

Selezioniamo la prima riga (riga 507 nell'esempio).

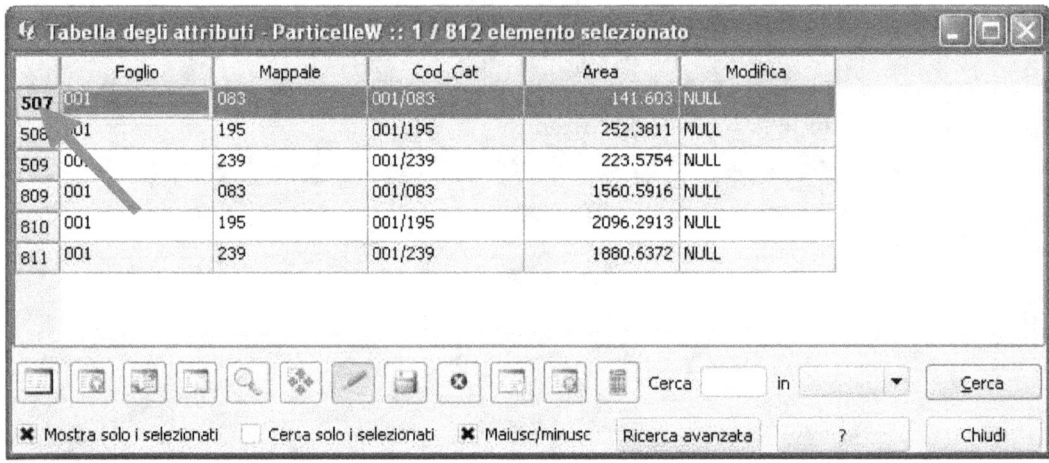

Nell'*area di visualizzazione* vediamo a quale elemento corrisponde;

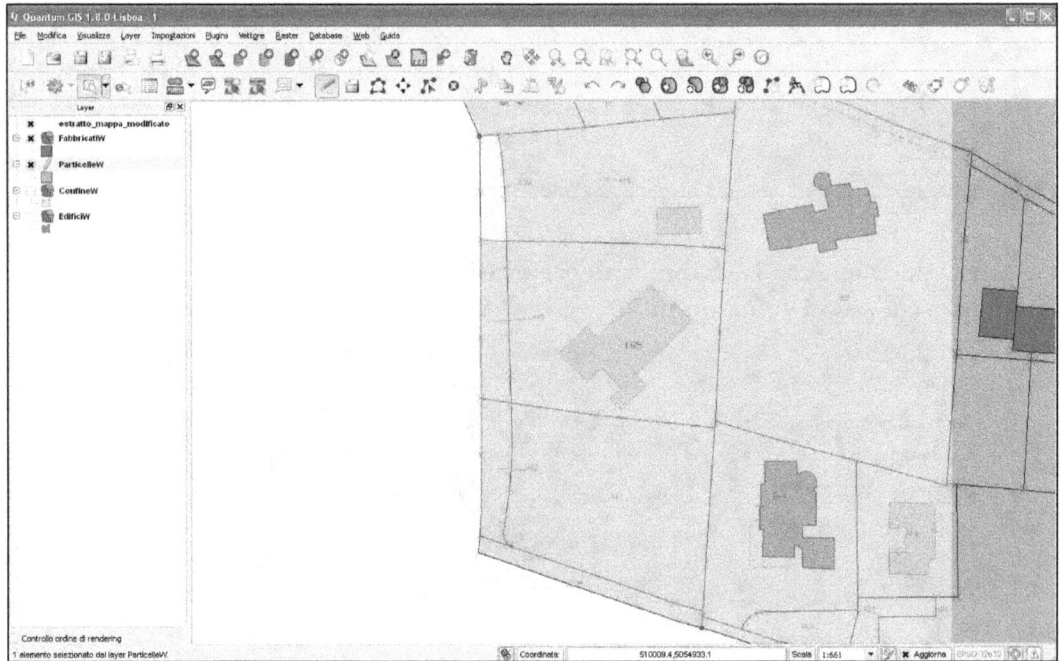

leggendo i dati che troviamo sull'estratto mappa catastale aggiornato, vediamo che il numero del mappale evidenziato è **439**.

Torniamo nella Tabella degli attributi, doppio clic nella cella di r*iga 507* e *colonna Mappale*, ed inseriamo il valore **439**.

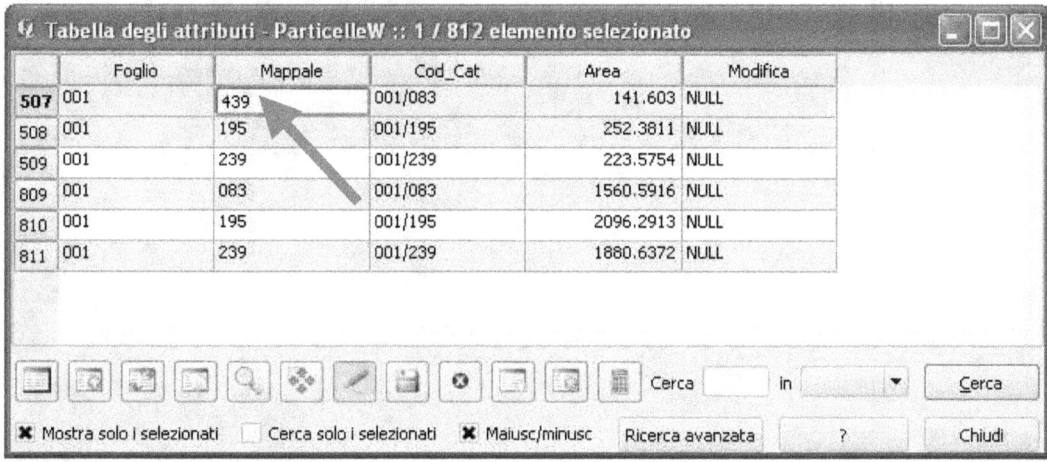

Modifichiamo:

- la relativa cella della *colonna Cod_Cat*; doppio clic ed inseriamo il valore **001/439** ;

- la relativa cella della *colonna Modifica*; doppio clic ed inseriamo la data di modifica, ad es. **31/07/2012** .

suggerimento!

Salviamo *l'editing* ; in **Tabella degli attributi**:

In modo analogo, selezioniamo dall'*area di visualizzazione* il mappale sottostante:

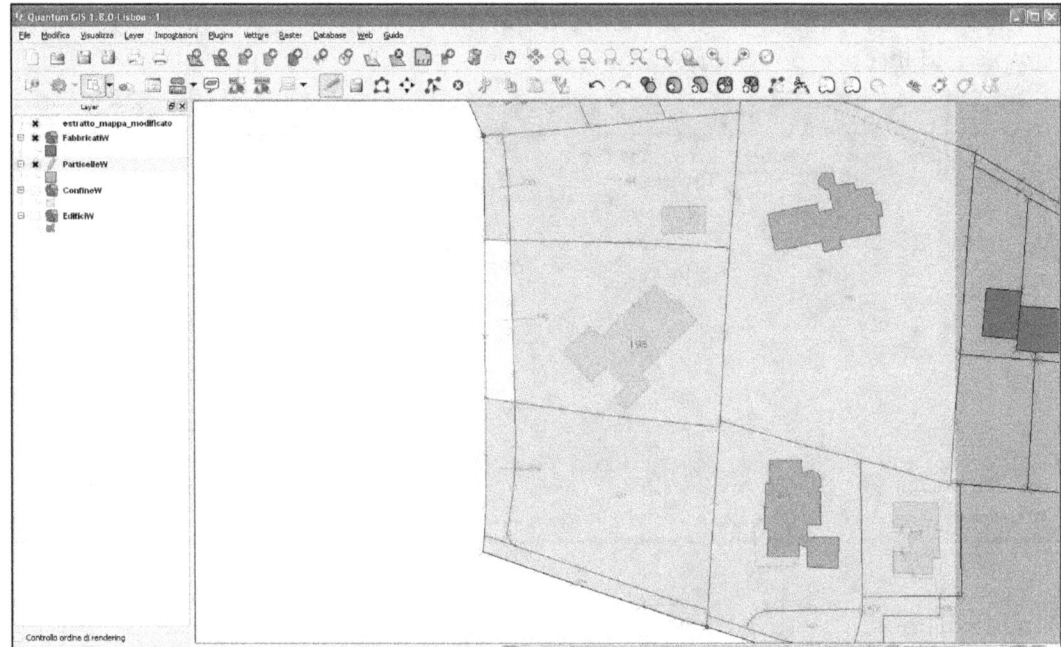

che corrisponde alla riga 508 della tabella attributi.

Modifichiamo:

- la relativa cella della *colonna Mappale*; doppio clic ed inseriamo il valore **440** ;

- la relativa cella della *colonna Cod_Cat*; doppio clic ed inseriamo il valore **001/440** ;

- la relativa cella della *colonna Modifica*; doppio clic ed inseriamo la data di modifica, ad es. **31/07/2012** .

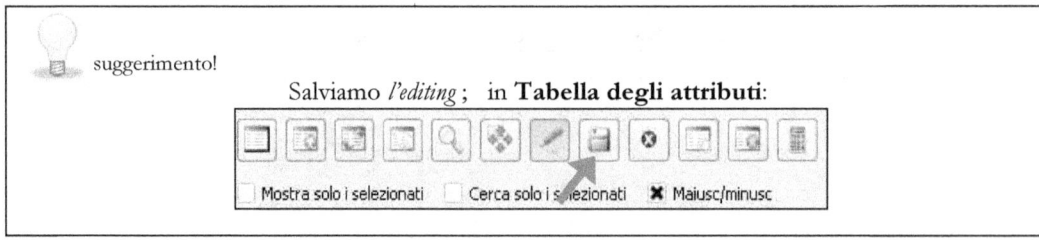

Ancora: selezioniamo dall'*area di visualizzazione* il mappale sottostante:

che corrisponde alla riga 509 della tabella attributi.

Modifichiamo:

- la relativa cella della *colonna Mappale*; doppio clic ed inseriamo il valore **442** ;

- la relativa cella della *colonna Cod_Cat*; doppio clic ed inseriamo il valore **001/442** ;

- la relativa cella della *colonna Modifica*; doppio clic ed inseriamo la data di modifica, ad es. **31/07/2012** .

suggerimento! Salviamo *l'editing* ; in **Tabella degli attributi**:

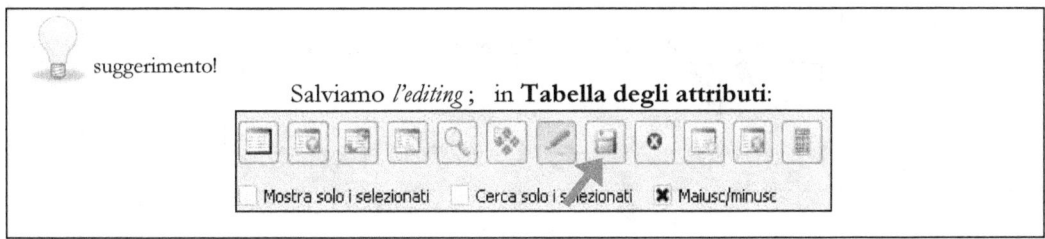

Continuiamo con il mappale in alto a destra:

che corrisponde alla riga 809 della tabella attributi.

Modifichiamo:

- la relativa cella della *colonna Mappale*; doppio clic ed inseriamo il valore **438** ;

- la relativa cella della *colonna Cod_Cat*; doppio clic ed inseriamo il valore **001/438** ;

- la relativa cella della *colonna Modifica*; doppio clic ed inseriamo la data di modifica, ad es. **31/07/2012** .

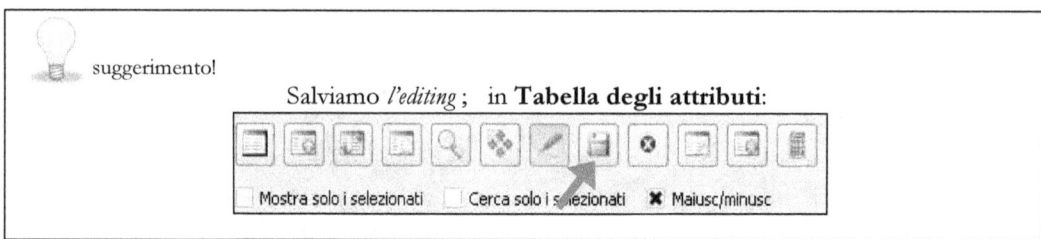

quello sottostante:

che corrisponde alla riga 810 della tabella attributi.

Il numero del mappale, dopo il frazionamento, è rimasto 195. Pertanto modifichiamo unicamente:

- la relativa cella della *colonna Modifica*; doppio clic ed inseriamo la data di modifica, ad es. **31/07/2012**.

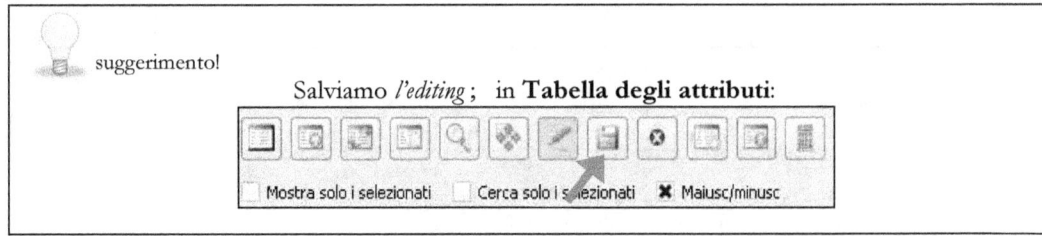

Selezioniamo infine l'ultimo mappale in fondo a destra:

che corrisponde alla riga 811 della tabella attributi.

Modifichiamo:

- la relativa cella della *colonna Mappale*; doppio clic ed inseriamo il valore **441**;

- la relativa cella della *colonna Cod_Cat*; doppio clic ed inseriamo il valore **001/441**;

- la relativa cella della *colonna Modifica*; doppio clic ed inseriamo la data di modifica, ad es. **31/07/2012**.

suggerimento! Salviamo *l'editing*; in **Tabella degli attributi**:

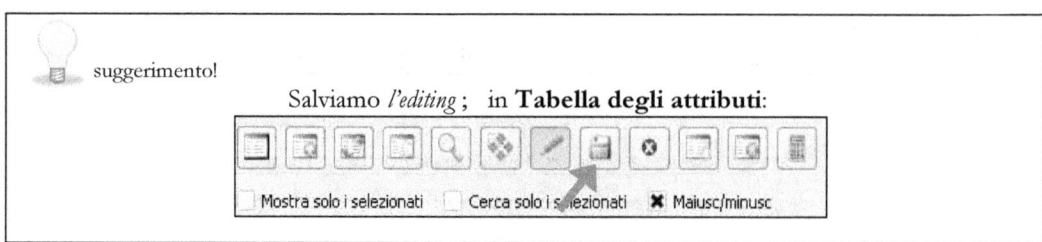

Dal gruppo **Attributi** clicchiamo nuovamente sul pulsante **Seleziona elementi con un rettangolo**

e selezioniamo nuovamente tutte le sei geometrie aggiornate.

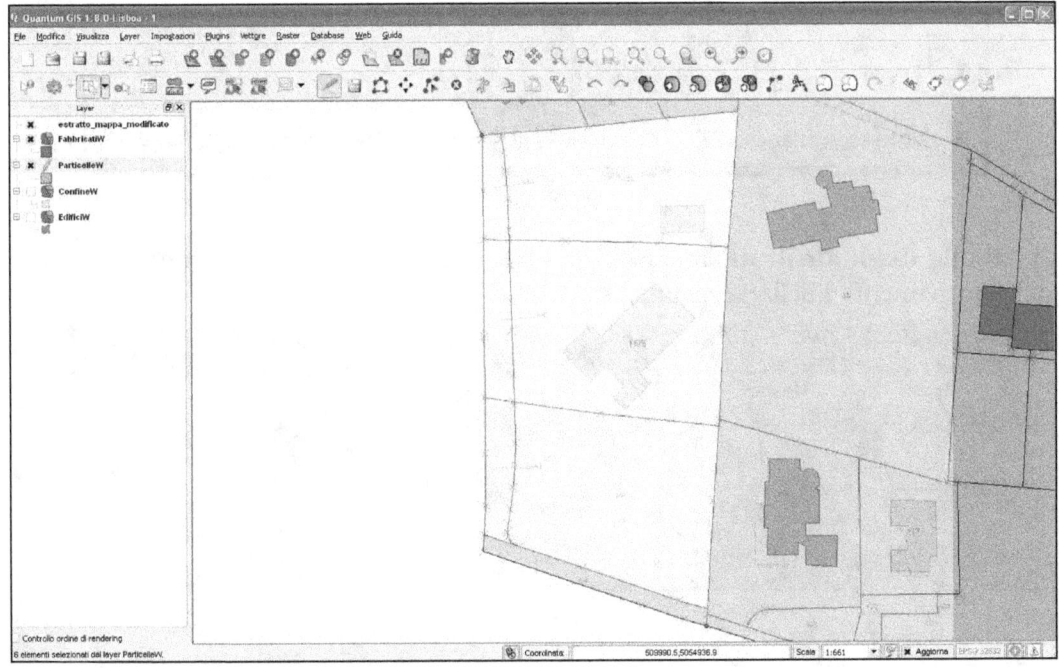

Dalla **tabella degli attributi**, clicchiamo sul pulsante **Calcola campi**

Nella finestra di calcolo:

- selezioniamo **Aggiorna campo esistente**;
- selezioniamo dall'elenco, aprendo la relativa tendina di opzione, il campo **Area** ;

nell'area della *Lista delle funzioni*:

- espandiamo cliccando su $\boxed{+}$ la voce **Geometrie**;
- doppio clic sulla formula **$area**.

Diamo **OK**.

Salviamo e usciamo dalla modalità *editing* cliccando sugli appositi pulsanti.

La **tabella degli attributi**, ancora in modalità **Mosta solo i selezionati**, mostrerà gli aggiornamenti tabellari eseguiti.

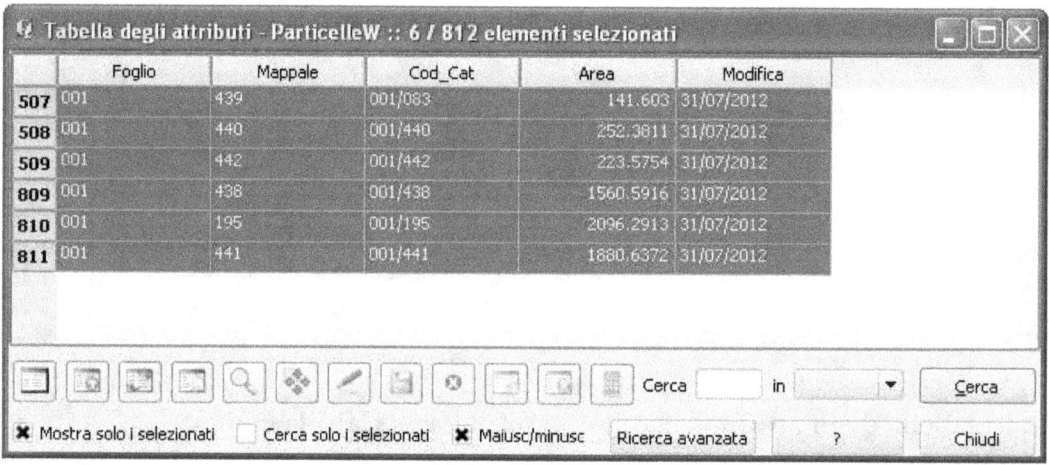

> suggerimento!
>
> Salviamo *il progetto* ; dal gruppo dei pulsanti **File**:
>
>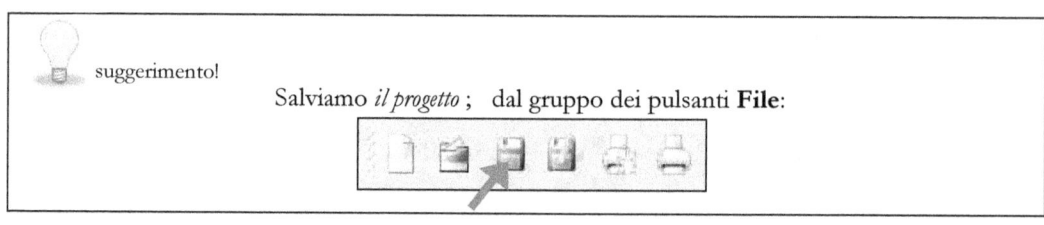

Dal gruppo **Attributi** clicchiamo sul pulsante **Deseleziona gli elementi di tutti i layer**.

Se osserviamo bene la sovrapposizione tra il raster dell'estratto mappa catastale aggiornato ed i temi catastali attivi, notiamo che ci sono tre nuovi fabbricati, non inseriti nel tema **FabbricatiW**, che andremo ad inserire.

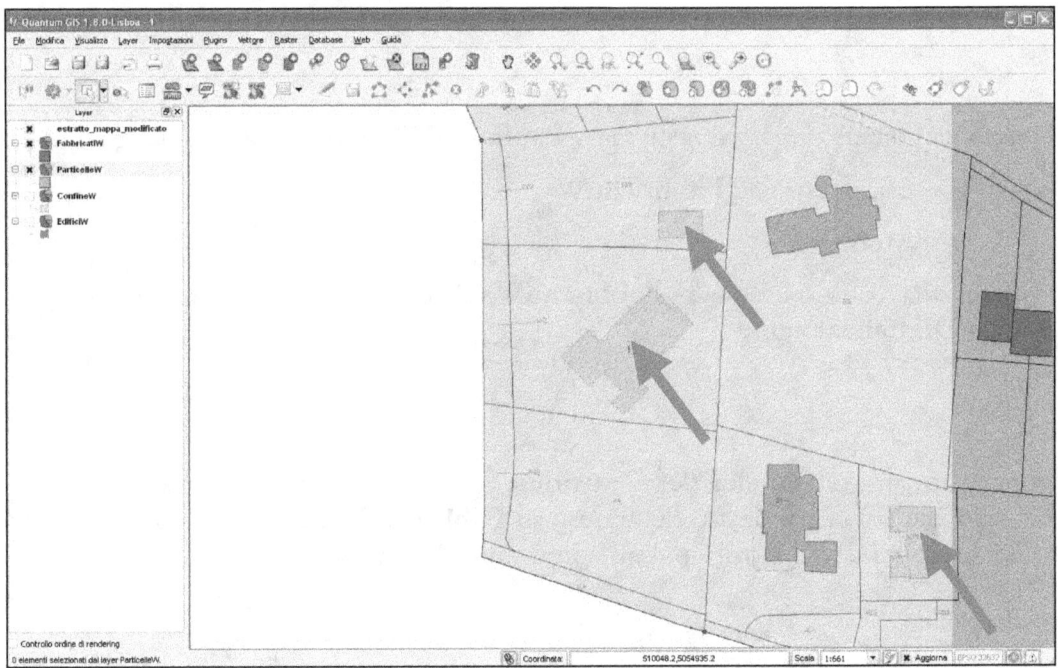

Se non l'abbiamo già chiusa, chiudiamo definitivamente la **Tabella degli attributi** di **ParticelleW**, in modo da non fare confusione, cliccando sulla **X** in alto a destra di essa.

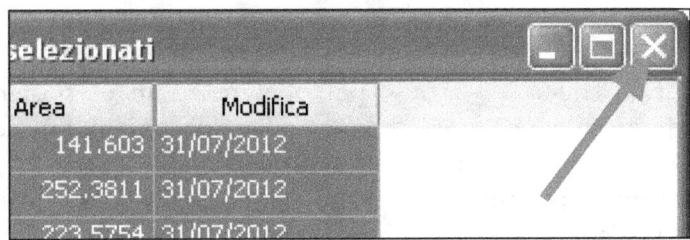

Selezioniamo nell'*Area dei Layer* il tema **FabbricatiW** e attiviamolo all'*editing* :

- tasto destro su **FabbricatiW**
- **Modifica**.

oppure, una volta selezionato **FabbricatiW**, clicchiamo sull'apposito pulsante del gruppo **Digitalizzazione**

oppure apriamo la **tabella degli attributi** (che comunque ci servirà in seguito), facendo clic col tastro destro del mouse su **FabbricatiW** , ed attiviamo la modalità *editing* cliccando sull'apposito pulsante in fondo alla tabella.

[Creare un nuovo elemento geometrico]

Attiviamo dal gruppo **Digitalizzazione** il pulsante **Aggiungi elemento**

Aiutandoci con la rotellina del mouse per operare zoom e spostamenti di vista (ricordiamo: rispettivamente, roteandola e tenendola premuta) costruiamo un *poligono* seguendo la sagoma dell'edificio visualizzato dal raster. Ogni vertice del poligono che andiamo a costruire, va inserito cliccando col tasto sinistro del mouse; l'ultimo vertice va inserito cliccando col tasto destro.

Primo edificio:

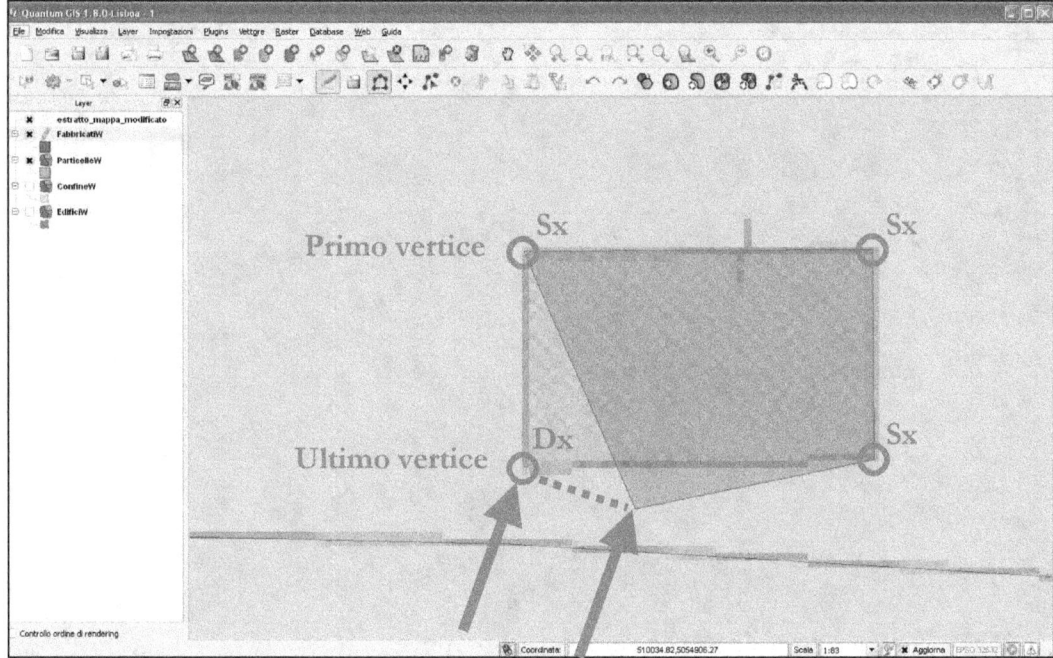

con la digitazione dell'ultimo vertice, prima della creazione del nuovo elemento, si apre una finestra di dialogo dove bisogna inserire i dati tabellari della nuova geometria, dove inseriremo:

Foglio = **001**; Mappale = **438**; Cod_Cat = **001/438+**; Modifica = **31/07/2012**.

Diamo **OK**.

Secondo edificio:

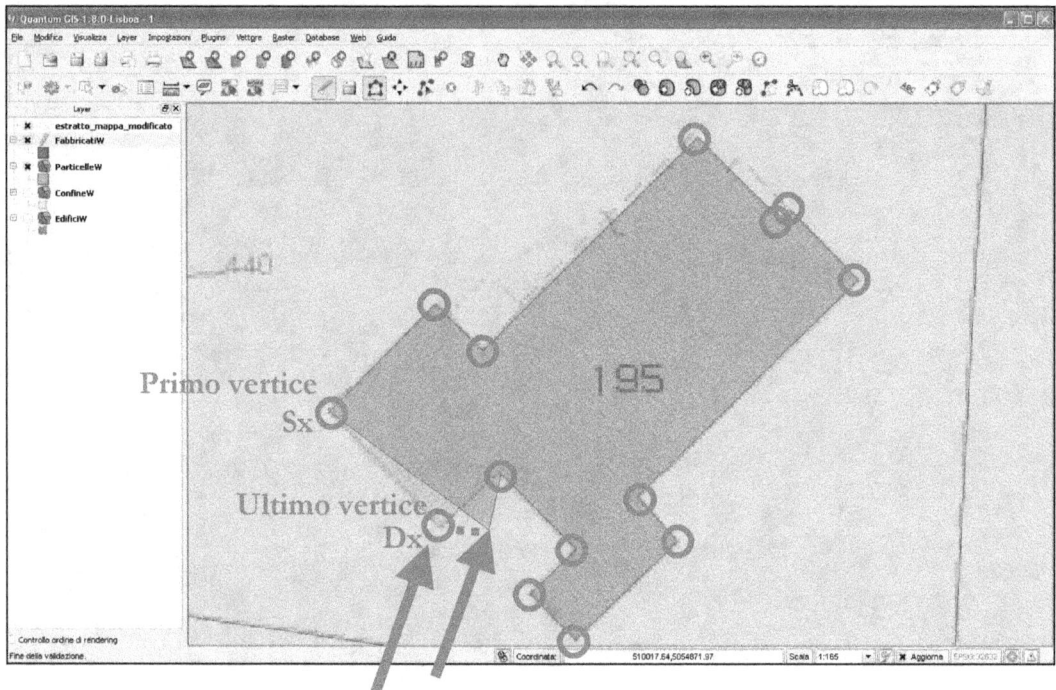

con la digitazione dell'ultimo vertice, si apre la finestra di dialogo dove inseriremo i dati tabellari della nuova geometria:

Foglio = **001**; Mappale = **195**; Cod_Cat = **001/196+**; Modifica = **31/07/2012**.

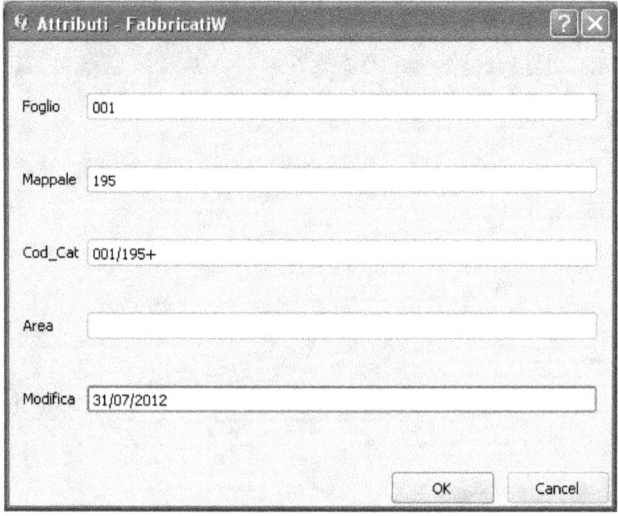

Diamo **OK**.

Terzo edificio:

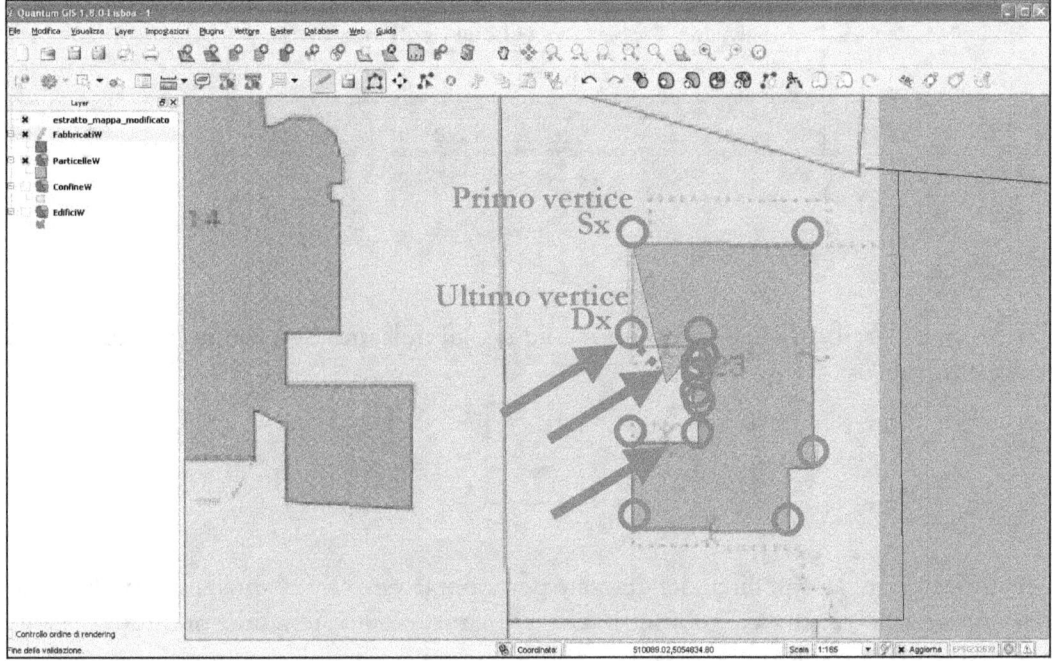

con la digitazione dell'ultimo vertice, si apre la finestra di dialogo dove inseriremo i dati tabellari della nuova geometria:

Foglio = **001**; Mappale = **195**; Cod_Cat = **001/196+**; Modifica = **31/07/2012**.

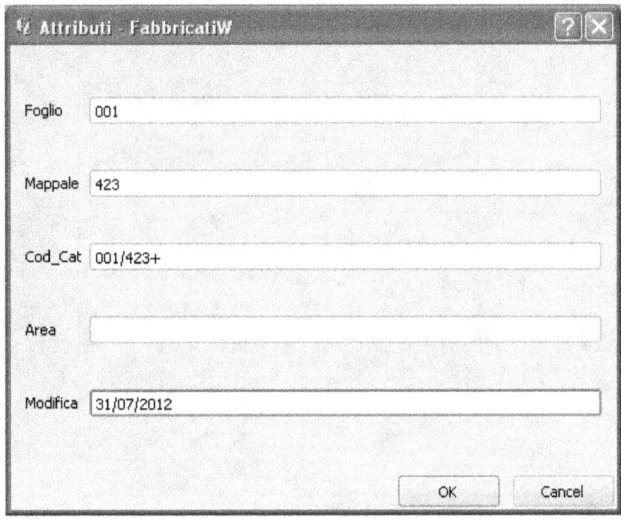

Diamo **OK**.

Cap. 3 – Operare in ambiente GIS

suggerimento! Salviamo *l'editing*; in **Tabella degli attributi**:

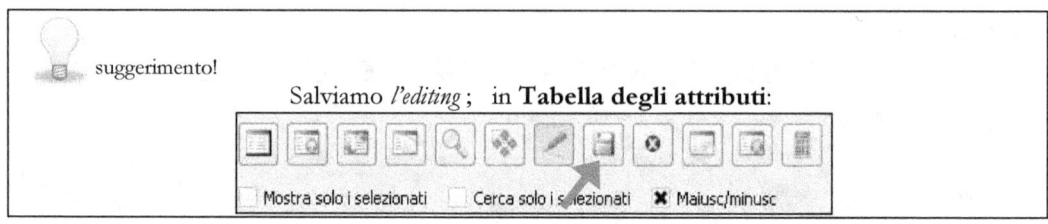

Dal gruppo **Attributi** clicchiamo nuovamente sul pulsante **Seleziona elementi con un rettangolo**

Aiutandoci con la rotellina del mouse per operare zoom e spostamenti di vista, selezioniamo le tre nuove geometrie che abbiamo creato, tenendo premuto il tasto *Ctrl* della tastiera e selezionando gli elementi con tre rettangoli distinti.

Dalla **tabella degli attributi**, clicchiamo sul pulsante **Calcola campi**

Nella finestra di calcolo:

- selezioniamo **Aggiorna campo esistente**;
- selezioniamo dall'elenco, aprendo la relativa tendina di opzione, il campo **Area** ;

nell'area della **Lista delle funzioni**:

- espandiamo cliccando su $\boxed{+}$ la voce **Geometrie**;
- doppio clic sulla formula **$area**.

Diamo **OK**.

Salviamo e usciamo dalla modalità *editing* cliccando sugli appositi pulsanti.

La **tabella degli attributi**, che dovrebbe essere ancora in modalità **Mosta solo i selezionati**, ci mostrerà le righe relative ai nuovi elementi aggiunti.

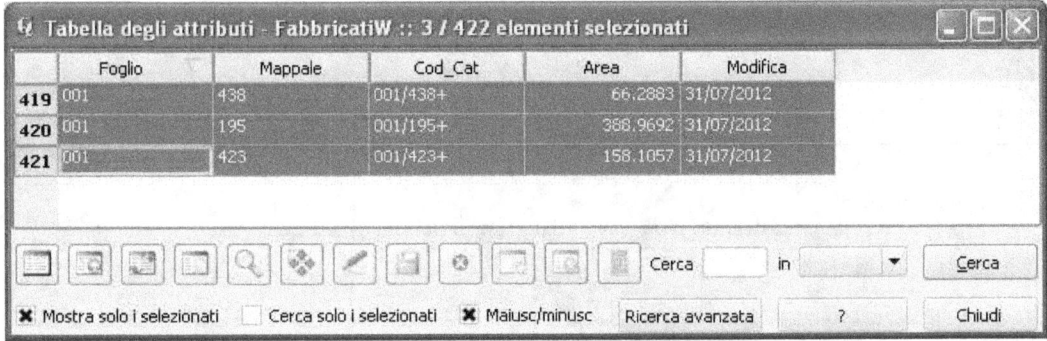

Dal gruppo **Attributi** clicchiamo sul pulsante **Deseleziona gli elementi di tutti i layer**.

rimuoviamo infine il raster **estratto_mappa_modificato** perché ha esaurito il suo compito.

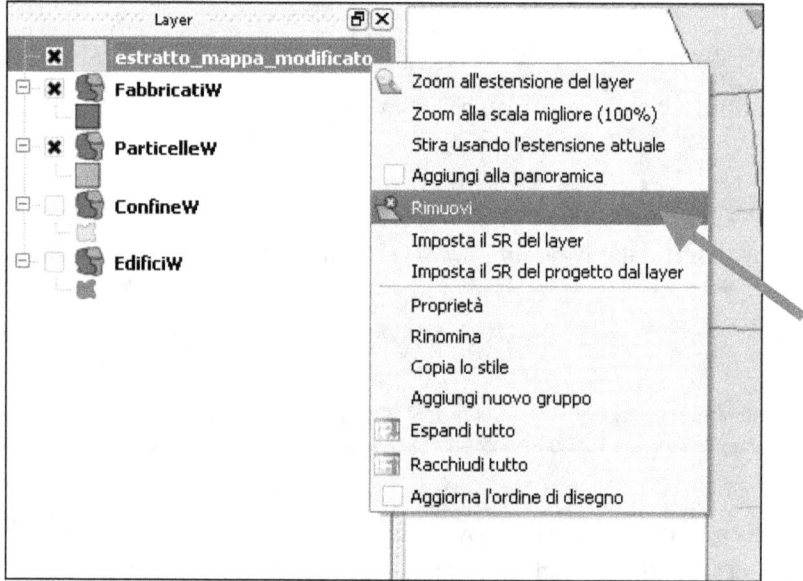

> suggerimento!
>
> Salviamo *il progetto* ; dal gruppo dei pulsanti **File**:
>
>

Disattiviamo **FabbricatiW**, togliendo la spunta a fianco nell'*Area dei Layer*, in modo da lasciare visualizzato solo il tema delle particelle catastali.

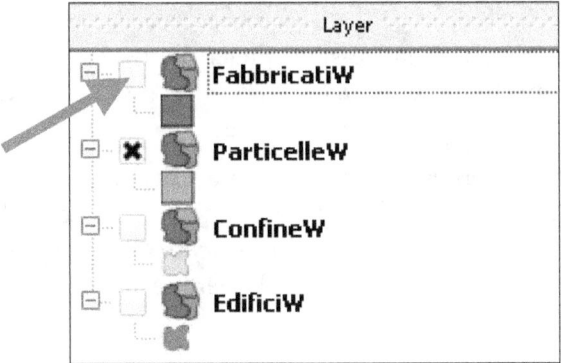

Dal gruppo **Orientazione della mappa** clicchiamo sul pulsante **Zoom completo**

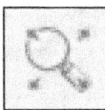

Da un'attenta osservazione della mappa visualizzata (praticamente il solo tema delle particelle catastali) notiamo che in essa vi sono due refusi ovvero due geometrie mancanti.

L'inconveniente, dovuto molto probabilmente ad un errore nella corretta realizzazione del poligono nel file *.dxf* originario, ci permette di affrontare una nuova opzione alla creazione di nuovi elementi geometrici.

L'operazione che andremo ad eseguire sarà quella di creare le geometrie mancanti, complete di attributi, perfettamente *incastonate* alle geometrie circostanti, senza sovrapposizioni e senza *vuoti*, seppur impercettibili.

A differenza dei nuovi elementi creati in precedenza a *pianta libera* - dove l'individuazione del punto di inserimento era individuato con la precisione dei ripetuti zoom effettuati - utilizzeremo ora il concetto di **snap**, ossia agganciare i punti del nuovo elemento ad altri punti degli elementi esistenti.

[Utilizzo delle opzioni di snap]

Dal menù a tendina : **Impostazioni – Opzioni di snap…**

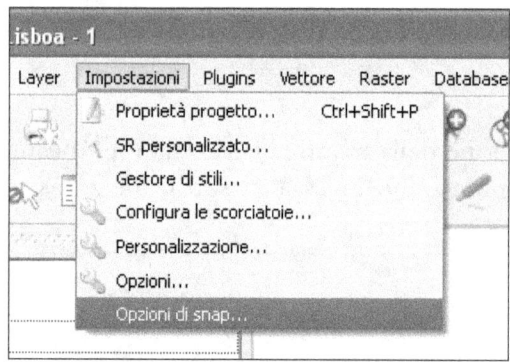

Si apre una finestra di dialogo delle **Opzioni di snapping** dove:

- spuntiamo il layer **ParticelleW**;
- come **Modalità**, aprendo la relativa tendina di opzione, selezioniamo **a vertice e segmento**;
- inseriamo in **Tolleranza**, il valore **10**.

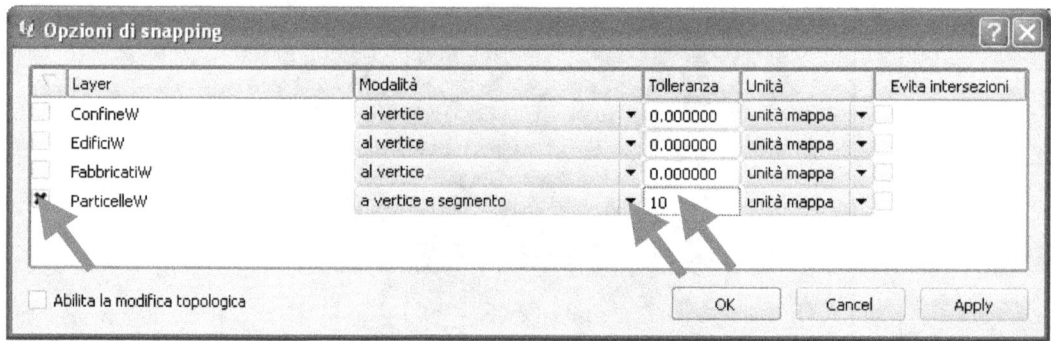

Diamo **OK**.

In questo modo abbiamo attivato i comandi di *agganciamento*, dei nuovi punti di inserimento, ai **segmenti** e ai **vertici** degli elementi di **ParticelleW**, ricadenti in un raggio di puntamento di **5** unità di mappa (nel nostro caso, 5 metri).

Ripetiamo le operazioni fatte in precedenza per la creazione di nuovi elementi:

- selezioniamo nell'*Area dei Layer* il tema **ParticelleW**
- tasto destro su **ParticelleW**
- **Modifica**.

oppure:

- selezioniamo nell'*Area dei Layer* il tema **ParticelleW**
- clicchiamo sull'apposito pulsante del gruppo **Digitalizzazione**

oppure:

- apriamo la **tabella degli attributi** facendo clic col tasto destro del mouse su **ParticelleW**;
- attiviamo la modalità *editing* cliccando sull'apposito pulsante in fondo alla tabella.

- Attiviamo dal gruppo **Digitalizzazione** il pulsante **Aggiungi elemento**

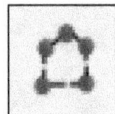

- Aiutandoci con la rotellina del mouse per operare zoom e spostamenti di vista (ricordiamo: rispettivamente, roteandola e tenendola premuta) costruiamo un *poligono* seguendo i **vertici** delle particelle circostanti. Ricordiamo che ogni vertice del poligono che andiamo a costruire, va inserito cliccando col tasto sinistro del mouse; l'ultimo vertice va inserito cliccando col tastro destro.

Prima geometria da inserire:

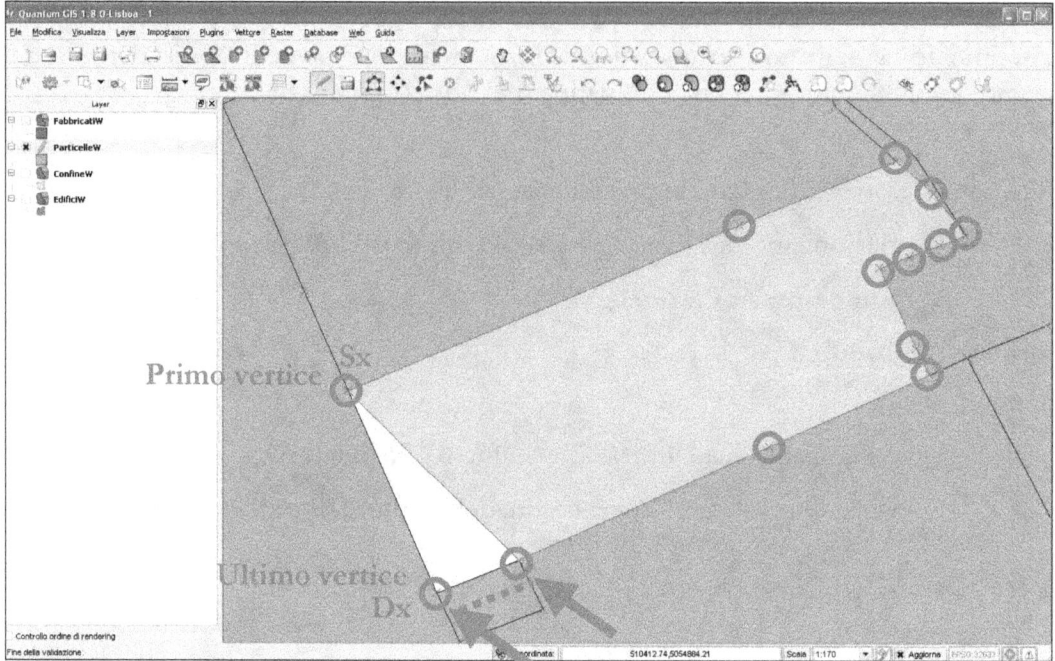

Notiamo come il cursore resti *agganciato* ai vertici e al perimetro delle geometrie esistenti, impedendoci errori ed imprecisioni nell'inserimento.

Con la digitazione dell'ultimo vertice, si apre la finestra di dialogo dove bisogna inserire i dati tabellari della nuova geometria, dove inseriremo:

Foglio = **001**; Mappale = **416**; Cod_Cat = **001/416**; Modifica = **31/07/2012**.

Diamo **OK**.

Prima geometria da inserire:

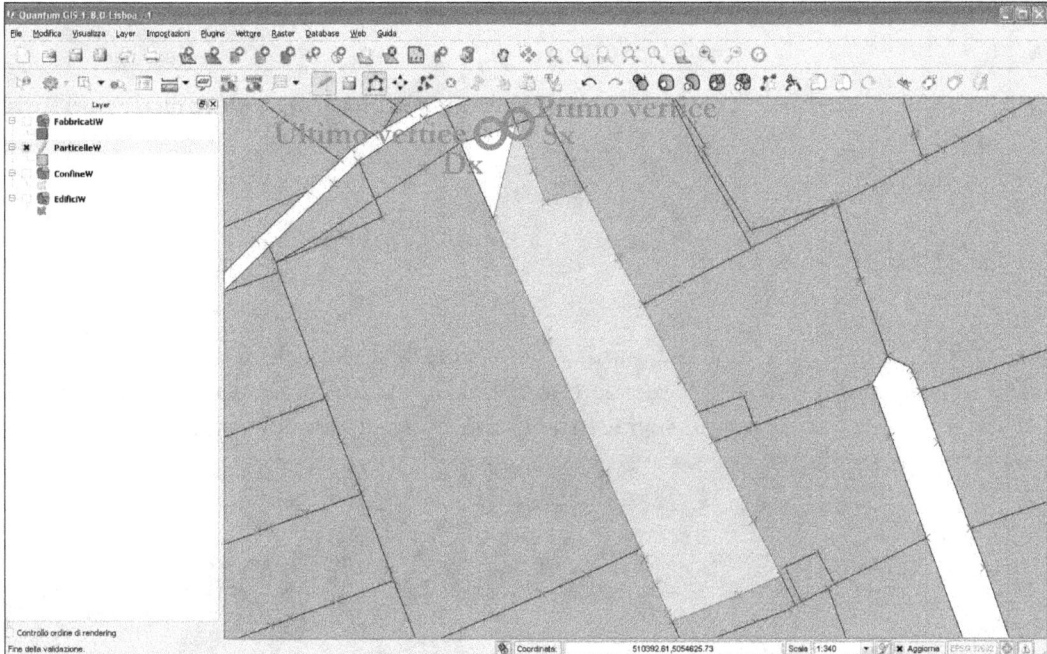

Con la digitazione dell'ultimo vertice, si apre la finestra di dialogo dove bisogna inserire i dati tabellari della nuova geometria, dove inseriremo:

Foglio = **002**; Mappale = **034**; Cod_Cat = **002/034**; Modifica = **31/07/2012** .

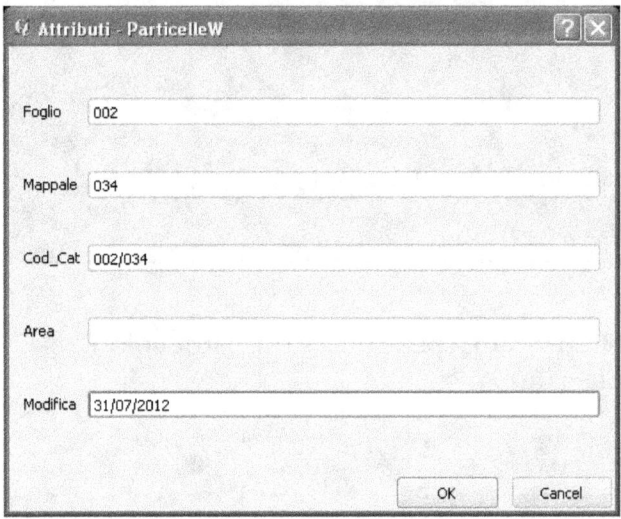

Diamo **OK**.

Ed anche in questo caso, aggiorniamo il campo **Area** degli attributi delle nuove geometrie.

Dal gruppo **Attributi** clicchiamo sul pulsante **Seleziona elementi con un rettangolo**

Aiutandoci con la rotellina del mouse per operare zoom e spostamenti di vista, selezioniamo le due nuove geometrie che abbiamo creato, tenendo premuto il tasto *Ctrl* della tastiera e selezionando gli elementi con due selezioni distinte

Dalla **tabella degli attributi**, spuntiamo su **Mostra solo i selezionati** clicchiamo sul pulsante **Calcola campi**

Nella finestra di calcolo:

- selezioniamo **Aggiorna campo esistente**;
- selezioniamo dall'elenco, aprendo la relativa tendina di opzione, il campo **Area** ;

nell'area della **Lista delle funzioni**:

- espandiamo cliccando su [+] la voce **Geometrie**;
- doppio clic sulla formula **$area**.

Diamo **OK**.

Salviamo e usciamo dalla modalità *editing* cliccando sugli appositi pulsanti.

La **tabella degli attributi** ci mostrerà le righe relative ai nuovi elementi aggiunti.

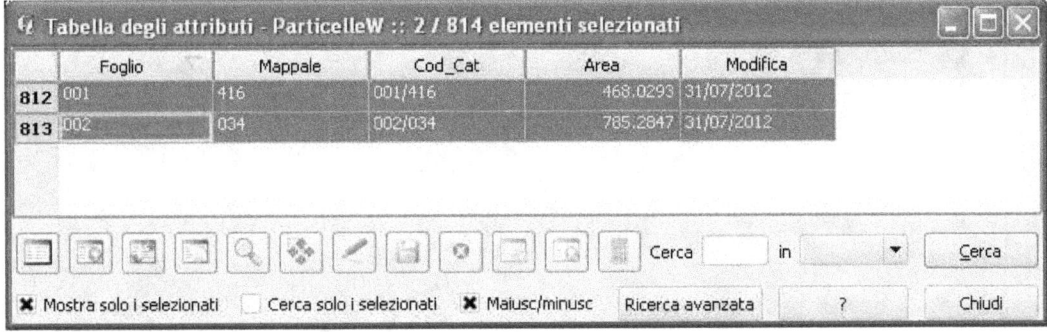

> suggerimento!
> Salviamo *il progetto* ; dal gruppo dei pulsanti **File**:
>
>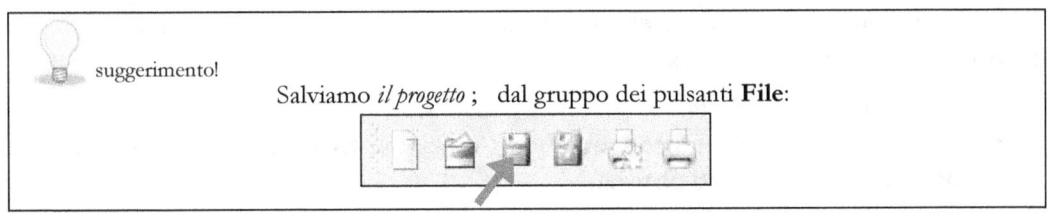

Cap. 3 – Operare in ambiente GIS

Introduzione a QuantumGIS Browser

L'installazione di QGIS, oltre al software che stiamo usando, ci ha fornito un applicativo gestionale dei temi chiamato **QuantumGIS Browser**.

Sul nostro desktop troviamo, identica a quella di QGIS Desktop, l'icona di lancio di **QGIS Browser**.

Quantum GIS
Browser
(1.8.0)

Doppio clic sull'icona e si apre la finestra Browser.

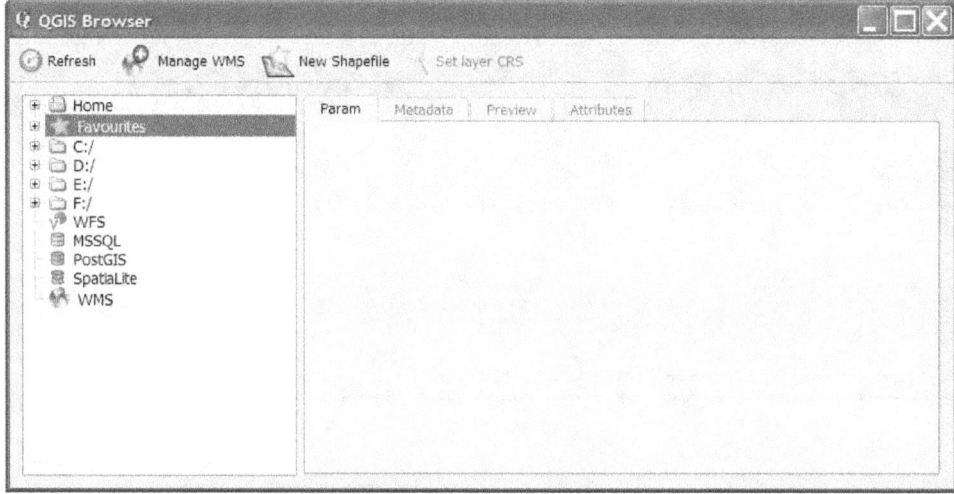

Espandendo cartelle e sottocartelle nella parte sinistra della finestra, ricerchiamo e selezioniamo il tema **baseW.dxf** .

Nella parte destra, formata a schede, possiamo visualizzare in anteprima le informazioni del tema selezionato, quali dati d'origine (**Metadata**), visualizzazione (**Preview**) e dati tabellari (**Attributes**).

Introduzione a QuantumGIS Browser

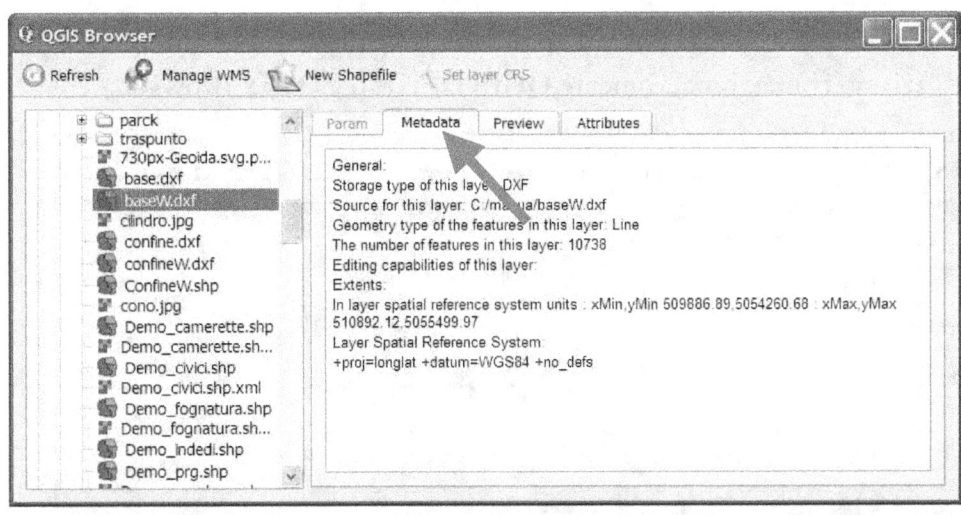

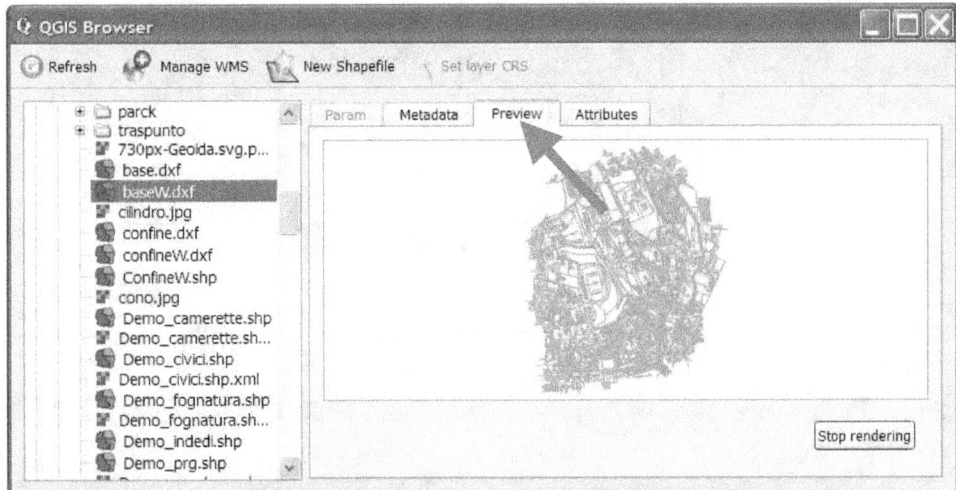

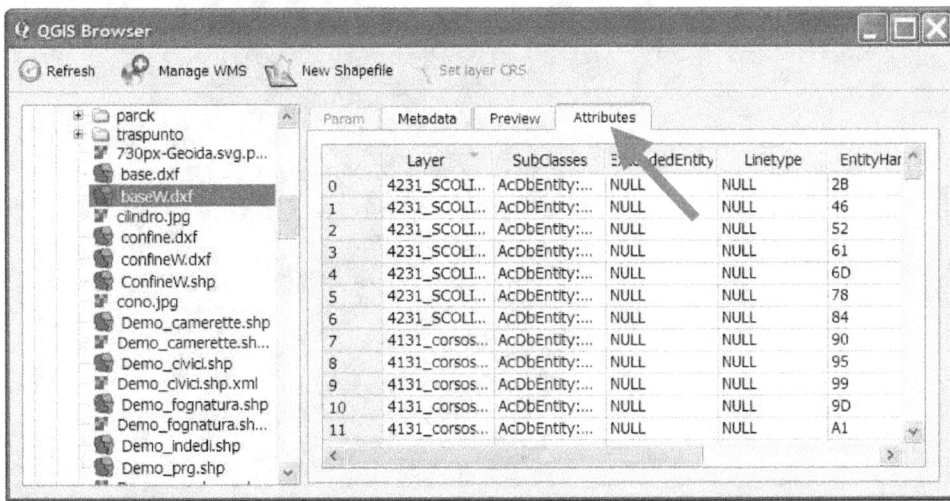

[Importare un tema con QGIS Browser]

Visualizziamo contemporaneamente **QGIS Desktop** e **QGIS Browser**.

Tenendo premuto il tasto sinistro del mouse sul tema **baseW.dxf** nella finestra di **QGIS Browser**, trasciniamolo nell'*Area dei Layer* di **QGIS Desktop**.

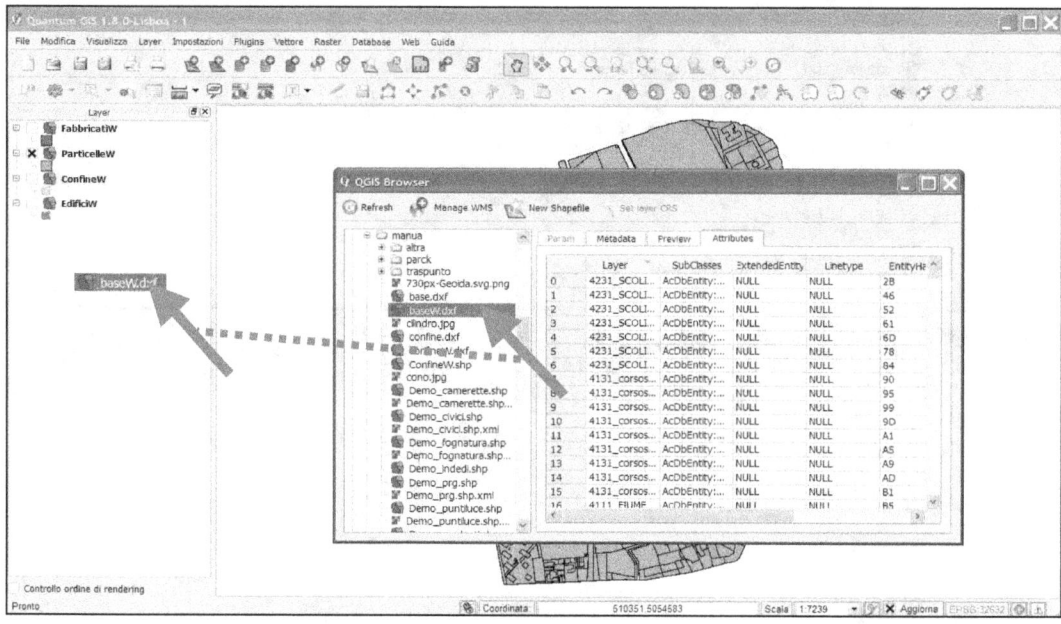

Il tema sarà caricato in modo veloce nel progetto, in alternativa alla modalità **Aggiungi vettore** che abbiamo visto in precedenza.

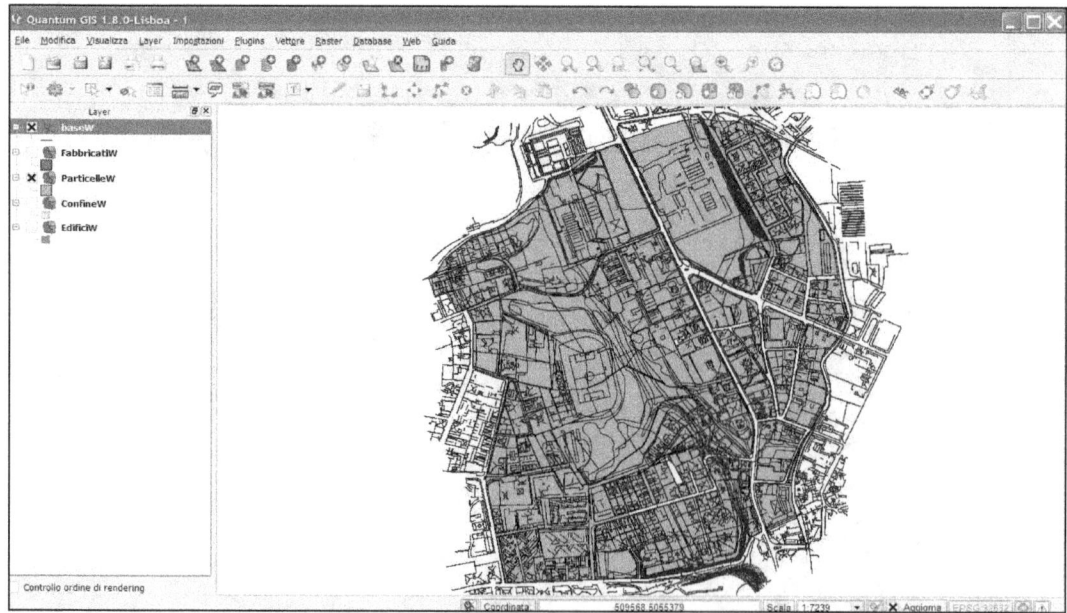

Con questo applicativo, inoltre, è possibile,

cliccando sull relativo pulsante di menù,

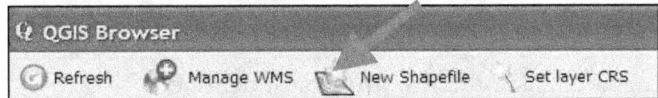

che attiverà la corrispondente finestra di dialogo

generare un nuovo *shapefile* (le geometrie vanno comunque inserite da QGIS Desktop);

oppure,

cliccando anche qui il relativo pulsante di menù,

che attiverà la corrispondente finestra di dialogo

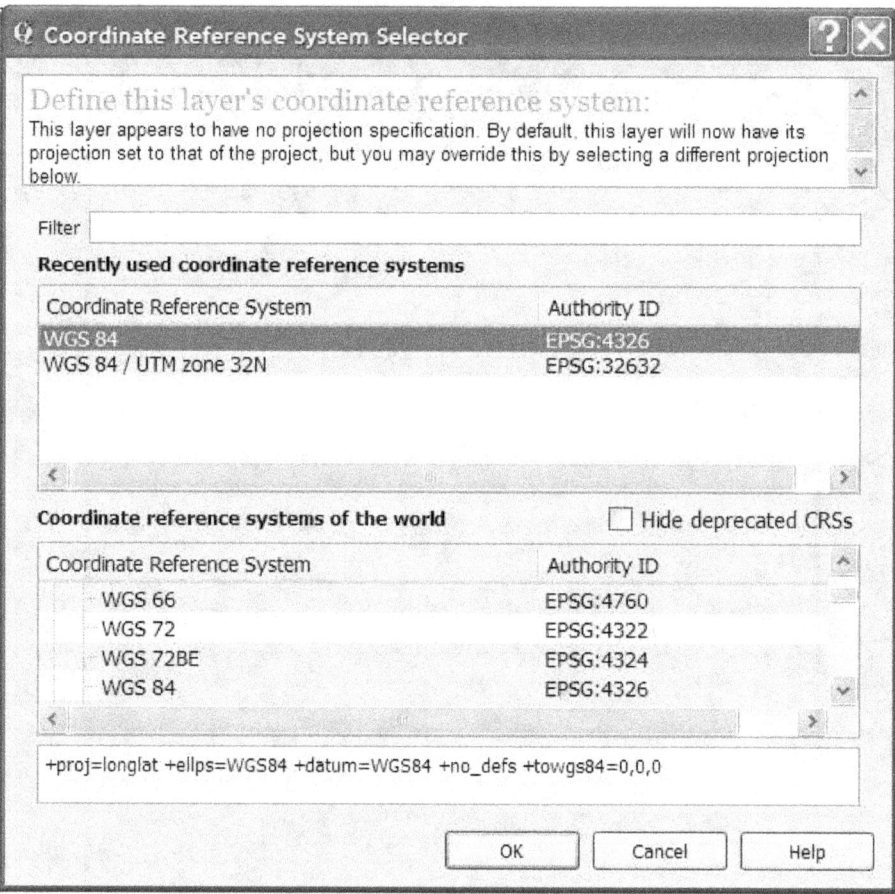

assegnare o modificare il SR del tema selezionato.

Una volta importato **baseW.dxf** nell'*Area dei Layer*, dobbiamo creare uno *shapefile* dai suoi elementi

Selezioniamo nell'*Area dei Layer* il tema **baseW** (che ricordiamo è in formato *.dxf*) e apriamo la sua **Tabella degli attributi**.

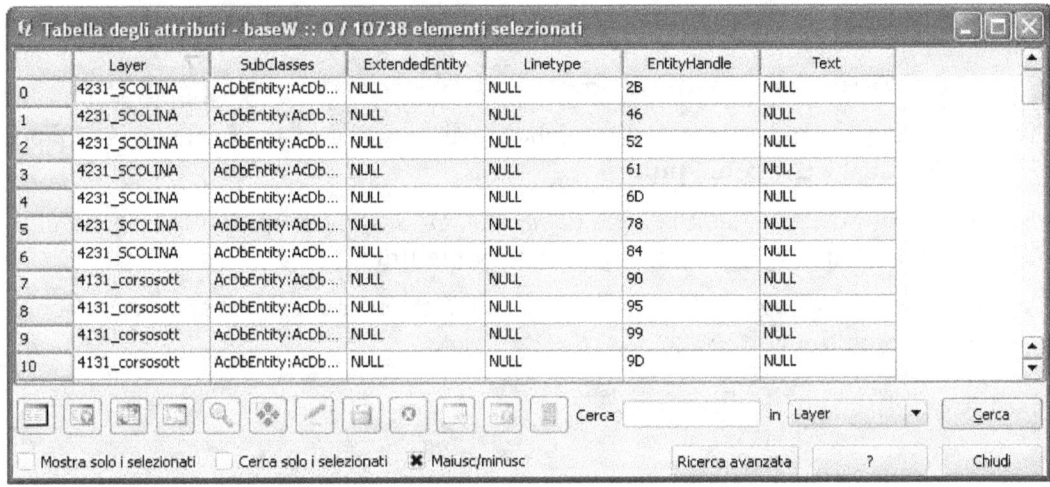

Allarghiamo la colonna **SubClasses**:

- posizionandoci col cursore in prossimità del suo limite destro;
- il cursore cambia simbologia in: ◄╫►
- teniamo premuto il tasto sinistro del mouse e allarghiamo la colonna.

Procediamo con un doppio clic col tasto sinistro del mouse sul titolo della colonna **SubClasses**, in modo da elencare in ordine decrescente il contenuto delle celle.

Facendo scorrere le righe della tabella, notiamo che nella colonna **SubClasses** vi sono tre gruppi di valori:

AcDbEntity:AcDbText:AcDbText

AcDbEntity:AcDbBlockReference

AcDbEntity:AcDb3dPolyline

Il primo gruppo rappresenta delle etichette di testo che, trasformate in shape, verrebbero visualizzate come **punti**;

il secondo gruppo raccoglie una serie di simbologie sotto forma di blocchi Cad che, trasformate in shape, verrebbero visualizzate come **linee**;

il terzo gruppo raccoglie elementi lineari che, trasformati in shape, verrebbero visualizzati come **linee**.

[Creare uno shapefile di elementi selezionati]

Non potendo generare uno shapefile con elementi geometrici non omogenei (punti e linee), creiamo un tema estrapolando unicamente gli elementi del secondo e del terzo gruppo.

Nella **tabella degli attributi** selezioniamo col tasto sinistro del mouse la **riga 0**;

Tenendo premuto il tasto *shift* della tastiera, clicchiamo sempro col tasto sinistro del mouse, la **riga 374**: in questo modo abbiamo selezionato tutti gli elementi del primo gruppo.

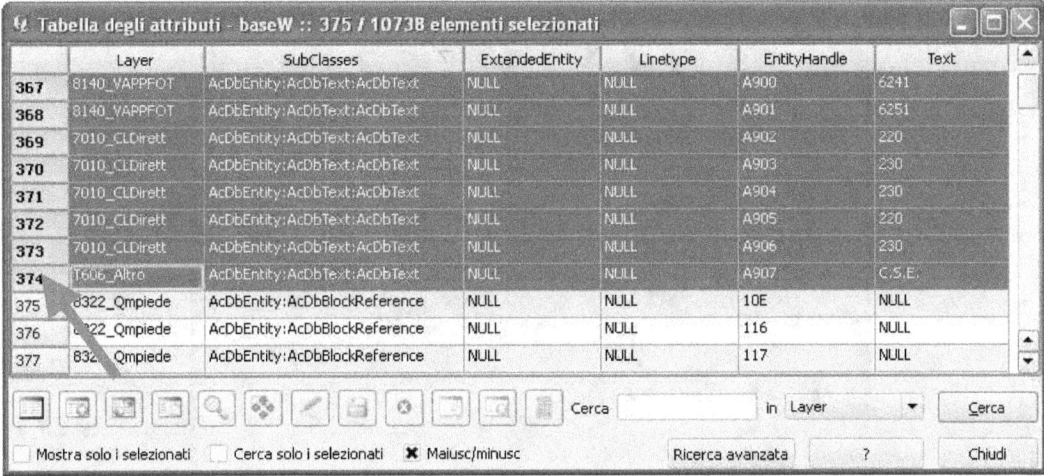

Invertiamo la selezione, cliccando sull'apposito pulsante in fondo alla tabella:

Procediamo ora alla generazione dello shapefile.

- Tasto destro del mouse su **baseW** nell'**area dei layer**;
- si apre il menù a tendina dove selezioniamo **Salva selezione con nome...**

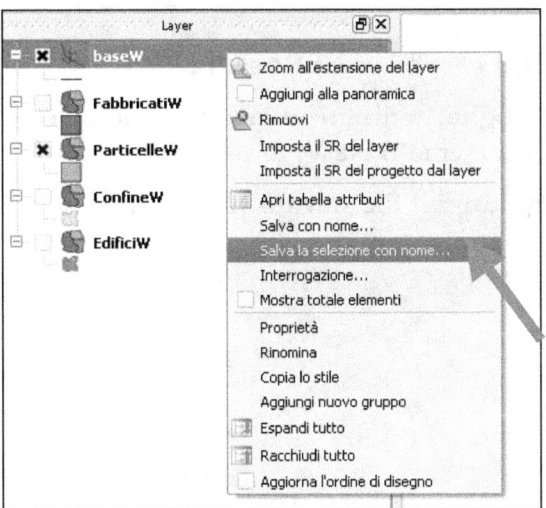

Si apre una finestra

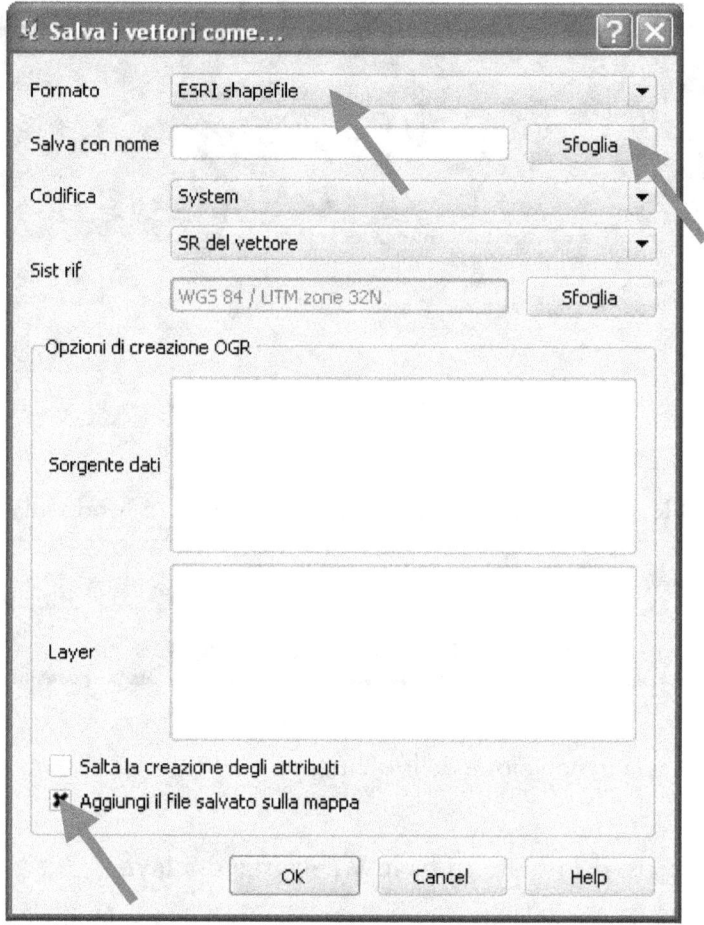

dove:

- accertiamo che il *Formato* sia **ESRI shapefile**;
- cliccando su **Sfoglia**, andiamo ad indicare il nome e la posizione del file da creare, che chiameremo **BaseW**;
- spuntiamo **Aggiungi il file salvato sulla mappa**.

Diamo **OK**.

Caricatosi automaticamente nell'**area layer** il tema **BaseW**, provvediamo a rimuovere **baseW.dxf**.

- Tasto destro del mouse su **baseW** nell'**area dei layer**;
- si apre il menù a tendina dove selezioniamo **Rimuovi**

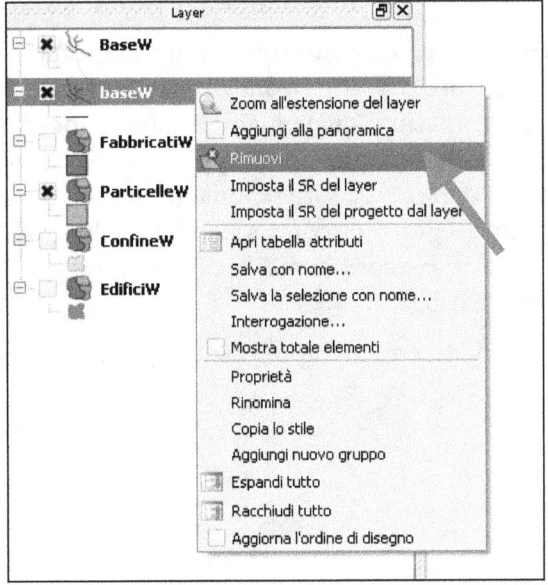

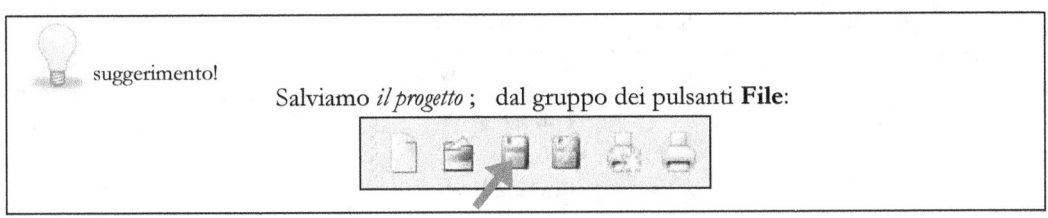

suggerimento! Salviamo *il progetto* ; dal gruppo dei pulsanti **File**:

Caratteristiche di visualizzazione dei temi

Tutte le operazioni che sin qui abbiamo eseguito, e che continueremo ad eseguire, sono finalizzate ad un progetto, che una volta ultimato, deve essere facilmente, accessibile, utilizzabile e, cosa più importante, comprensibile da coloro a cui è rivolto.

Prendendo nuovamente ad esempio il progetto architettonico, nella sua stesura ed elaborazione, poniamo particolare attenzione agli elementi grafici di visualizzazione in quanto essi sono il mezzo con il quale manifestiamo la nostra idea. Utilizzare uno spessore di linea piuttosto che un altro, per rappresentare un muro piuttosto che un infisso o una retinatura – oltre ad essere una prerogativa convenzionale – è di fondamentale importanza per la comprensione del progetto; così come il posizionare etichette di testo e quote in modo chiaro, diretto e sintetico è peculiarità di una facile lettura progettuale.

Anche nel GIS diamo fondamentale importanza a quella che in gergo viene definita *vestizione* dei temi.

[Cambiare l'ordine di sovrapposizione dei temi]

Prima di *vestire* i temi, ordiniamoli con una logica di visualizzazione tenendo conto delle sovrapposizioni grafiche.

Come abbiamo evidenziato in una nota precedente, selezioniamo un tema nell'*Area dei Layer* e, tenendo premuto il tasto sinistro del mouse, trasciniamolo in un'altra posizione nella lista, ottenendo il seguente ordine:

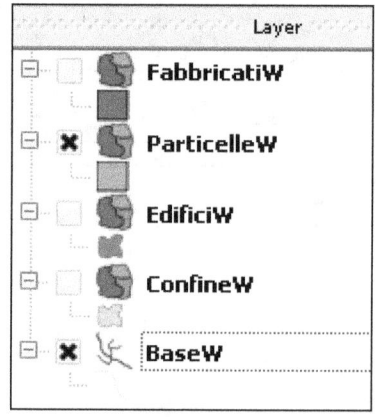

Caratteristiche di visualizzazione di temi

Disattiviamo alla visualizzazione tutti i layer tranne **EdificiW**, **ConfineW** e **BaseW**, cliccando nel loro relativo quadratino di spunta.

[Creare un nuovo stile di visualizzazione di una linea]

Cominciamo con operare col tema più semplice da *vestire*: **ConfineW**.

Esso è formato da un unico elemento poligonale che rappresenta il nostro territorio; graficamente vogliamo visualizzare solamente il perimetro del poligono che rappresenta, di fatto, il confine del territorio, creando come stile grafico una linea continua di tre colori del tipo:

Doppio clic su **ConfineW** nell'*Area dei Layer*, oppure:

- Tasto destro del mouse su **ConfineW** sempre nell'*Area dei Layer*;
- si apre il menù a tendina dove selezioniamo **Proprietà**

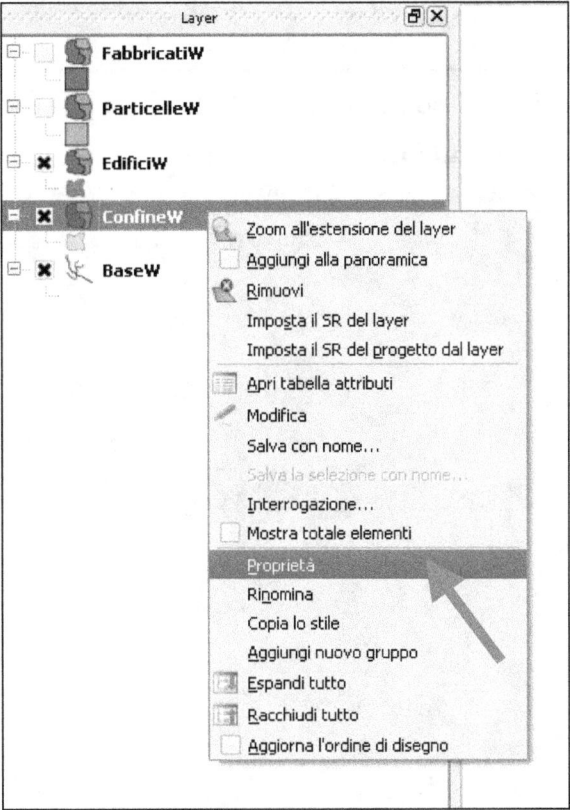

ed accediamo alla finestra delle proprietà.

Nella scheda **Stile**, selezioniamo **Nuova simbologia**

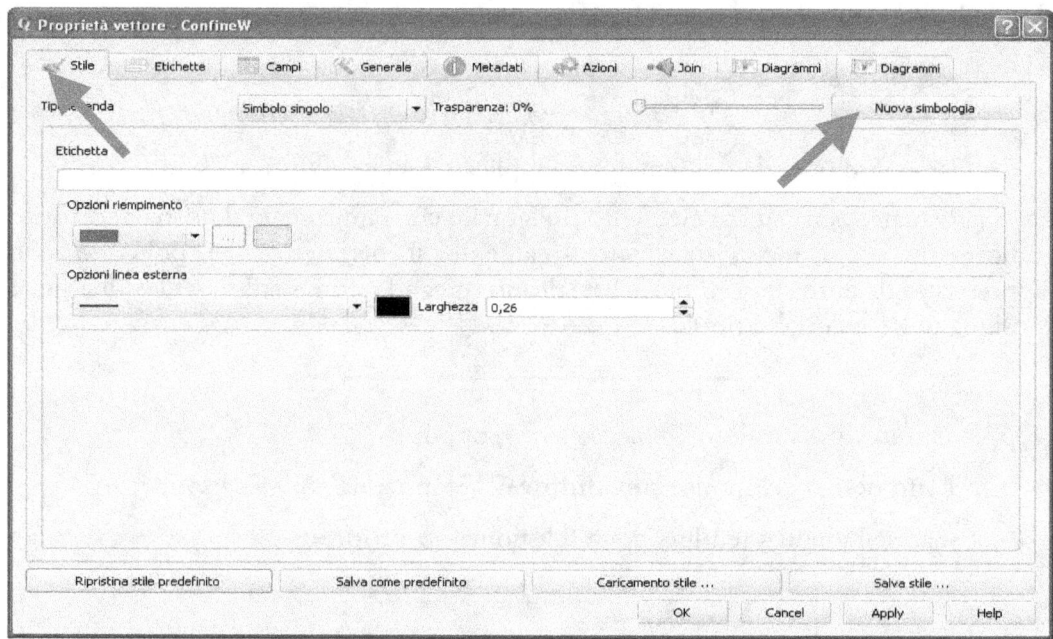

Diamo **Yes** al successivo avviso e si attiva una schermata diversa di **Stile**.

Selezioniamo il pulsante **Cambia...**

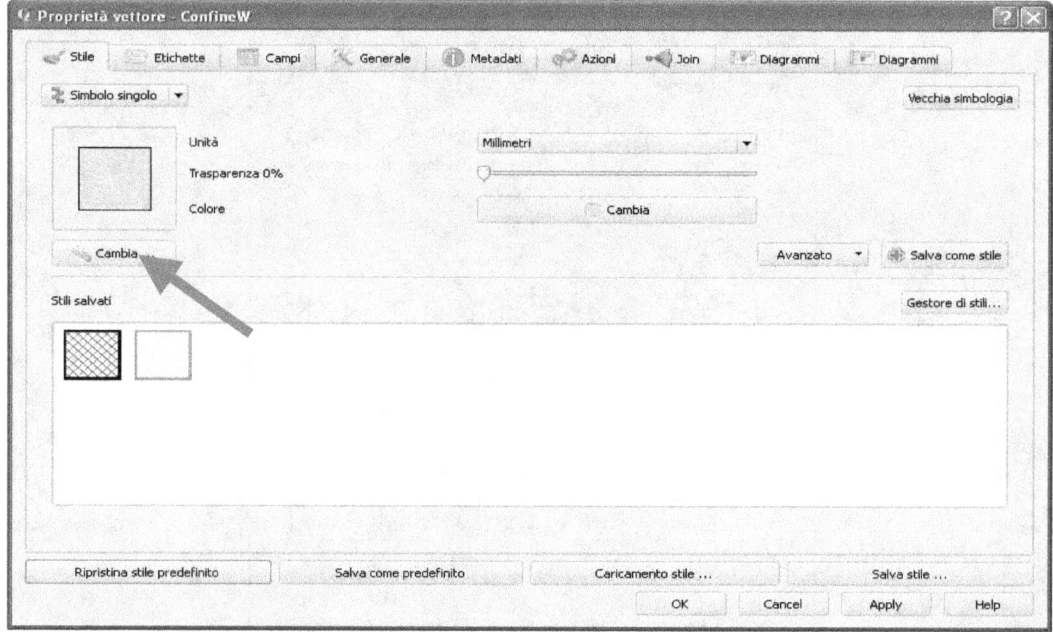

Si apre una nuova finestra, dove come *Tipo layer del simbolo* selezioniamo, aprendo la relativa finestra di opzioni, **Cornice: Linea semplice**.

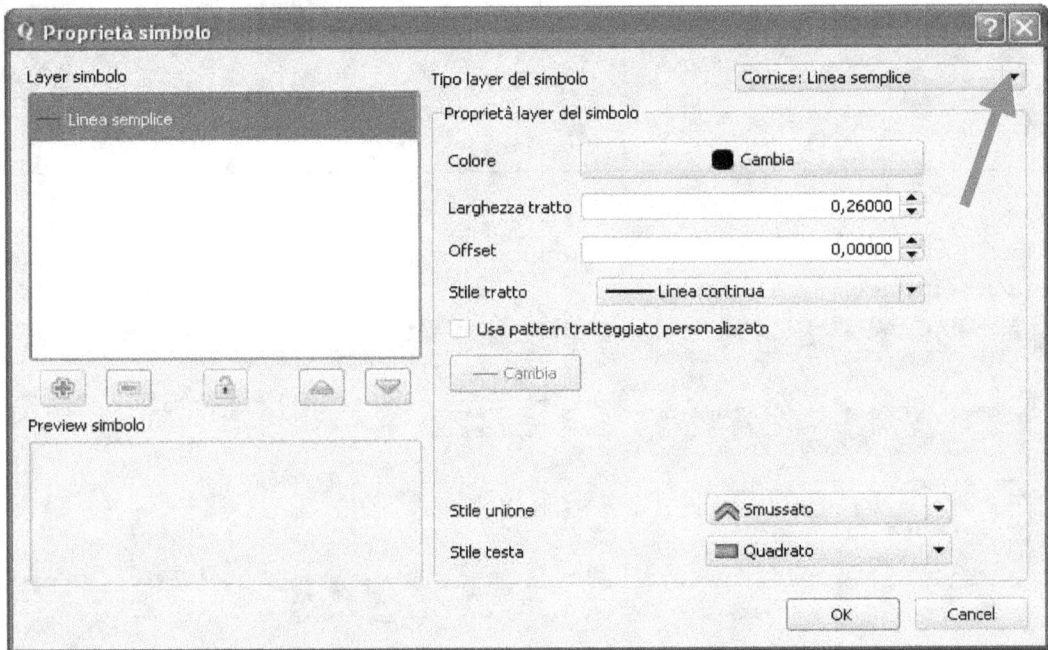

Clicchiamo sul pulsante verde "+"

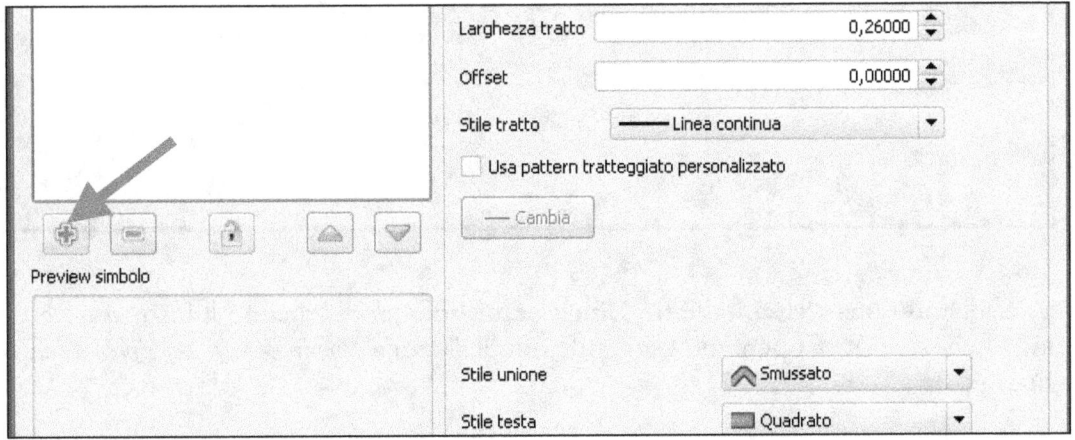

Nell'area *Layer simbolo*, si aggiungerà un **Riempimento semplice** che andremo a cambiare in **Linea semplice**, selezionando l'opzione **Cornice: Linea semplice**, dalla tendina di **Tipo layer del simbolo**.

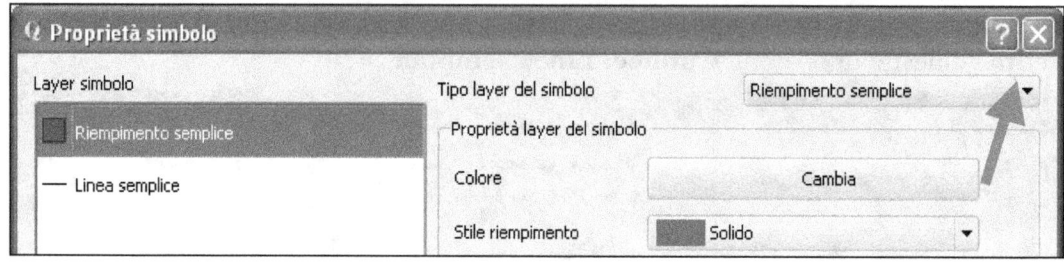

Ripetiamo l'operazione un'altra volta, in modo da ottenere nell'area *Layer simbolo* tre **Linea semplice**.

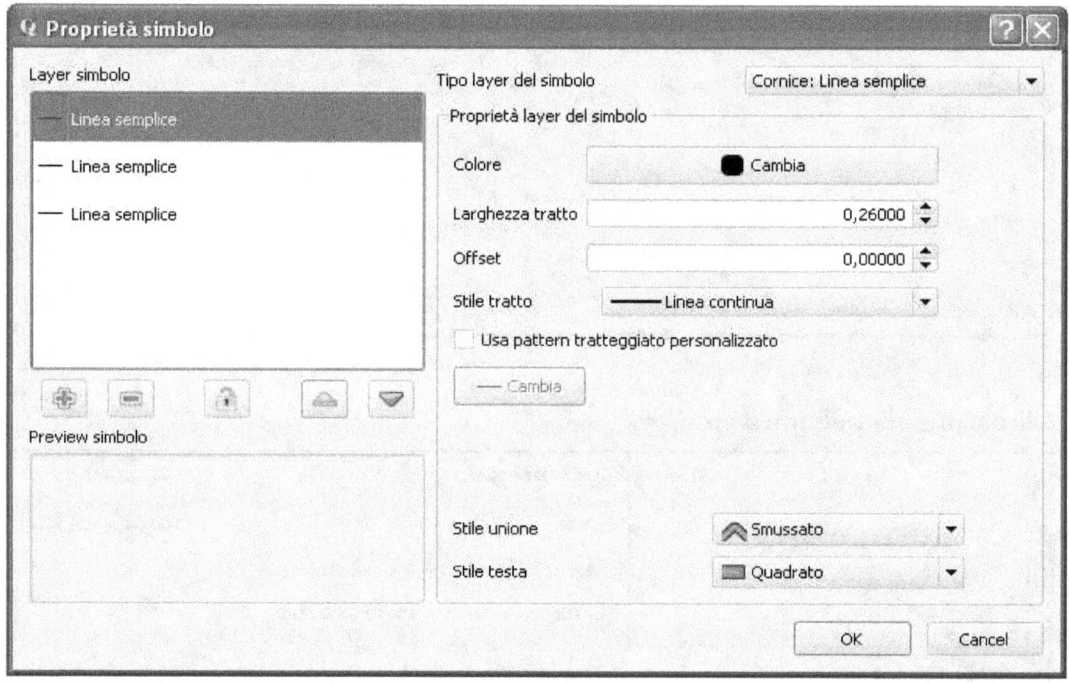

Selezionando una alla volta le tre **Linea semplice**, modifichiamo il loro *Colore* e la loro *Larghezza tratto* operando tra i comandi della zona *Proprietà layer del simbolo* nella finestra.

In ordine, partendo dall'alto, impostiamo:

prima linea: *Colore* = nero;   *Larghezza tratto* = 0,30

seconda linea: *Colore* = giallo;   *Larghezza tratto* = 0,90

terza linea: *Colore* = rosso;   *Larghezza tratto* = 1,50

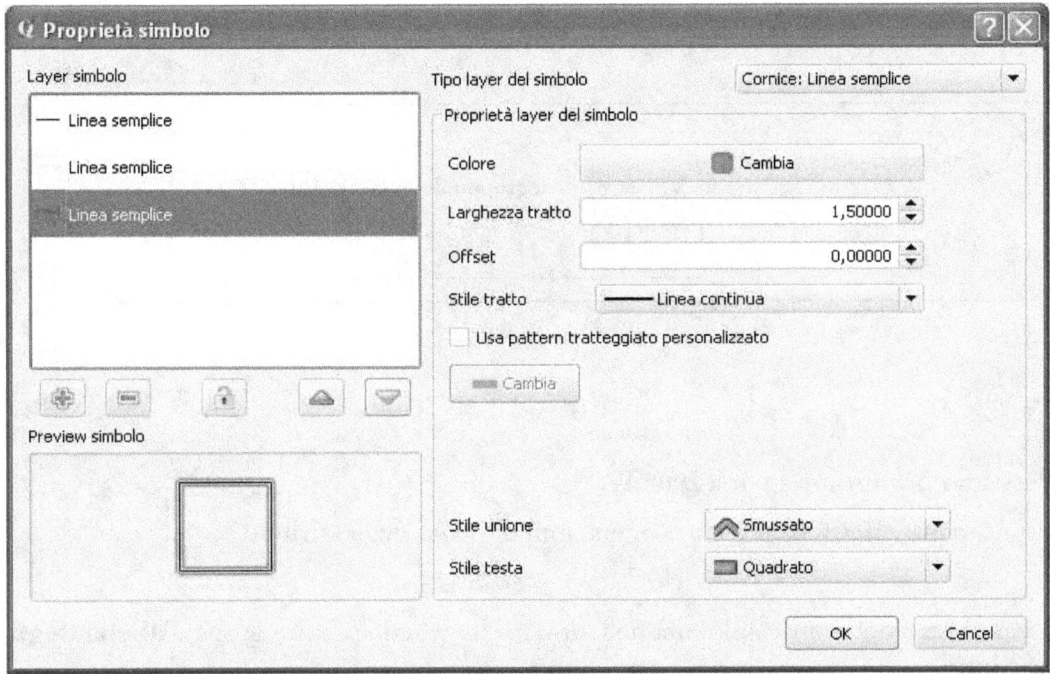

Diamo **OK**. Alla finestra di **Proprietà simbolo** e diamo **OK** alla finestra **Proprietà vettore**.

Se abbiamo operato correttamente, la schermata di QGIS dovrebbe presentarsi così:

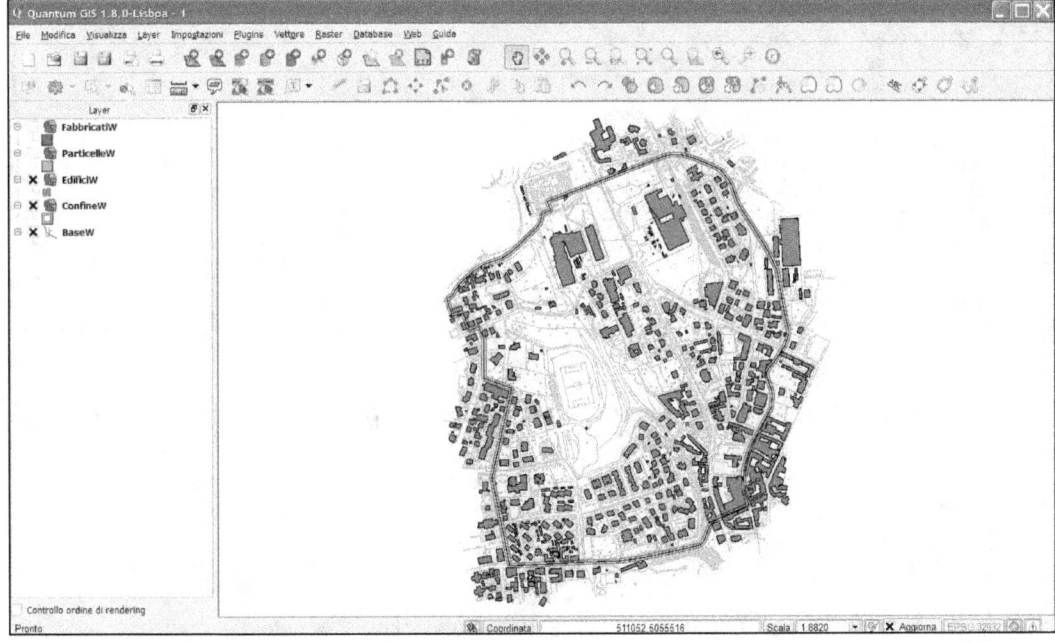

suggerimento!   Salviamo *il progetto* ;   dal gruppo dei pulsanti **File**:

Passiamo ora a *vestire* il tema **BaseW**.

Prima, però, effettuiamo alcune operazioni di *editing* degli attributi.

Tasto destro del mouse sul tema nell'*Area dei Layer*, ed apriamo la sua **Tabella degli attributi**.

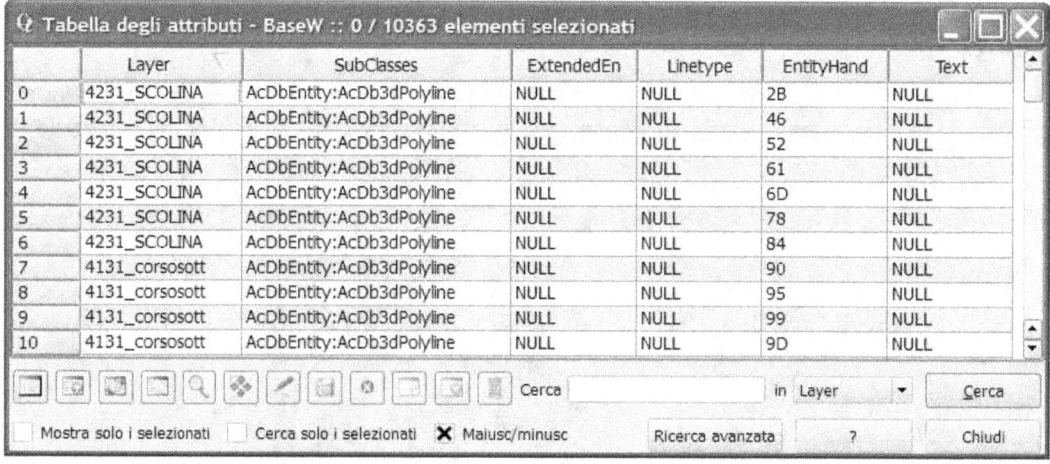

Entriamo in modalità *editing*, digitando sull'apposito pulsante della **Tabella degli attributi**.

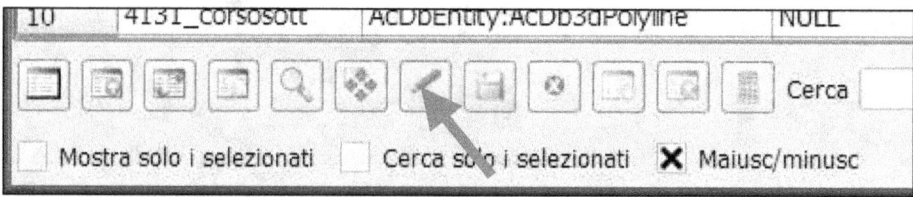

Clicchiamo su **Elimina colonna**, digitando sull'apposito pulsante della **Tabella degli attributi**.

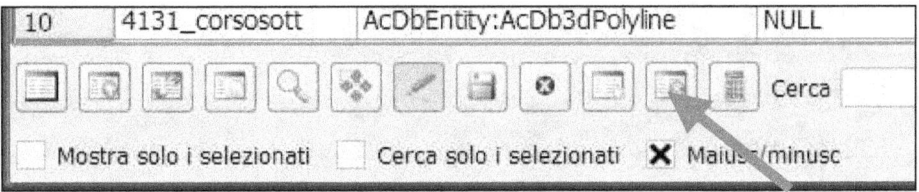

Si apre la finestra **Rimuovi attributi**; selezioniamo col tasto sinistro del mouse, uno ad uno, **ExtendedEn**, **Linetype**, **EntityHand** e **Text** perché non ci offrono dati utili.

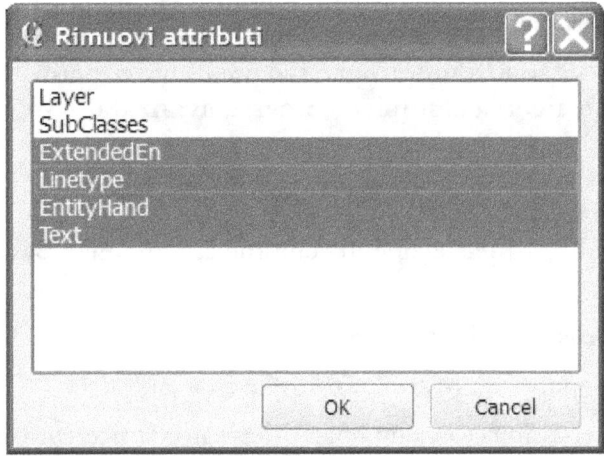

Diamo **OK**.

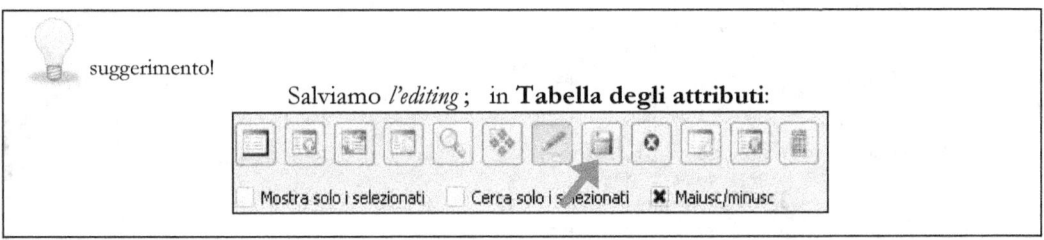

Provvediamo ora ad eliminare dal tema **BaseW**, alcuni elementi che rappresentano dei simboli grafici di quota ereditati dal file Cad originario e che non danno alcuna utilità al nostro lavoro. Gli elementi da eliminare sono stati creati nel Cad in layer con le seguenti etichette:

- **8321_PQTerra**
- **8322_Qmpiede**
- **8323_PQgronda**

Sinora abbiamo ricercato e selezionato elementi dalla tabella con un metodo manuale, utilizzando la funzione di messa in ordine crescente o decrescente dei dati di una colonna. Questo metodo, seppur rapido e semplice, non sempre risulta appropriato alla ricerca che dobbiamo effettuare.

In tabella attributi ci sono due distinte funzioni che ci permettono di effettuare ricerche di selezione: **ricerca semplice** e **ricerca avanzata**.

[Selezionare elementi della tabella con la ricerca semplice]

Dobbiamo trovare tutti gli elementi che nella colonna **Layer** hanno valore **8321_PQTerra**.

Nella parte bassa della **Tabella degli attributi**:

1. togliamo la spunta da **Maiusc/minusc** ;
2. digitiamo nel campo *Cerca* una parte del testo da ricercare, ad es. **terra**;
3. selezioniamo **Layer**, accedendo alla finestra dalle opzioni di ricerca *in* ;
4. clicchiamo sul pulsante **Cerca**

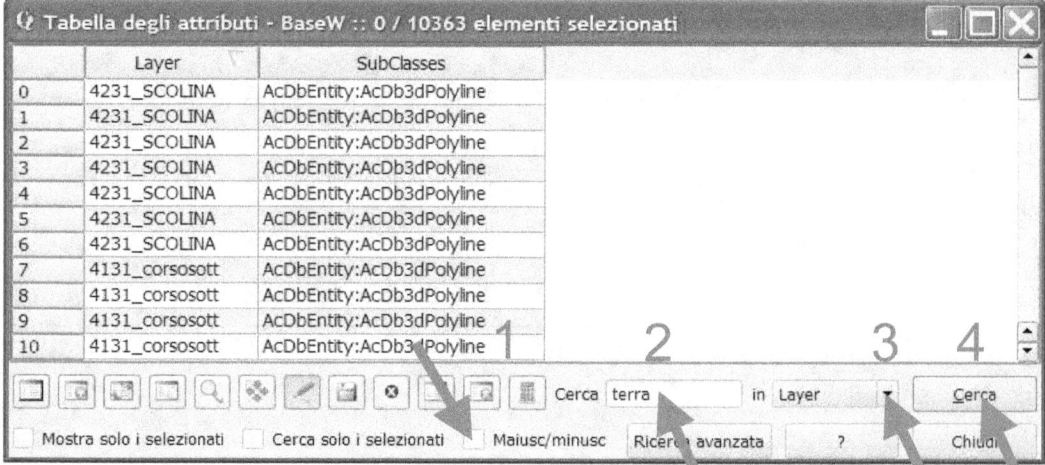

Come riporta la barra in alto della finestra, sono stati trovati e selezionati 304 elementi.

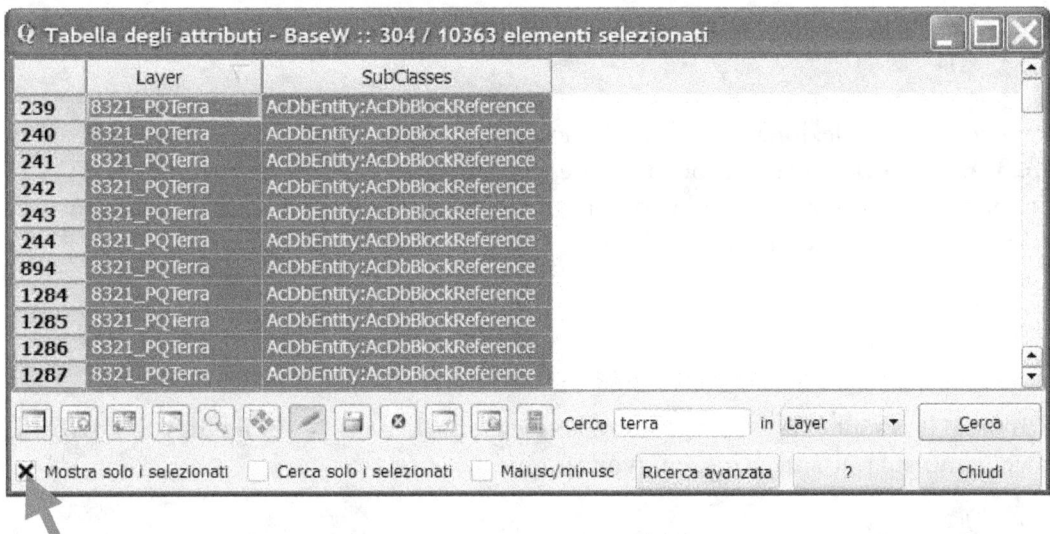

Spuntando **Mostra solo i selezionati**, in tabella possiamo individuarli facilmente perché vi troviamo solo quelli selezionati.

Per eliminarli, basta cliccare sull'apposito pulsante **Elimina gli elementi selezionati** in fondo alla tabella.

Cap. 3 – Operare in ambiente GIS

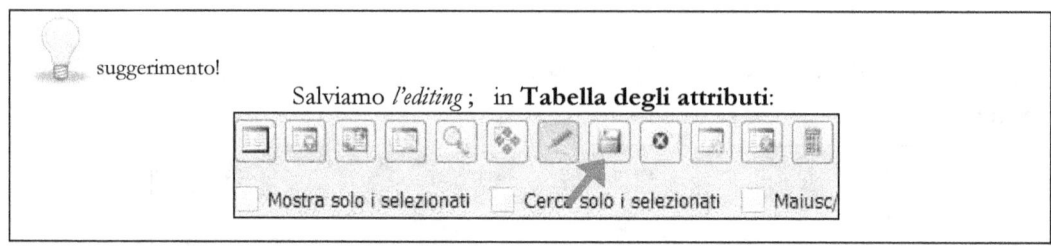

Per ricercare, selezionare e poi eliminare gli elementi di **8322_Qmpiede** e di **8323_PQgronda**, basterebbe ripetere le operazioni appena svolte, ma vista l'opportunità, utilizzeremo le funzioni di *Ricerca avanzata* che permettono di effettuare selezioni e filtraggi multipli.

[Selezionare elementi della tabella con la ricerca avanzata]

Rimossa la spunta da **Mostra solo i selezionati**, nella **Tabella degli attributi**, clicchiamo sul pulsante **Ricerca avanzata**.

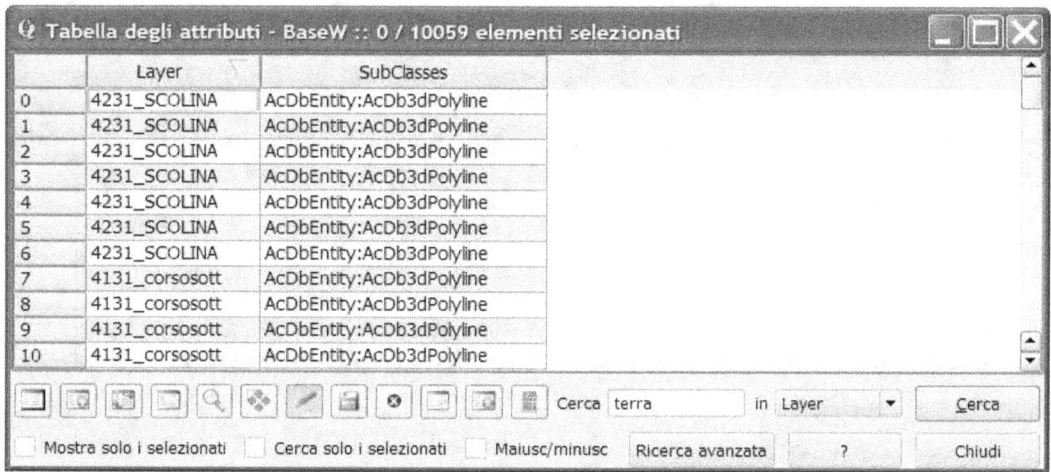

e si apre una finestra denominata **Costruttore di interrogazioni**.

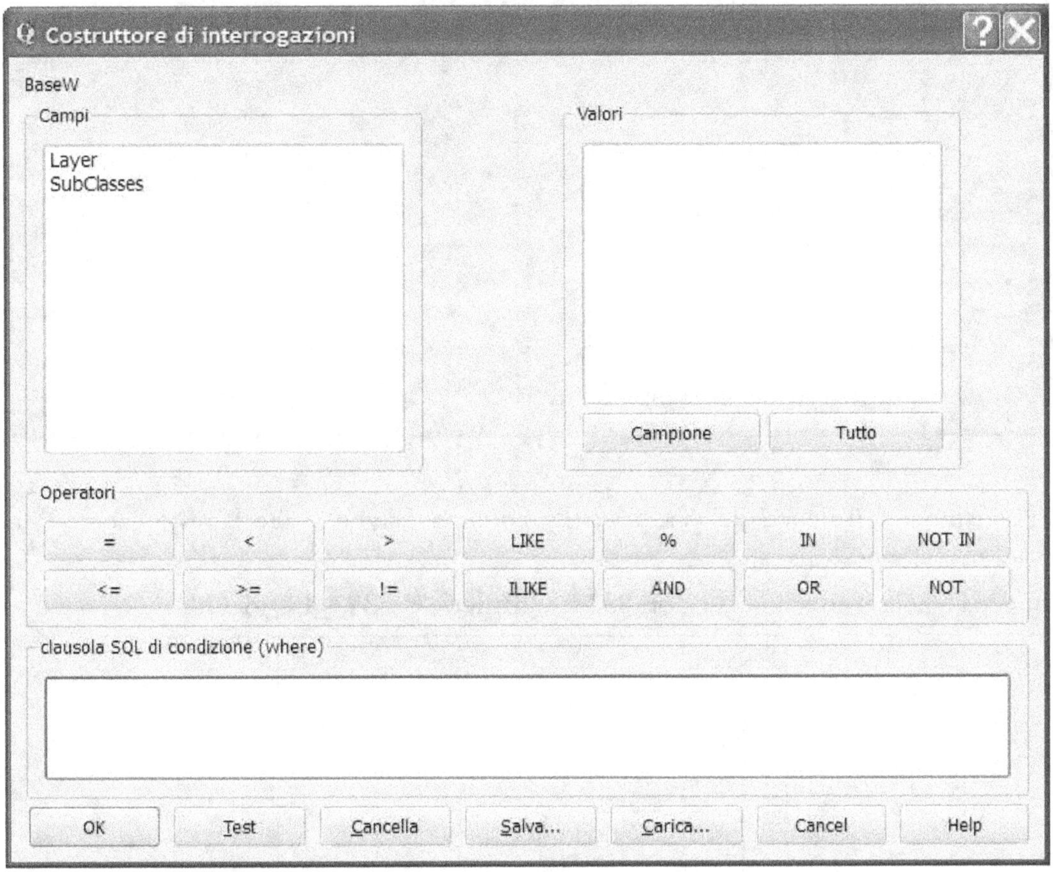

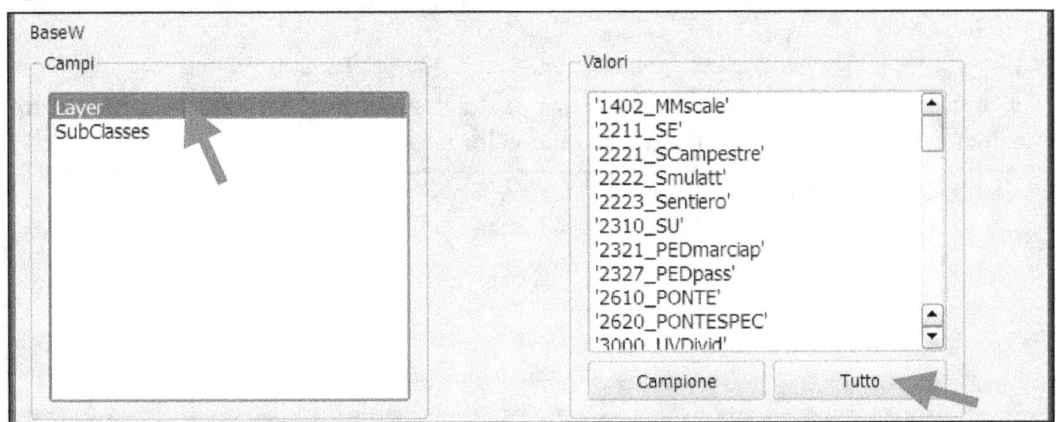

Sulla sinistra, nell'area **Campi**, sono elencate le colonne della tabella attributi; selezioniamo in questa finestra la colonna **Layer**.

Sulla destra, nell'area **Valori**, cliccchiamo sul pulsante **Tutto**: compariranno tutte le opzioni di valori possibili della colonna selezionata, nel nostro caso **Layer**.

Nella parte in basso della finestra dobbiamo inserire una *formula logica*, utilizzando le funzioni **Operatori** attivabili con pulsanti.

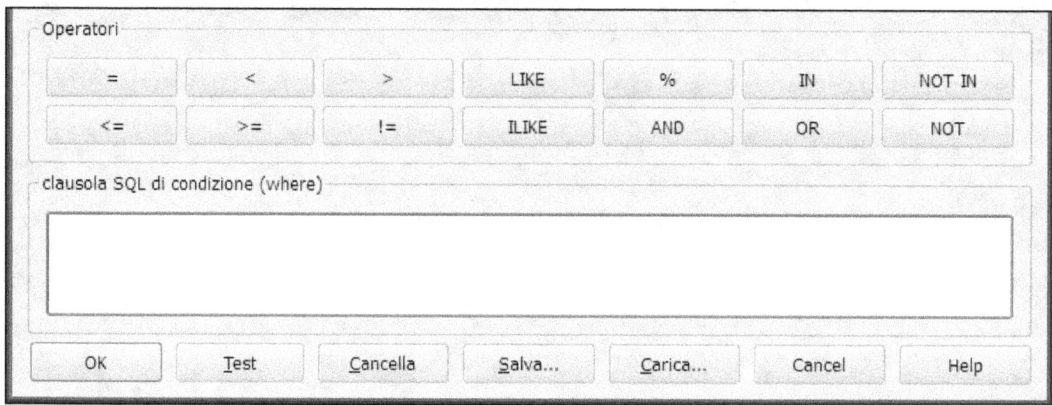

Spostiamoci sull'elenco dei **Valori** della colonna **Layer**, e facciamolo scorrere in fondo.

In coda alla lista troviamo i valori **8322_Qmpiede** e **8323_PQgronda**.

Nell'area dei **Campi**, facciamo un doppio clic su **Layer**, in modo da importare automaticamente, nell'area di formula, tale valore:

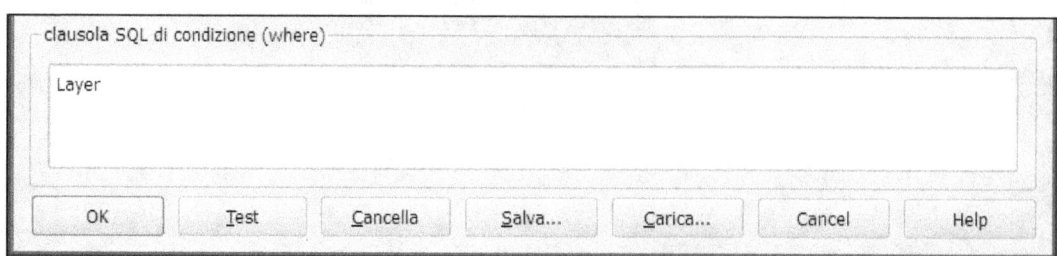

Clicchiamo tra gli *Operatori* il tasto "="

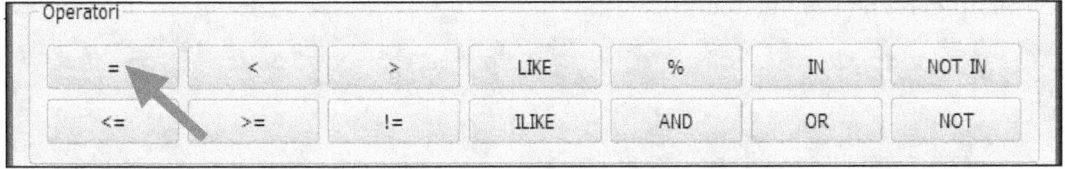

e tornati nella lista *Valori*, da essa diamo un doppio clic col tasto sinistro del mouse sul valore **8322_Qmpiede**.

Queste ultime due operazioni hanno aggiunto alla formula i valori selezionati:

La formula sin qui scritta, *tradotta* per la ricerca è:

*Seleziona nella colonna **Layer** tutti gli elementi che hanno valore **8322_Qmpiede**.*

Se la nostra ricerca fosse stata finalizzata ad un solo valore, avremmo potuto farla con la modalità *semplice* che abbiamo visto prima. Considerato che vi è un'ulteriore opzione di ricerca da considerare, dobbiamo ampliare la formula scritta.

Aggiungiamo **OR**, cliccando tra gli *Operatori* il relativo tasto

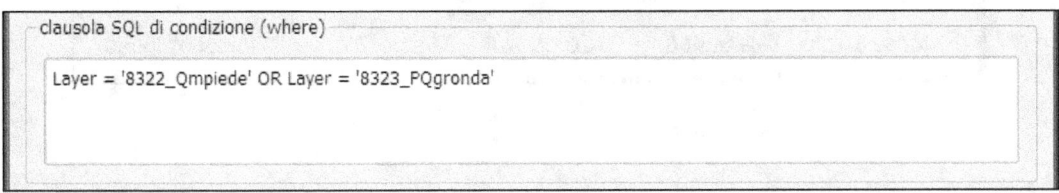

- doppio clic su **Layer** nell'area dei *Campi*;
- clicchiamo nuovamente tra gli *Operatori* il tasto "="
- doppio clic su **8323_PQgronda** nell'area dei *Valori*.

ed otteniamo:

```
clausola SQL di condizione (where)
Layer = '8322_Qmpiede' OR Layer = '8323_PQgronda'
```

ossia: *Seleziona nella colonna **Layer** tutti gli elementi che hanno valore **8322_Qmpiede** o valore **8323_PQgronda**.*

Diamo **OK**, e tornati nella **Tabella degli attributi**, troviamo selezionati tutti gli elementi cercati (1995 elementi).

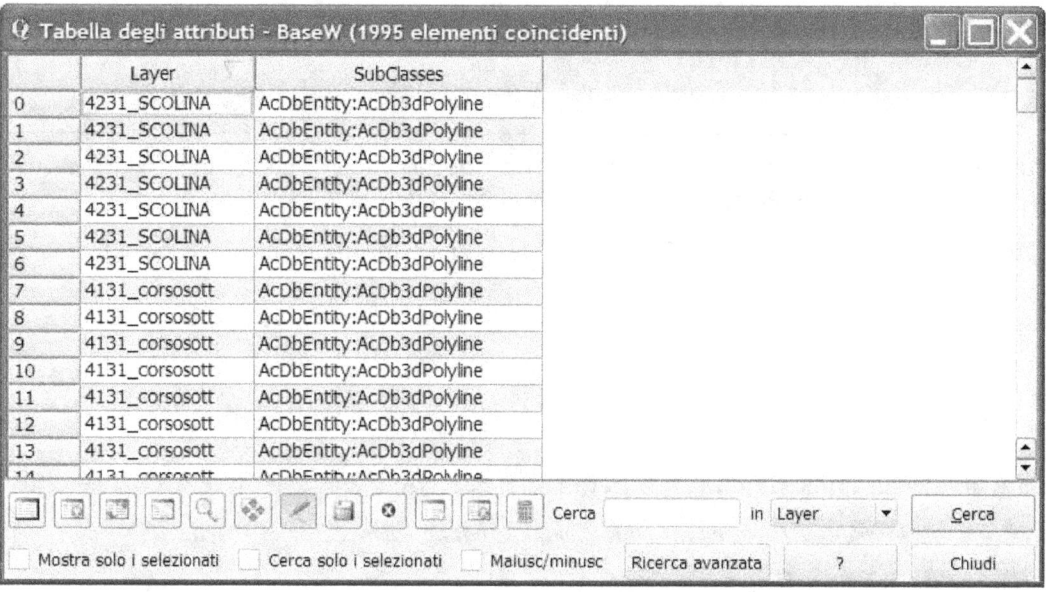

Eliminiamoli, cliccando sull'apposito pulsante **Elimina gli elementi selezionati** in fondo alla tabella.

Diamo **OK**.

Salviamo e usciamo dalla modalità *editing* cliccando sugli appositi pulsanti.

Ultimate le operazioni di *editing*, diamo *vestizione* al tema **BaseW**.

[Creare uno stile di visualizzazione multiplo di un tema di linee]

Agli elementi *linea* del tema **BaseW**, vogliamo assegnare grafiche diverse di visualizzazione (colori), in base alla tipologia rappresentata dai valori della colonna **Layer** degli attributi. Il risultato che vogliamo ottenere sarà:

evidenziare col colore **blu** gli elementi riferibili al fiume che attraversa il nostro territorio;

- evidenziare con un colore grigio gli elementi riferibili alle curve di livello ed in generale alle linee rappresentante le altimetrie del terreno (scarpate e terrapieni);
- evidenziare con un colore nero i restanti elementi del tema.

Doppio clic su **BaseW** nell'*Area dei Layer*, oppure:

- Tasto destro del mouse su **BaseW** sempre nell'*Area dei Layer*;
- si apre il menù a tendina dove selezioniamo **Proprietà**

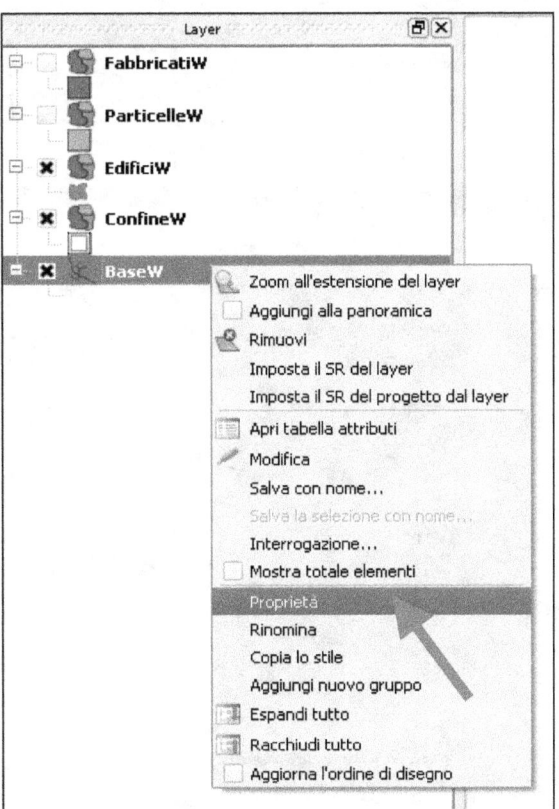

ed accediamo alla finestra delle proprietà.

Nella scheda **Stile**, apriamo la tendina delle opzioni di *Tipo legenda*, e da essa selezioniamo **Valore univoco**.

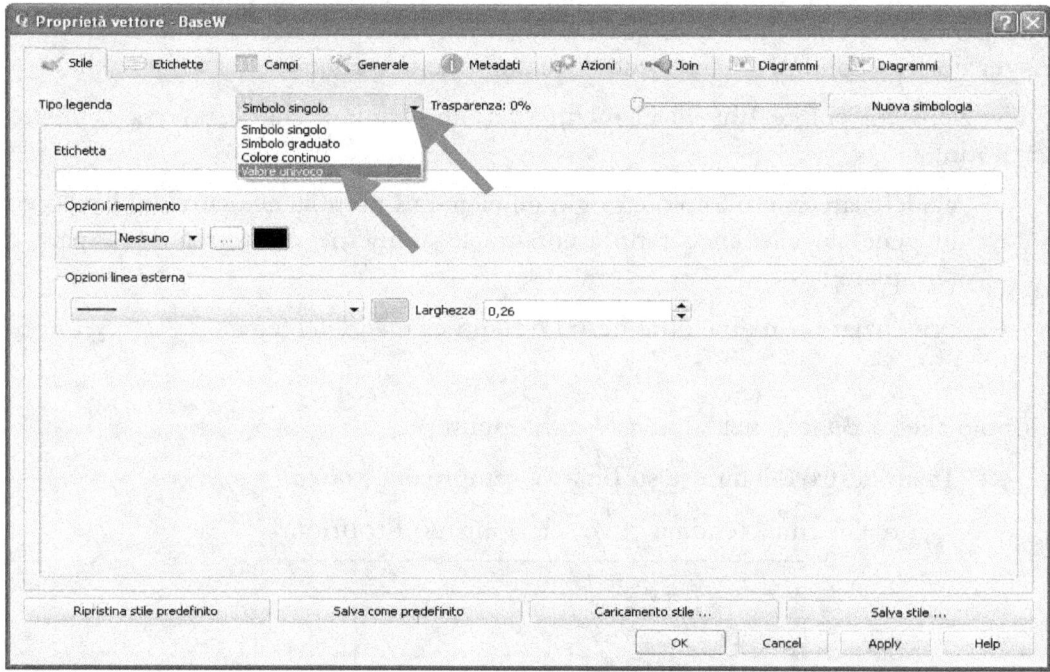

Si attiva una schermata diversa di **Stile**.

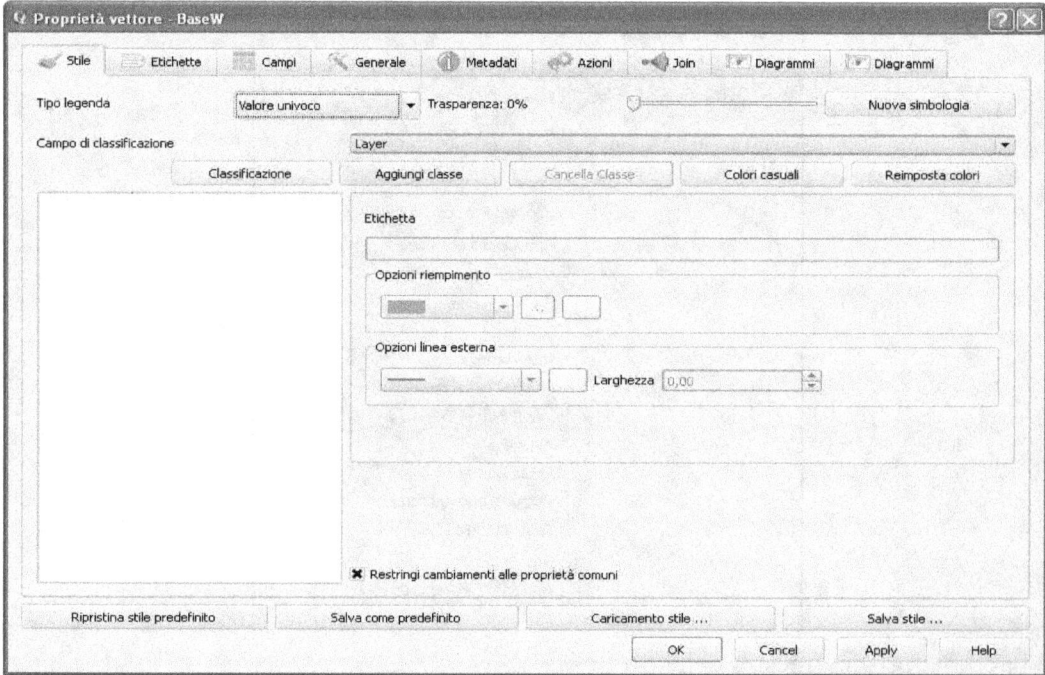

Assicuriamoci che in *Campo di classificazione* ci sia **Layer**, perché di default troveremo sempre la prima colonna degli attributi;

dopodiché clicchiamo sul pulsante **Classificazione**

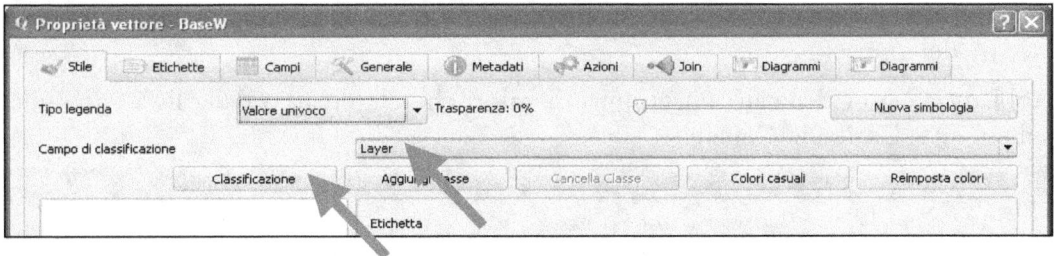

Verranno così caricati, in ordine crescente, tutti i valori univoci contenuti nella colonna **Layer** a cui il software assegnerà ad ognuno colori casuali.

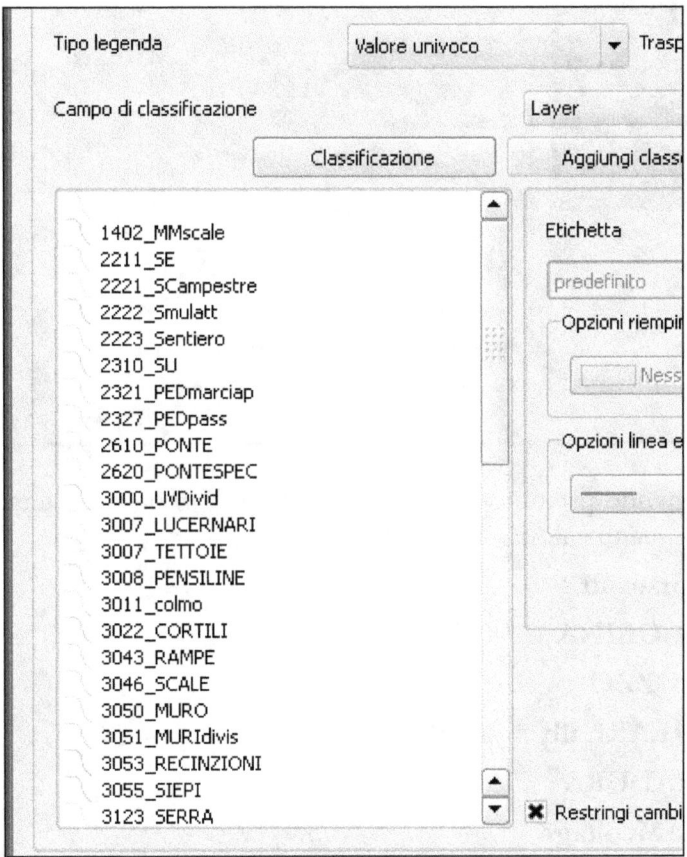

Cominciamo con eliminare tutti i valori a cui vogliamo assegnare in seguito un colore **nero**.

Cap. 3 – Operare in ambiente GIS

- Selezioniamo col tasto sinistro del mouse il valore in cima alla lista **1402_MMscale**;
- Facciamo scorrere la lista fino al valore **3856_CABINEaper** e, tenendo premuto il tasto *shift* della tastiera, selezioniamolo sempre col tasto sinistro del mouse

Abbiamo così evidenziato un gruppo di valori che eliminiamo dalla lista cliccando sul pulsante **Cancella Classe**.

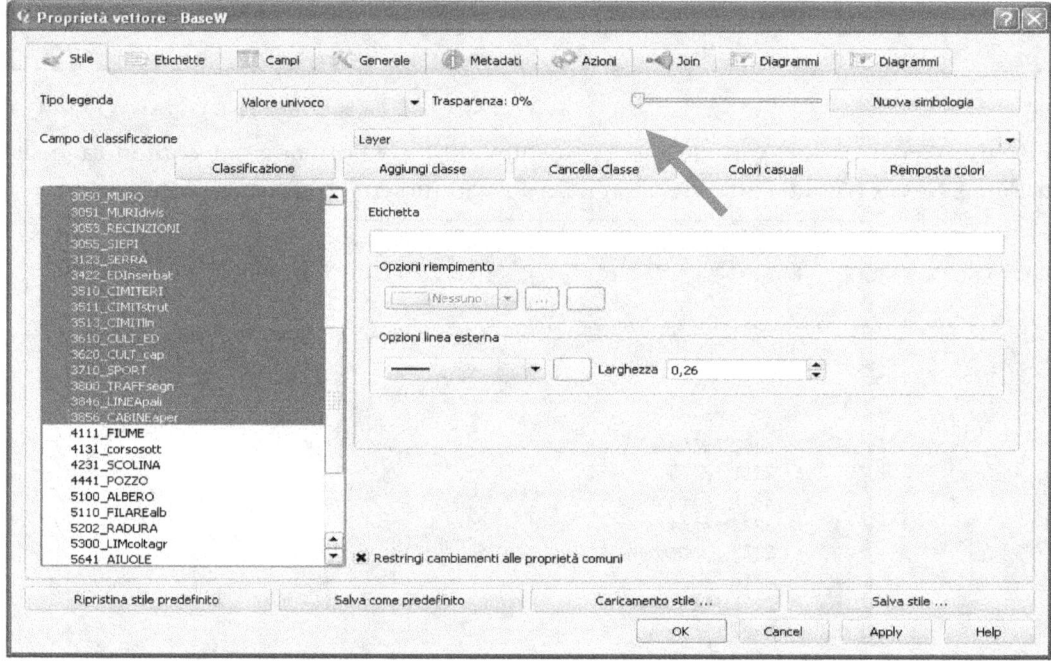

Dei restanti, tenendo premuto questa volta il tasto *Ctrl* della tastiera, selezioniamo, uno ad uno, i seguenti valori:

4131_corsosott

4231_SCOLINA

4441_POZZO

5110_FILAREalb

5202_RADURA

5300_LIMcoltagr

5641_AIUOLE

5651_VIALETTI

8140_VAPPFOT

che andremo ad eliminare dalla lista cliccando sul pulsante **Cancella Classe**.

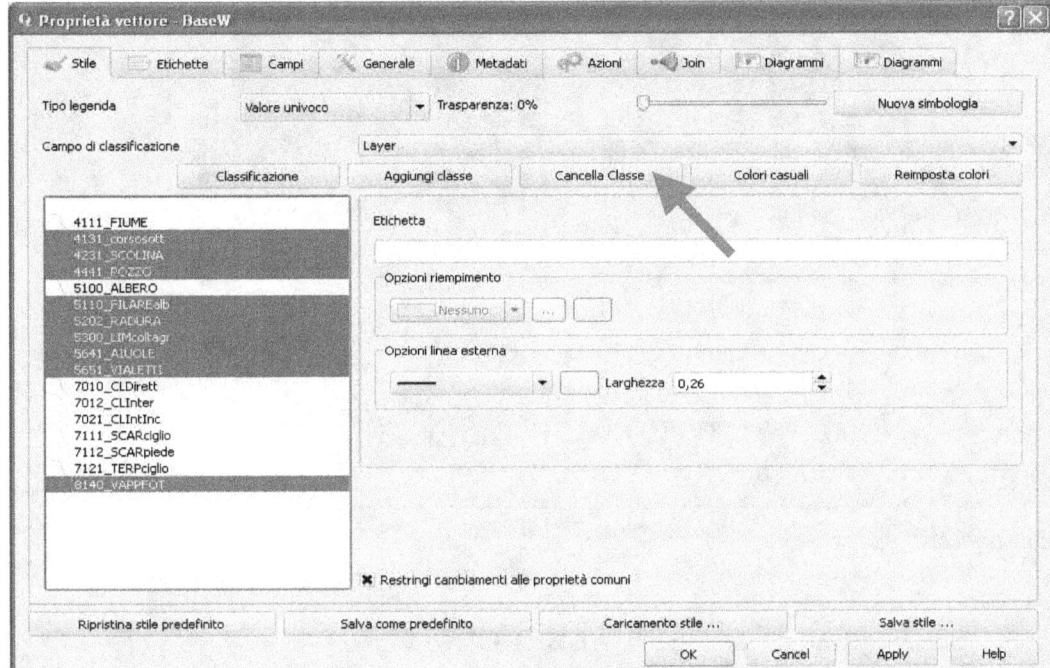

Con i valori rimasti procediamo con la loro *vestizione*.

- Selezioniamo il valore **4111_FIUME**;
- e in *Etichetta* digitiamo **fiume**;
- Selezionando in *Opzioni linea esterna* il colore di default

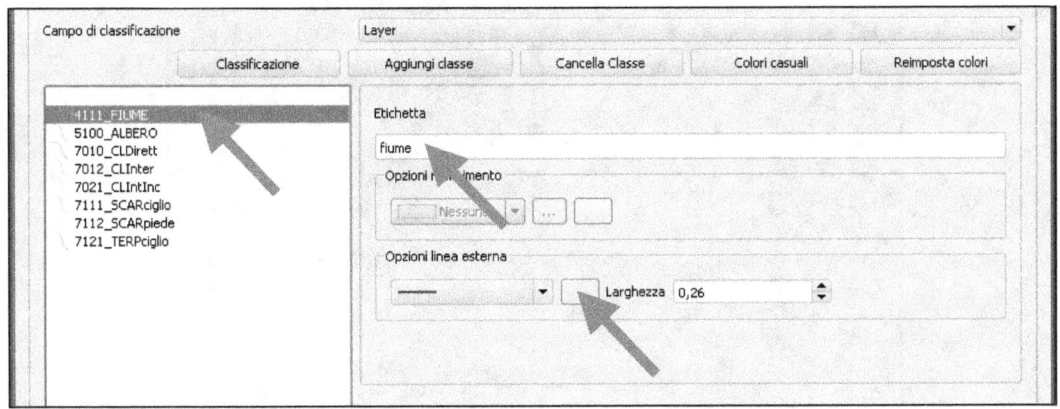

si accede alla finestra dei colori dove, tra quelli proposti, scegliamo il **blu** selezionandolo col mouse.

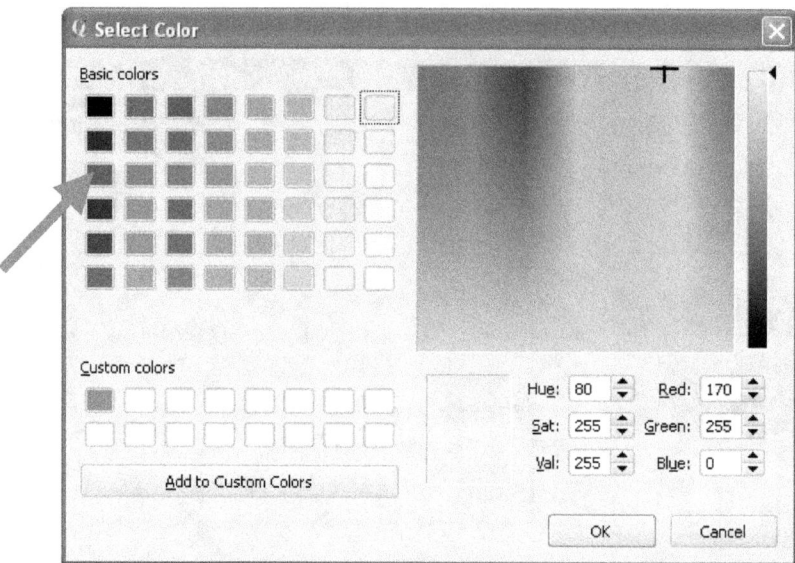

Diamo **OK**.

- Selezioniamo il valore **5100_ALBERO**;
- In *Etichetta* digitiamo **alberi**;
- Selezioniamo in *Opzioni linea esterna* il colore di default;
- Dalla finestra dei colori, selezioniamo il **verde**

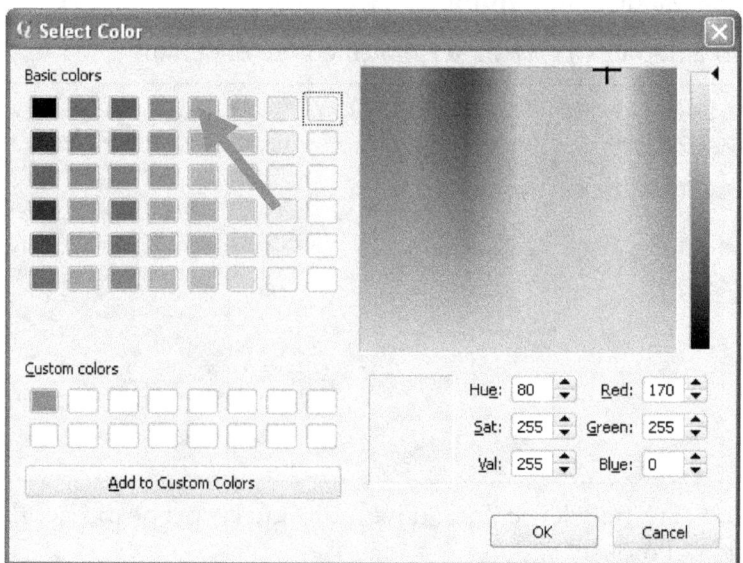

Diamo **OK**.

Vestiamo le linee che rappresentano altimetricamente il terreno.

1. Tenendo premuto il tasto *Ctrl* della tastiera, selezioniamo uno ad uno tutti i restanti valori;
2. togliamo la spunta a **Restringi cambiamenti alla proprietà comuni**;
3. in *Etichetta* digitiamo **terreno**;
4. selezioniamo in *Opzioni linea esterna* il colore di default

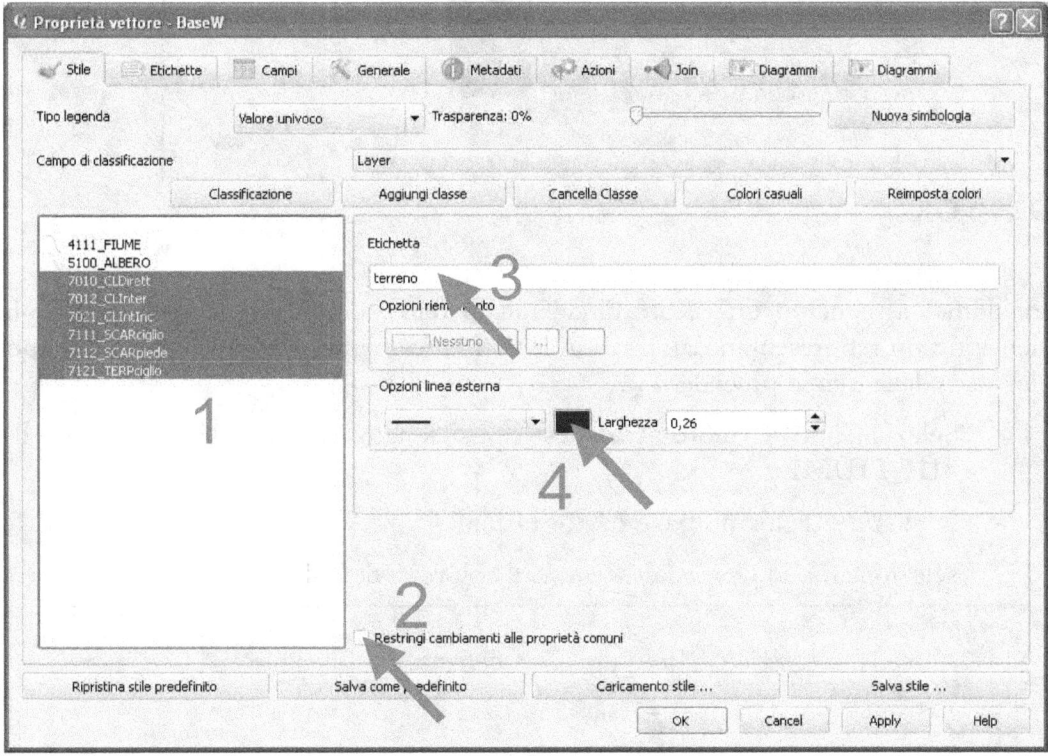

nella finestra dei colori:

1. selezioniamo il **nero**;
2. sulla barra cromatica a destra nella finestra, selezioniamo un colore di tonalità **grigia**.

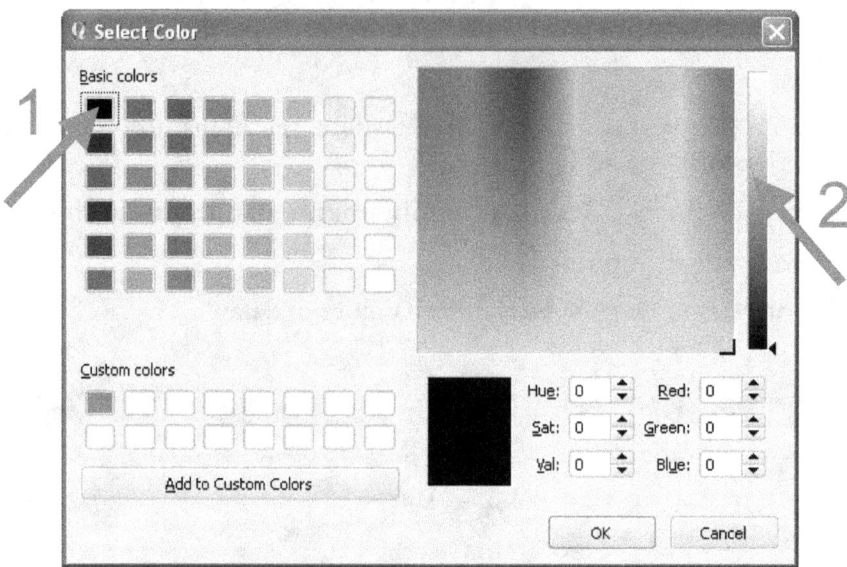

Diamo **OK**.

In ultimo, assegnamo un colore di default al tema, che andrà a vestire tutti gli elementi non rappresentati dai valori in lista (praticamente, tutti quelli che abbiamo eliminato dalla lista in precedenza).

- Selezioniamo il valore senza testo posizionato in cima alla lista prima di **4111_FIUME**;
- in *Etichetta* digitiamo **base cartografica**;
- selezioniamo in *Opzioni linea esterna* il colore di default

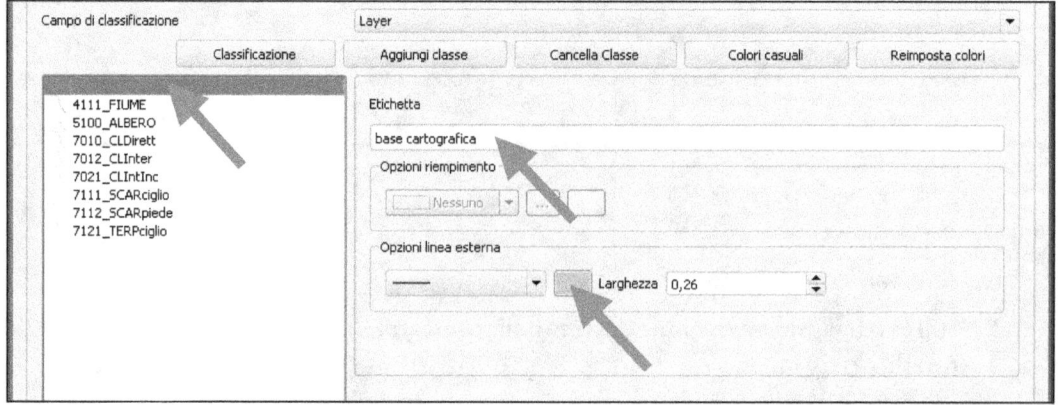

- e assegnamo dalla gamma colori il **nero**.

Diamo **OK** alla finestra dei colori; diamo **OK** anche alla finestra **Proprietà vettore**.

Nell'*area di visualizzazione* possiamo vedere il risultato di questa *vestizione*.

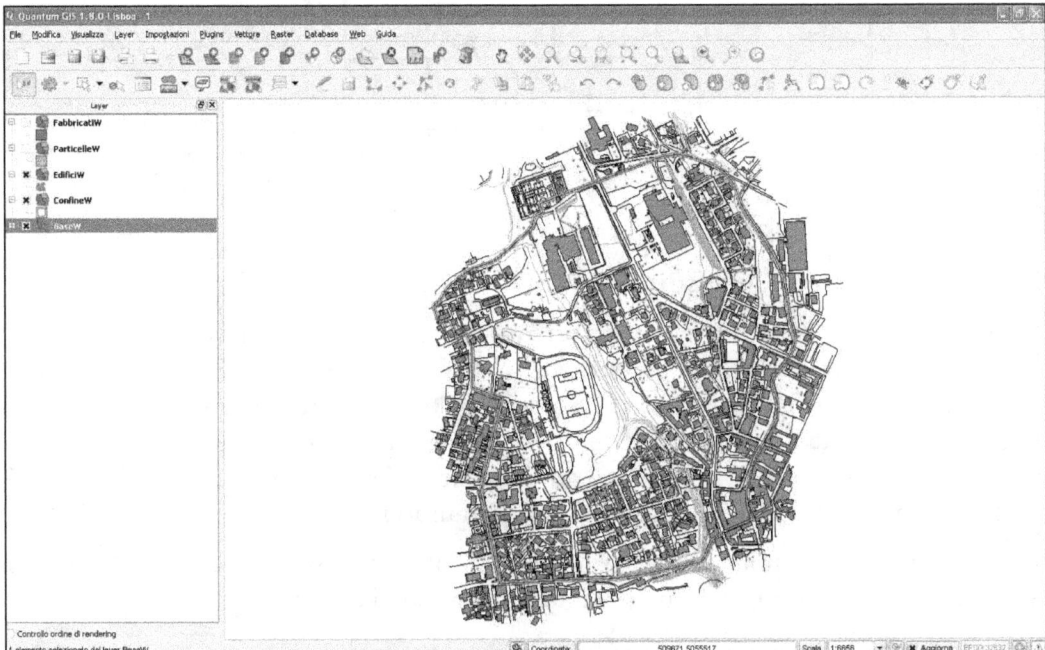

Nell'*Area dei Layer*, cliccando col tasto sinistro del mouse sul quadratino di espansione ☐+☐ alla sinistra di **BaseW**, possiamo visualizzare la *legenda* relativa al tema.

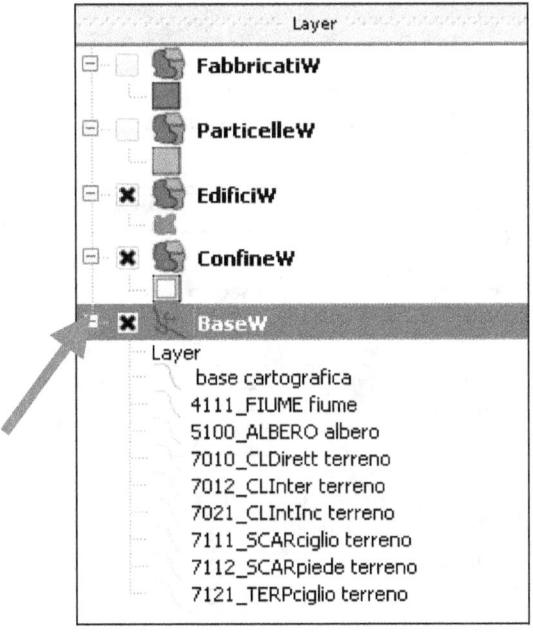

> suggerimento! Salviamo *il progetto* ; dal gruppo dei pulsanti **File**:
>
>

Tocca ora, all'*abito* del tema **EdificiW**.

Anche per questa tematismo creeremo una diversificazione di stile (e quindi di colori di rappresentazione) tra gli elementi. A differenza di quanto appena fatto per il tema **BaseW**, dove abbiamo assegnato lo stile di rappresentazione come *valore univoco* ai dati di una colonna esistente della tabella degli attributi, per EdificiW *vestiremo* sempre come valore univoco gli elementi poligonali, ma utilizzando i valori di una nuova colonna che andremo a creare filtrando i dati una colonna esistente.

Nello specifico, raggrupperemo i valori della colonna **Layer** della **Tabella degli attributi** di **EdificiW** nelle seguenti cinque tipologie di edificio:

- **accessorio**
- **atigianale/industriale**
- **in costruzione**
- **pubblico**
- **residenziale**

che saranno i *valori univoci* di una nuova colonna denominata **Tipologia** che andremo a creare nella tabella attributi del tema, secondo il seguente schema di raggruppamento con la colonna **Layer**:

Layer	Tipologia
3013_BARACCHE	accessorio
3016_BOXmur	
3018_EDminori	
3410_ED_In	artigianale/industriale
3070_EDcostr	in costruzione
3300_ED_pubbl	pubblico
3312_MUNICIPIO	
3317_SCUOLA	
3110_EDresiden	residenziale

[Creare una nuova colonna raggruppando i valori di una colonna esistente]

Tasto destro del mouse su **EdificiW** nell'*Area dei Layer*, ed apriamo la sua **Tabella degli attributi**.

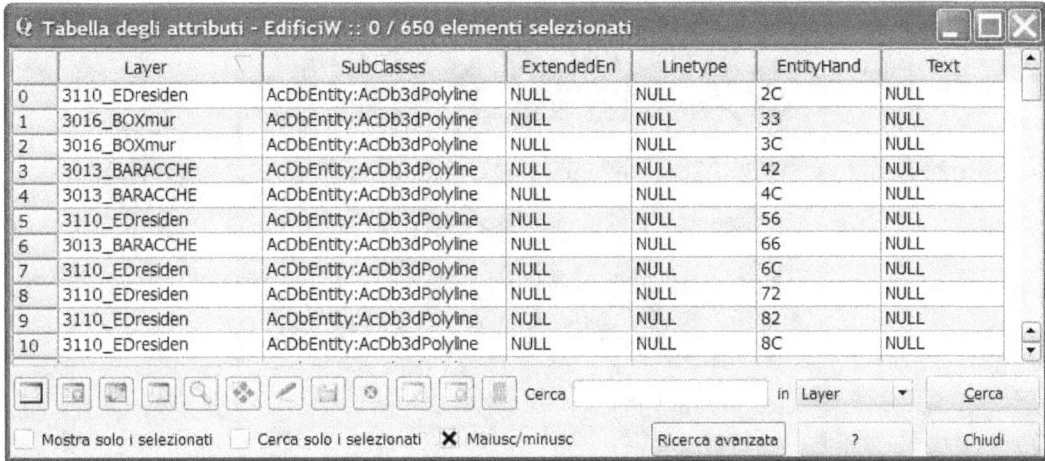

Entriamo in modalità *editing*, digitando sull'apposito pulsante della **Tabella degli attributi**.

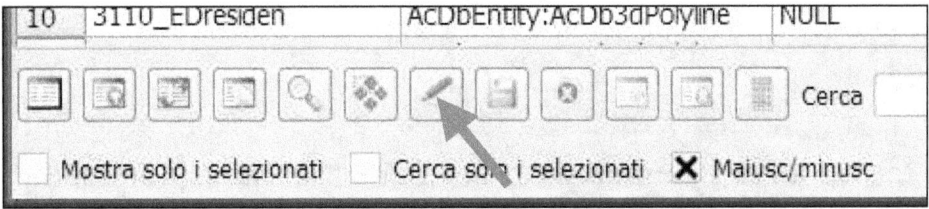

Creiamo una nuova colonna, cliccando sull'apposito pulsante:

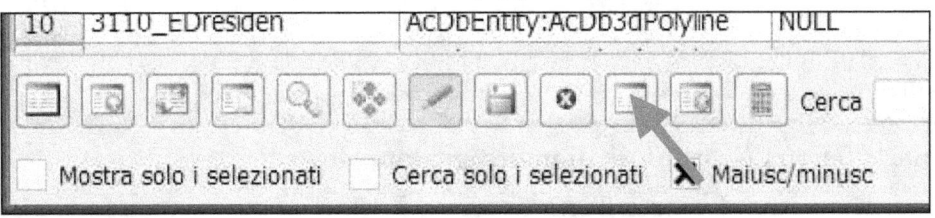

Si apre la finestra **Aggiungi colonna**, dove:

- come *Nome*, inseriamo **Tipologia**;
- come *Commento*, inseriamo **tipologia edificio**;
- come *Tipo*, selezioniamo, aprendo l'apposita tendina di opzioni, **Testo (string)**;
- come *Lunghezza*, impostiamo **30**.

Diamo **OK**.

Clicchiamo su **Ricerca avanzata** nella finestra della **Tabella degli attributi**

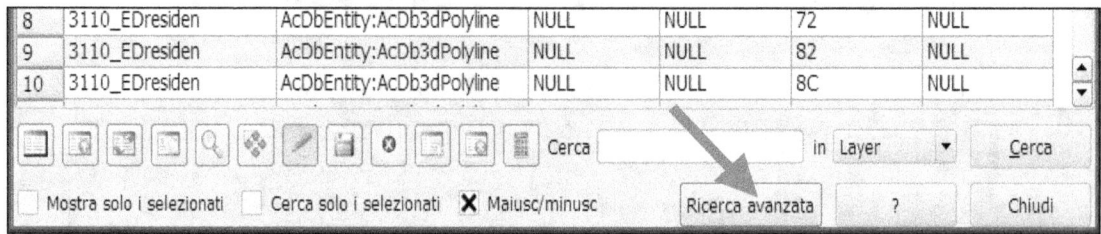

e si apre la finestra **Costruttore di interrogazioni**, dove:

1. selezioniamo **Layer** nell'area *Campi* ;
2. clicchiamo **Tutto** nell'area *Valori*.

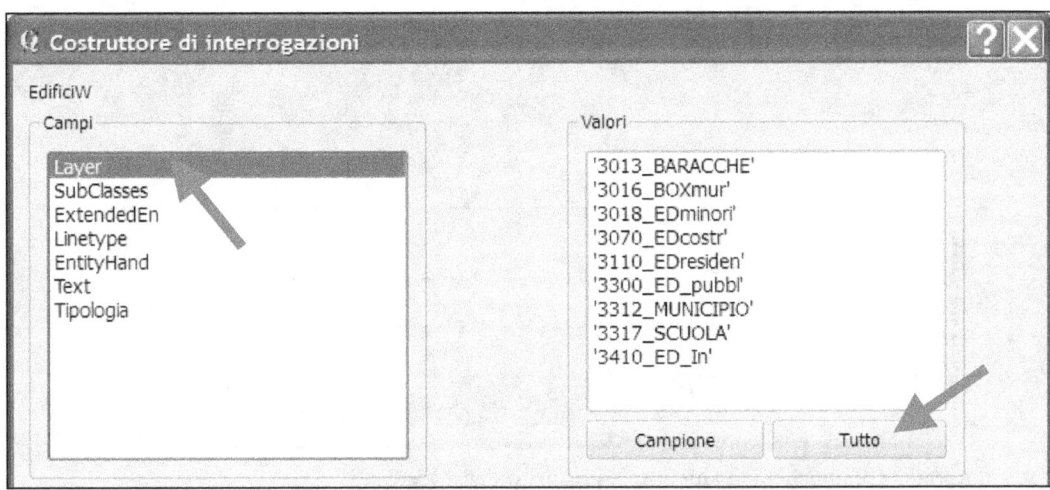

Compiliamo ora la formula di selezione con l'ausilio anche dei tasti *Operatori*:

3. doppio clic su **Layer** nell'area *Campi*;
4. clicchiamo il tasto "=" negli *Operatori*;
5. doppio clic su **3013_BARACCHE** nell'area *Valori*;
6. clicchiamo il tasto **OR** negli *Operatori*;
7. doppio clic su **Layer** nell'area *Campi*;
8. clicchiamo il tasto "=" negli *Operatori*;
9. doppio clic su **3016_BOXmuri** nell'area *Valori*;
10. clicchiamo il tasto **OR** negli *Operatori*;
11. doppio clic su **Layer** nell'area *Campi*;
12. clicchiamo il tasto "=" negli *Operatori*;
13. doppio clic su **3018_EDminori** nell'area *Valori*.

ottenendo:

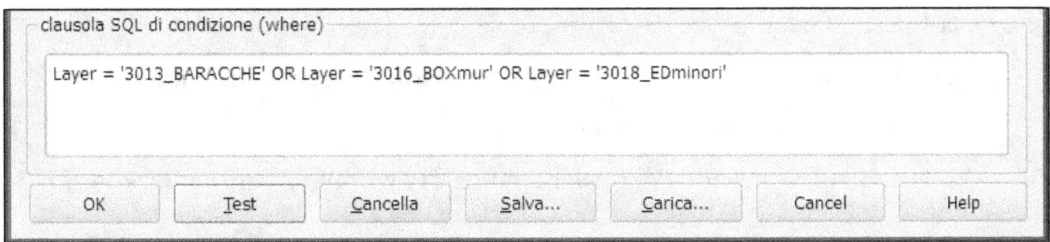

ossia: *Seleziona nella colonna* **Layer** *tutti gli elementi che hanno valore* **3013_BARACCHE** *o valore* **3016_BOXmuri** *o valore* **3018_Edminori**.

nota!

Cliccando sul pulsante **Test**

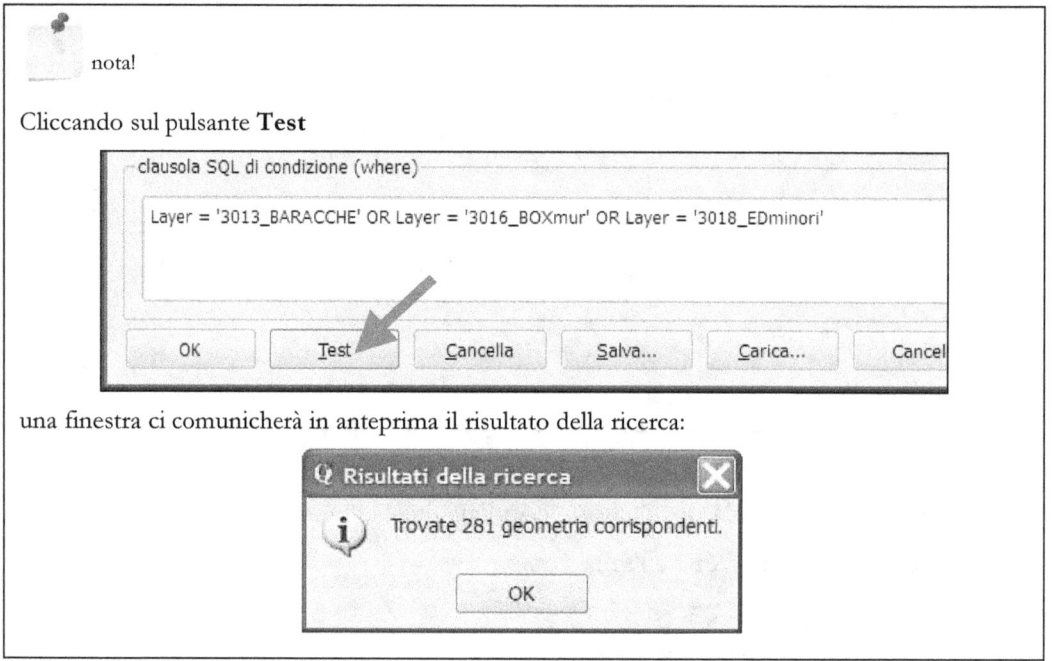

una finestra ci comunicherà in anteprima il risultato della ricerca:

Diamo **OK** nella finestra del **Costruttore di interrogazioni**.

Apriamo il **calcolatore di campi** cliccando sull'apposito pulsante:

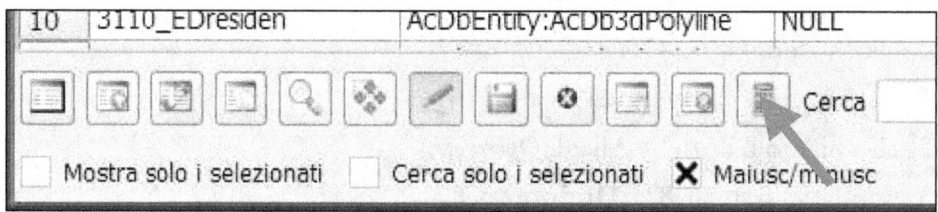

Si apre la finestra **Calcolatore di campi**, dove:
-   ci assicuriamo che sia spuntato **Aggiorna solo le geometrie selezionate**;
-   spuntiamo **Aggiorna campo esistente**;
-   selezioniamo, aprendo l'apposita tendina di opzioni, il campo **Tipologia**

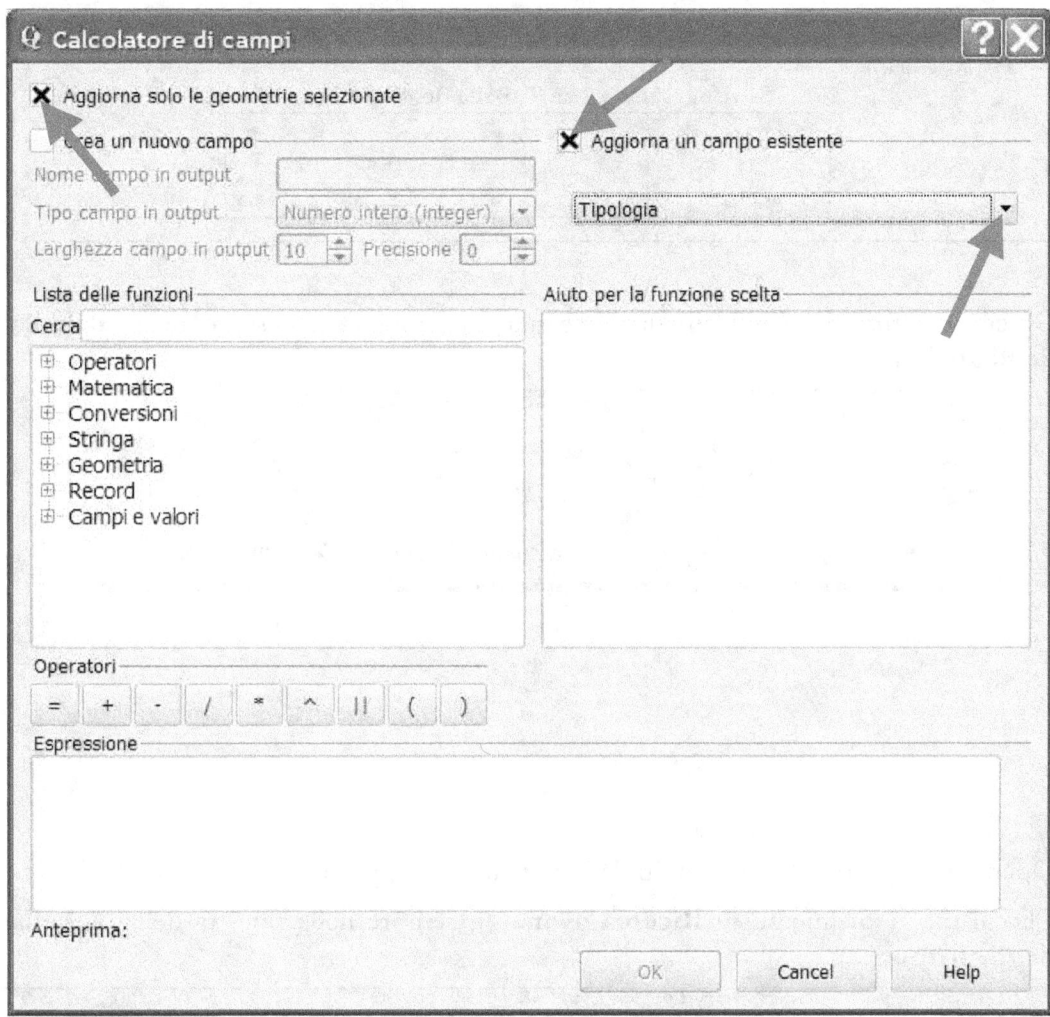

Nell'area *Espressione*, digitiamo **'accessorio'**

Diamo **OK**.

Cap. 3 – Operare in ambiente GIS

Deselezioniamo titti gli elementi cliccando sull'apposito pulsante della **Tabella degli attributi**

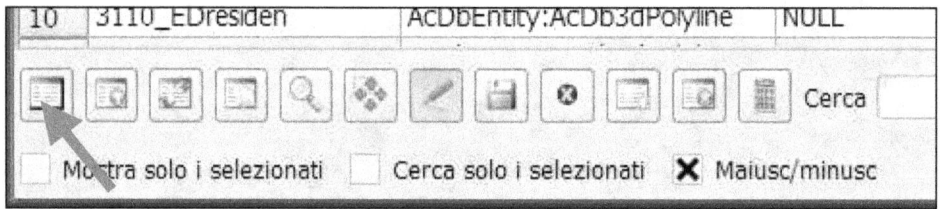

Operiamo un altra selezione multipla per creare il gruppo di *edifici pubblici*.

Clicchiamo nuovamente su **Ricerca avanzata** sempre nella finestra della **Tabella degli attributi**

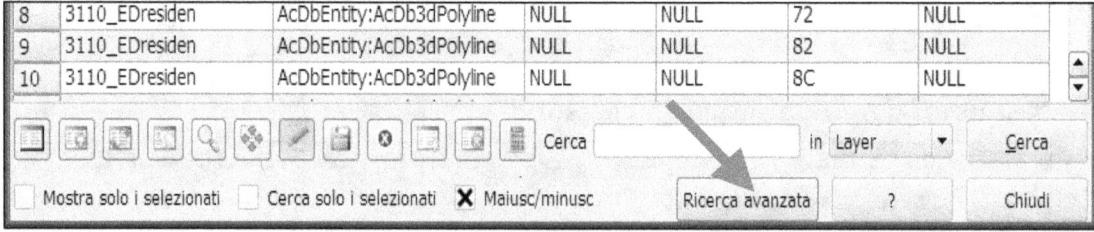

si apre la finestra **Costruttore di interrogazioni**, dove, come in precedenza:

1. selezioniamo **Layer** nell'area *Campi* ;
2. clicchiamo **Tutto** nell'area *Valori*.
3. doppio clic su **Layer** nell'area *Campi*;
4. clicchiamo il tasto "=" negli *Operatori*;
5. doppio clic su **3300_EDpubbl** nell'area *Valori*;

6. clicchiamo il tasto **OR** negli *Operatori*;
7. doppio clic su **Layer** nell'area *Campi*;
8. clicchiamo il tasto "=" negli *Operatori*;
9. doppio clic su **3312_MUNICIPIO** nell'area *Valori*;
10. clicchiamo il tasto **OR** negli *Operatori*;
11. doppio clic su **Layer** nell'area *Campi*;
12. clicchiamo il tasto "=" negli *Operatori*;
13. doppio clic su **3317_SCUOLA** nell'area *Valori*.

ottenendo:

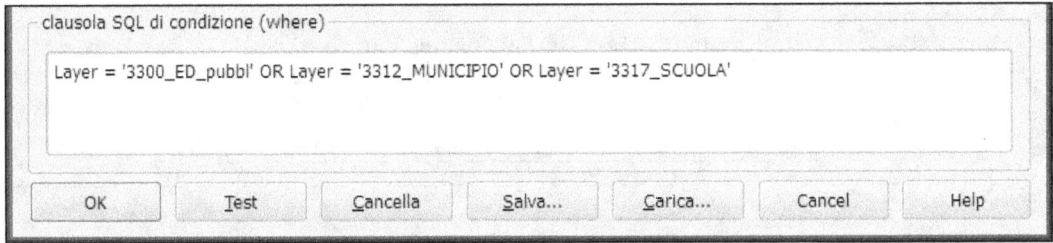

ossia: *Seleziona nella colonna **Layer** tutti gli elementi che hanno valore **3300_EDpubbl** o valore **3312_MUNICIPIO** o valore **3317_SCUOLA***.

Diamo **OK**.

Apriamo il **calcolatore di campi** cliccando sull'apposito pulsante:

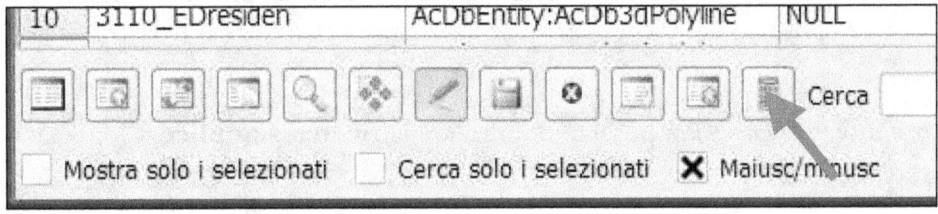

Si apre la finestra **Calcolatore di campi**, dove, come in precedenza::
- ci assicuriamo che sia spuntato **Aggiorna solo le geometrie selezionate**;
- spuntiamo **Aggiorna campo esistente**;
- selezioniamo, aprendo l'apposita tendina di opzioni, il campo **Tipologia**
- digitiamo nell'area *Espressione*, **'pubblico'**

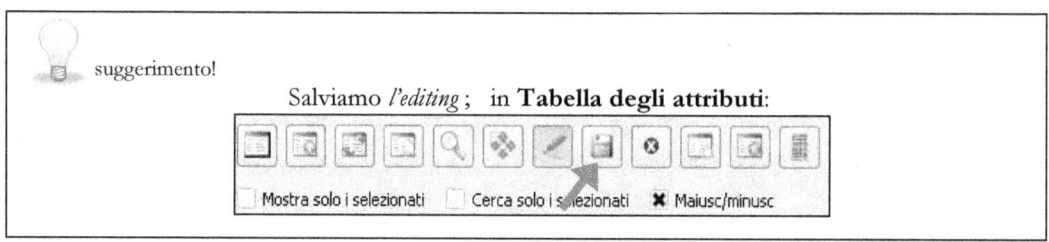

Diamo **OK**.

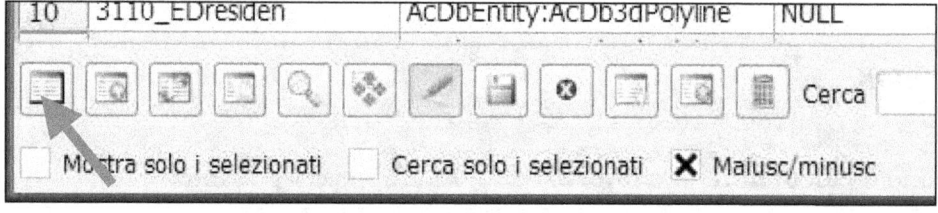

Deselezioniamo titti gli elementi cliccando sull'apposito pulsante della **Tabella degli attributi**

Per i restanti *gruppi di edifici*, possiamo utilizzare la **ricerca semplice**.

Troviamo tutti gli elementi che nella colonna **Layer** hanno valore **3410_ED_In**.
Nella parte bassa della **Tabella degli attributi**:
1. digitiamo nel campo *Cerca* una parte del testo da ricercare, ad es. **3410**;
2. selezioniamo **Layer**, accedendo alla finestra dalle opzioni di ricerca *in* ;
3. clicchiamo sul pulsante **Cerca**

Caratteristiche di visualizzazione di temi

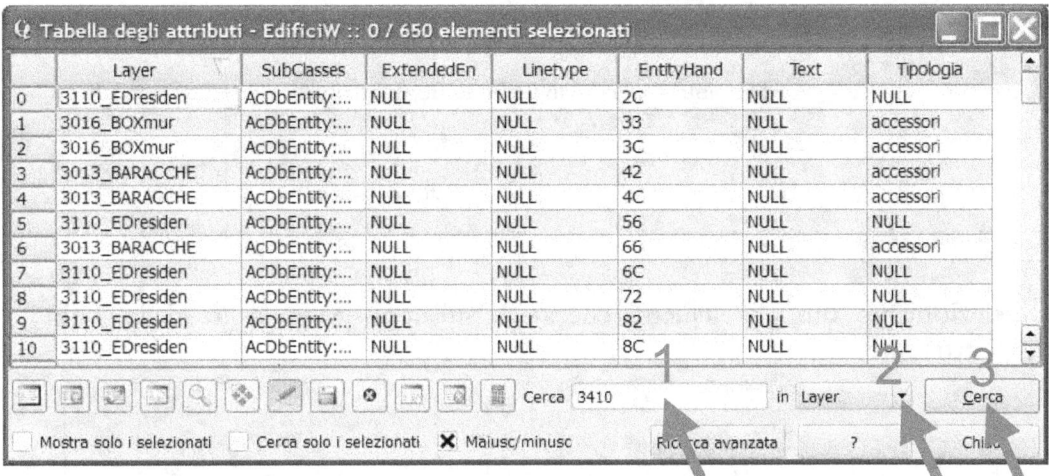

Apriamo il **calcolatore di campi** cliccando sull'apposito pulsante:

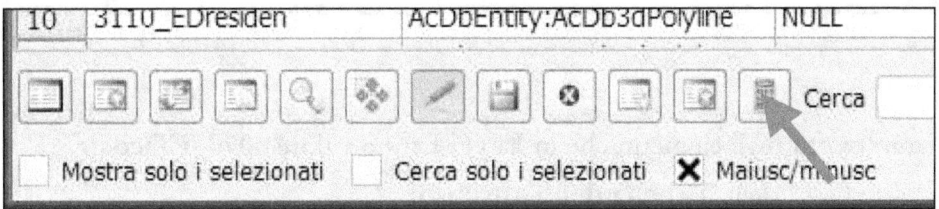

Si apre la finestra **Calcolatore di campi**, dove:

- ci assicuriamo che sia spuntato **Aggiorna solo le geometrie selezionate**;
- spuntiamo **Aggiorna campo esistente**;
- selezioniamo, aprendo l'apposita tendina di opzioni, il campo **Tipologia**
- digitiamo nell'area *Espressione*, **'artigianale/industriale'**

Espressione
'artigianale/industriale'

Anteprima:

Diamo **OK**.

233

Cap. 3 – Operare in ambiente GIS

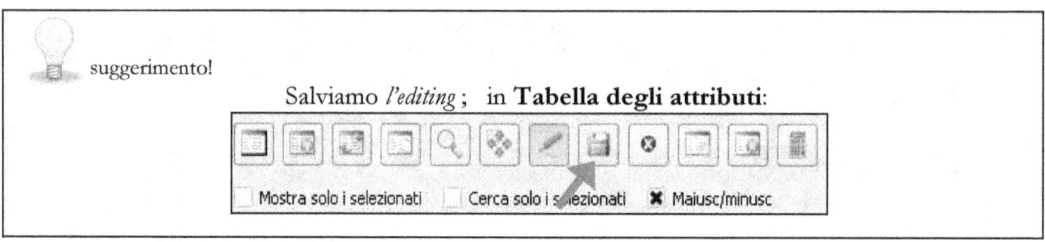

Deselezioniamo titti gli elementi cliccando sull'apposito pulsante della **Tabella degli attributi**

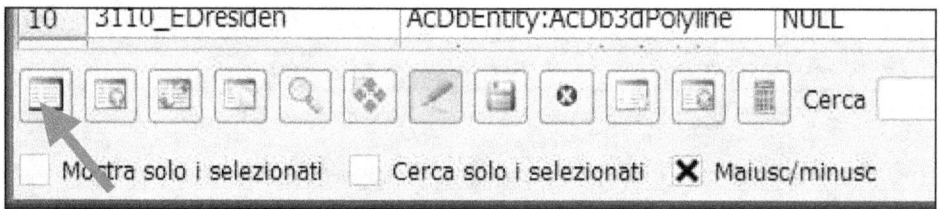

Troviamo ora tutti gli elementi che in **Layer** hanno valore **3070_EDcostr.**

Nella parte bassa della **Tabella degli attributi**:

1. digitiamo nel campo *Cerca* una parte del testo da ricercare, ad es. **3070**;
2. selezioniamo **Layer**, accedendo alla finestra dalle opzioni di ricerca *in* ;
3. clicchiamo sul pulsante **Cerca**

Apriamo il **calcolatore di campi** cliccando sull'apposito pulsante:

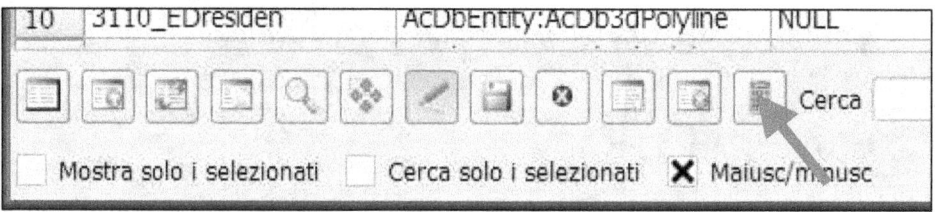

Si apre la finestra **Calcolatore di campi**, dove:

- ci assicuriamo che sia spuntato **Aggiorna solo le geometrie selezionate**;
- spuntiamo **Aggiorna campo esistente**;
- selezioniamo, aprendo l'apposita tendina di opzioni, il campo **Tipologia**

- digitiamo nell'area *Espressione*, **'in costruzione'**

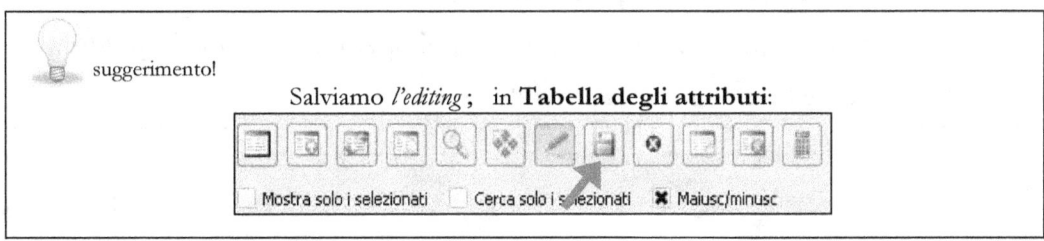

Diamo **OK**.

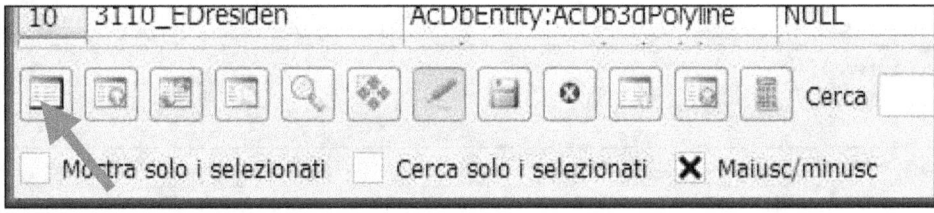

Deselezioniamo titti gli elementi cliccando sull'apposito pulsante della **Tabella degli attributi**

Infine, troviamo tutti gli elementi che in **Layer** hanno valore **3110_EDresiden**.
Nella parte bassa della **Tabella degli attributi**:
1. digitiamo nel campo *Cerca* una parte del testo da ricercare, ad es. **3110**;
2. selezioniamo **Layer**, accedendo alla finestra dalle opzioni di ricerca *in* ;
3. clicchiamo sul pulsante **Cerca**

Apriamo il **calcolatore di campi** cliccando sull'apposito pulsante:

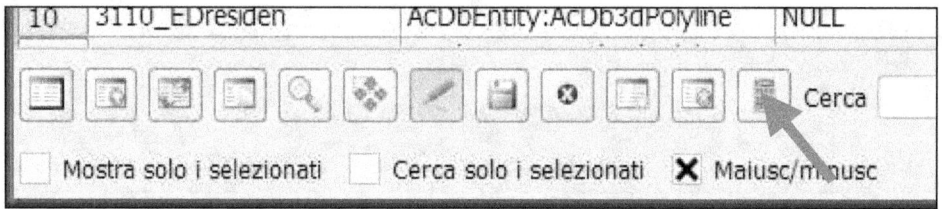

Si apre la finestra **Calcolatore di campi**, dove:
- ci assicuriamo che sia spuntato **Aggiorna solo le geometrie selezionate**;
- spuntiamo **Aggiorna campo esistente**;
- selezioniamo, aprendo l'apposita tendina di opzioni, il campo **Tipologia**
- digitiamo nell'area *Espressione*, **'residenziale'**

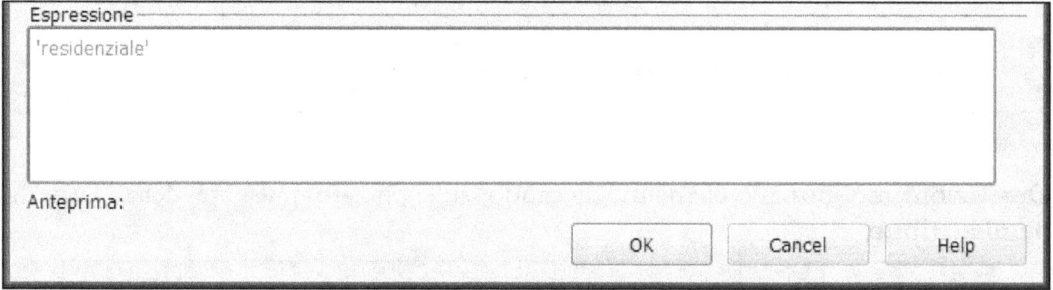

Diamo **OK**.

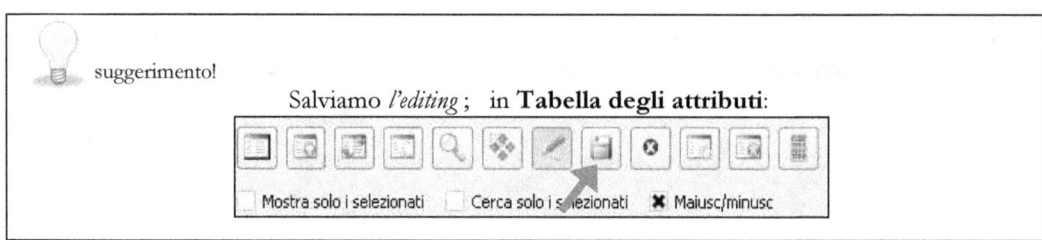

Prima di uscire dalla modalità di *editing*, eliminiamo le colonne che non ci offrono dati utili.

Clicchiamo su **Elimina colonna**, digitando sull'apposito pulsante della **Tabella degli attributi**.

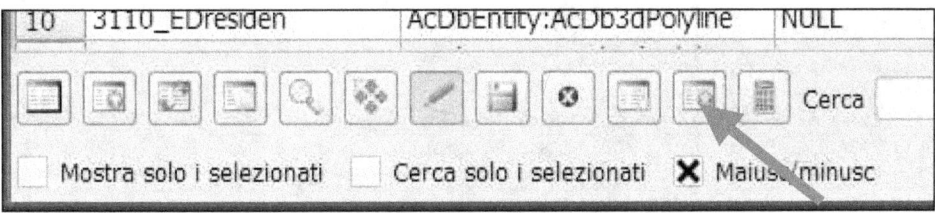

Si apre la finestra **Rimuovi attributi**; selezioniamo col tasto sinistro del mouse, uno ad uno, **ExtendedEn**, **Linetype**, **EntityHand** e **Text**.

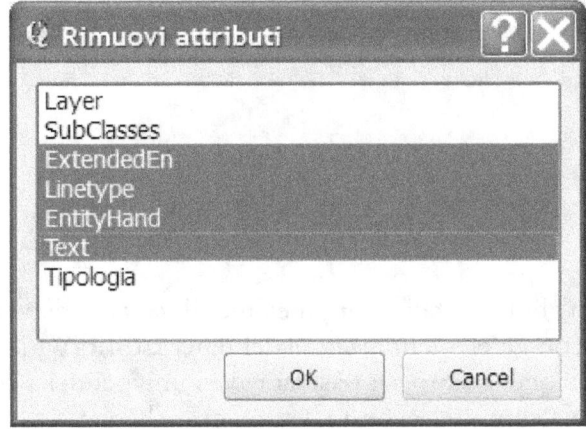

Diamo **OK**.

Deselezioniamo tutti gli elementi, salviamo e usciamo dalla modalità *editing* cliccando sugli appositi pulsanti.

La **tabella degli attributi**, risulterà così aggiornata:

	Layer	SubClasses	Tipologia
0	3110_EDresiden	AcDbEntity:AcDb3dPolyline	residenziale
1	3016_BOXmur	AcDbEntity:AcDb3dPolyline	accessori
2	3016_BOXmur	AcDbEntity:AcDb3dPolyline	accessori
3	3013_BARACCHE	AcDbEntity:AcDb3dPolyline	accessori
4	3013_BARACCHE	AcDbEntity:AcDb3dPolyline	accessori
5	3110_EDresiden	AcDbEntity:AcDb3dPolyline	residenziale
6	3013_BARACCHE	AcDbEntity:AcDb3dPolyline	accessori
7	3110_EDresiden	AcDbEntity:AcDb3dPolyline	residenziale
8	3110_EDresiden	AcDbEntity:AcDb3dPolyline	residenziale
9	3110_EDresiden	AcDbEntity:AcDb3dPolyline	residenziale
10	3110_EDresiden	AcDbEntity:AcDb3dPolyline	residenziale

[Creare uno stile di visualizzazione multiplo di un tema di poligoni]

Come in precedenza abbiamo fatto per gli elementi *linea* del tema **BaseW**, vogliamo ora fare altrettanto con gli elementi *poligono* del tema **EdificiW**, assegnando grafiche diverse di visualizzazione (colori), in base ai valori univoci della colonna **Tipologia** che abbiamo appena elaborato, secondo il seguente schema:

Tipologia	colore elemento
accessorio	Grigio chiaro
artigianale/industriale	Rosso
in costruzione	Arancio
pubblico	Blu
residenziale	Grigio scuro

Doppio clic su **EdificiW** nell'*Area dei Layer*, oppure:
- Tasto destro del mouse su **EdificiW** sempre nell'*Area dei Layer*;
- si apre il menù a tendina dove selezioniamo **Proprietà**

Caratteristiche di visualizzazione di temi

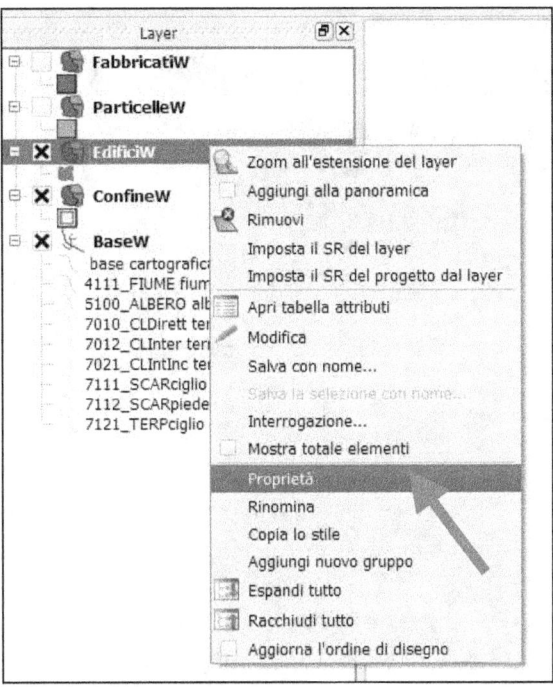

ed accediamo alla finestra delle proprietà.

Nella scheda **Stile**, apriamo la tendina delle opzioni di **Tipo legenda**, e da essa selezioniamo **Valore univoco**.

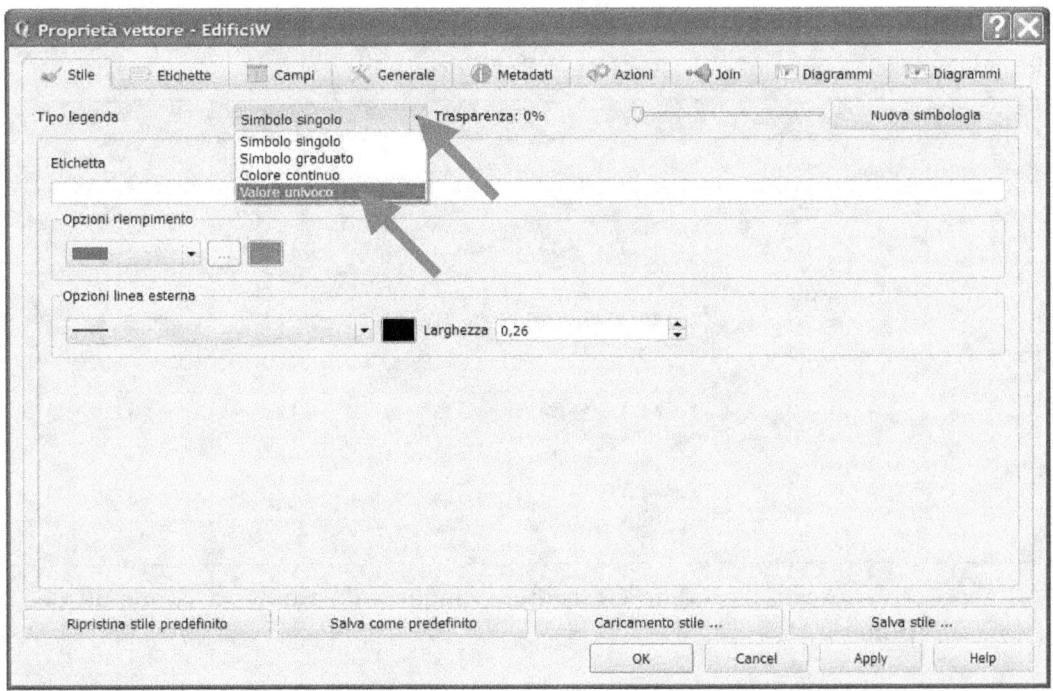

239

Si attiva una schermata diversa di **Stile**.

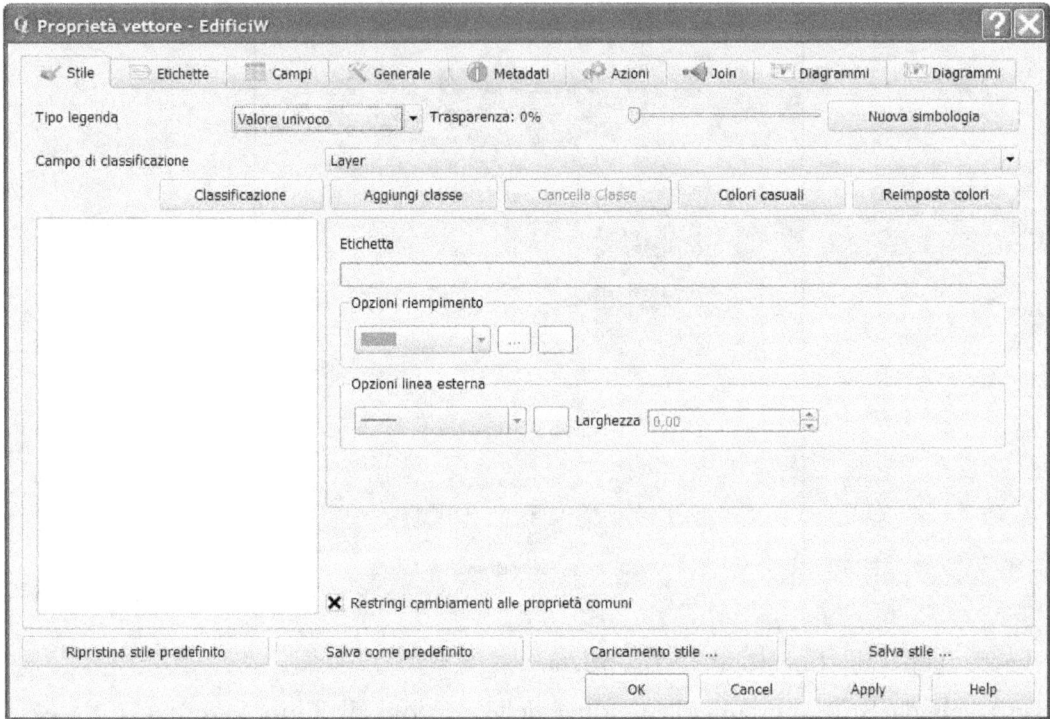

Cambiamo in *Campo di classificazione* il nome del campo in **Tipologia**, selezionandolo tra le opzioni del relativo menù a tendina;

dopodiché clicchiamo sul pulsante **Classificazione**

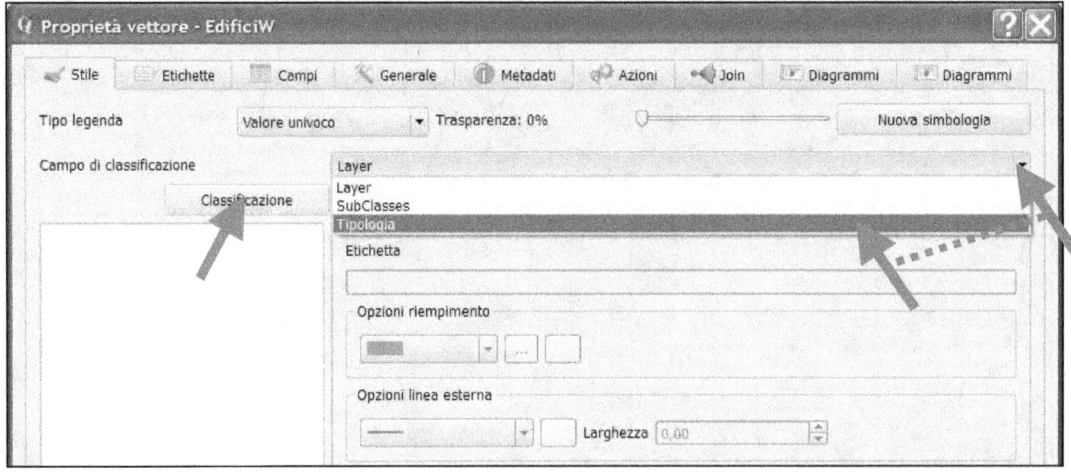

Verranno così caricati, in ordine crescente, i cinque valori univoci contenuti nella colonna **Tipologia**.

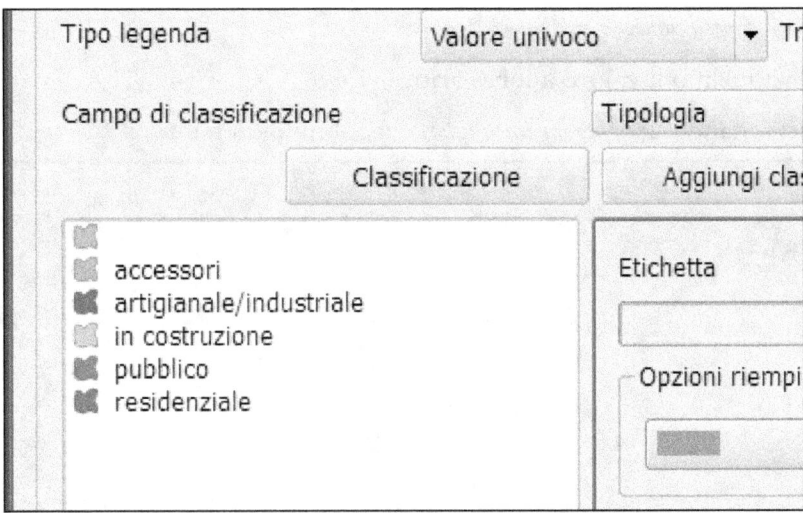

Eliminiamo il valore di *default* in quanto andremo ad utilizzare tutti e cinque i valori del campo.

- Selezioniamo il valore in cima alla lista, sopra a **accessori**;
- clicchiamo sul pulsante **Cancella Classe**.

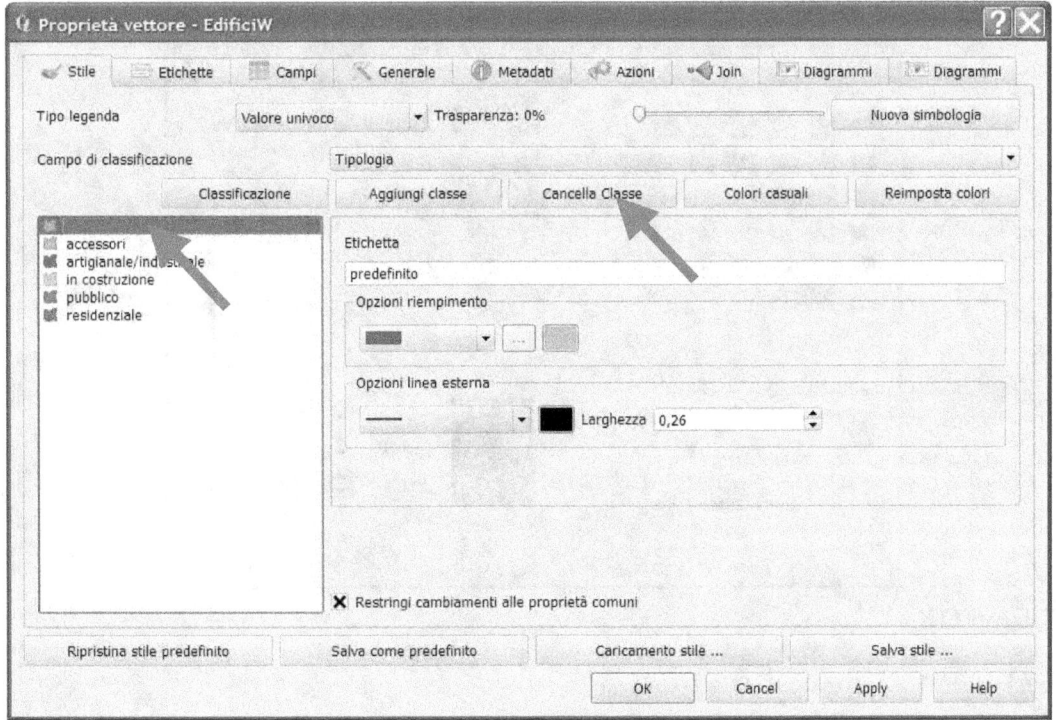

Cominciamo la *vestizione*.

- Selezioniamo il valore **accessorio**;
- Selezionando in *Opzioni linea esterna* il colore di default

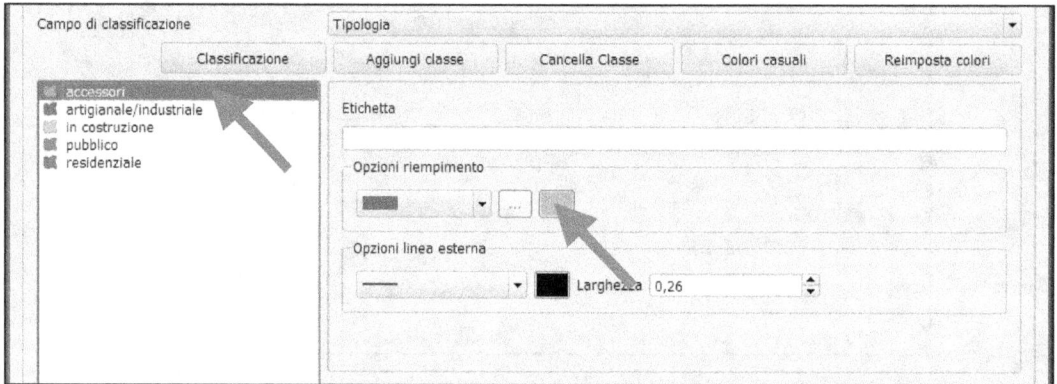

si accede alla finestra dei colori, dove:

1. selezioniamo il **nero**;
2. sulla barra cromatica a destra nella finestra, selezioniamo un colore di tonalità **grigia chiara**.

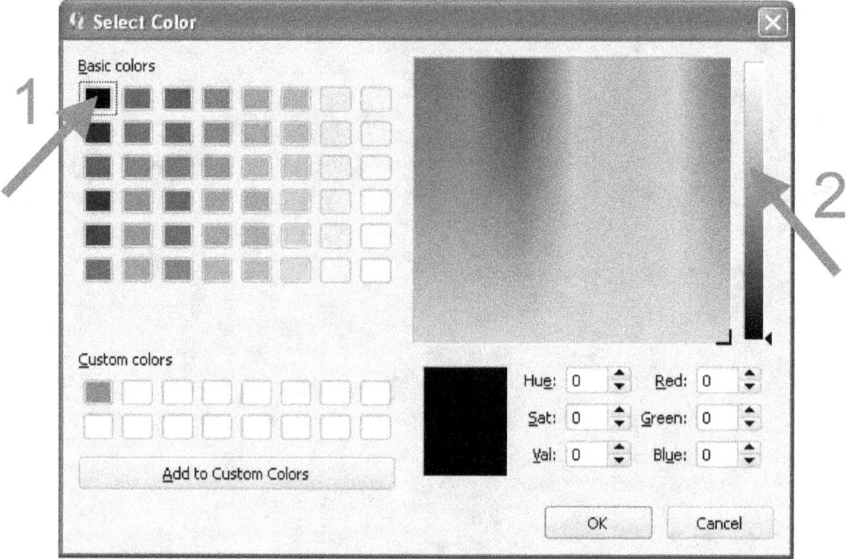

Diamo **OK**.

- Selezioniamo il valore **artigianale/industriale**;
- Selezionando in *Opzioni linea esterna* il colore di default

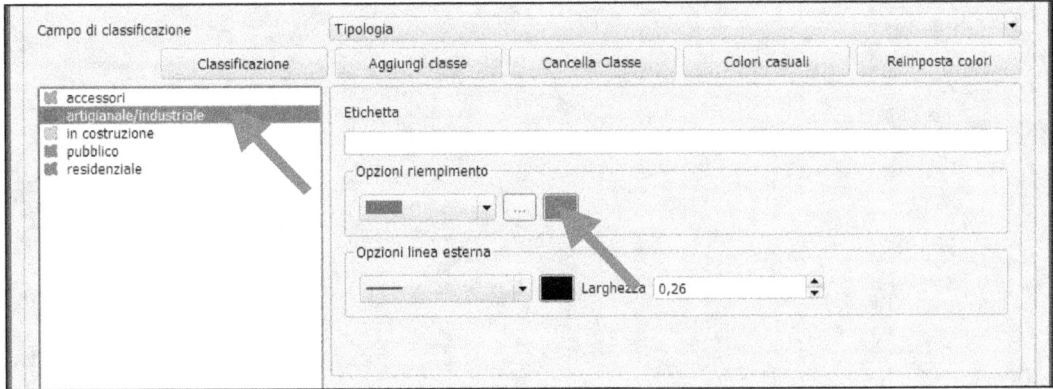

nella finestra dei colori dove, tra quelli proposti, scegliamo il **rosso** selezionandolo col mouse.

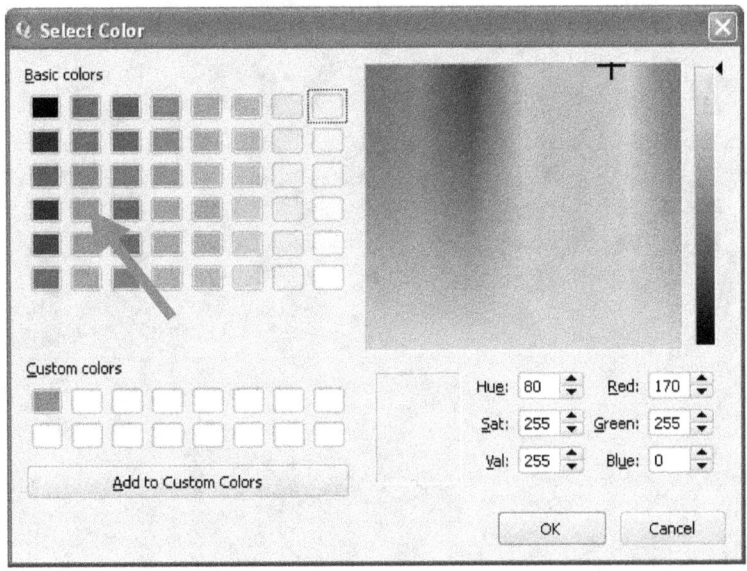

Diamo **OK**.

- Selezioniamo il valore **in costruzione**;
- Selezionando in *Opzioni linea esterna* il colore di default

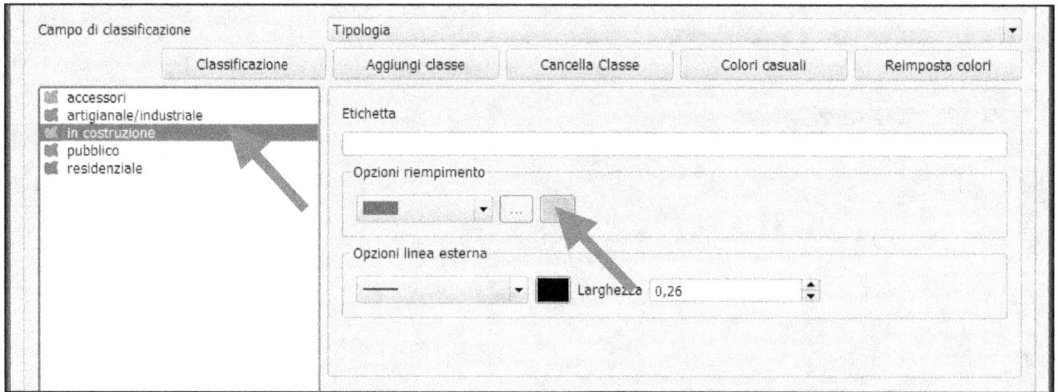

nella finestra dei colori dove, tra quelli proposti, scegliamo il **arancione** selezionandolo col mouse.

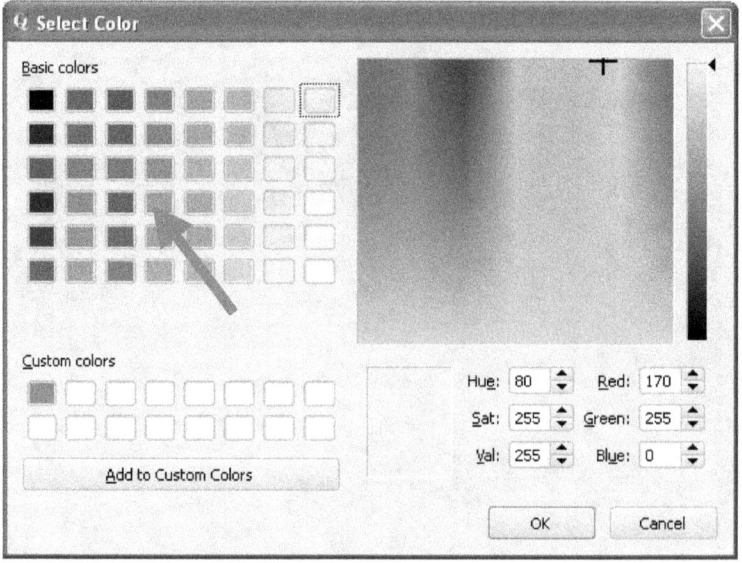

Diamo **OK**.

- Selezioniamo il valore **pubblico**;
- Selezionando in *Opzioni linea esterna* il colore di default

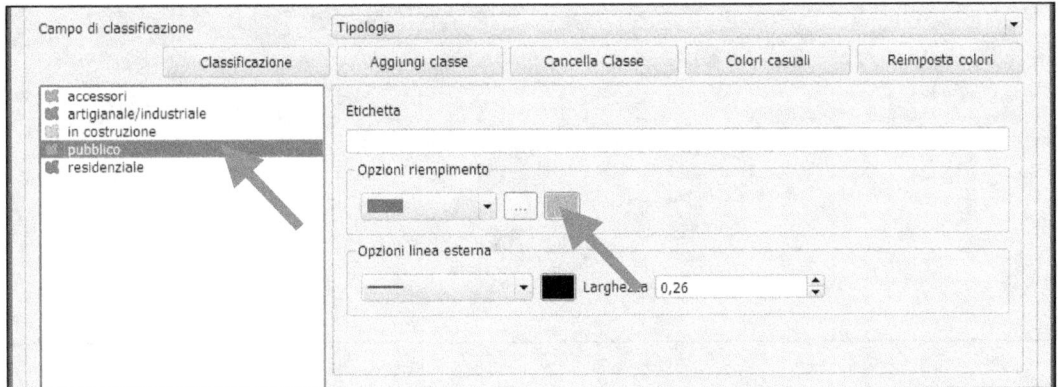

nella finestra dei colori dove, tra quelli proposti, scegliamo il **blu** selezionandolo col mouse.

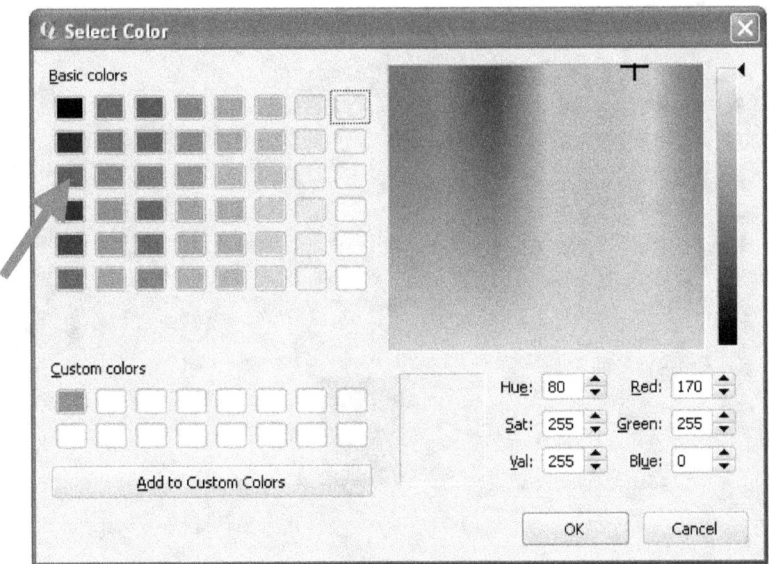

Diamo **OK**.

- Selezioniamo il valore **residenziale**;
- Selezionando in *Opzioni linea esterna* il colore di default

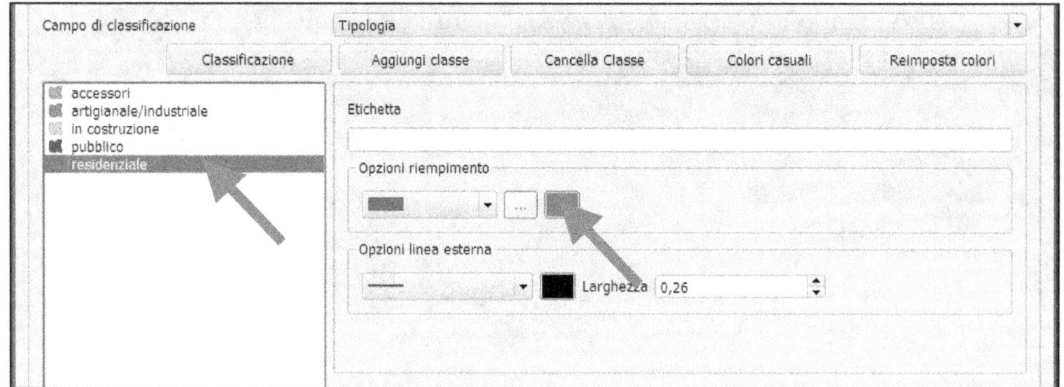

si accede alla finestra dei colori, dove:

1. selezioniamo il **nero**;
2. sulla barra cromatica a destra nella finestra, selezioniamo un colore di tonalità **grigia scura**.

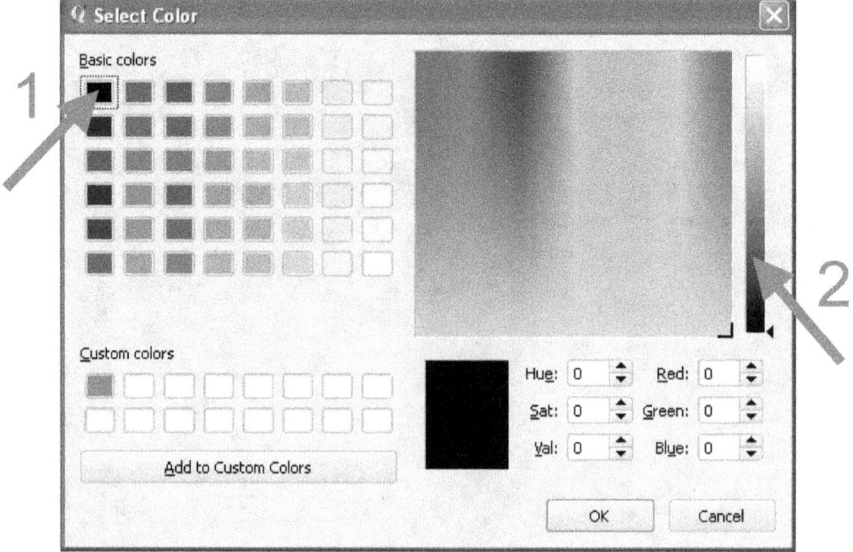

Diamo **OK** alla finestra dei colori;
diamo **OK** alla finestra **Proprietà vettore**.

Nell'*area di visualizzazione* possiamo vedere il risultato della *vestizione*.

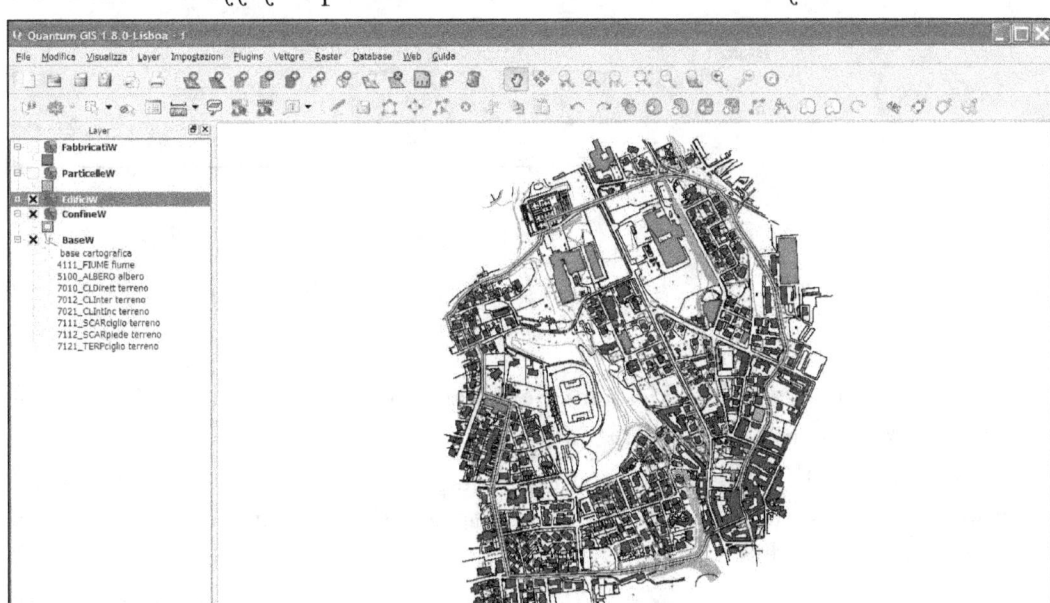

Nell'*area dei layer*, cliccando col sul quadratino di espansione [+] alla sinistra di **EdificiW**, possiamo visualizzare anche per questo tema, la sua *legenda*.

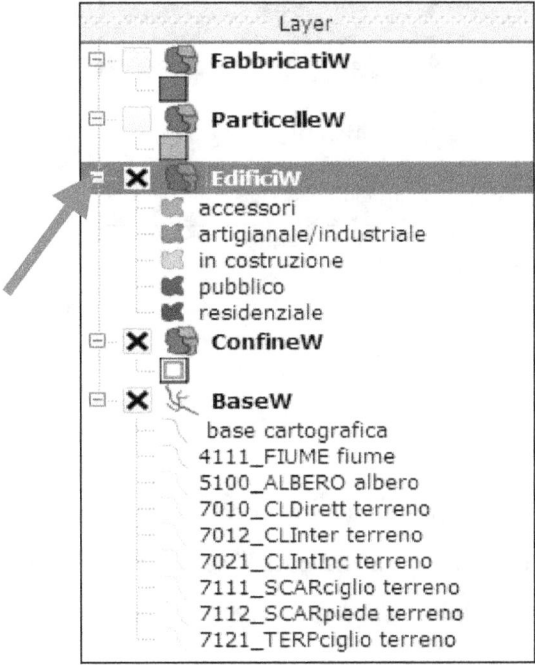

suggerimento!   Salviamo *il progetto*;   dal gruppo dei pulsanti **File**:

Concludiamo con la vestizione dei temi, personalizzando anche i temi **FabbricatiW** e **ParticelleW** presenti nel progetto.

Lo scopo sarà quello, oltre di assegnare loro un colore (**verdone** per i fabbricati, **marrone** per le particelle), renderli **semitrasparenti**, in modo, quando saranno attivi, da poter intravedere i temi sottostanti.

Attiviamo alla visualizzazione i due temi, spuntantoli nell'*area dei layer*.

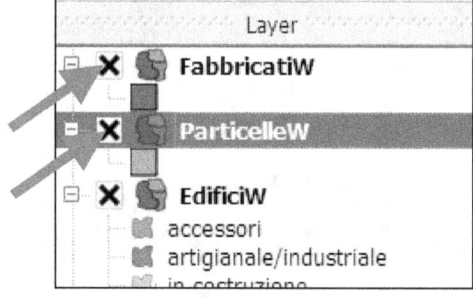

[Creare uno stile trasparente di un tema]

Doppio clic su **FabbricatiW** nell'*area dei layer*, oppure:
- Tasto destro del mouse su **FabbricatiW** sempre nell'*area dei layer*;
- si apre il menù a tendina dove selezioniamo **Proprietà**

Caratteristiche di visualizzazione di temi

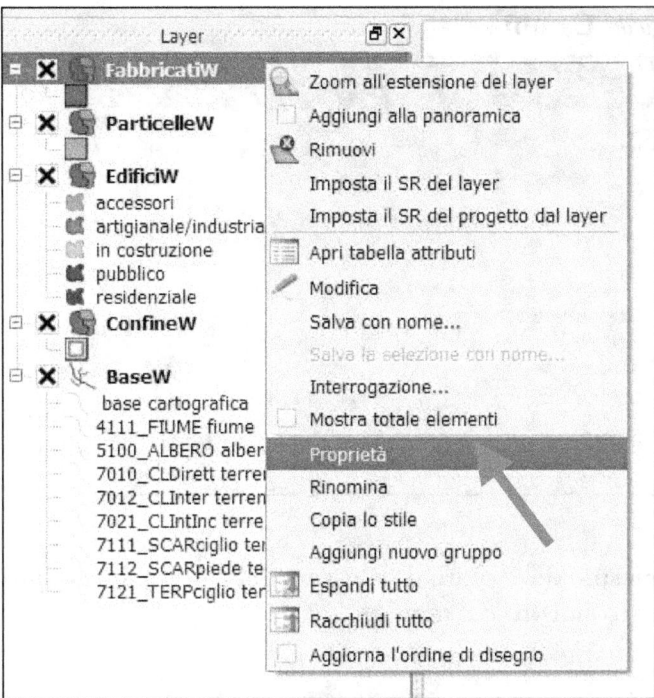

ed accediamo alla finestra delle proprietà.

Nella scheda **Stile**, operiamo sul cursore della *trasparenza*:

1. puntiamo, col tasto sinistro del mouse, il bottoncino posizionato sulla sinistra della barra del livello;
2. tenendo premuto il tasto sinistro del mouse, spostiamo il bottoncino verso destra sino a raggiungere una percentuale di trasparenza del **30%** circa

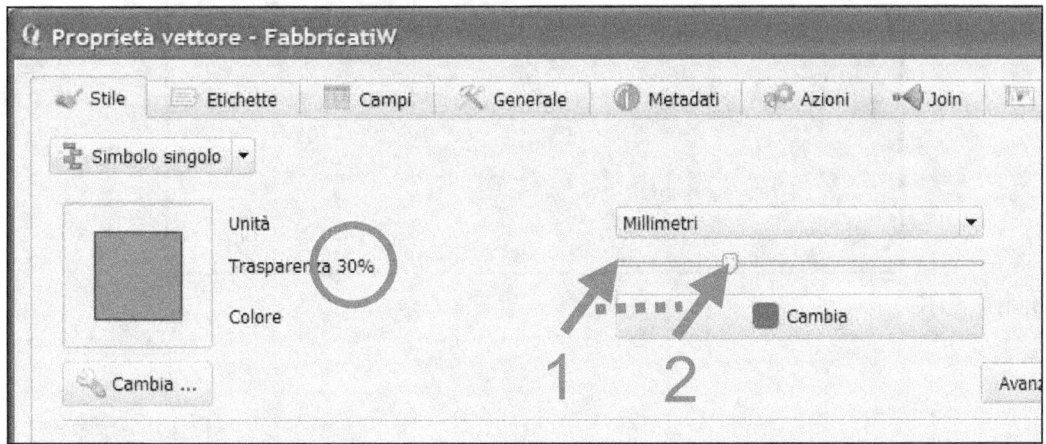

Clicchiamo per *colore* **Cambia**

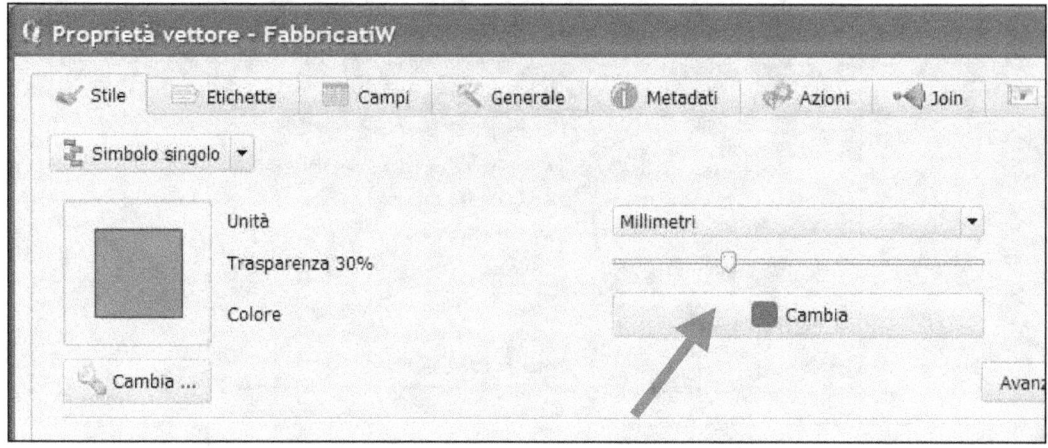

si accede alla finestra dei colori dove, tra quelli proposti, scegliamo il **verdone** cliccandolo col tasto sinistro del mouse.

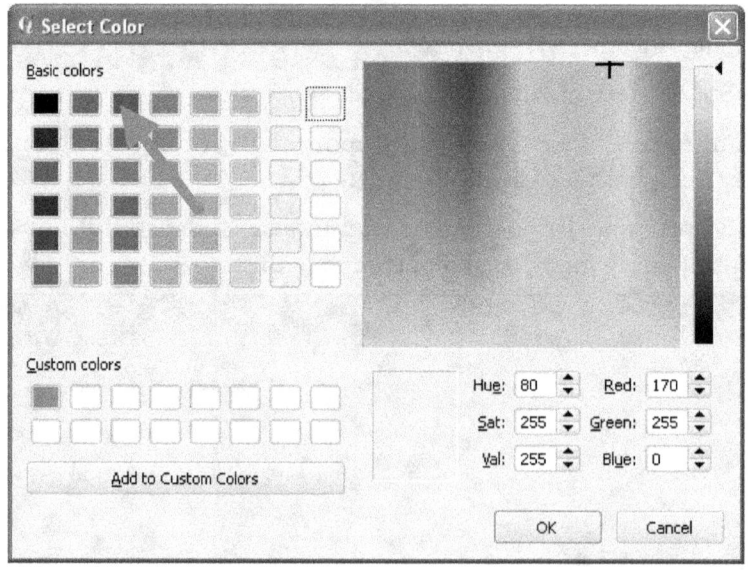

Diamo **OK**.

Ripetiamo il tutto per il tema **ParticelleW**.

Doppio clic su **ParticelleW** nell'*area dei layer*, oppure:

- Tasto destro del mouse su **ParticelleW** sempre nell'*area dei layer*;
- si apre il menù a tendina dove selezioniamo **Proprietà**

ed accediamo alla finestra delle proprietà.

Nella scheda **Stile**, operiamo sul cursore della *trasparenza*:

1. puntiamo, col tasto sinistro del mouse, il bottoncino posizionato sulla sinistra della barra del livello;
2. tenendo premuto il tasto sinistro del mouse, spostiamo il bottoncino verso destra sino a raggiungere una percentuale di trasparenza del **30%** circa

Clicchiamo per *colore* **Cambia**

si accede alla finestra dei colori dove, tra quelli proposti, scegliamo il **verdone** selezionandolo col mouse.

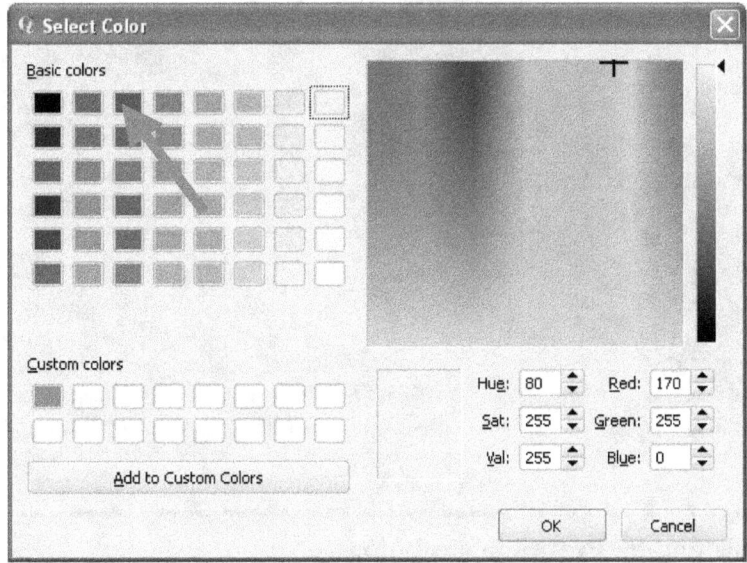

Diamo **OK**.

Tornati nella scheda **Stile**, modifichiamo anche le caratteristiche della linea perimetrale delle particelle.

Clicchiamo su **Cambia...**

Si apre la finestra Proprietà simbolo, dove:

- clicchiamo, per *Colore del Bordo*, il pulsante **Cambia**, e selezioniamo dalla successiva finestra, il colore **rosso** dando poi **OK**;
- modifichiamo la *Larghezza bordo*, portandola a **0,40000**.

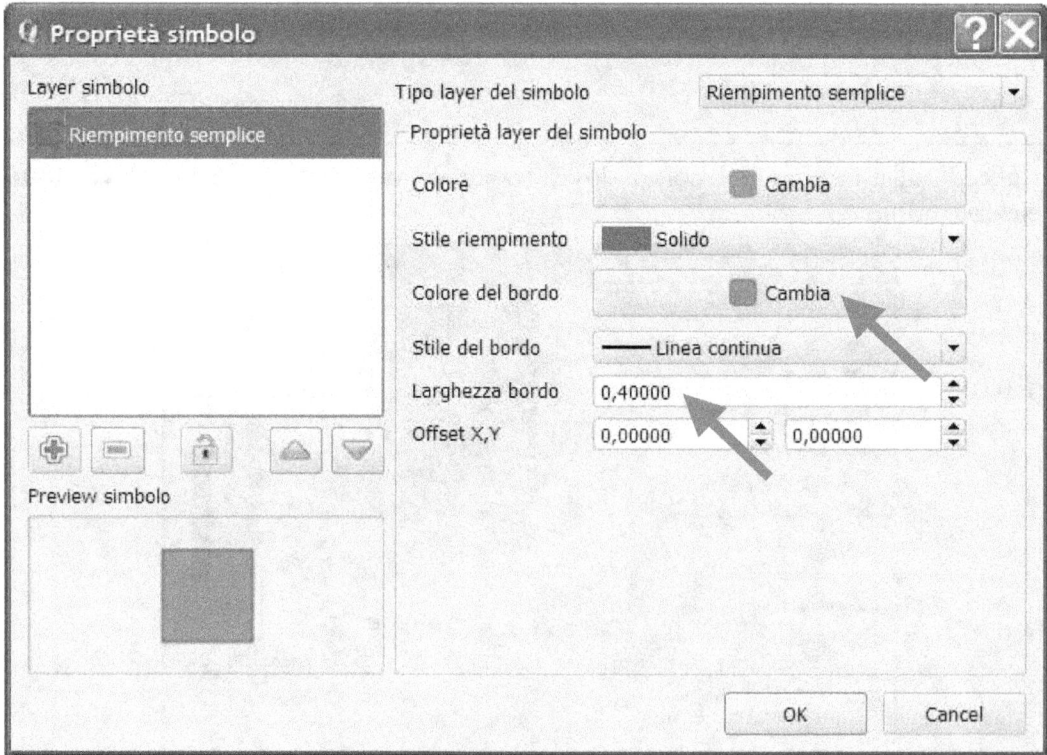

Diamo **OK** alla finestra **Proprietà simbolo**;

diamo **OK** alla finestra **Proprietà vettore**.

> suggerimento! Salviamo *il progetto* ; dal gruppo dei pulsanti **File**:
>
>

Nell'area di visualizzazione, con tutti i temi attivi, è possibile apprezzare la sovrapposizione della mappa catastale con la base fotogrammetrica.

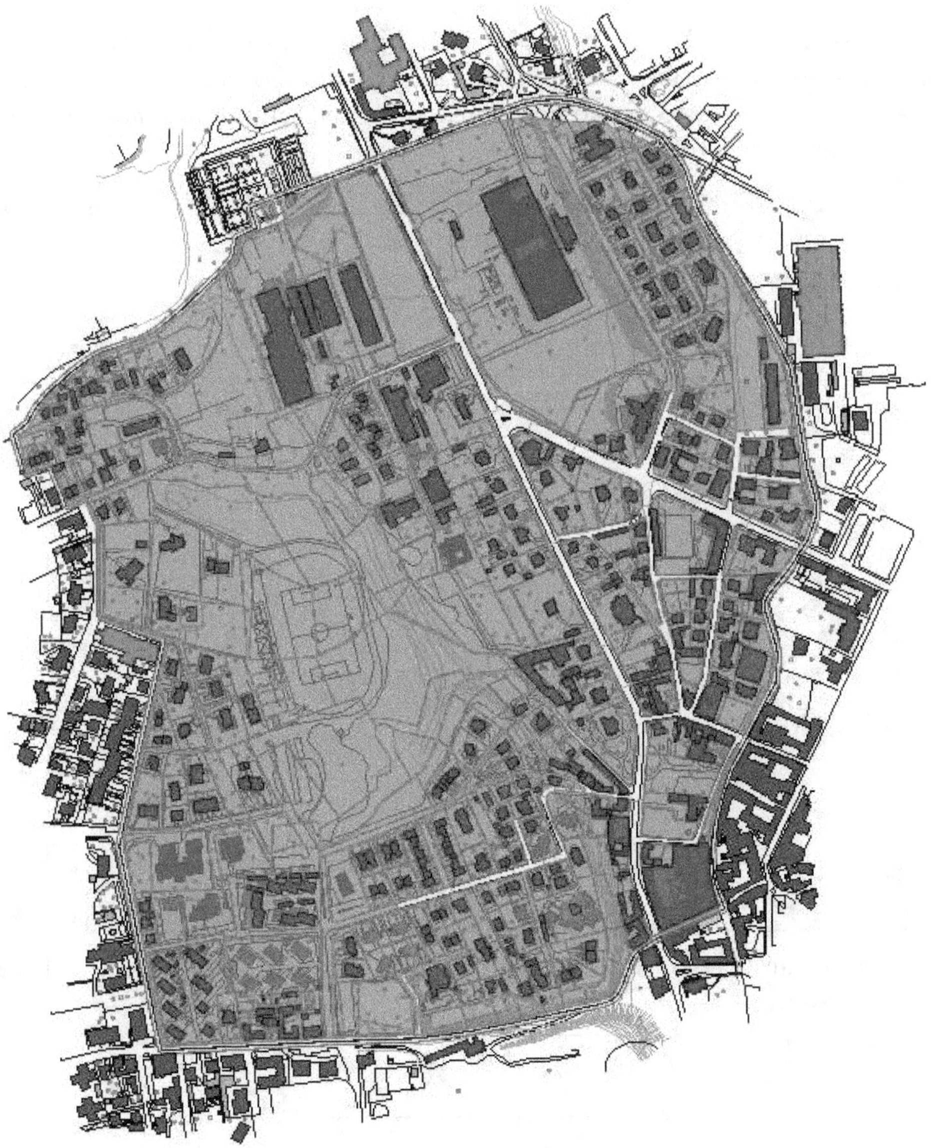

Cap. 3 – Operare in ambiente GIS

[Creare etichette di testo per gli elementi di un tema]

Completiamo le operazioni di *vestizione* dei temi con l'inserimento di etichette di testo associate agli elementi.

Considerati i temi attualmente presenti nel nostro progetto, quello che più si presta funzionalmente ad un'etichettatura è **ParticelleW**.

L'etichettatura dei temi, in QGIS, può essere effettuata in due modi diversi:

- uno attraverso la scheda *Etichette* della finestra **Proprietà vettore** che, come abbiamo visto sinora, è attivabile con un doppio clic sul tema nell'*area dei layer*, oppure tasto destro del mouse sul tema, sempre nell'*area dei layer*, e poi selezione su **Proprietà**.

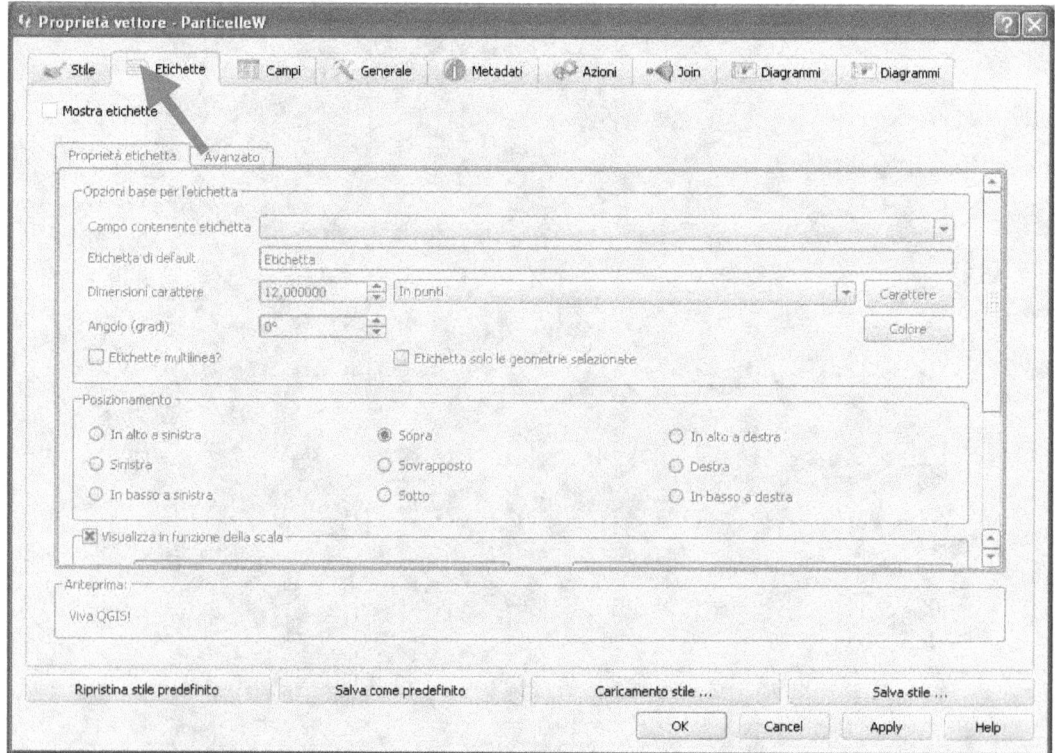

- l'altro attraverso la funzionalità attivabile con il pulsante del gruppo **Etichette**:

Dei due metodi, seppur abbiano le stesse modalità di impostazione, è preferibile il secondo che abbiamo elencato, in quanto le sue proprietà avanzate permettono un migliore affinamento e controllo del testo etichettato. Restano comunque due sistemi equivalenti.

Selezioniamo nell'*area dei layer* il tema **ParticelleW**.

Clicchiamo sul pulsante **Etichettatura** del gruppo **Etichette**.

e si apre la finestra **Impostazione etichettatura vettore**.

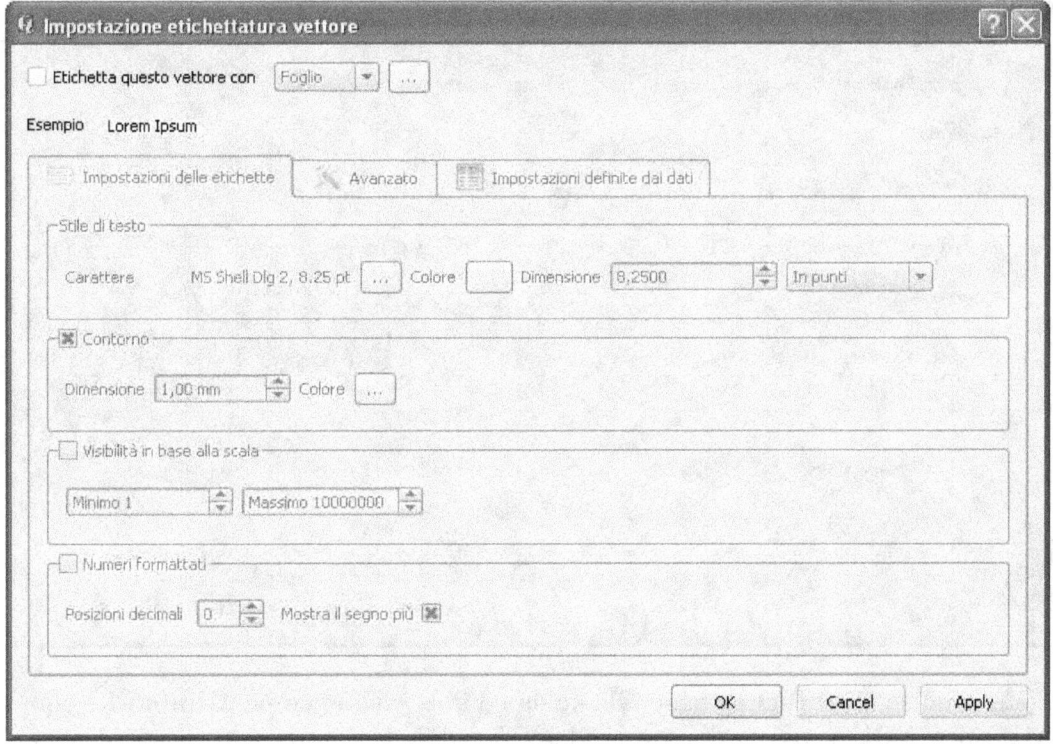

Attiviamo le opzioni della finestra spuntando su **Etichetta questo vettore con** ed indichiamo **Cod_Cat** come attributo, selezionandolo dall'apposita tendina a menù.

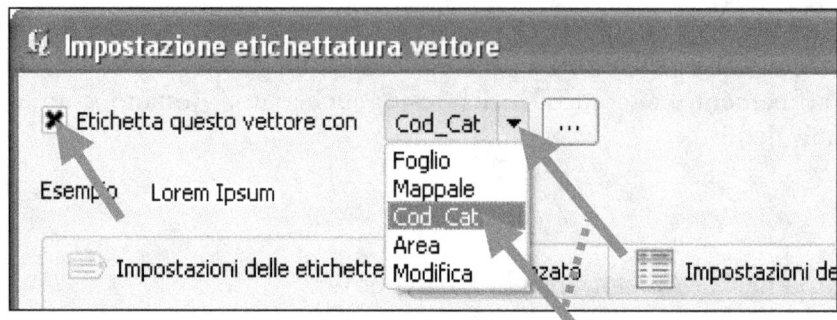

Della scheda **Impostazioni delle etichette**, teniamo per buono le dimensioni e i colori del testo dell'etichetta ad eccezione della **Visibilità in base alla scala**.

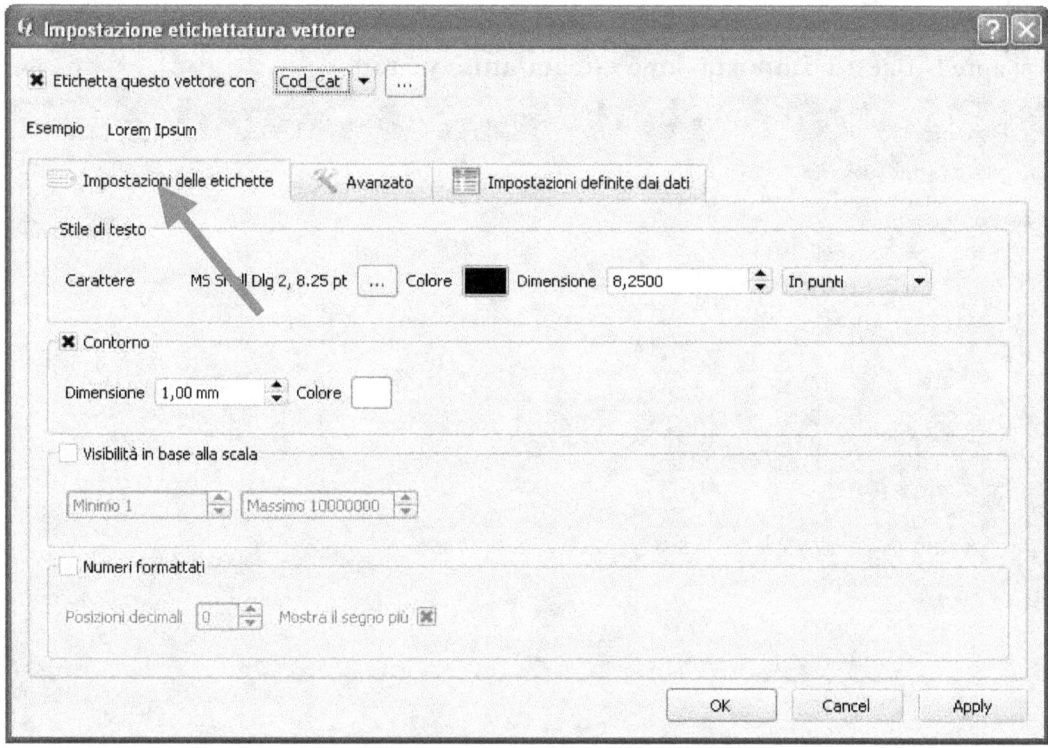

Spuntiamo su **Visibilità in base alla scala** ed impostiamo come **Minimo 1** e come **Massimo 2501**, in modo da non rendere illeggibile la mappa in presenza di zoom estesi del progetto, dove le etichette sovrastrerebbero gli elementi.

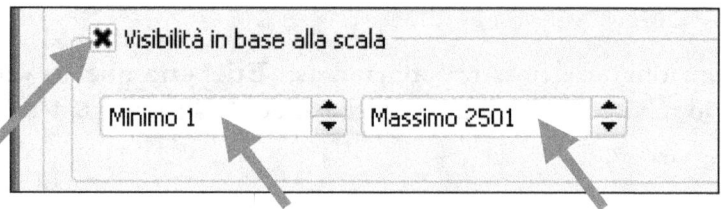

posizioniamoci sulla scheda **Avanzato** e spuntiamo come **Posizianamento** l'opzione **orizzontale**.

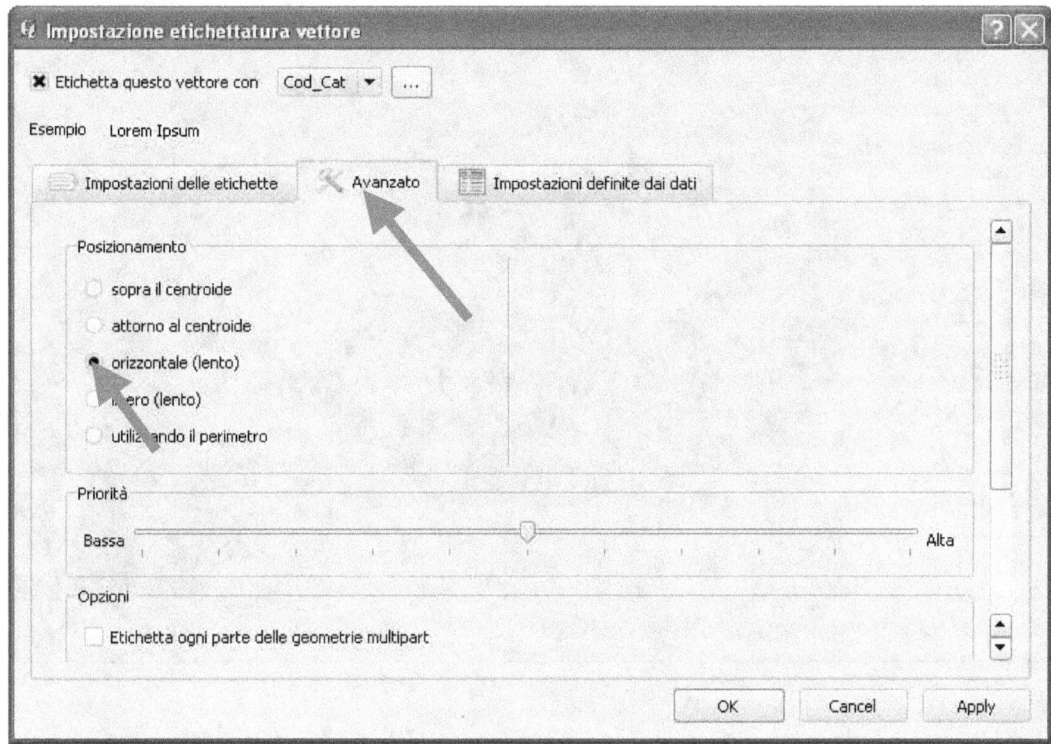

Diamo **OK**.

Zoomando nell'*area di visualizzazione*, roteando in avanti la rotellina del mouse, visualizzeremo le etichette non appena il fattore di scala, a seguito di zoom, sarà inferiore a **1:2501**.

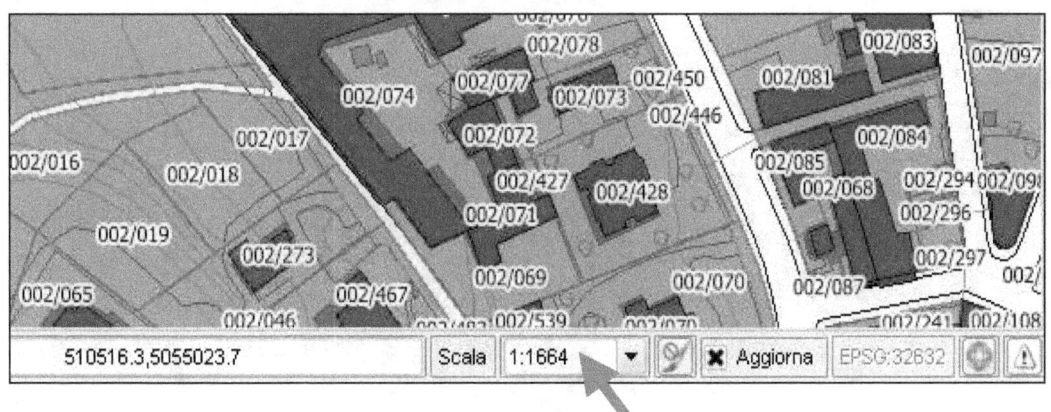

Cap. 3 – Operare in ambiente GIS

Visualizzazione con zoom di scala inferiore a **1:2501**, con impostato **Visibilità in base alla scala**:

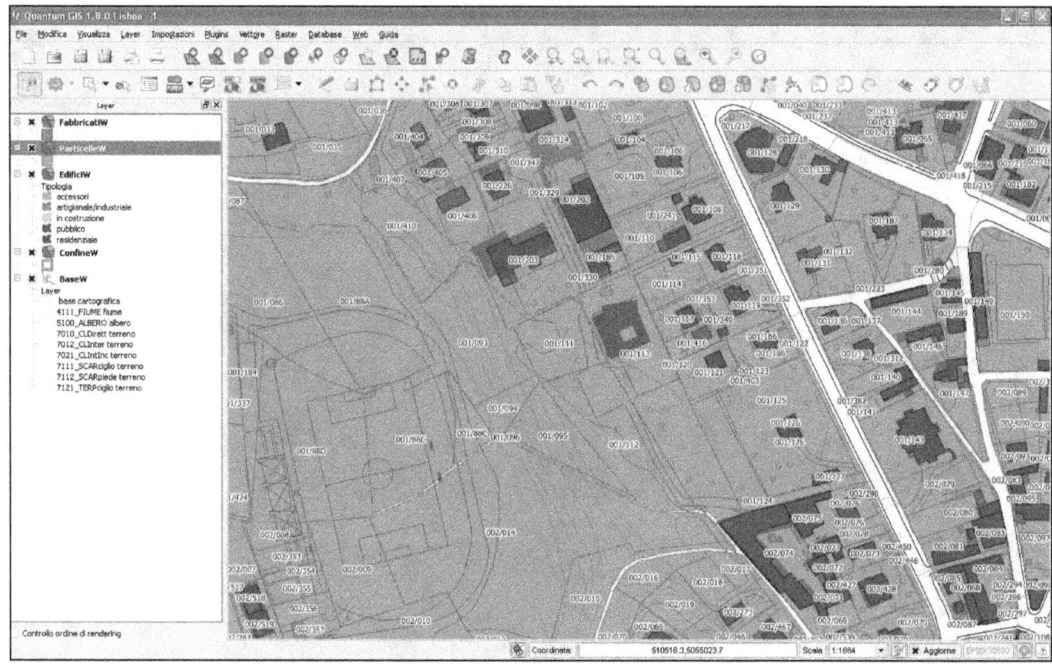

Visualizzazione con *zoom completo*, con impostato **Visibilità in base alla scala**:

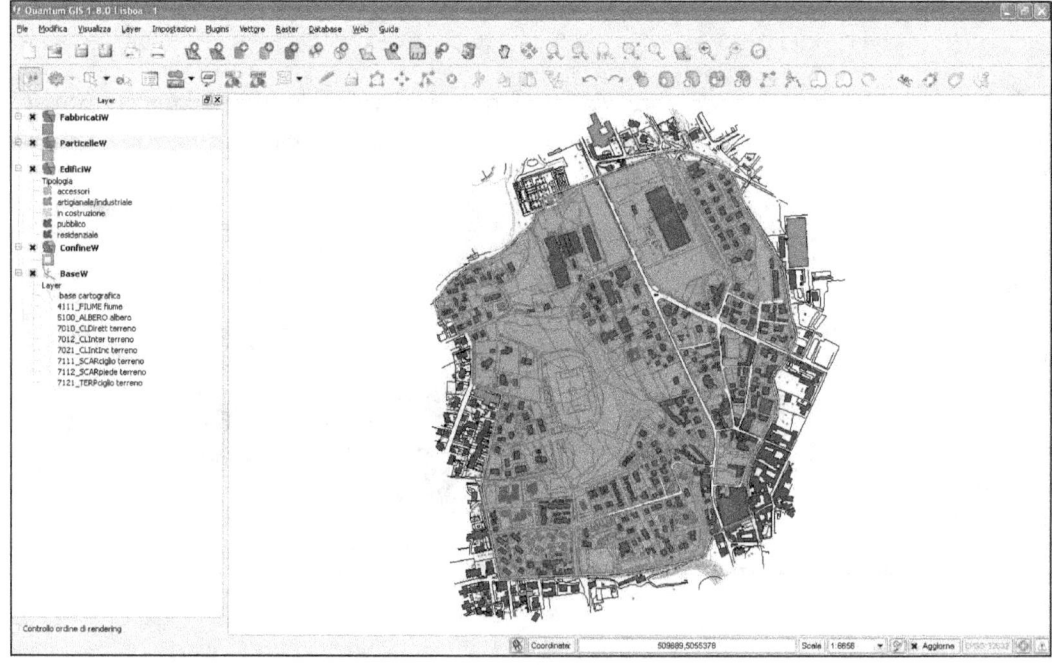

Per meglio comprendere il concetto di **Visibilità in base alla scala**, clicchiamo nuovamente sul pulsante **Etichettatura** del gruppo **Etichette**.

togliamo la spunta all'opzione

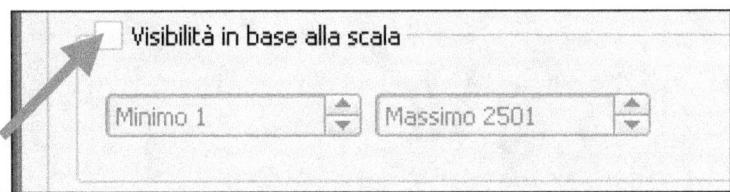

e diamo **OK**.

La visualizzazione con *zoom completo*, verrebbe così sovrastata dall'etichettatura:

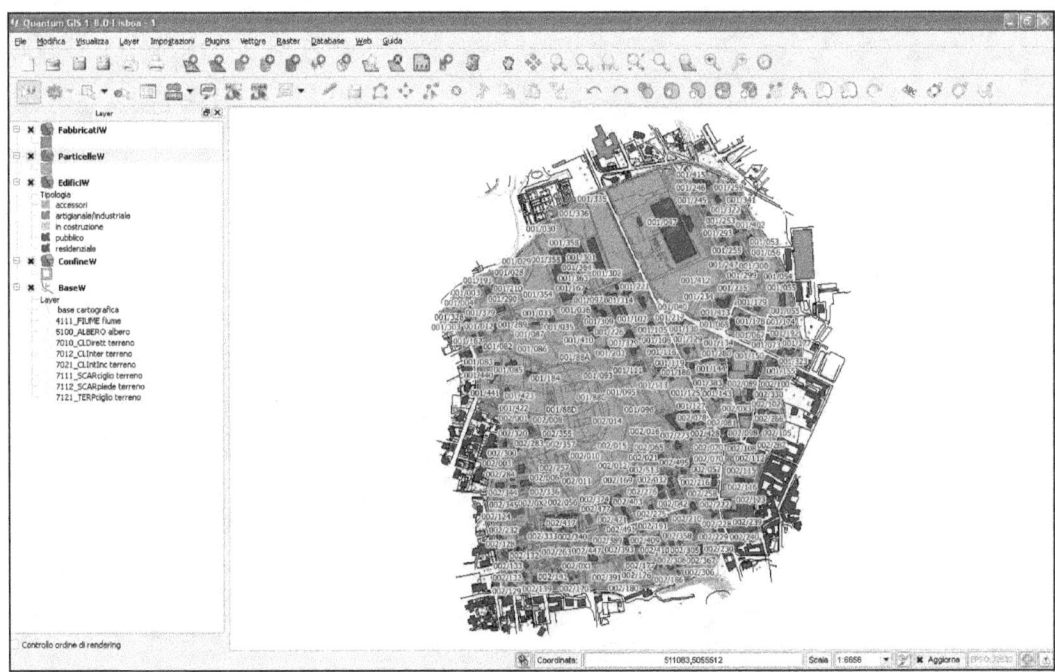

Rimettiamo a posto tutto, rispuntando **Visibilità in base alla scala** e dando **OK**.

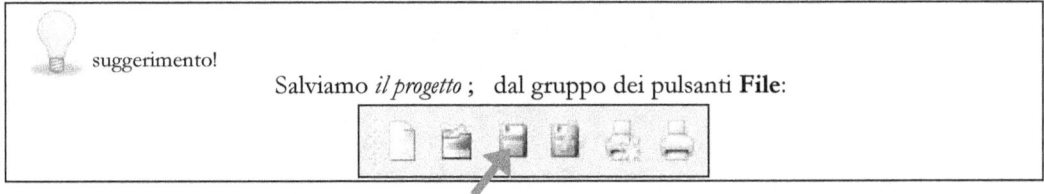

Cap. 4 - Elaborazioni GIS

Cap. 4 – Elaborazioni GIS

Sviluppare nuovi tematismi

Del nostro progetto, sinora, abbiamo costruito sostanzialmente una base cartografica ottenuta da altre basi cartografiche prodotte e generate in altri formati (*.dwg*, *.dxf*) che sapientemente abbiamo importato e trasformato in temi GIS.

Il prossimo obiettivo sarà quello di realizzare ex-novo dei tematismi partendo da banche dati a cui dobbiamo creare i relativi elementi geometrici.

Apriamo nuovamente **QGIS Browser** cliccando due volte sull'icona di lancio che abbiamo sul desktop.

Quantum GIS Browser (1.8.0)

Ricerchiamo, selezioniamo e visualizziamo gli attributi del file **viario.dbf** contenuto nella cartella **database**.

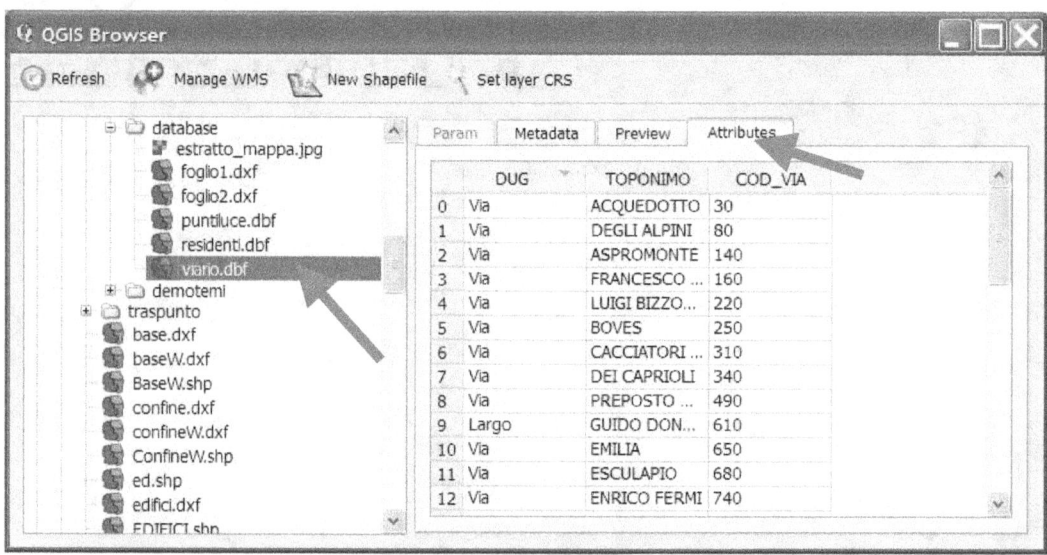

Esso altro non è che l'estrapolazione dello stradario del nostro territorio con riportato l'elenco di tutte le vie. È formato da soli tre attributi:

- **DUG**, acronimo di Denominazione Urbanistica Generica: identifica il tipo di strada (via, piazza, viale, corso, ecc.);
- **TOPONIMO**, il nome assegnato alla strada;
- **COD_VIA**, il codice anagrafico che viene assegnato alla strada all'interno dell'Ente.

[Creare un tema ex-novo con elementi geometrici lineari]

Realizzeremo ora il tema **Viario**, localizzando sulla mappa le strade sottoforma di elementi lineari, a cui assoceremo i relativi attributi dello stradario.

Nella maschera di **QGIS Browser** selezioniamo **New Shapefile**.

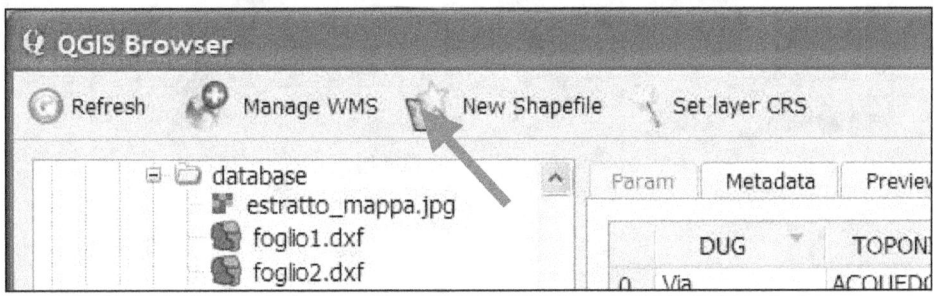

Si apre la finestra **New Vector Layer**, dove:

- come *Type* spuntiamo **Line**;
- assegnamo come *CRS* **WGS 84 / UTM zone 32N**, selezionandolo dall'elenco che si attiva cliccando su **Specify CRS**.

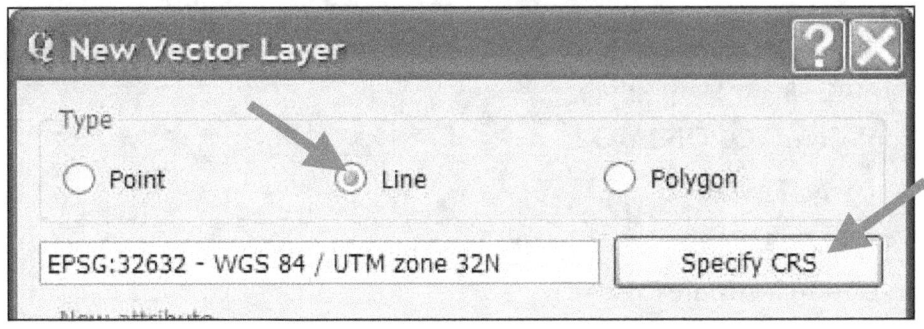

Nell'area *New attribute*, impostiamo:

- in *Name*, **DUG**;
- in *Type*, **Text data**;
- in *Widht*, **20**.

Diamo **Add to attributes list**, così da aggiungere il nuovo attributo.

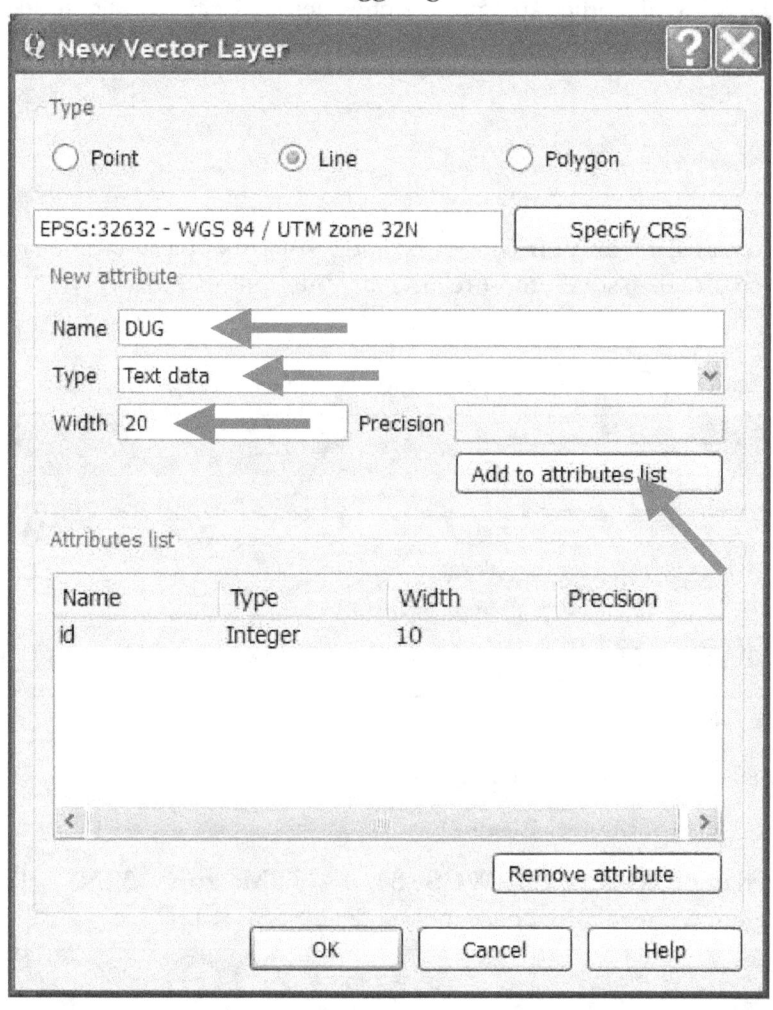

Aggiungiamo un altro attributo:

- in *Name*, **TOPONIMO**;
- in *Type*, **Text data**;
- in *Widht*, **120**.

e diamo **Add to attributes list**.

Ancora un attributo:

- in *Name*, **COD_VIA**;
- in *Type*, **Text data**;
- in *Widht*, **8**.

e diamo **Add to attributes list**.

Selezioniamo tra la lista degli attributi il primo riportato di *default* **id.**, e clicchiamo su **Remove attribute** per eliminarlo.

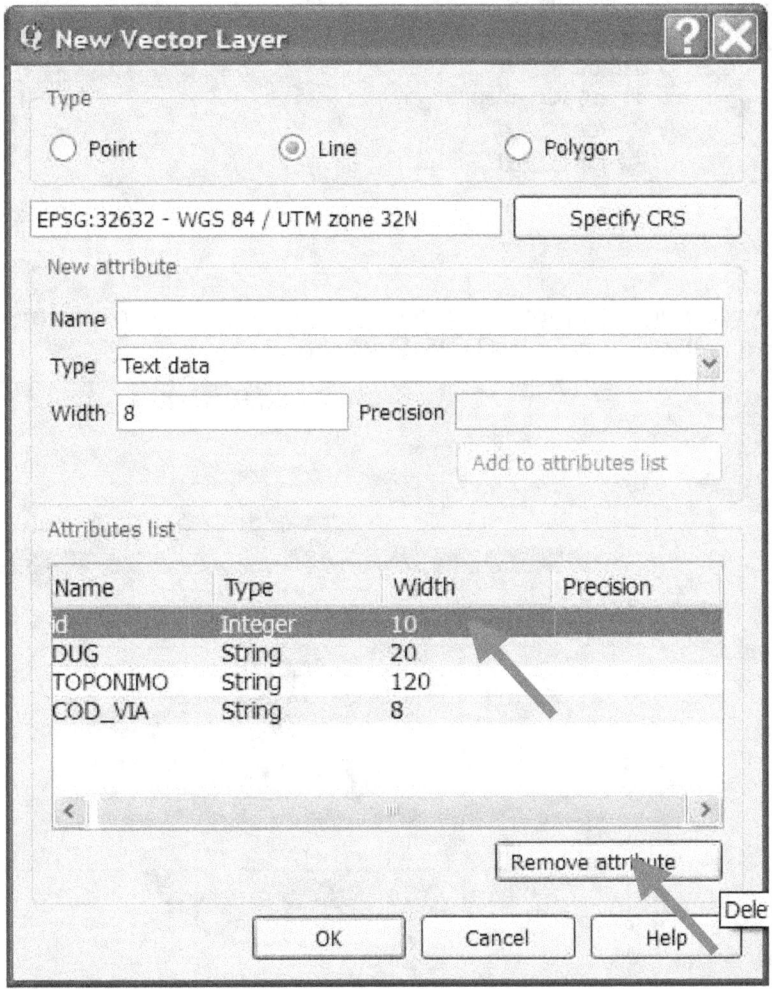

Diamo **OK**.

Ci viene chiesto dove e come salvare il nuovo *shapefile*:

salviamolo col nome di **Viario**.

Abbiamo così creato uno *shapefile* per elementi **linea**, con attributi uguali alla tabella dati dello stradario, e con SR uguale a quello usato sin qui per il nostro progetto.

Clicchiamo su **Refresh** in **QGIS Browser**, in modo da aggiornare l'elenco dei temi

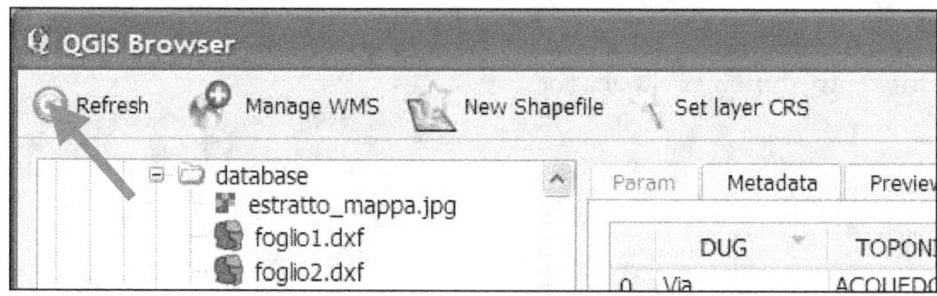

Cerchiamo **Viario**, lo selezioniamo e, tenendo premuto il tasto sinistro del mouse, lo trasciniamo nell'*area dei layer* in **QGIS Desktop**.

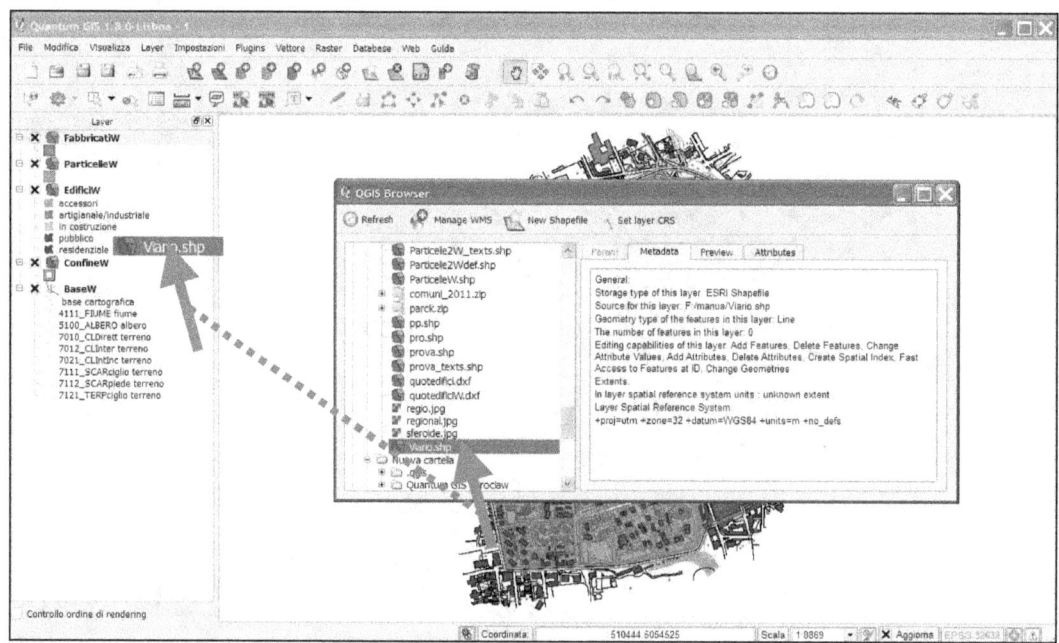

Nell'*area dei layer*, **Viario** si è posizionato in cima alla lista dei temi:

- selezioniamolo e, tenendo premuto il tasto sinistro del mouse, trasciniamolo posizionandolo sopra il tema **EdificiW**;
- disattiviamo **FabbricatiW** e **ParticelleW** togliendo la relativa spunta.

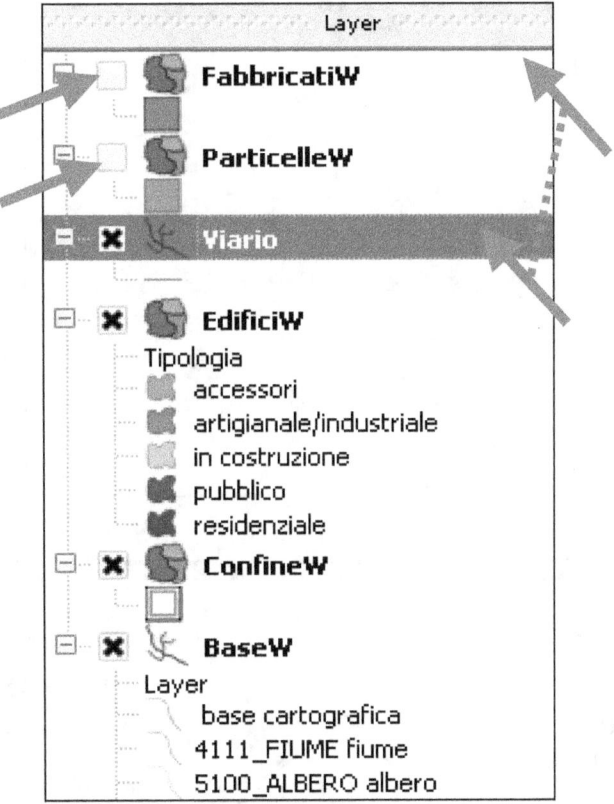

Selezioniamo nuovamente **Viario** e attiviamolo per la modalità *editing*, cliccando sull'apposito pulsante del gruppo **Digitilizzazione**.

Cliccando sul pulsante ingrandisci del gruppo **Orientazione della mappa**

zoomiamo sull'area della mappa evidenziata nella prossima figura, cliccando col tasto sinistro del mouse e trascinando la selezione di zoom.

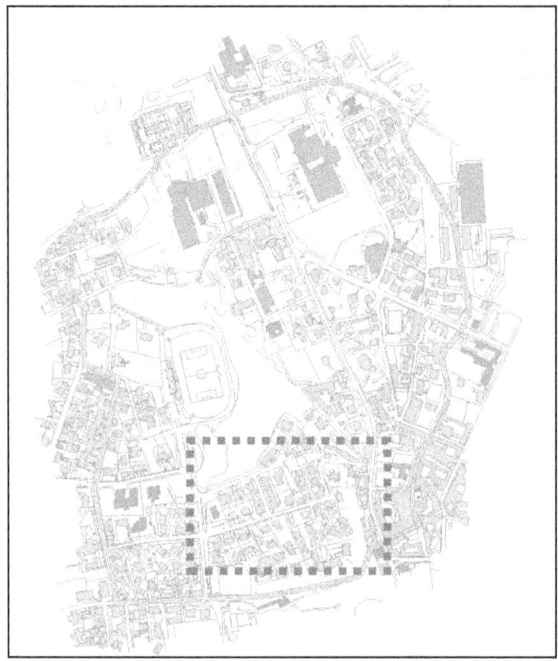

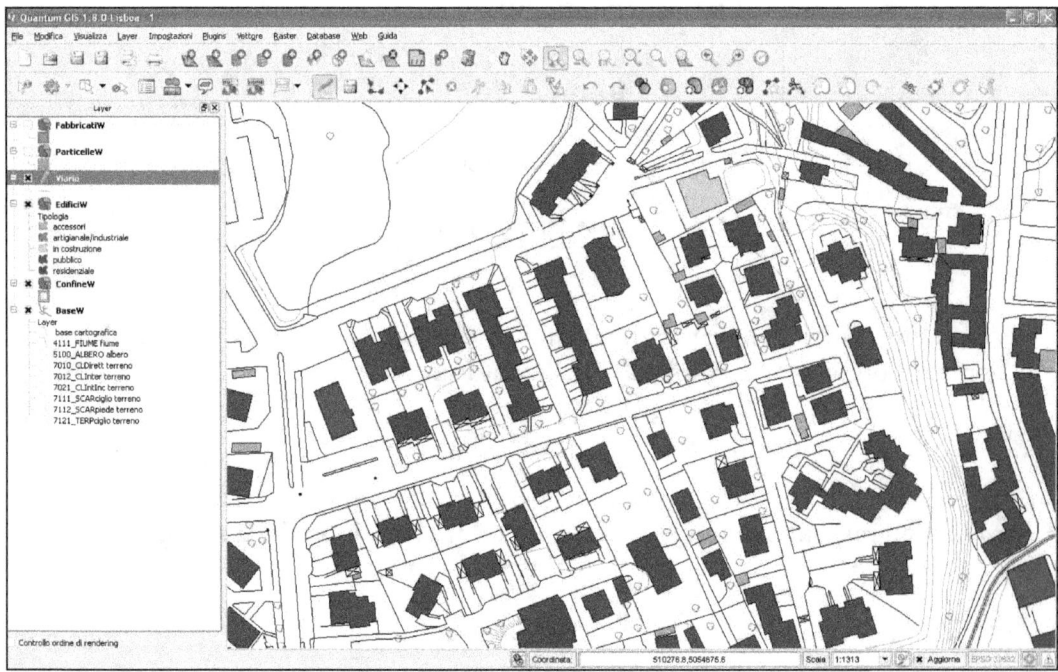

Clicchiamo sul pulsante **Aggiungi elemento** del gruppo **Digitilizzazione**.

e disegnamo una linea che rappresenti la localizzazione dell'asse stradale della prima via dello stradario. Ricordiamo che l'inserimento dei punti della geometria vanno eseguiti con un clic del tasto sinistro del mouse, tranne l'ultimo che va eseguito col tasto destro.

Inseriamo come in figura la linea raffigurante l'asse stradale della Via Acquedotto, inserendo i punti dall'1 al 5 col tasto sinistro del mouse e il punto 6 col destro a chiusura della geometria.

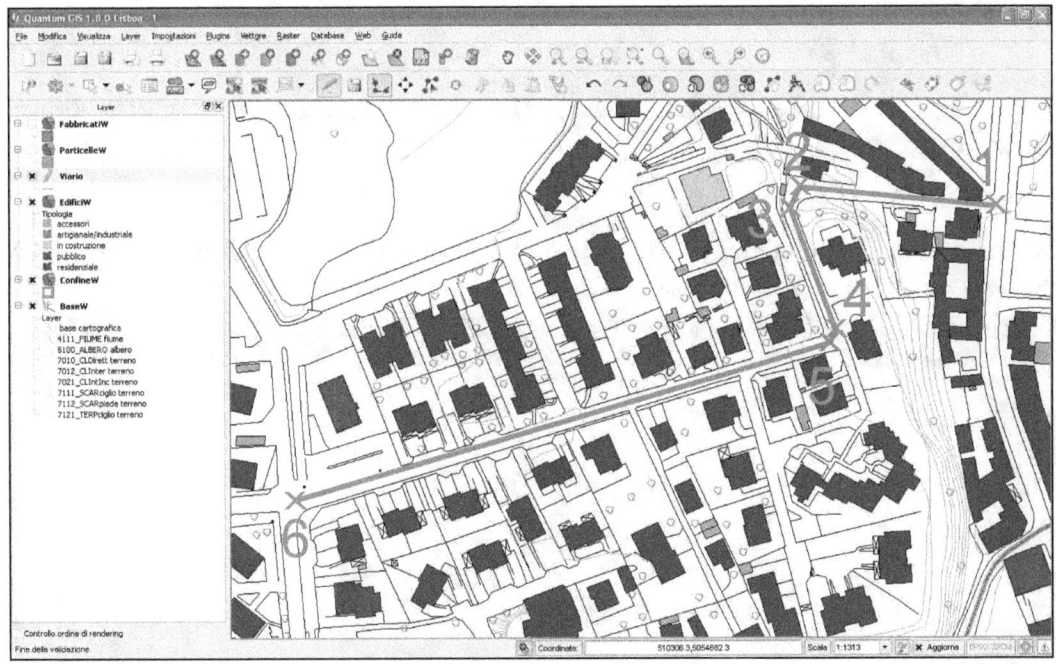

Con l'inserimento dell'ultimo punto, si apre la finestra per l'inserimento degli attributi, dove inseriremo i valori:

- per *DUG*, **Via**
- per *TOPONIMO*, **ACQUEDOTTO**
- per *COD_VIA*, **30**

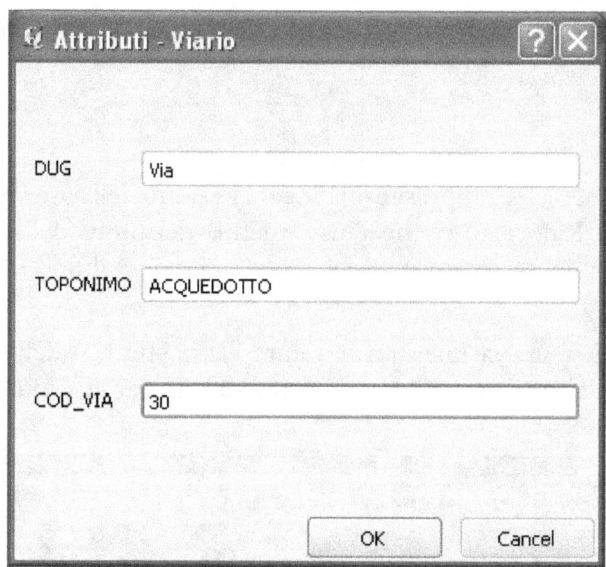

Diamo **OK**.

Se apriamo la **Tabella degli attributi** di **Viario** (tasto destro del mouse sul tema nell'*area dei layer* e selezioniamola)

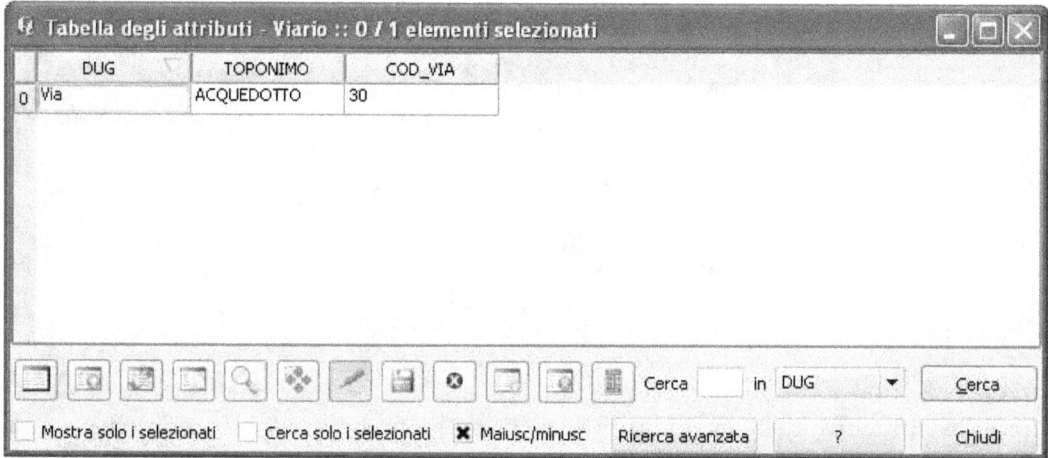

notiamo, ovviamente, che il tema è composto da un solo elemento; lo scopo finale sarà quello di avere il tema con tutte le geometrie rappresentanti lo stradario, disegnandole singolarmente una ad una ed assegnando loro i rispettivi attributi contenuti nel file **viario.dbf** che abbiamo visto in precedenza.

Capito il procedimento, per non dilungarci nel lavoro, carichiamo nel progetto il tema **Demo_viario**, che troviamo nella cartella **demotemi**, il quale è già completo di tutte le geometrie.

Rimuoviamo prima il tema **Viario** che abbandoneremo:
- Tasto destro del mouse sul tema nell'*area dei layer*;
- si apre il menù a tendina dove selezioniamo **Rimuovi**

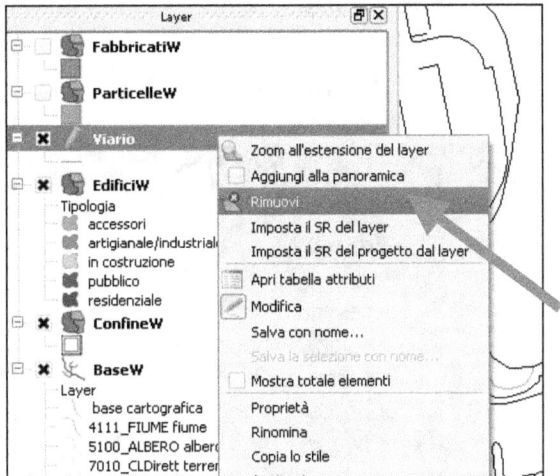

all'avviso di mancato salvataggio dell'*editing*, diamo tranquillamente **Discard**.

In **QGIS Browser**, cerchiamo **Demo_viario**, lo selezioniamo e, tenendo premuto il tasto sinistro del mouse, lo trasciniamo nell'*area dei layer* in **QGIS Desktop**.

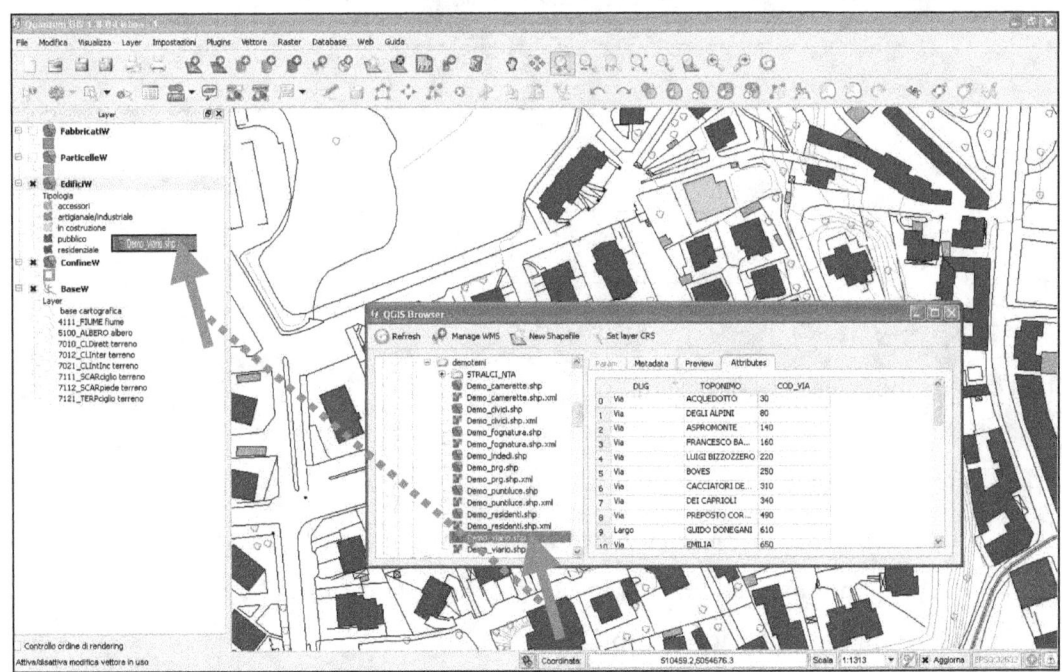

Nell'*area dei layer*, selezioniamolo e, tenendo premuto il tasto sinistro del mouse, trasciniamolo posizionandolo sopra il tema **EdificiW**;

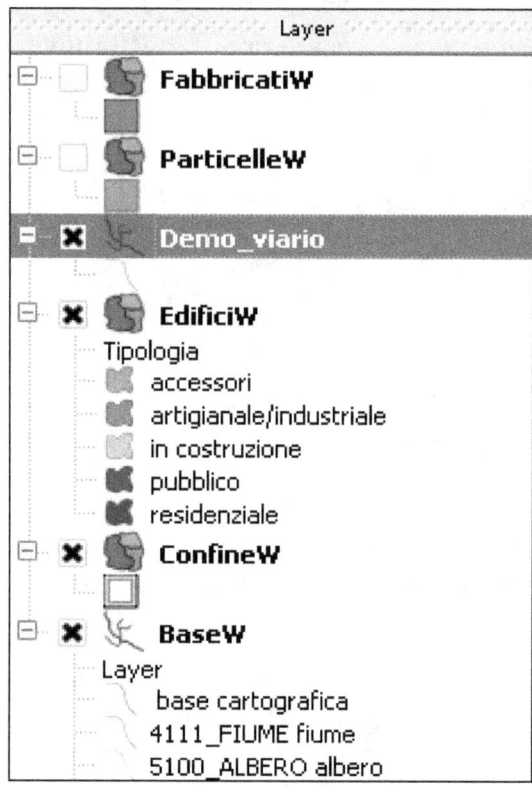

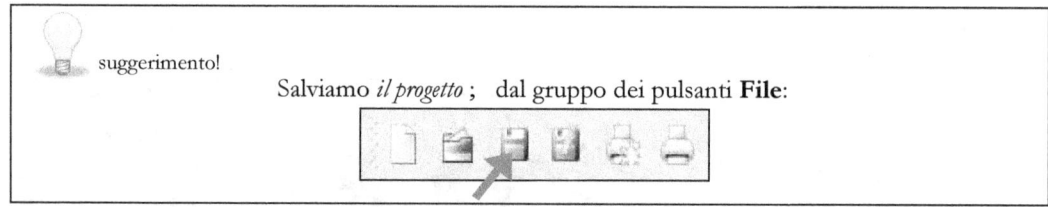

suggerimento! Salviamo *il progetto* ; dal gruppo dei pulsanti **File**:

Vestiamo anche questo nuovo tema.

Doppio clic su **Demo_viario** nell'*area dei layer*, oppure:

- Tasto destro del mouse su **Demo_viario** sempre nell'*area dei layer*;
- si apre il menù a tendina dove selezioniamo **Proprietà**

ed accediamo alla finestra delle proprietà.

Nella scheda **Stile**, apriamo la tendina delle opzioni di **Opzioni di linea esterna**, e da essa selezioniamo la linea punteggiata.

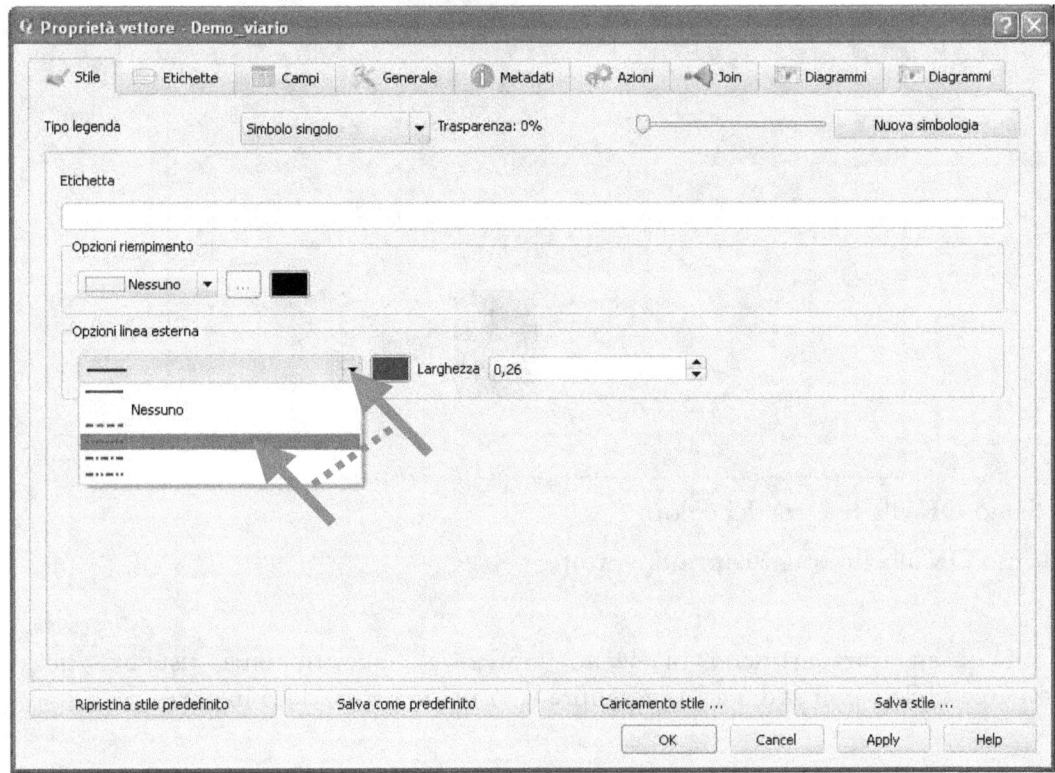

Selezioniamo il pulsante colore, per cambiarlo.

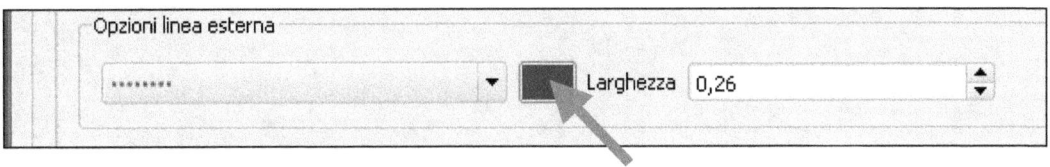

si accede alla finestra dei colori, dove:

1. selezioniamo il **nero**;
2. sulla barra cromatica a destra nella finestra, selezioniamo un colore di tonalità **grigia chiarissima**.

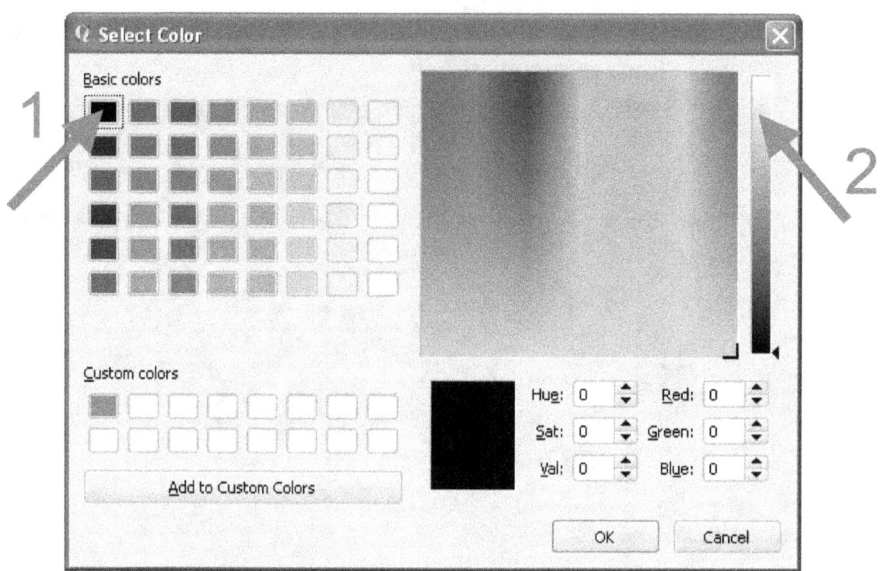

Diamo **OK** alla finestra dei colori.

diamo **OK** alla finestra **Proprietà vettore**.

Con queste caratteristiche, il segno grafico di questo tema risulterà quasi impercettibile e non andrà ad appesantire la visualizzazione della mappa.

[Creare etichettature composte]

Etichettiamo ora il tema.

Clicchiamo sul pulsante **Etichettatura** del gruppo **Etichette**.

e si apre la finestra **Impostazione etichettatura vettore**, dove:

- spuntiamo **Etichetta questo vettore con**;
- clicchiamo sul pulsante ...

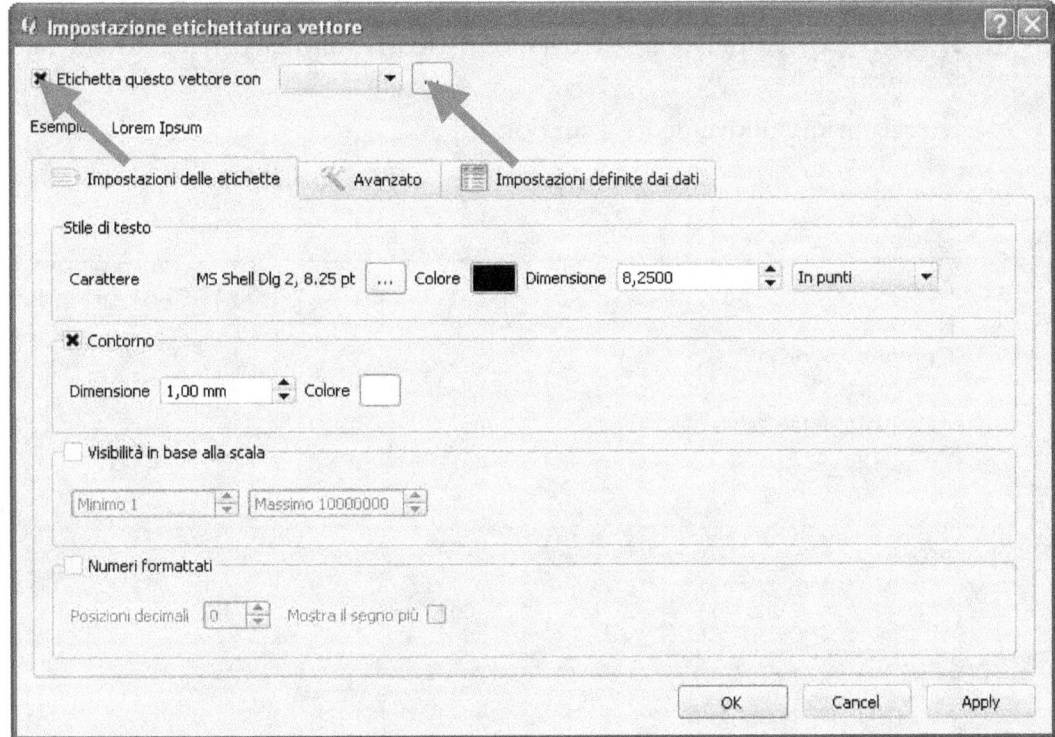

Si apre una la finestra **Etichetta basata su espressione**, simile al Compositore di campi, dove dobbiamo costruire l'espressione dell'etichetta che dovrà essere composta dai valori DUG+TOPONIMO:

- tra la *Lista delle funzioni*, espandiamo **Campi e valori**

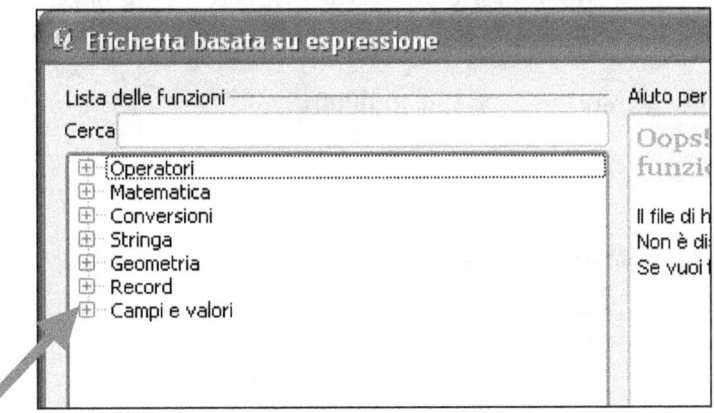

1. da *Campi e valori*, facciamo doppio clic su **DUG**;
2. clicchiamo tra i pulsanti degli *Operatori* il simbolo || che crea unione tra stringhe di testo;
3. in coda all'espressione scriviamo ' ' (ossia, uno spazio vuoto tra due apici);
4. clicchiamo nuovamente il simbolo || ;
5. da *Campi e valori*, facciamo doppio clic su **TOPONIMO**.

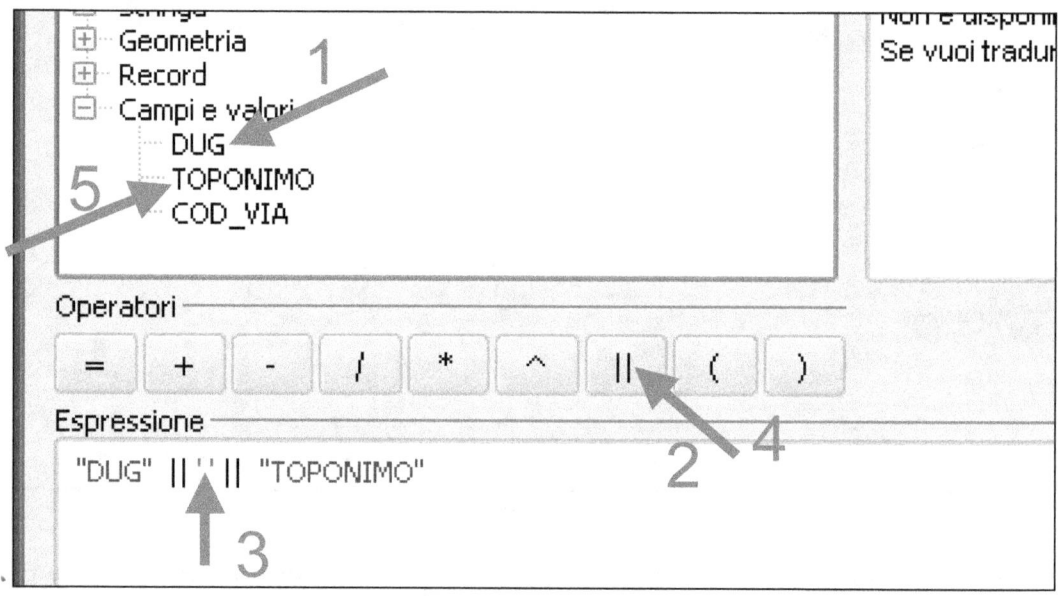

Diamo **OK**.

Tornati nella finestra **Impostazione etichettatura vettore**, in *Stile testo*:

- cambiamo il *Colore* (dalla successiva finestra) in **marrone**;
- modifichiamo *Dimensione* in **10,0000**.
-

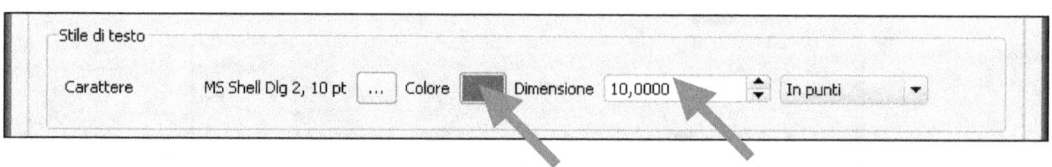

Ci spostiamo sulla scheda **Avanzato** e:

spuntiamo in *Posizionamento*, **curvato** e **sulla linea**.

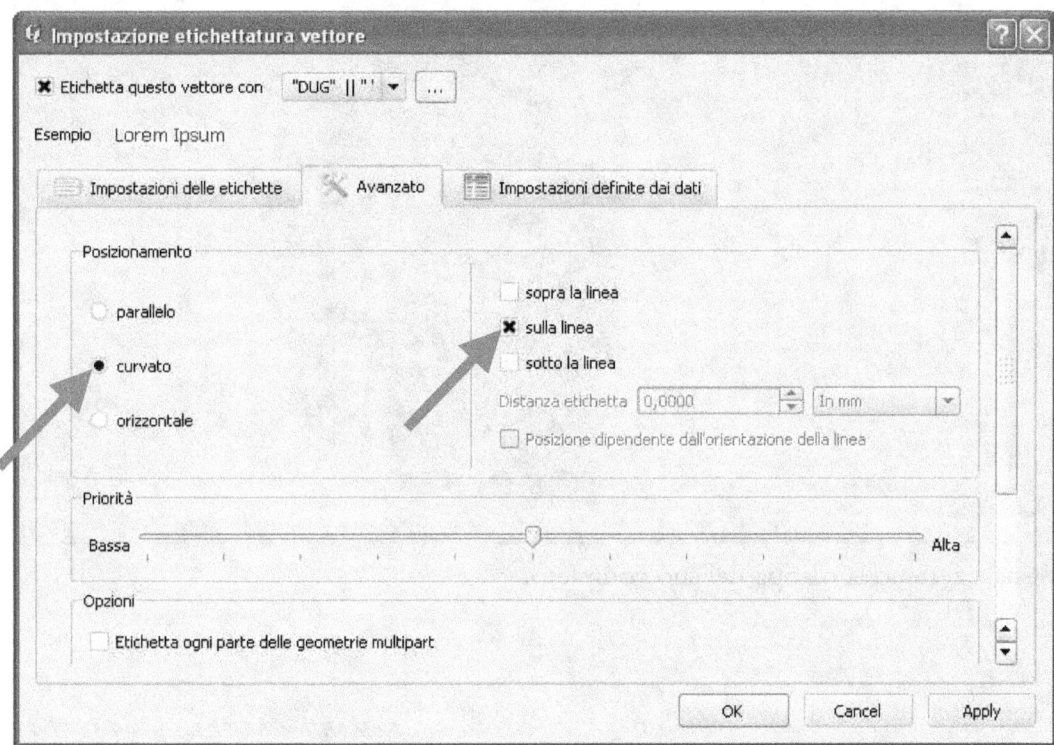

Diamo **OK**.

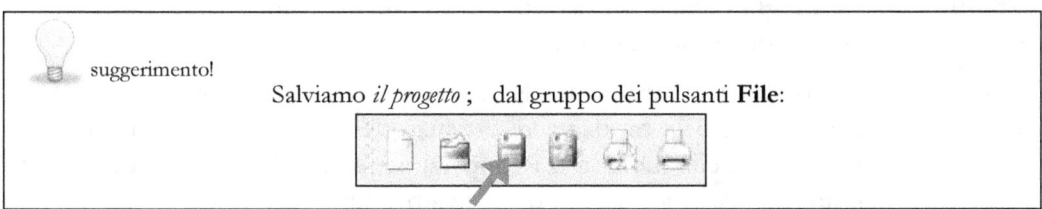

Dando uno **zoom completo**, con l'apposito pulsante del gruppo **Orientazione della mappa**

Cap. 4 – Elaborazioni GIS

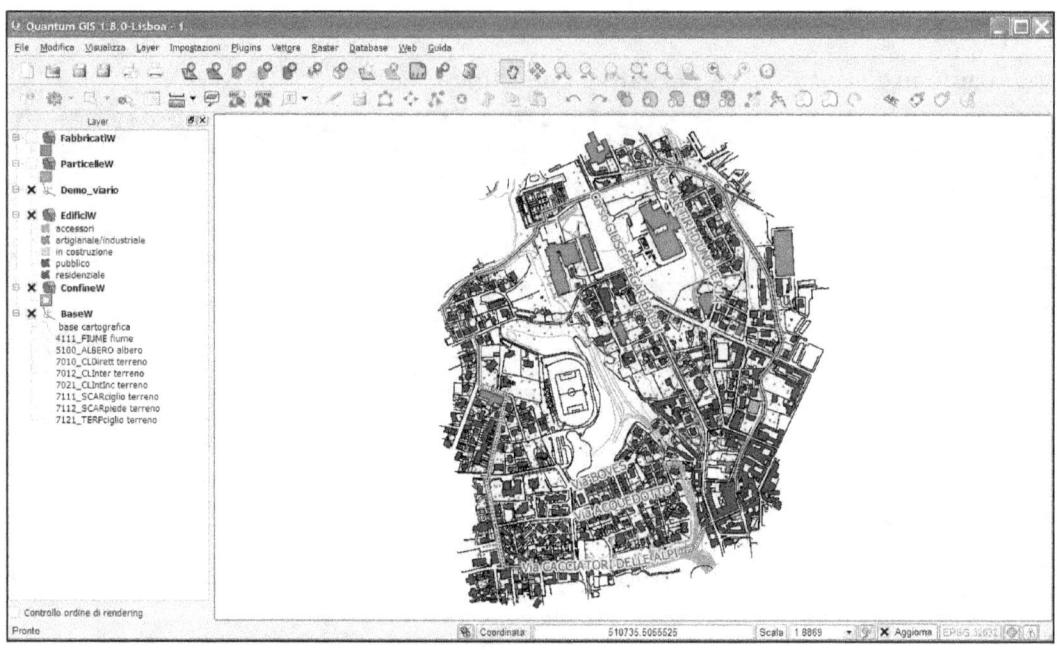

Visualizzeremo la mappa nel suo completo.

[Creare un tema ex-novo con elementi geometrici puntiformi]

Un altro tema di particolare rilevanza per un SIT comunale è l'insieme dei numeri civici. Essi concorrono, unitamente allo stradario, alla formazione degli **indirizzi viari** presso i quali gran parte delle attività comunali fanno riferimento per la gestione degli utenti e delle loro utenze.

Il rilievo dei numeri civici comporta un lavoro impegnativo, certosino e duraturo. Qualsiasi sia l'attrezzatura o la modalità di esecuzione che usiamo – dal rilevatore Gps, che con un semplice clic memorizza la posizione esatta del punto rilevato, sino al classico block notes e mappa cartacea dove inserire un punto di penna ed un paio di appunti – per il rilievo dei numeri civici dobbiamo necessariamente abbandonare la scrivania e scendere in strada.

Ovviamente ci sono aziende specializzate che potrebbero fare questo lavoro per noi; le stesse aziende che elaborano i *fotogrammetrici* sono in grado di riportare in mappa la *georeferenziazione* del civico con annesso i dati oggettivi che intendiamo far rilevare (es. presenza o meno della placchetta col numero, differenzazione tra passo carraio e pedonale, accesso residenziale o commerciale, ecc.). Il tutto con costi più o meno importanti.

Sviluppare nuovi tematismi

Di seguito creeremo, come fatto per il tema **Viario**, il tema **Civici**.

Il rilievo, in ossequio allo spirito di questa guida di realizzare un progetto senza risorse economiche, verrà fatto con la semplice *localizzazione* sul posto del civico, riportato poi in mappa manualmente.

I dati che sul block notes appunteremo (e che poi costituiranno gli attributi del tema) sono:

- **CIVICO**, il numero rilevato sulla targhetta;
- **ESPONENTE**, l'eventuale parte letterale del civico in targhetta;
- **COD_VIA**, il codice univoco della strada: dato più semplice da appuntarsi piuttosto che scrivere DUG e TOPONIMO della strada;
- **TipoAcc**, dato dove indicheremo con una C gli accessi carrai e con una P quelli pedonali.

Da **QGIS Browser** creiamo un nuovo *shapefile* con elementi puntiformi. Selezioniamo **New Shapefile**.

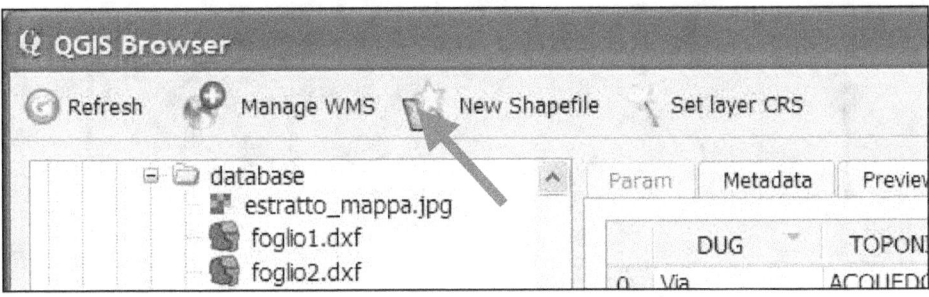

Si apre la finestra **New Vector Layer**, dove:

- come *Type* spuntiamo **Point**;
- assegnamo come *CRS* **WGS 84 / UTM zone 32N**, selezionandolo dall'elenco che si attiva cliccando su **Specify CRS**.

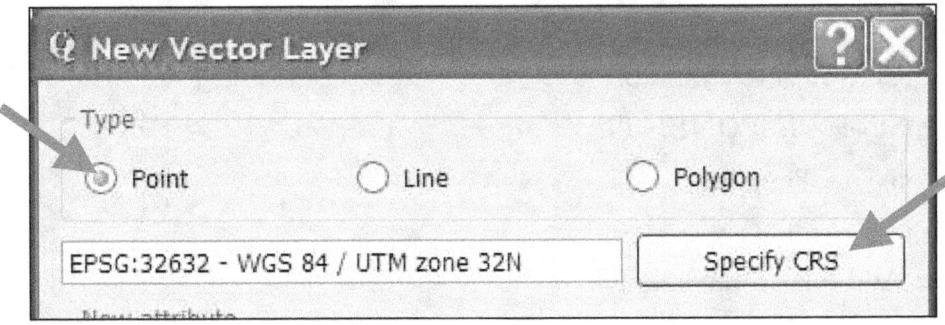

Nell'area *New attribute*, impostiamo:

- in *Name*, **CIVICO**;
- in *Type*, **Text data** (selezionandolo dalle opzioni della relativa tendina);
- in *Widht*, **100**.

Diamo **Add to attributes list**, così da aggiungere il nuovo attributo.

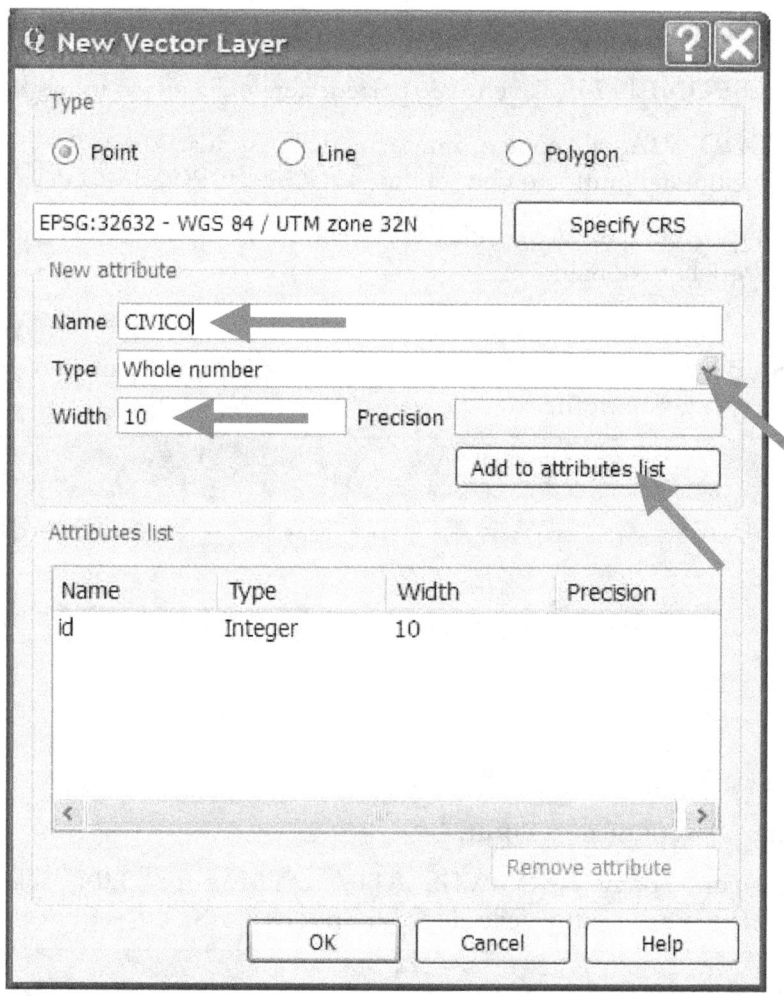

Aggiungiamo un altro attributo:

- in *Name*, **ESPONENTE**;
- in *Type*, **Text data**;
- in *Widht*, **10**.

e diamo **Add to attributes list**.

Altro attributo:

- in *Name*, **COD_VIA**;
- in *Type*, **Text data**;
- in *Widht*, **8**.

e diamo **Add to attributes list**.

Ultimo attributo:

- in *Name*, **TipoAcc**;
- in *Type*, **Text data**;
- in *Widht*, **3**.

e diamo **Add to attributes list**.

Selezioniamo tra la lista degli attributi il primo riportato di *default* **id.**, e clicchiamo su **Remove attribute** per eliminarlo.

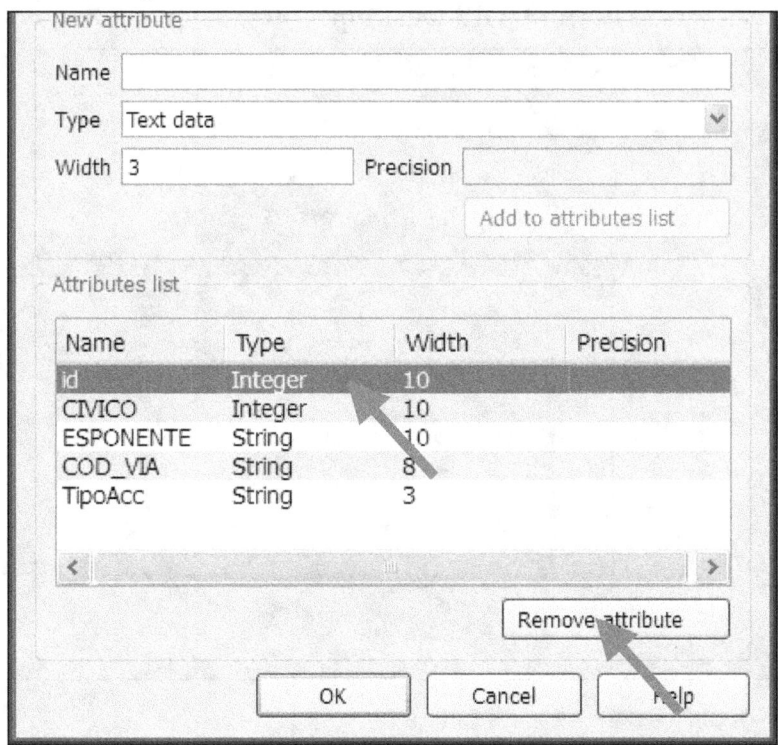

Diamo **OK**.

Ci viene chiesto dove e come salvare il nuovo *shapefile*:

salviamolo col nome di **Civici**.

Clicchiamo su **Refresh** in **QGIS Browser**, in modo da aggiornare l'elenco dei temi

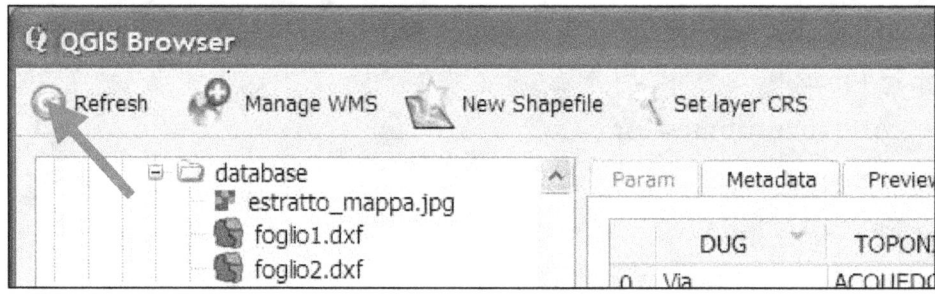

Cerchiamo **Civici**, lo selezioniamo e, tenendo premuto il tasto sinistro del mouse, lo trasciniamo nell'*area dei layer* in **QGIS Desktop**.

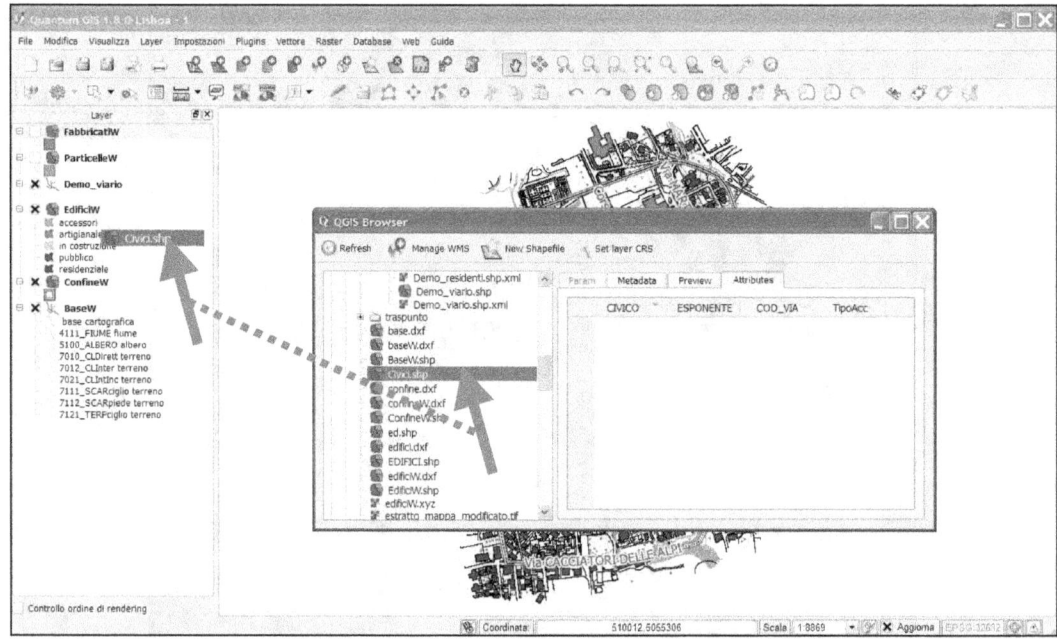

Nell'*area dei layer*, **Civici** si è posizionato in cima alla lista dei temi:

- selezioniamolo e, tenendo premuto il tasto sinistro del mouse, trasciniamolo posizionandolo sopra il tema **Demo_viario**.

Selezioniamo nuovamente **Civici** e attiviamolo per la modalità *editing*, cliccando sull'apposito pulsante del gruppo **Digitilizzazione**.

Cliccando sul pulsante ingrandisci del gruppo **Orientazione della mappa**

zoomiamo sull'area della mappa (Via Martiri d'Ungheria) evidenziata nella prossima figura, cliccando col tasto sinistro del mouse e trascinando la selezione di zoom.

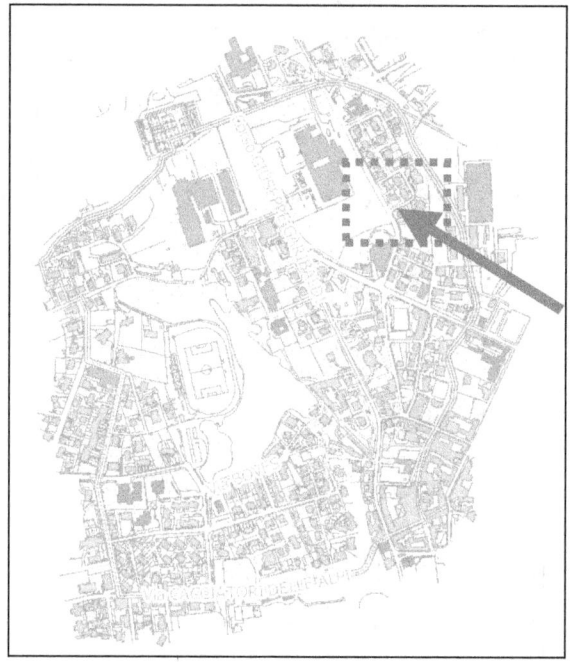

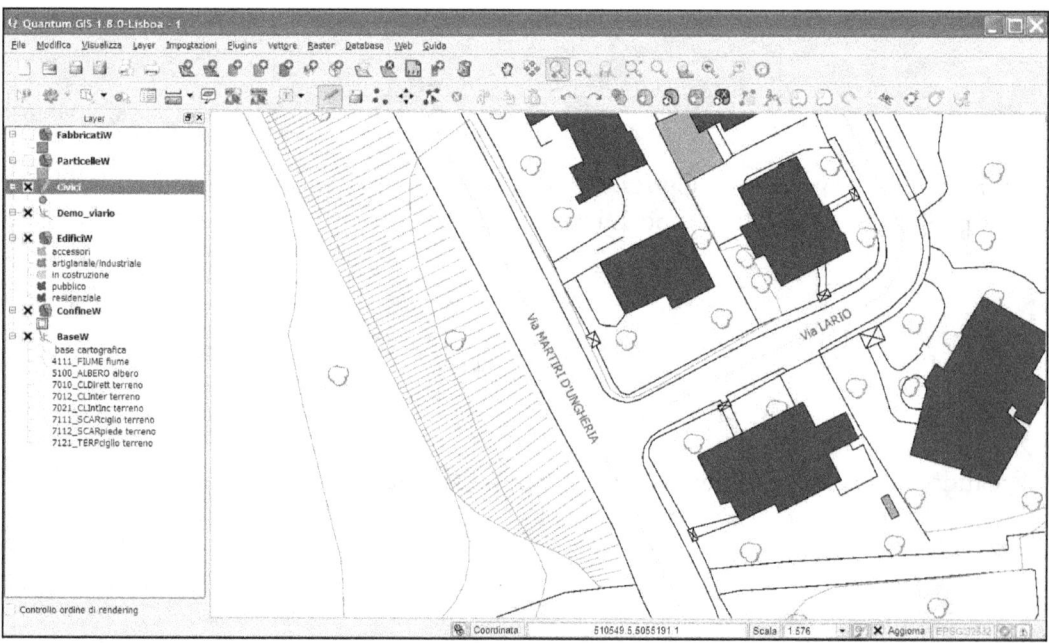

Clicchiamo sul pulsante **Aggiungi elemento** del gruppo **Digitilizzazione**.

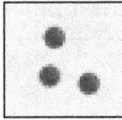

e inseriamo un punto che rappresenta il civico 10 di Via Martiri d'Ungheria (codice viario 1190) posizionato in prossimità di un cancelletto pedonale.

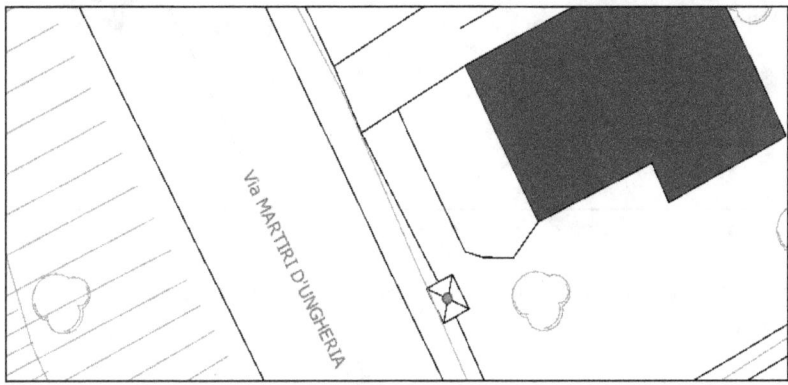

Con l'inserimento del punto, si apre la finestra per l'inserimento degli attributi, dove inseriremo i valori:

- per *CIVICO*, **10**
- per *COD_VIA*, **1190**
- per *TipoAcc*, **P**

Inseriamo un altro punto che rappresenta il civico 12 di Via Martiri d'Ungheria (codice viario 1190) posizionato in prossimità di un passo carraio.

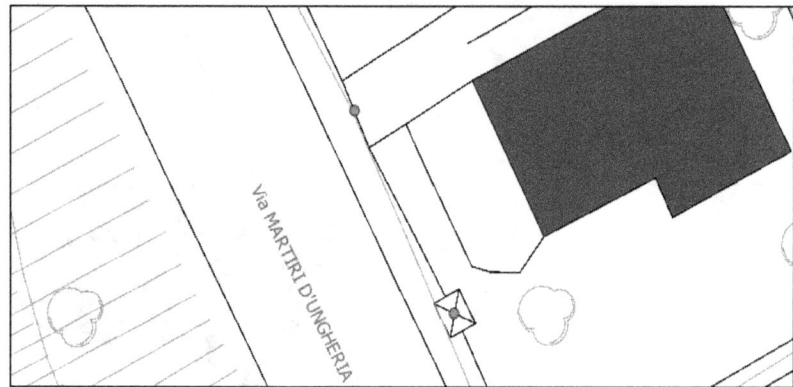

Con l'inserimento del punto, si apre la finestra per l'inserimento degli attributi, dove inseriremo i valori:

- per *CIVICO*, **12**
- per *COD_VIA*, **1190**
- per *TipoAcc*, **C**

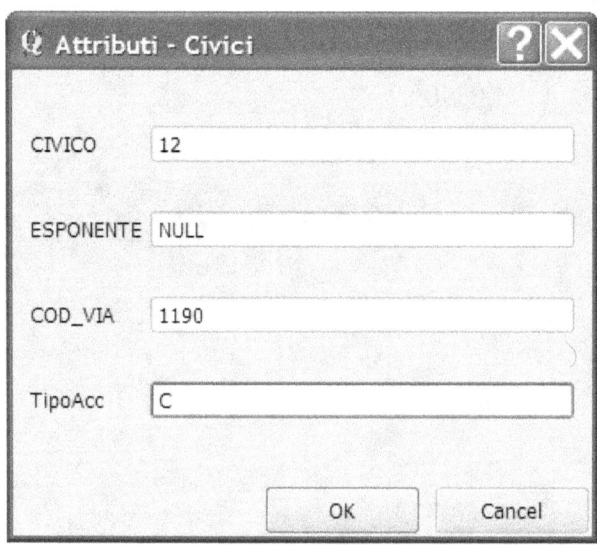

Diamo **OK**.

Apriamo la **Tabella degli attributi** di **Civici** (tasto destro del mouse sul tema nell'*area dei layer* e selezioniamola)

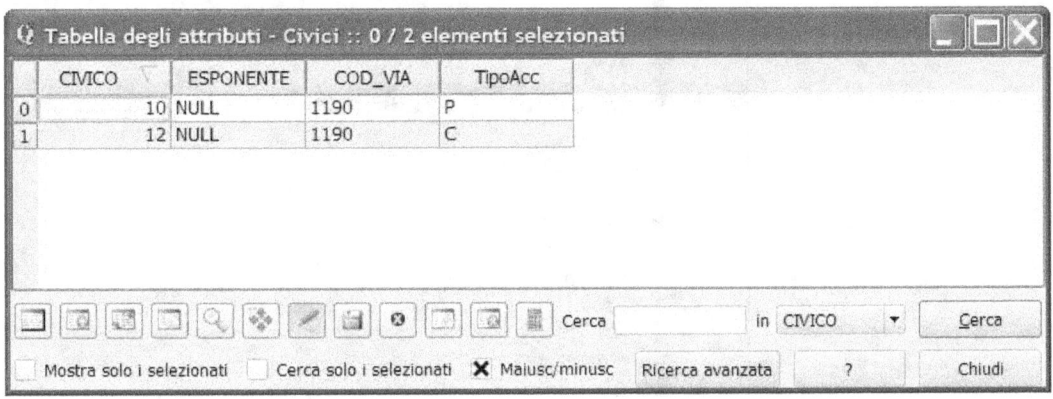

e troviamo i due civici inseriti.

Come fatto per il viario, capito il procedimento, per non dilungarci, carichiamo nel progetto il tema **Demo_civici**, che troviamo nella cartella **demotemi**, il quale è già completo di tutte le geometrie.

Rimuoviamo prima il tema **Civici** che abbandoneremo:
- Tasto destro del mouse sul tema nell'*area dei layer*;
- si apre il menù a tendina dove selezioniamo **Rimuovi**

all'avviso di mancato salvataggio dell'*editing*, diamo **Discard**.

In **QGIS Browser**, cerchiamo **Demo_civici**, lo selezioniamo e, tenendo premuto il tasto sinistro del mouse, lo trasciniamo nell'*area dei layer* in **QGIS Desktop**.

Nell'*area dei layer*, selezioniamolo e, tenendo premuto il tasto sinistro del mouse, trasciniamolo posizionandolo sopra il tema **Demo_viario**;

Cap. 4 – Elaborazioni GIS

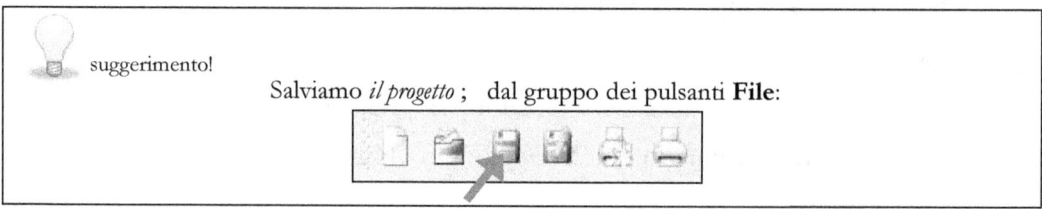

suggerimento!   Salviamo *il progetto* ;   dal gruppo dei pulsanti **File**:

[Creare attributi collegandodosi agli attributi di altri temi: opzione Join]

Apriamo la **tabella degli attributi** di **Demo_civici**. (tasto destro del mouse sul tema nell'*area dei layer* e selezioniamola)

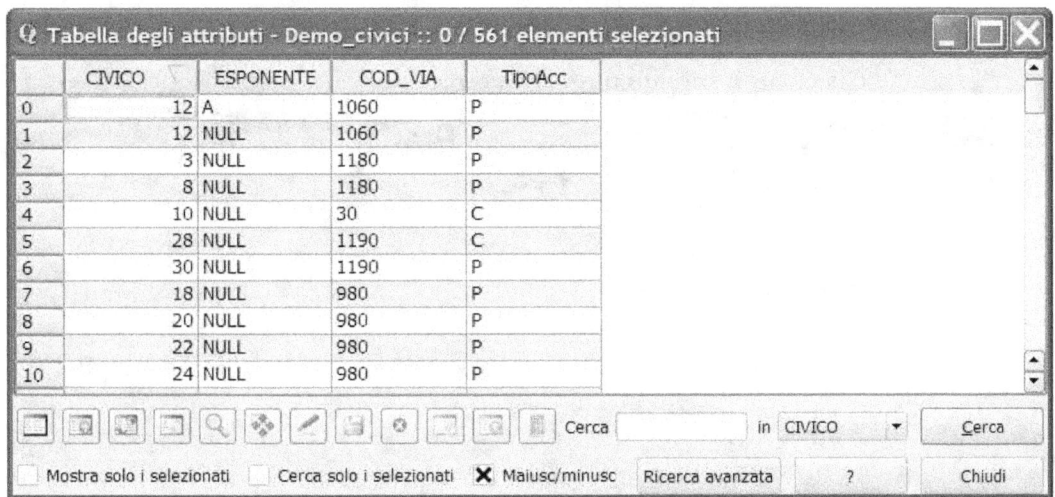

Agli attributi presenti, vogliamo aggiungere anche le colonne **DUG** e **TOPONIMO** in modo da poter comporre in seguito i singoli indirizzi.

Apriamo anche la **tabella degli attributi** di **Demo_viario**. (sempre tasto destro del mouse sul tema nell'*area dei layer* e selezioniamo la tabella)

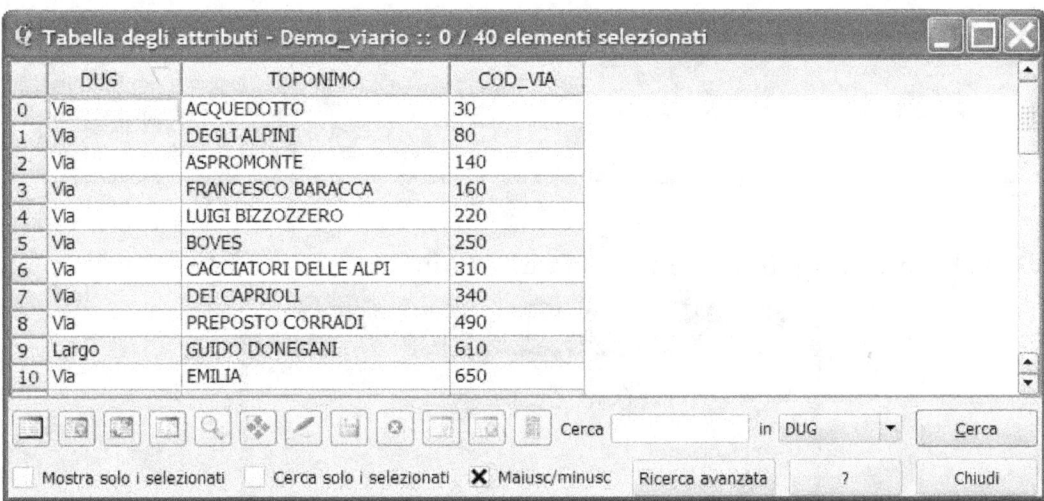

Confrontiamo le due tabelle; esse hanno in comune un attributo: **COD_CAT**.

Attueremo ora un'opzione che collegherà le due tabelle *accoppiandole* (*join*) per l'attributo **COD_CAT**.

Doppio clic su **Demo_civici** nell'*area dei layer*, oppure:

- Tasto destro del mouse su **Demo_civici** sempre nell'*area dei layer*;
- si apre il menù a tendina dove selezioniamo **Proprietà**.

Della finestra **Proprietà vettore**, selezioniamo la scheda **Join**.

- Cliccchiamo sul pulsante "+" verde

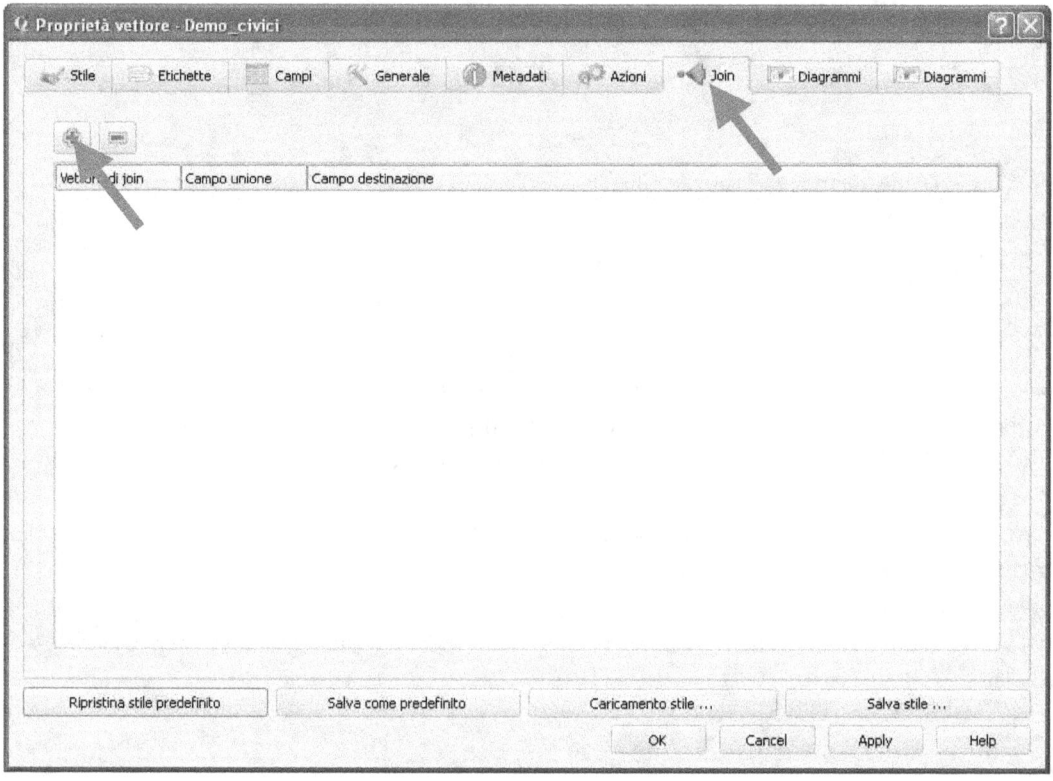

Si apre la finestra **Aggiungi vettore da unire (join)**.

Dalle opzioni dei rispettivi menù a tendina:

- come *Vettore da unire (join)*, selezioniamo **Demo_viario**;

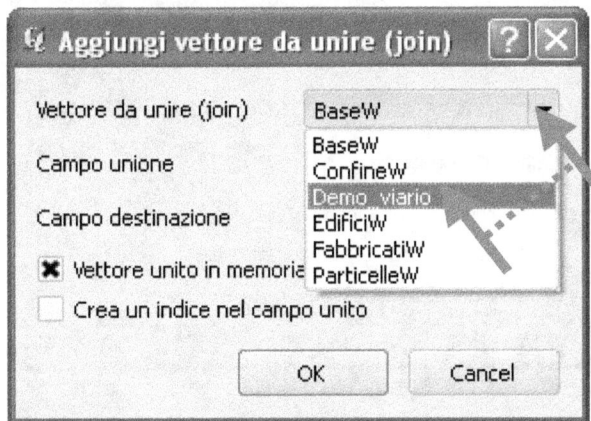

- come *Campo unione*, selezioniamo **COD_VIA**;

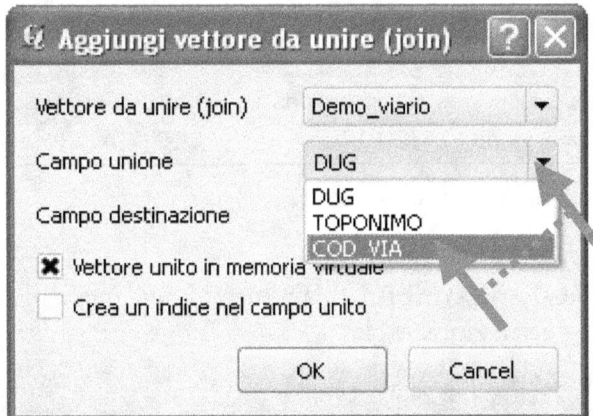

- come *Campo destinazione*, selezioniamo **COD_VIA**;

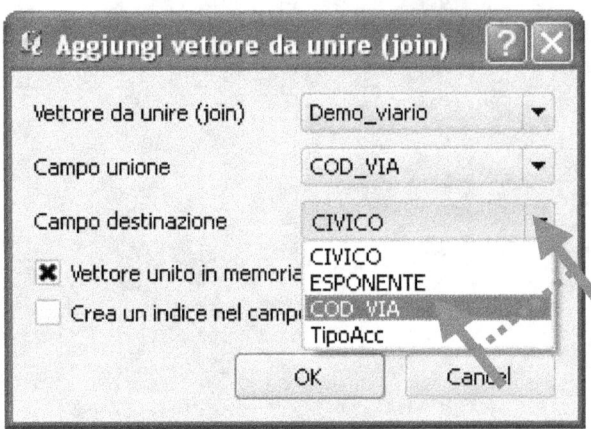

Rimuoviamo la spunta da **Vettore unito in memoria virtuale**

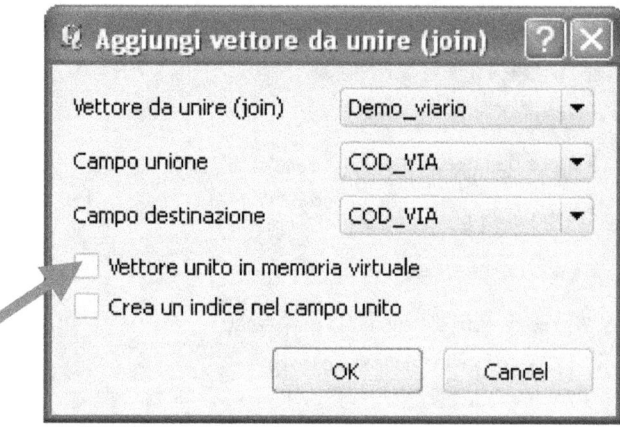

Diamo **OK**.

L'operazione di *join* è stata così aggiunta nella scheda.

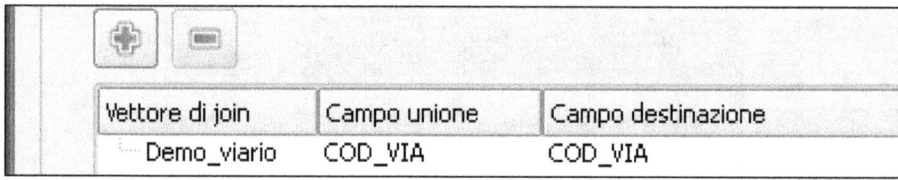

Diamo **OK** alla finestra **Proprietà vettore**.

Riapriamo la **tabella degli attributi** di **Demo_civici**. (tasto destro del mouse sul tema nell'*area dei layer* e selezioniamola)

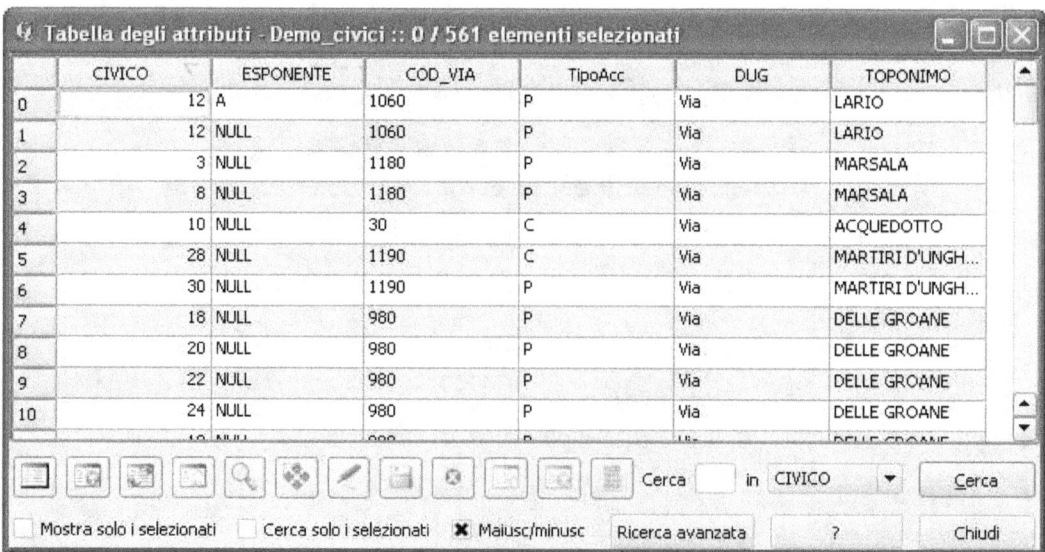

Con il *join*, in automatico, sono stati aggiunti tutti gli attributi del tema **Demo_viario** accoppiandoli per l'attributo comune **COD_VIA**.

Creiamo ora il voluto attributo **INDIRIZZO**.

Entriamo in modalità *editing*, cliccando sull'apposito pulsante della **tabella degli attributi**.

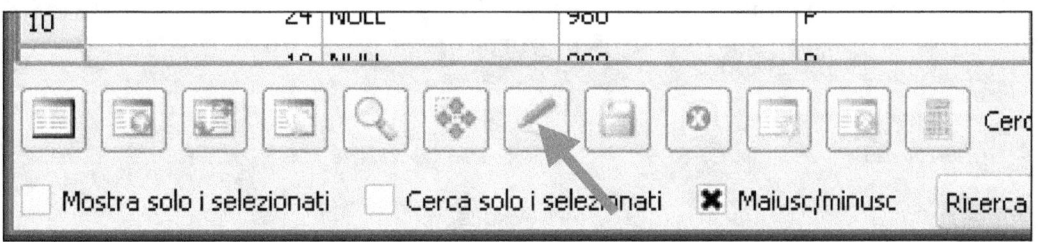

Per prima cosa, sostituiamo nella colonna **ESPONENTE** tutti i valori **NULL** che il software genera di *default* per i campi vuoti.

Effettuiamo la selezione con la *ricerca semplice*:

- scriviamo nel riquadro *Cerca* il testo **NULL**;
- selezioniamo la colonna **ESPONENTE** dalla tendina;
- clicchiamo sul pulsante **Cerca**

Apriamo poi il **Calcolatore di campi**, cliccando sull'apposito pusante attivatosi.

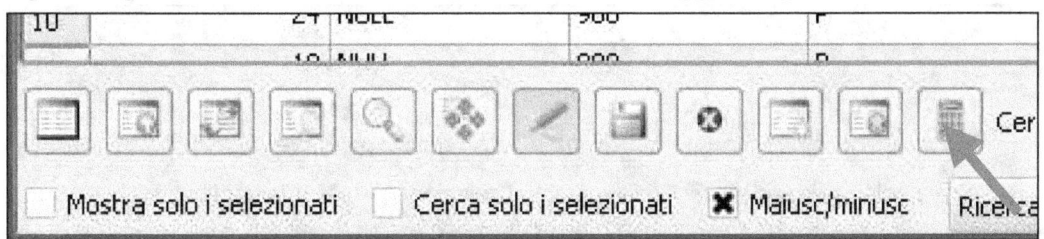

Si apre la relativa finestra, dove:

- accertatiamo che sia spuntato **Aggiorna solo le geometrie selezionate**;
- spuntiamo **Aggiorna un campo esistente**;
- selezioniamo il campo **ESPONENTE**, selezionandolo dal relativo menù a tendina.

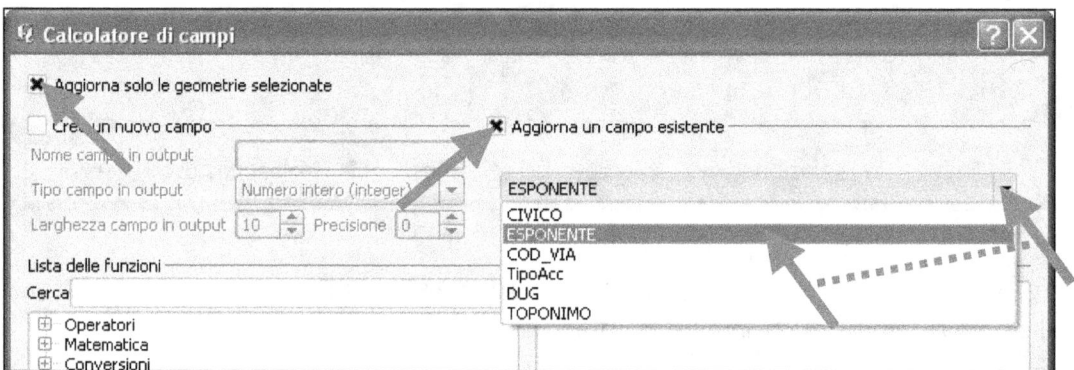

Nell'area dell'Espressione, scriviamo ' ' (ossia, uno spazio vuoto tra due apici)

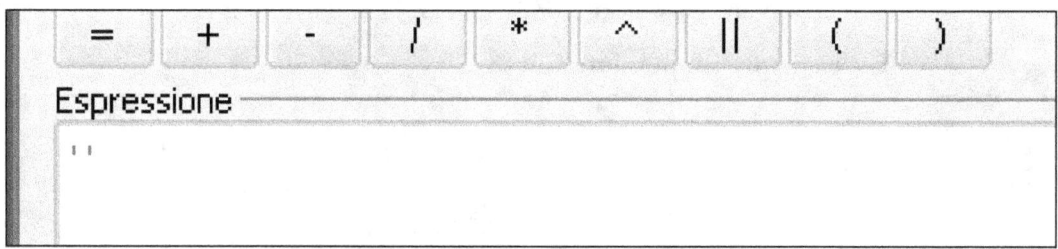

Diamo **OK**.

Deselezioniamo tutto, cliccando sull'apposito pulsante della **tabella degli attributi**.

Apriamo nuovamente il **Calcolatore di campi**

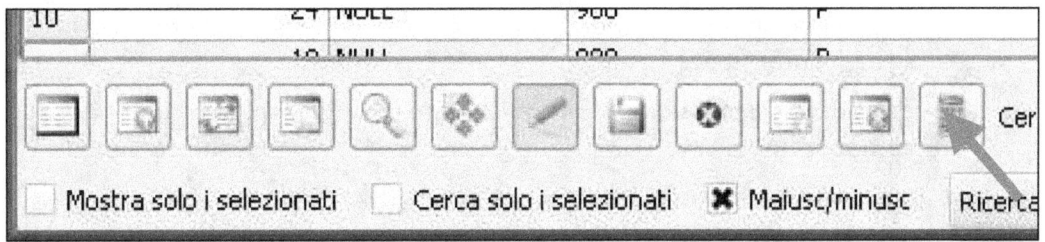

Si apre la relativa finestra, dove, accertata la spunta su **Crea nuovo campo**:

- in *Nome campo in output*, scriviamo **INDIRIZZO**;
- in *Tipo campo output*, selezioniamo dalle opzioni in tendina **Testo (string)**;
- come *Larghezza campo in output*, impostiamo il valore **150**.

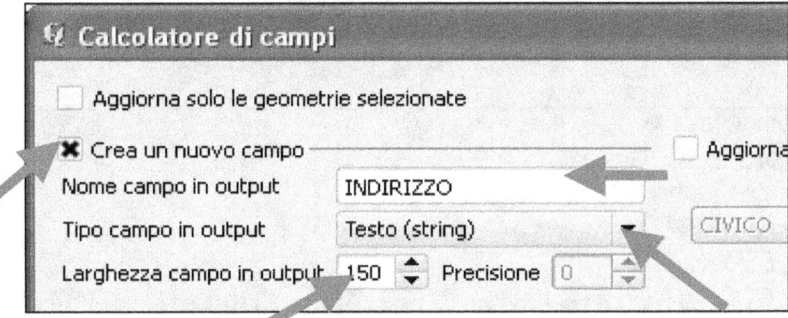

- nella *Lista delle funzioni*, espandiamo **Campi e valori**

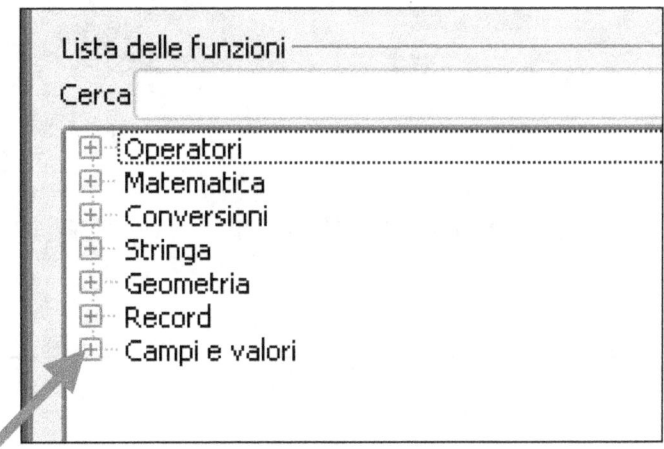

1. da *Campi e valori*, facciamo doppio clic su **DUG**;
2. clicchiamo tra i pulsanti degli *Operatori* il simbolo || che crea unione tra stringhe di testo;
3. in coda all'espressione scriviamo ' ' (ossia, uno spazio vuoto tra due apici);
4. clicchiamo il simbolo || ;
5. da *Campi e valori*, facciamo doppio clic su **TOPONIMO**;
6. clicchiamo il simbolo || ;
7. in coda all'espressione scriviamo ' ' (ossia, uno spazio vuoto tra due apici);
8. clicchiamo il simbolo || ;
9. da *Campi e valori*, facciamo doppio clic su **CIVICO**;
10. clicchiamo il simbolo || ;
11. da *Campi e valori*, facciamo doppio clic su **ESPONENTE**.

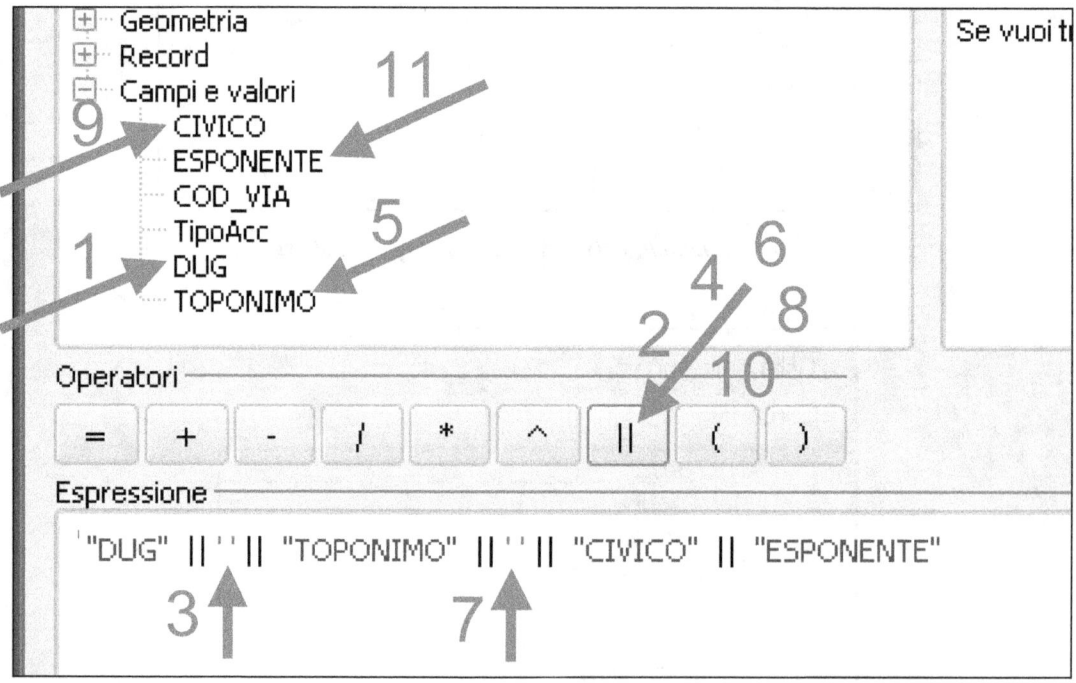

Diamo **OK**.

Allo stesso modo, creiamo un altro attributo denominato **TARGA** che ci servirà in seguito per l'etichettatura.

Apriamo nuovamente il **Calcolatore di campi**

Si apre la relativa finestra, dove, accertata la spunta su **Crea nuovo campo**:

- in *Nome campo in output*, scriviamo **TARGA**;
- in *Tipo campo output*, selezioniamo dalle opzioni in tendina **Testo (string)**;
- come *Larghezza campo in output*, impostiamo il valore **5**.

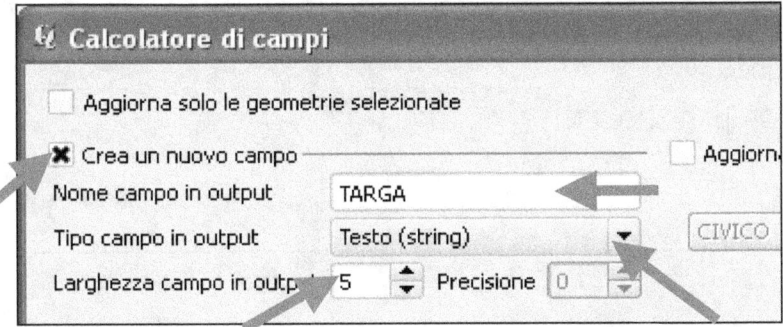

- nella *Lista delle funzioni*, espandiamo **Campi e valori**

1. da *Campi e valori*, facciamo doppio clic su **CIVICO**;
2. clicchiamo il simbolo | | ;
3. da *Campi e valori*, facciamo doppio clic su **ESPONENTE**.

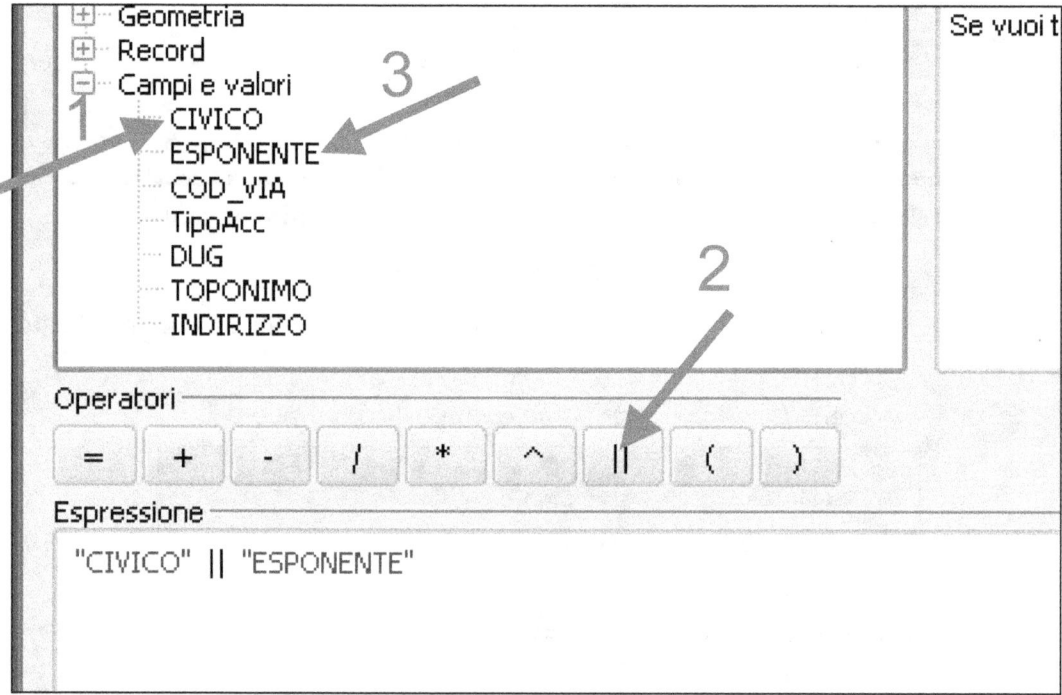

Diamo **OK**.

Salviamo ed usciamo dalla modalità *editing*.

In tabella abbiamo così creato gli attributi **INDIRIZZO** e **TARGA** con i relativi valori.

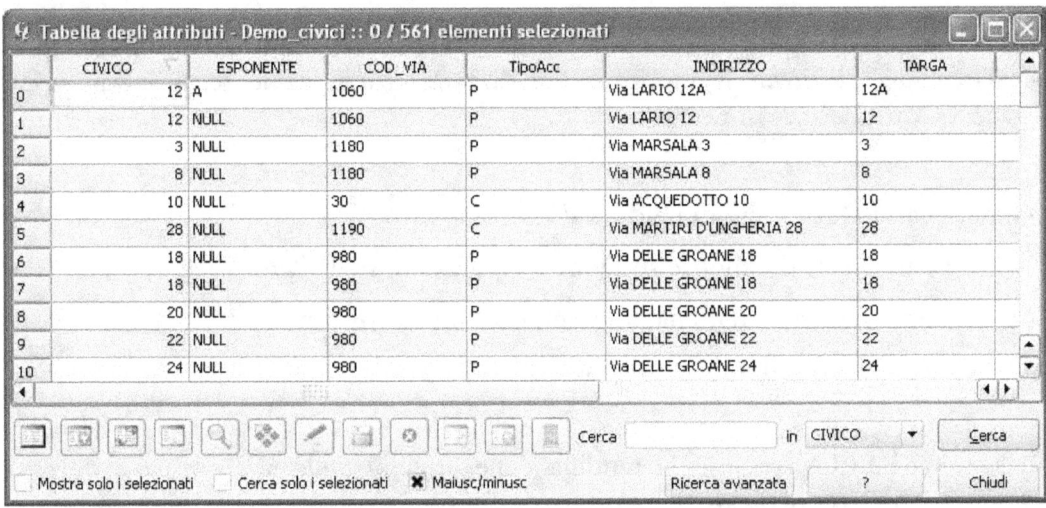

 nota!

Ricordo che una volta salvato l'*editing* del tema, a volte, può capitare che i calcoli dei campi non siano visibili correttamente o addirittura non visibili del tutto. I dati non sono andati persi: è solo un problema di visualizzazione dovuto alla complessità di calcolo. Chiudendo la finestra della **Tabella degli attributi** e riaprendola, la visualizzazione dei dati sarà corretta.

suggerimento!   Salviamo *il progetto* ;   dal gruppo dei pulsanti **File**:

[Creare uno stile di visualizzazione multiplo di un tema di punti]

Procediamo con la *vestizione* del tema **Demo_civici**, assegnando un colore univoco per l'attributo **TipoAcc**, in modo da visualizzare, cromaticamente, la suddivisione tra accessi carrai e accessi pedonali.

Doppio clic su **Demo_civici** nell'*area dei layer*, oppure:
- Tasto destro del mouse su **Demo_civici** sempre nell'*area dei layer*;
- si apre il menù a tendina dove selezioniamo **Proprietà**

ed accediamo alla finestra delle proprietà.

Nella scheda **Stile**, apriamo la tendina delle opzioni della simbologia e da essa selezioniamo **Categorizzato**.

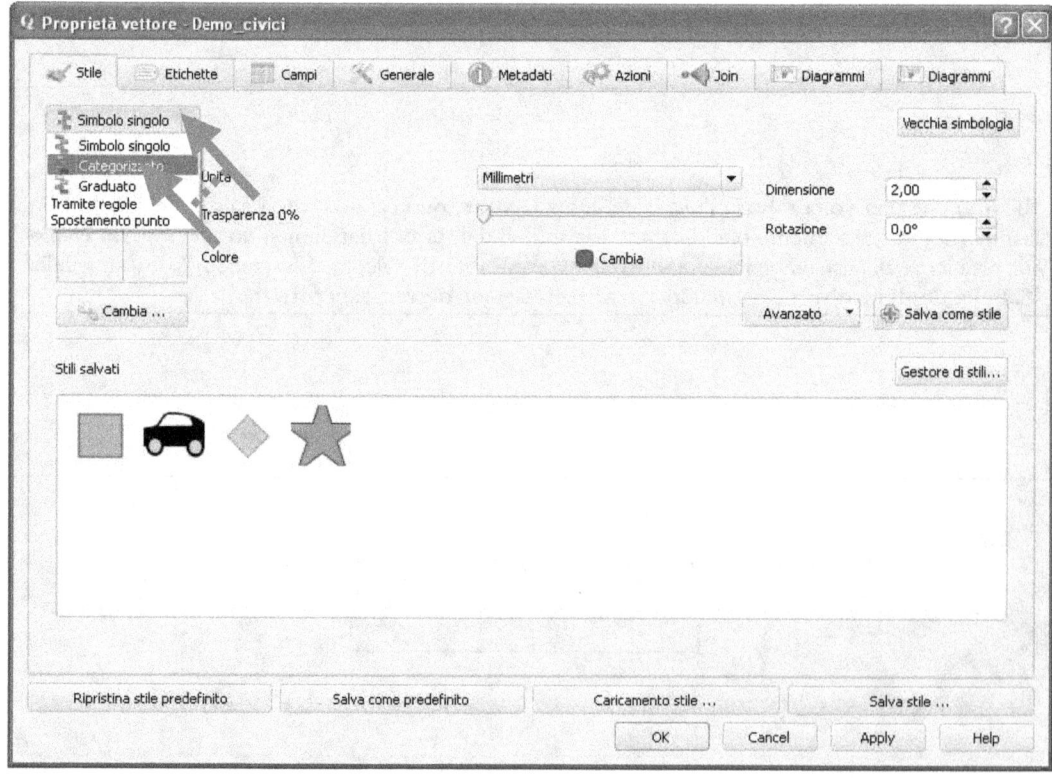

Si attiva una schermata diversa di **Stile**, dove:

- da *Colonna*, selezioniamo tramite l'apposita tendina **TipoAcc**;
- clicchiamo sul pulsante **Classifica**.

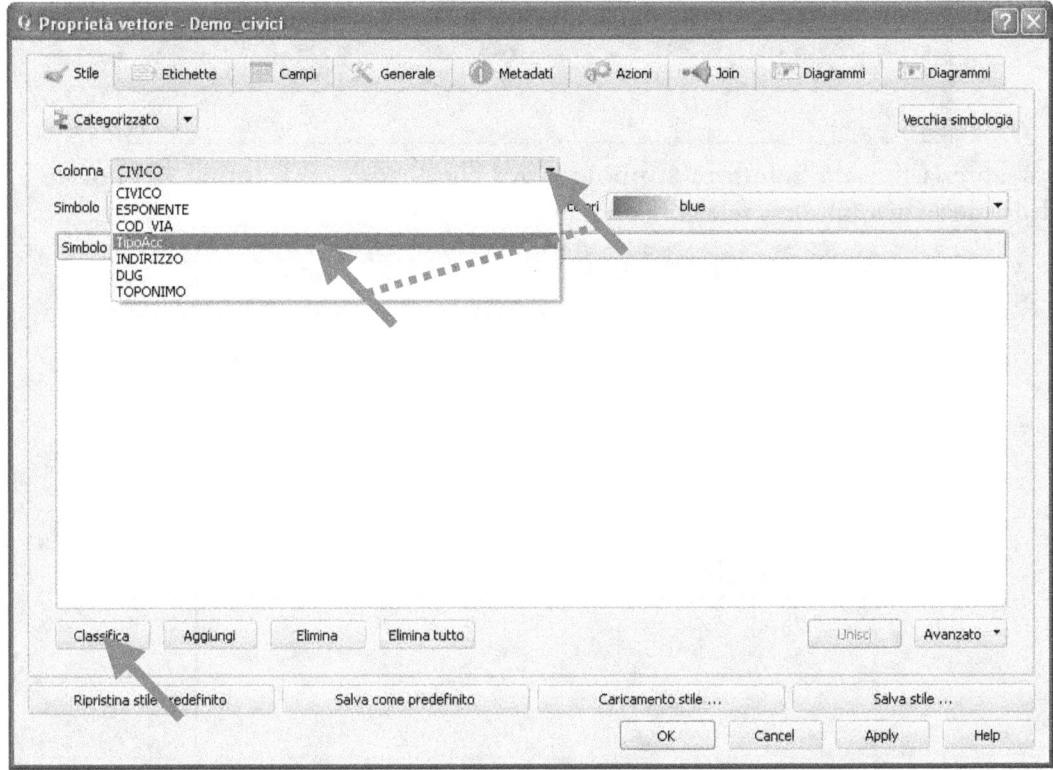

Verranno caricati i simboli relativi alle due opzioni presente per **TipoAcc** (ossia **C** e **P**), più uno di default che andremo ad eliminare subito.

Selezioniamo quest'ultimo e clicchiamo sul pulsante **Elimina**.

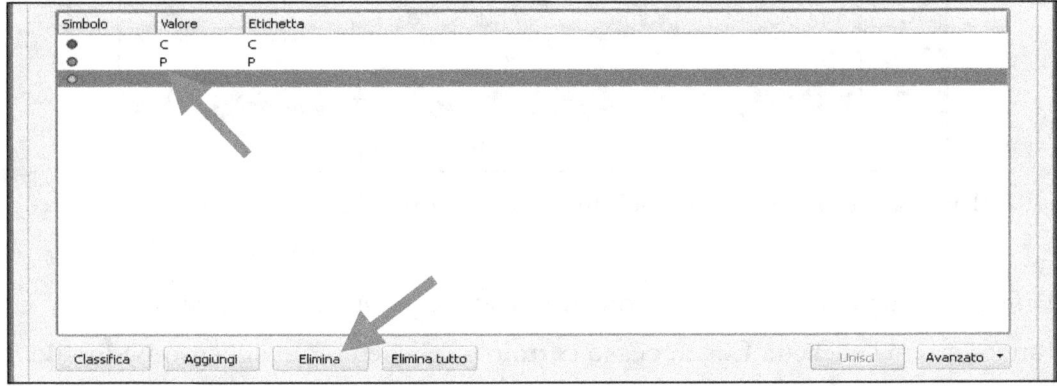

Doppio clic sul simbolo di valore **C**

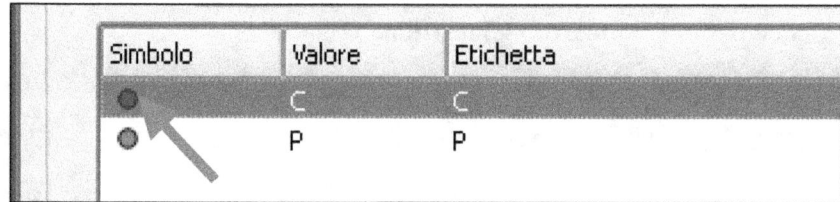

e si apre la finestra **Selettore simbolo**, dove clicchiamo sul **Cambia del colore** e, dalla successiva finestra, selezioniamo il colore **rosso**.

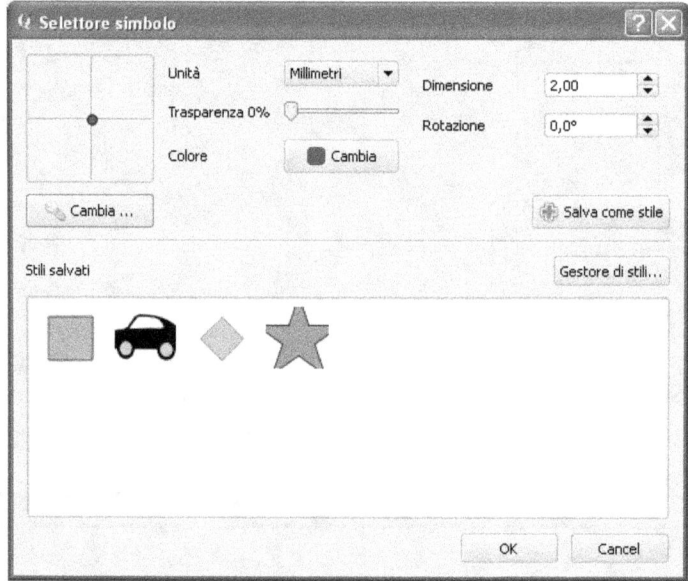

Diamo **OK**.

In modo analogo, doppio clic sul simbolo di valore **P**

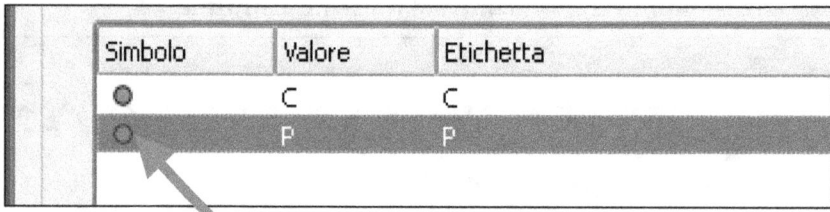

ed andiamo a cambiare il colore del simbolo selezionando il **rosso** e dando **OK**.

Effettuando un doppio clic sul valore in *Etichetta*, è possibile rinominarlo.

Rinominiamo l'etichetta **C** in **accesso carraio** e l'etichetta **P** in **accesso pedonale**.

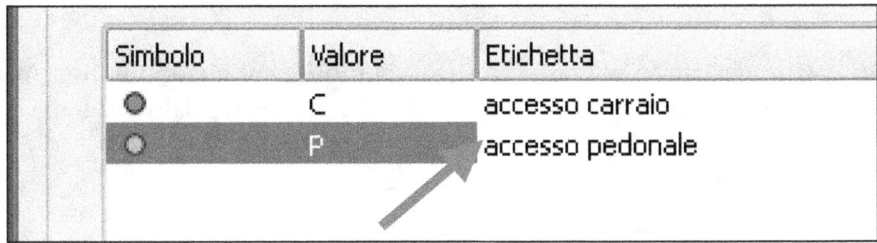

Prima di salvare ed uscire dalla finestra **Proprietà vettore**, portiamoci sulla scheda **Generale**, dove imposteremo la visualizzazione dei simboli in funzione alla scala per non appesantire la mappa con *zoom completo*:

- spuntiamo **Visualizza in funzione della scala**;
- impostiamo come *Minimo* il valore **1**;
- impostiamo come *Massimo* il valore **2501**.

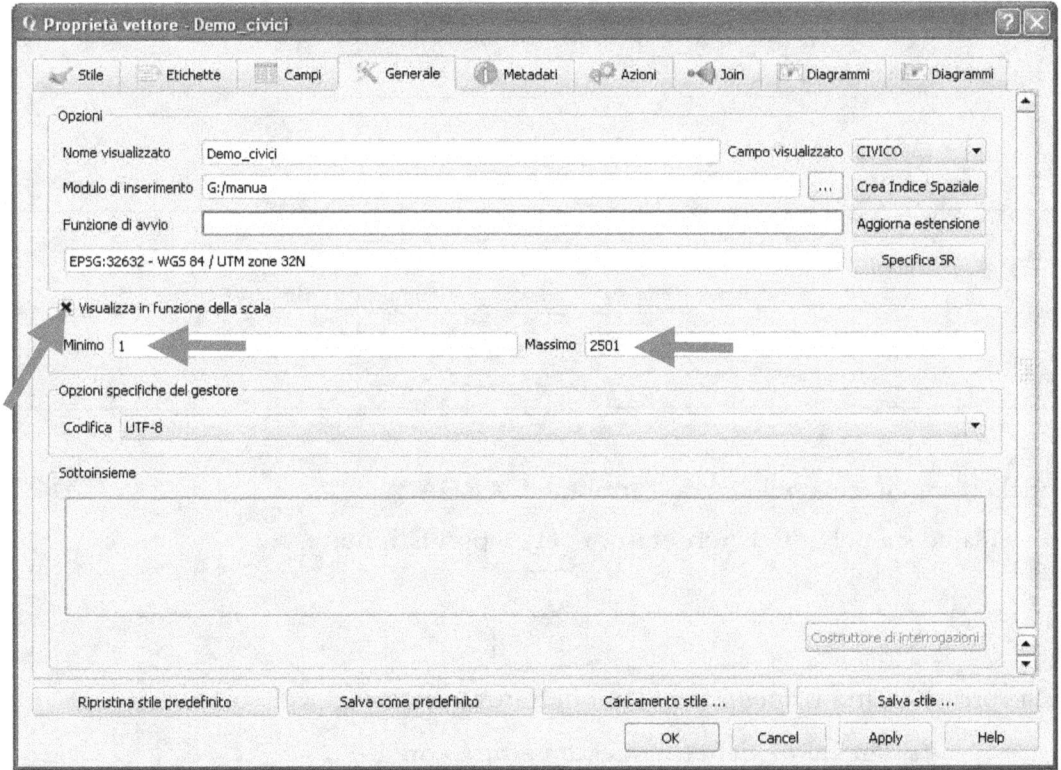

Diamo **OK** alla finestra **Proprietà vettore** per confermare tutte le modifiche di stile.

Nell'*area dei layer*, cliccando col tasto sinistro del mouse sul quadratino di espansione alla sinistra di **Demo_civici**, possiamo visualizzare la *legenda* relativa al tema.

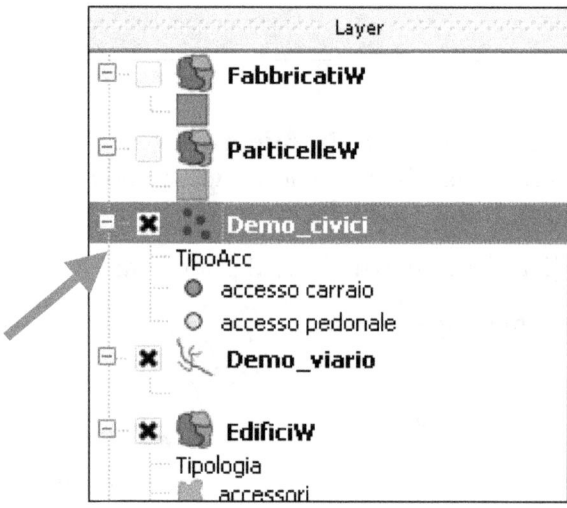

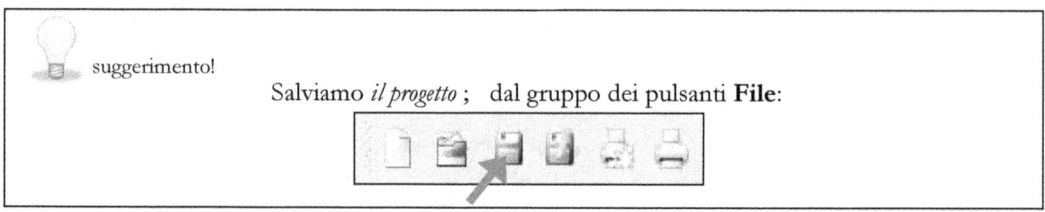

suggerimento!

Salviamo *il progetto* ; dal gruppo dei pulsanti **File**:

Etichettiamo il tema utilizzando l'attributo **TARGA**.

Clicchiamo sul pulsante **Etichettatura** del gruppo **Etichette**.

e si apre la finestra **Impostazione etichettatura vettore**, dove:

- spuntiamo **Etichetta questo vettore con**;
- selezioniamo il campo **TARGA** dal relativo menù a tendina.

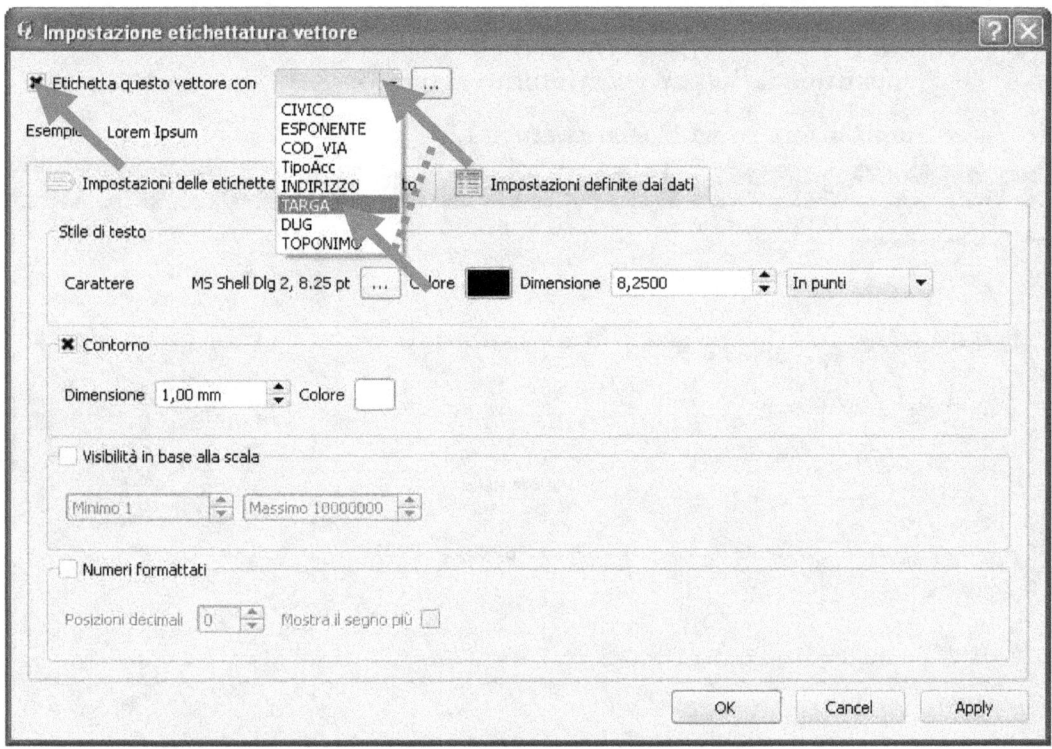

- portiamo la *Dimensione* del carattere al valore di **7**
- spuntiamo **Visualizza in funzione della scala**;
- impostiamo come *Minimo* il valore **1**;
- impostiamo come *Massimo* il valore **2501**.

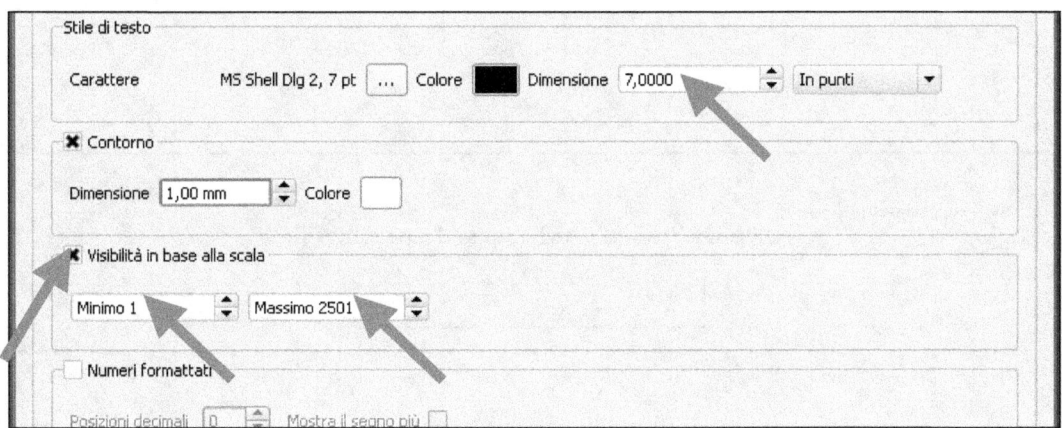

Ci spostiamo nella scheda **Avanzato**:

- spuntiamo il *Posizionamento* **intorno al punto**;
- impostiamo come *Distanza etichetta* **1,5**.

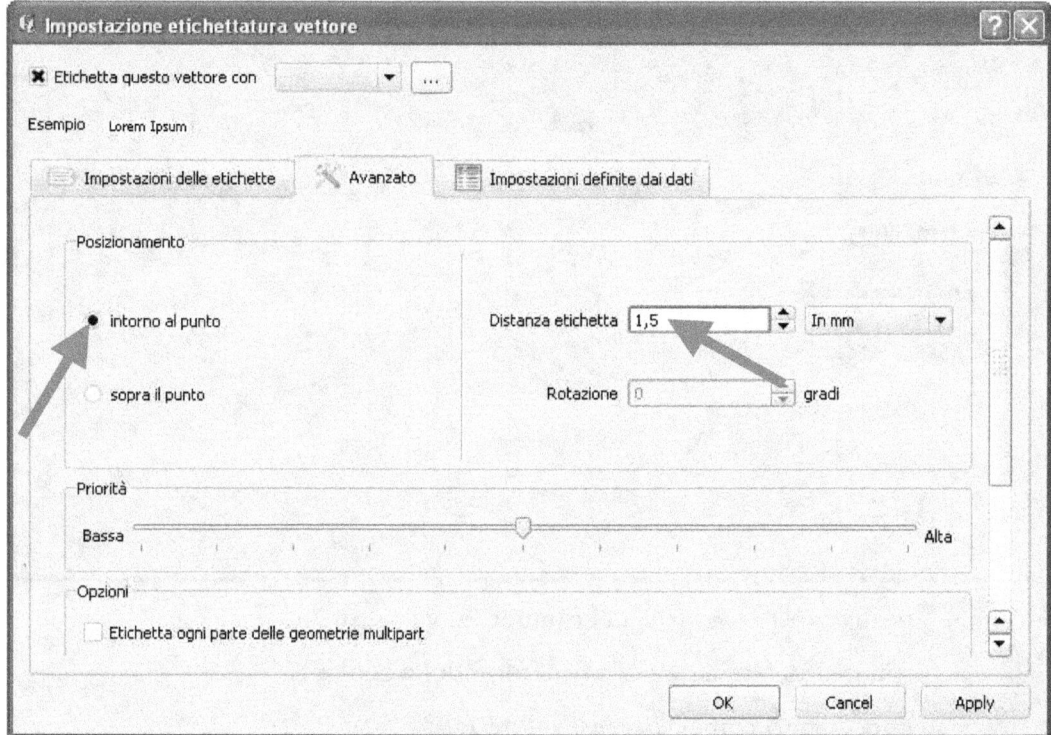

Diamo **OK**.

suggerimento! Salviamo *il progetto* ; dal gruppo dei pulsanti **File**:

I civici verranno visualizzati unicamente ad una scala di visualizzazione inferiore a 1:2501 .

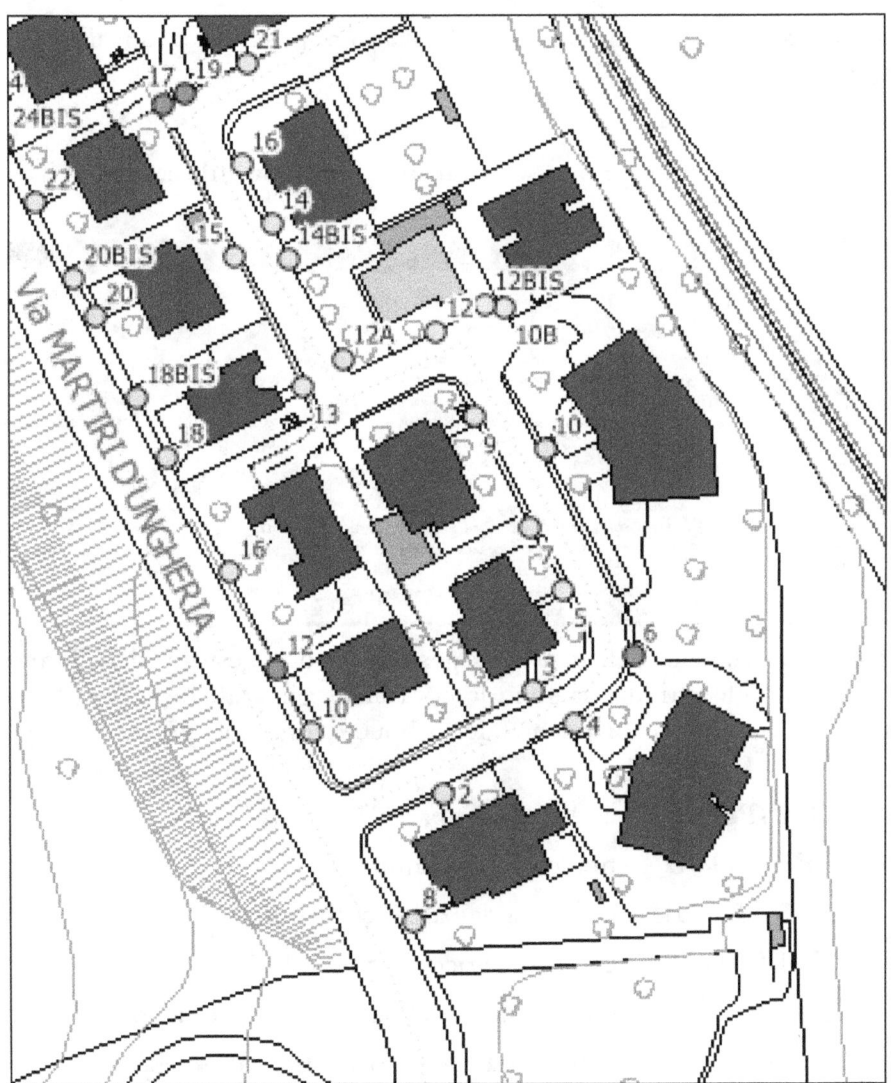

Cap. 4 – Elaborazioni GIS

[Creare un tema e i suoi elementi geometrici da dati georeferenziati]

Con i civici, abbiamo creato un tema eseguendo un rilievo *manuale* senza l'ausilio di strumentazioni di rilevazione georeferente dei punti.

Vediamo ora come creare un tema quando siamo in possesso di un rilievo con dati georeferenziati.

In **QGIS Browser**, cerchiamo e selezioniamo il file **puntiluce.dbf** nella cartella **database**.

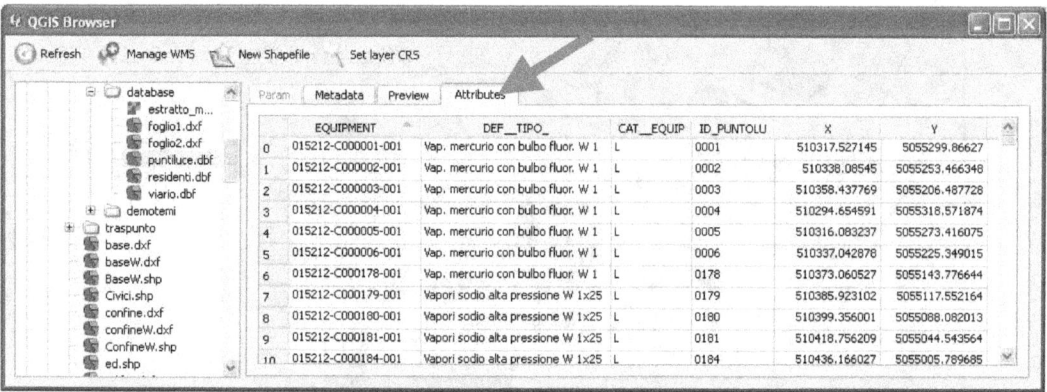

Esso è l'estrapolazione del database gestionale del gestore dell'illuminazione pubblica ove, tra gli attributi, vi sono le coordinate geografiche (già in WGS 84 / UTM zone 32N) del posizionamento dei pali-luce. Infatti, analizzando gli attributi, abbiamo:

EQUIPMENT, codice dell'apparecchiatura;

DEF__TIPO_, tipologia delle lampade;

CAT__EQUIP, categoria dell'apparecchiatura;

ID_PUNTOLU, codice univoco del punto luce;

X, coordinata X del posizionamento del palo;

Y, coordinata Y del posizionamento del palo.

Per la prossima elaborazione sono rilevanti quest'ultimi due attributi.

Trasciniamo da **QGIS Browser**, come abbiamo imparato a fare, il file **puntiluce.dbf** nell'*area dei layer* in **QGIS Desktop**.

Nell'*area dei layer*, tasto destro del mouse su **puntiluce.dbf** e dal menù a tendina selezioniamo **Salva con nome...**

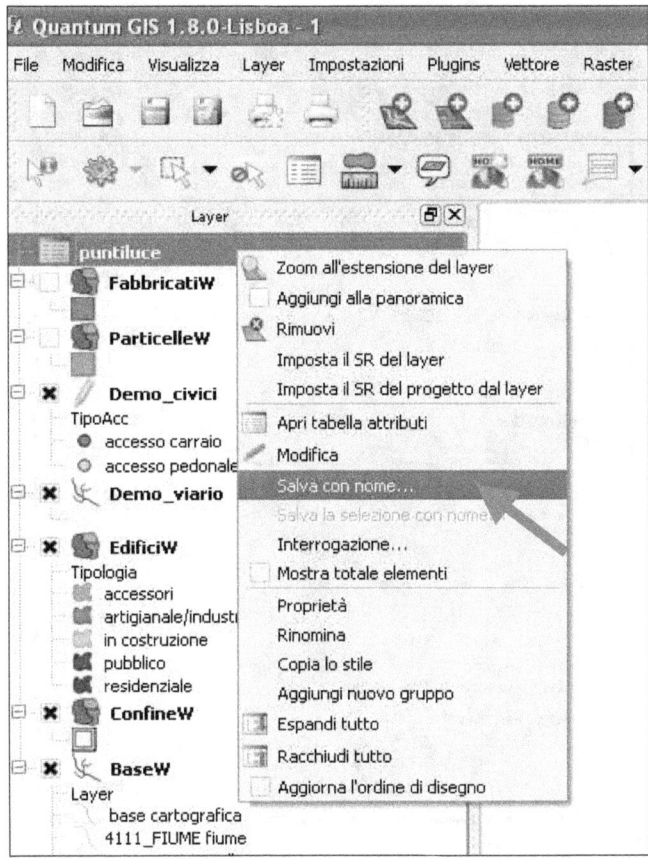

nella successiva finestra:

- come *Formato*, selezioniamo **Testo delimitato** tra le opzioni del relativo menù a tendina.

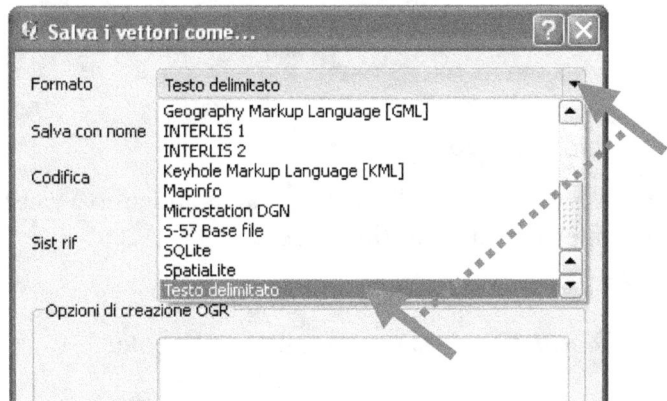

- in *Salva con nome*, cliccando sul tasto **Sfoglia**, creiamo il file **puntiluce.csv**.

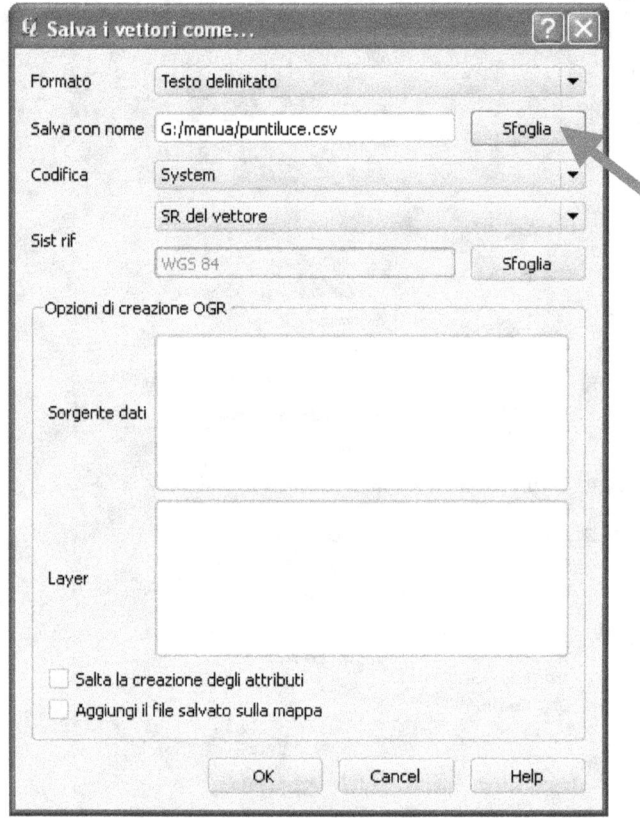

Diamo **OK**.

Dal gruppo **Gestione layer**, clicchiamo sul pulsante **Aggiungi layer testo delimitato**.

e si attiva la relativa finestra, dove:

- come *Nome file*, cliccando su **Sfoglia…**, andiamo a ricercare e selezionare il file appena creato **puntiluce.csv**;
- come *Nome layer*, lasciamo **puntiluce**;
- come *Delimitatori selezionati*, spuntiamo **Virgola**;

- come *Campi X Y*, selezioniamo l'attributo **X** per il *Campo X* e **Y** per il *Campo Y*, scegliendoli aprendo le apposite tendine.

Diamo **OK**, ed il tema **puntiluce.csv** viene caricato e visualizzato.

Salviamo ora il tema appena creato in formato shapefile:
- Tasto destro del mouse sul tema **puntiluce.csv** nell'*area dei layer*;
- si apre il menù a tendina dove selezioniamo **Salva con nome...**

Nella nuova finestra:
- selezioniamo come formato **ESRI shapefile**;
- spuntiamo l'opzione **Aggiungi il file salvato sulla mappa**;
- impostiamo il SR come **WGS 84 / UTM zone 32N**;
- salviamo come **puntiluce.shp**.

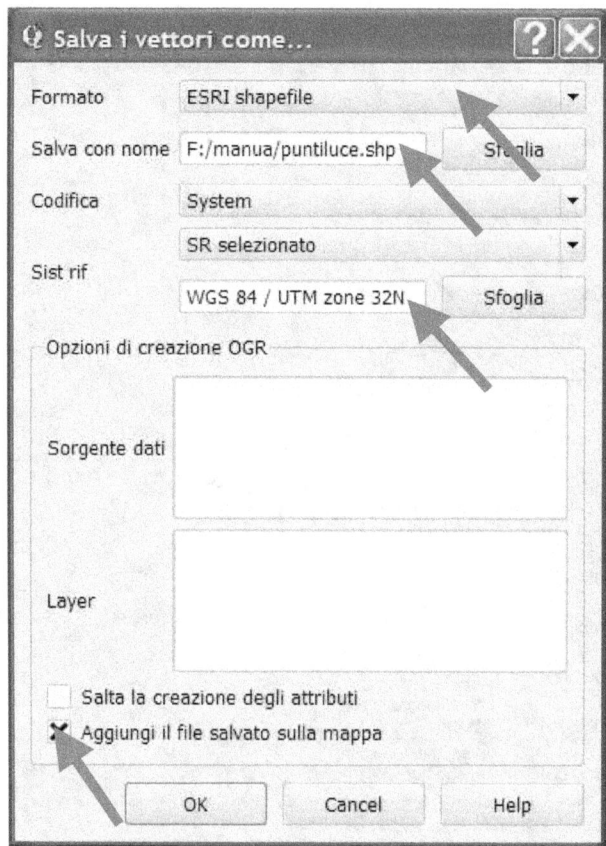

Rimuoviamo il file **puntiluce.dbf** ed il tema **puntiluce.csv**, che non serviranno più:
- Singolarmente, tasto destro del mouse sul file e sul tema nell'*area dei layer*;
- si apre il menù a tendina dove selezioniamo **Rimuovi**

Vestizione ed *etichettatura* del nuovo tema.

Assegneremo al nuovo tema **puntiluce** un simbolo unico che etichetteremo col valore del campo **ID_PUNTOLU**, codice identificativo del palo che, nella realtà, troviamo riprodotto su un'adesivo dello stesso.

Doppio clic su **puntiluce** nell'*area dei layer*, oppure:
- Tasto destro del mouse su **puntiluce** sempre nell' *area dei layer*;
- si apre il menù a tendina dove selezioniamo **Proprietà**

ed accediamo alla finestra delle proprietà.

Nella scheda **Stile**, semplicemente, selezioniamo come *Stile punto*, ad esempio, il terzo simbolo da sinistra ed assegnamo il colore (attivando la relativa finestra) **blu**. .

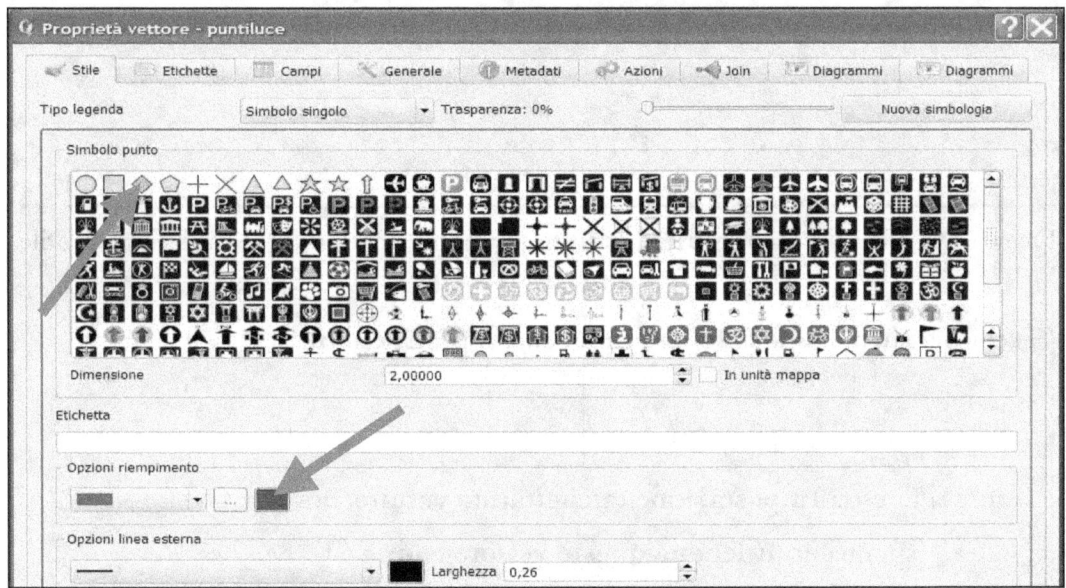

Restando nella finestra Proprietà vettore, ci spostiamo nella scheda **Generale**, dove imposteremo la visualizzazione dei simboli in funzione alla scala per non appesantire la mappa con *zoom completo*:

- spuntiamo **Visualizza in funzione della scala**;
- impostiamo come *Minimo* il valore **1**;
- impostiamo come *Massimo* il valore **2501**.

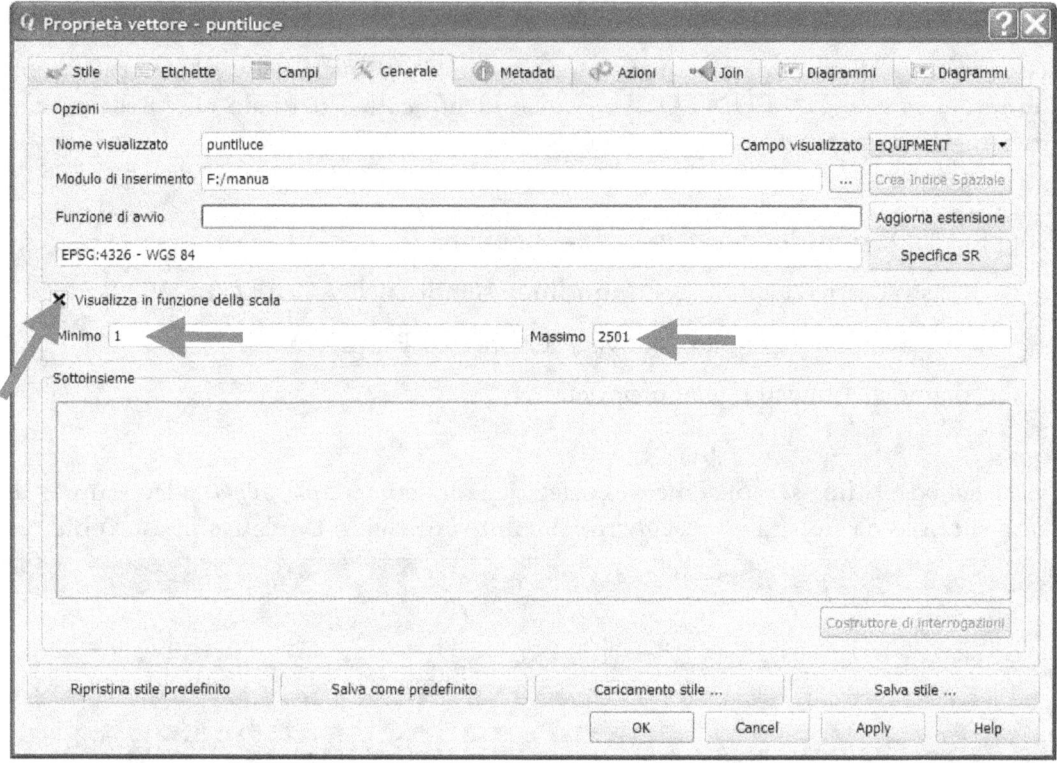

Diamo **OK** alla finestra **Proprietà vettore** per confermare tutte le modifiche di stile.

Clicchiamo sul pulsante **Etichettatura** del gruppo **Etichette**.

e si apre la finestra **Impostazione etichettatura vettore**, dove:

- spuntiamo **Etichetta questo vettore con**;
- selezioniamo il campo **ID_PUNTOLU** dal relativo menù a tendina.

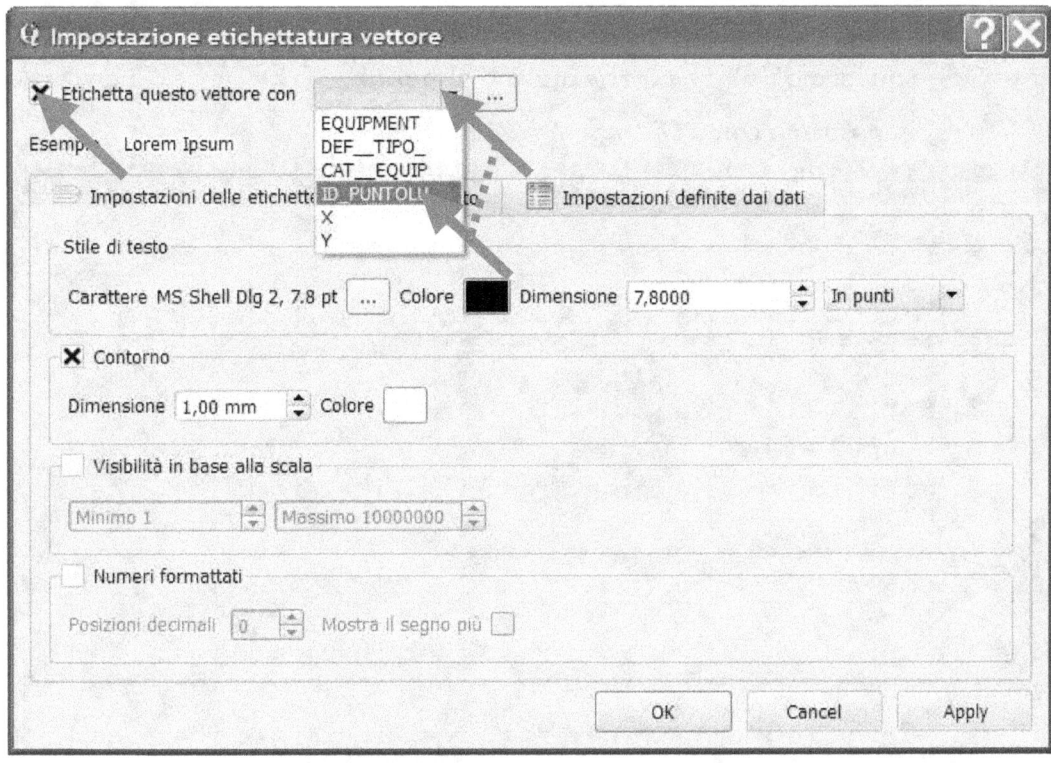

1. selezioniamo come *Colore* del carattere il **rosso;**
2. portiamo la *Dimensione* del carattere al valore di **7**
3. spuntiamo **Visualizza in funzione della scala;**
4. impostiamo come *Minimo* il valore **1**;
5. impostiamo come *Massimo* il valore **2501**.

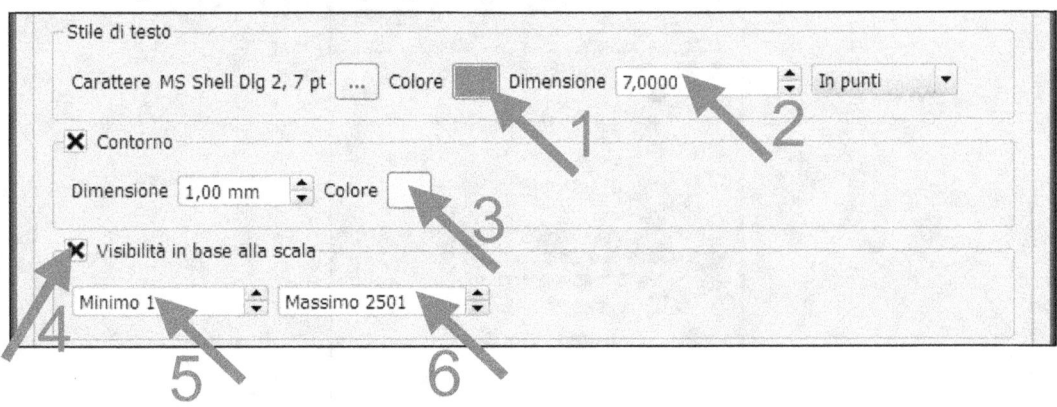

Ci spostiamo nella scheda **Avanzato**:

- spuntiamo il *Posizionamento* **intorno al punto**;
- impostiamo come *Distanza etichetta* **1,5**.

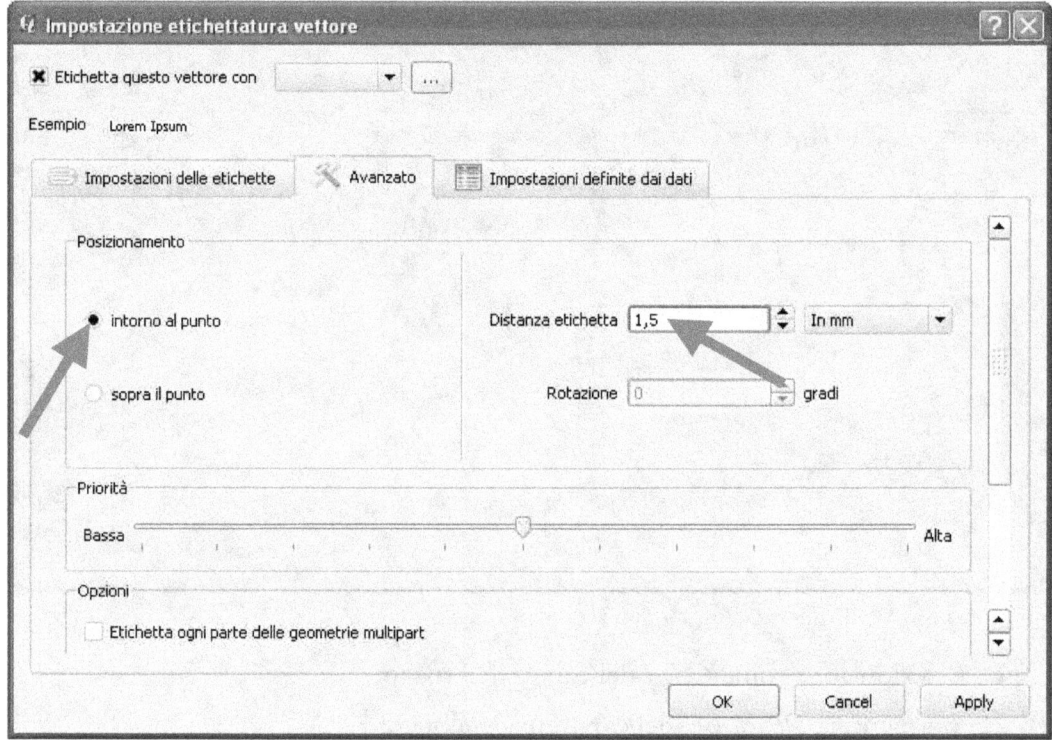

Diamo **OK**.

Disattivando dalla visualizzazione il tema **Demo_civici**

e con uno zoom nell'area di visualizzazione di scala inferiore a 1:2501, possiamo apprezzare il tema appena realizzato.

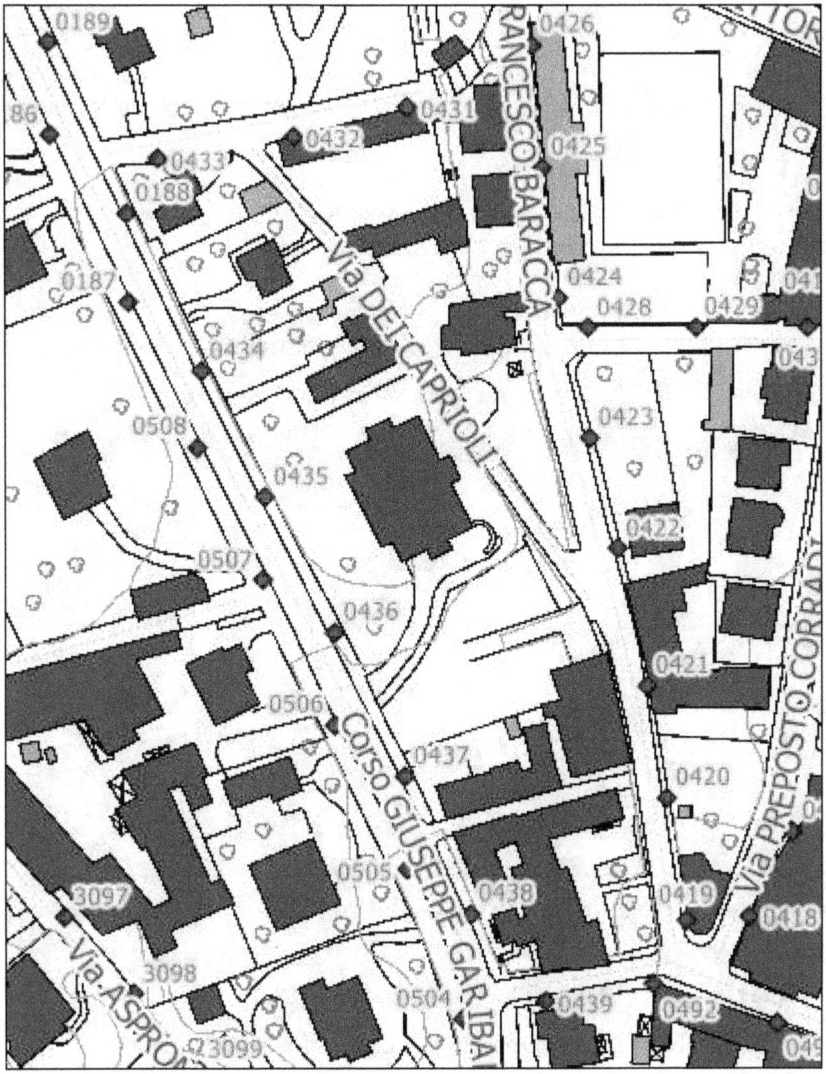

💡 suggerimento!

Salviamo *il progetto*; dal gruppo dei pulsanti **File**:

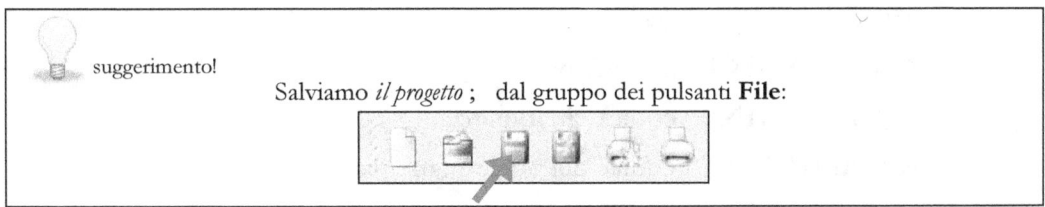

[Creare un tema e i suoi elementi geometrici da dati non georeferenziati]

Con le prossime elaborazioni, creeremo un tema, ed i suoi elementi, utilizzando dati che non contemplano indicazioni di coordinate geografiche.

Prendiamo ad esempio il file **residenti.dbf** presente nella cartella **demobasi**.
Selezioniamolo in **QGIS Browser** ed analizziamo i suoi attributi.

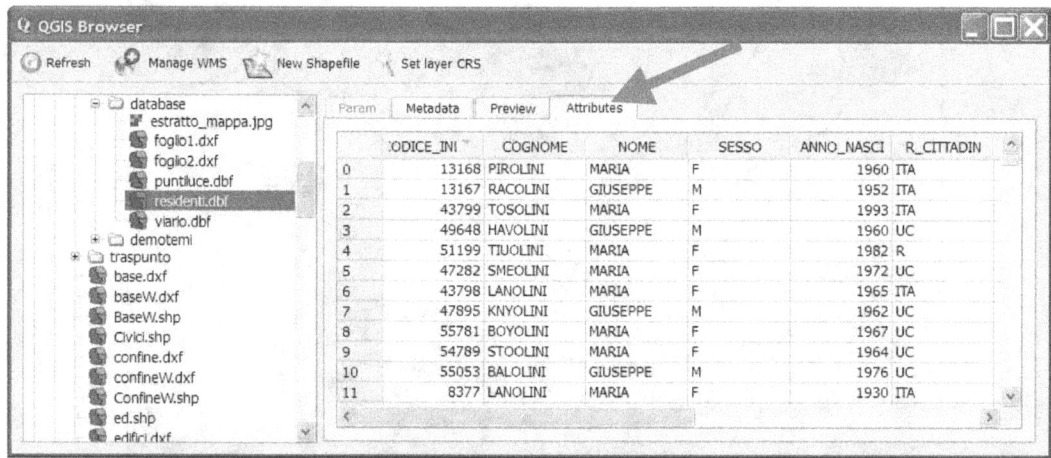

Essi rappresentano i valori estrapolati dal database dell'anagrafe cittadini, in particolare abbiamo:

        CODICE_IND,   codice univoco del cittadino;

        COGNOME,   cognome del cittadino;

        NOME,   nome del cittadino;

        SESSO,   sesso;

        ANNO_NASCI,   anno di nascita;

        R_CITTADIN,   codice cittadinanza;

        R_FAMIGLIA,   codice del nucleo famigliare;

        INDIRIZZO,   indirizzo di residenza.

Tra questi non vi è alcun riferimento a coordinate geografiche, ma con gli elementi che abbiamo, siamo in grado ugualmente di posizionare nella mappa un simbolo che rappresenti un cittadino in quanto di lui sappiamo dove risiede, grazie all'attributo **INDIRIZZO**.

In precedenza, nel realizzare **Demo_civici**, abbiamo creato per il tema l'attributo **INDIRIZZO**.

Per questo attributo, forse non vi siete accorti che, abbiamo prestato particolare attenzione alla modalità e alla sintassi con cui è stato generato. Esso era così composto:

- **DUG**: scritto in minuscolo tranne l'iniziale;
- uno spazio;
- **TOPONIMO**: scritto tutto in maiuscolo, con il nome di un eventuale personaggio inserito prima del cognome;
- una spazio;
- **CIVICO**
- **ESPONENTE**

Se in **QGIS Browser** analizziamo attentamente i valori **INDIRIZZO** di **residenti.dbf**, noteremo che modalità e sintassi sono le stesse.

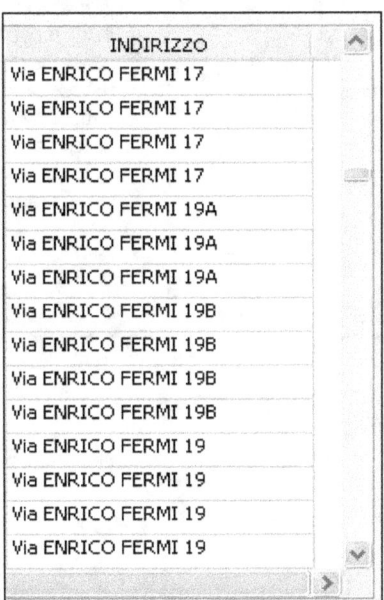

Ciò, ovviamente, non è un caso. I dati dello stradario e dell'anagrafe cittadini appartengono allo stesso ente. Anche se trattati da servizi e uffici distinti, le relative banche dati devono interagire tra loro, e fondamentale importanza diventa il coordinamento e la gestione di dati interfaccianti tra i vari database. Inserire nei diversi software gestionali un indirizzo scritto con modalità e sintassi variegate crea solo caos organizzativo ed impedisce l'ottimizzazione del lavoro non potendo usufruire appieno di sistemi informatici, come ad esempio quello che stiamo illustrando, in quanto vedrebbe precluso il concetto di *join* che è alla base del sistema.

Se si vuole operare nel campo del GIS, dobbiamo sempre metterci nelle condizioni di avere attributi di temi diversi che possono *accoppiarsi (join)* tra loro.

Prima di effetuare il *join* tra **Demo_civici** e **residenti.dbf** tramite l'attributo **INDIRIZZO**, dobbiamo nel tema dei civici aggiungere gli attributi delle coordinate geometriche.

Anche se non è attivo alla visualizzazione, apriamo la **tabella degli attributi** di **Demo_civici**. (tasto destro del mouse sul tema nell'*area dei layer* e selezioniamola)

Entriamo dalla modalità *editing*.

Apriamo il **Calcolatore di campi**, cliccando sull'apposito pulsante:

nella finestra di calcolo:

- selezioniamo **Crea un nuovo campo**;
- inseriamo come *Nome del campo* = **XCOORD** ;
- come *Tipo campo in output*, selezioniamo dall'elenco, aprendo la relativa tendina di opzione, **Numero decimale (real)**;

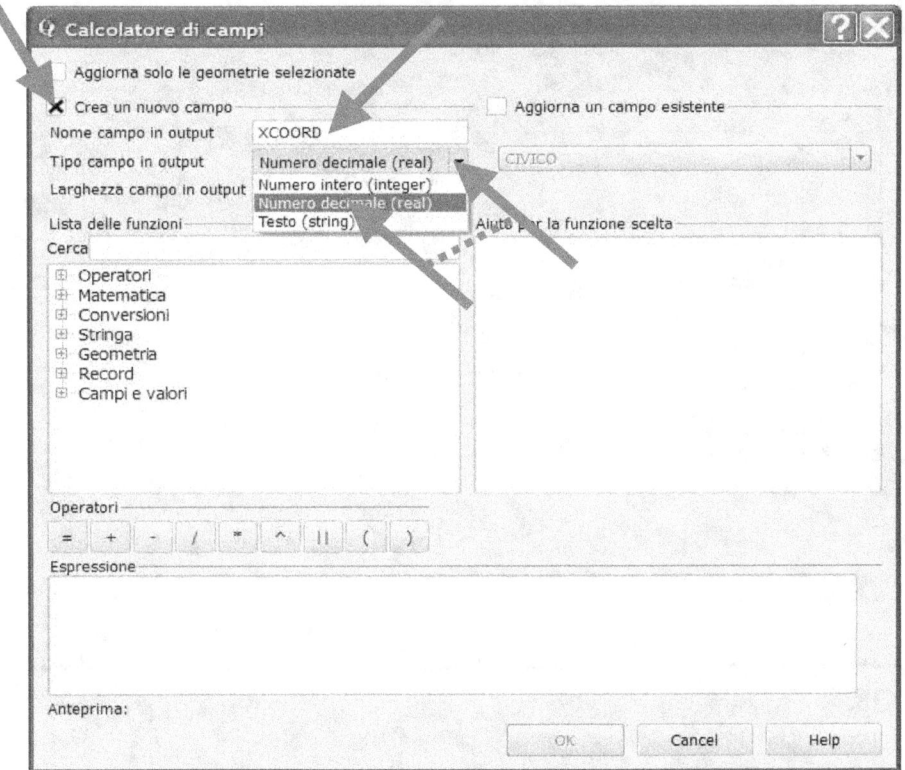

- inseriamo come *Larghezza campo in output*, il valore **20**;
- inseriamo come *Precisione* (il numero di decimali), il valore **6**.

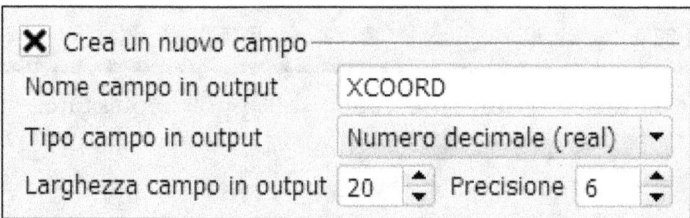

Nell'area della **Lista delle funzioni**, espandiamo cliccando su [+] alla sinistra della voce **Geometrie**.

Cerchiamo **$x** e con un doppio clic inseriamo questa formula nell'area **Espressione**.

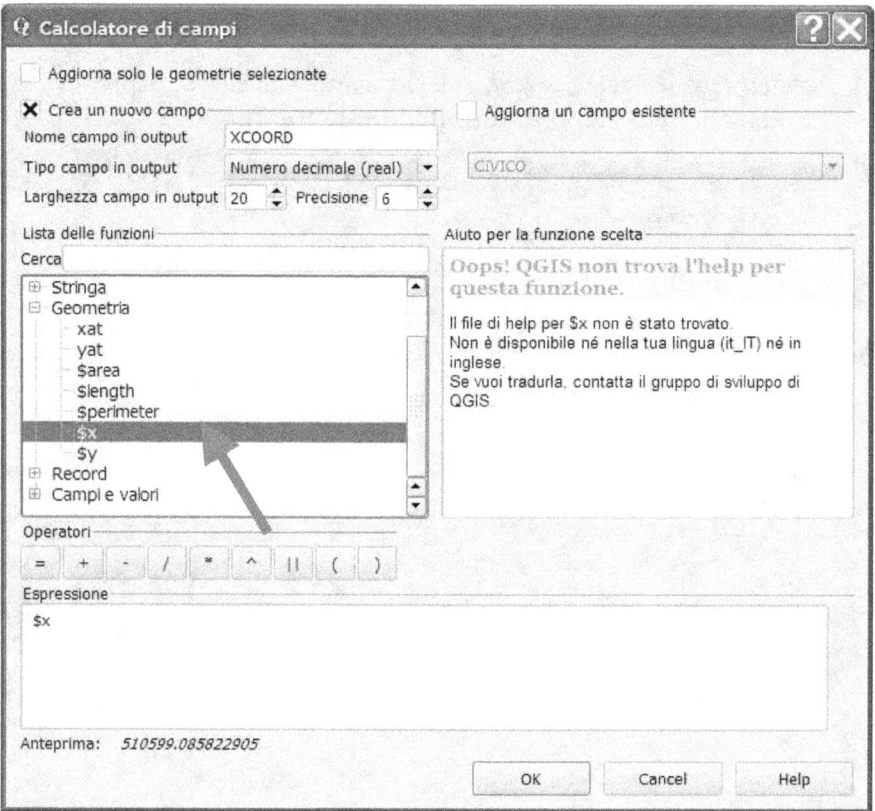

Diamo **OK**

Riapriamo il **Calcolatore di campi** e aggiungiamo un'altra colonna.

Sviluppare nuovi tematismi

nella finestra di calcolo:

- selezioniamo **Crea un nuovo campo**;
- inseriamo come *Nome del campo* = **YCOORD** ;
- come *Tipo campo in output*, selezioniamo dall'elenco, aprendo la relativa tendina di opzione, **Numero decimale (real)**;
- inseriamo come *Larghezza campo in output*, il valore **20**;
- inseriamo come *Precisione* (il numero di decimali), il valore **6**.

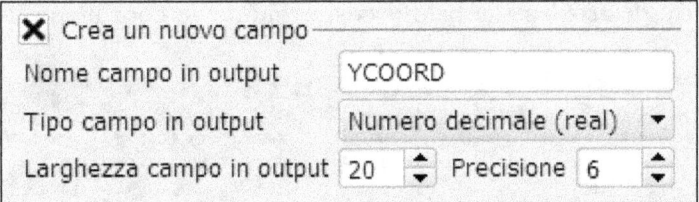

Nell'area della **Lista delle funzioni**, espandiamo cliccando su + ala sinistra della voce **Geometrie**.

Cerchiamo **$y** e con un doppio clic inseriamo questa formula nell'area **Espressione**.

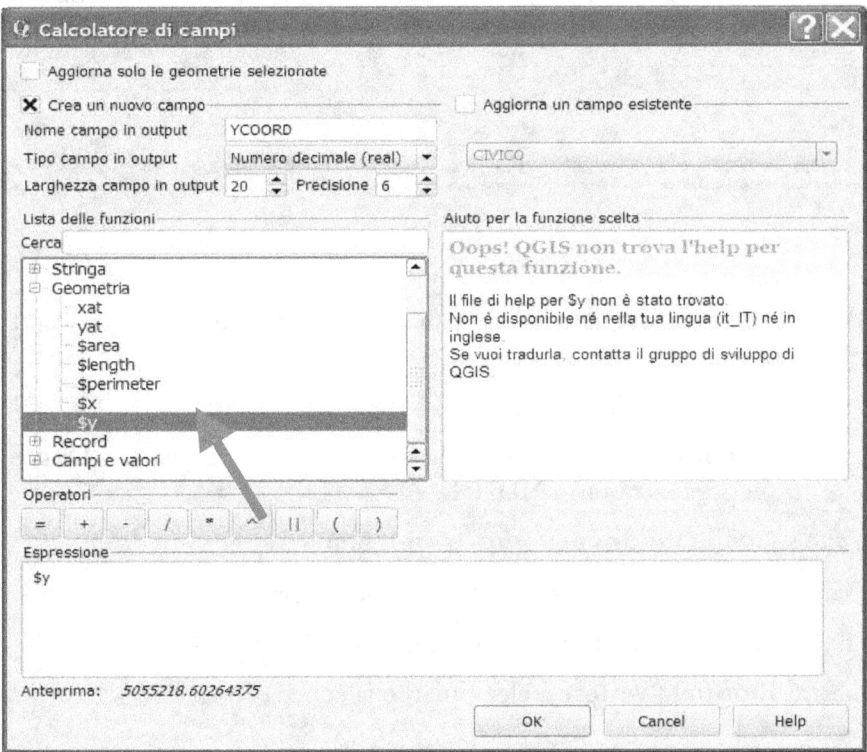

323

Cap. 4 — Elaborazioni GIS

Diamo **OK**

Salviamo ed usciamo dalla modalità *editing*.

Nella **tabella degli attributi** abbiamo così aggiunto le coordinate delle geometrie puntiformi.

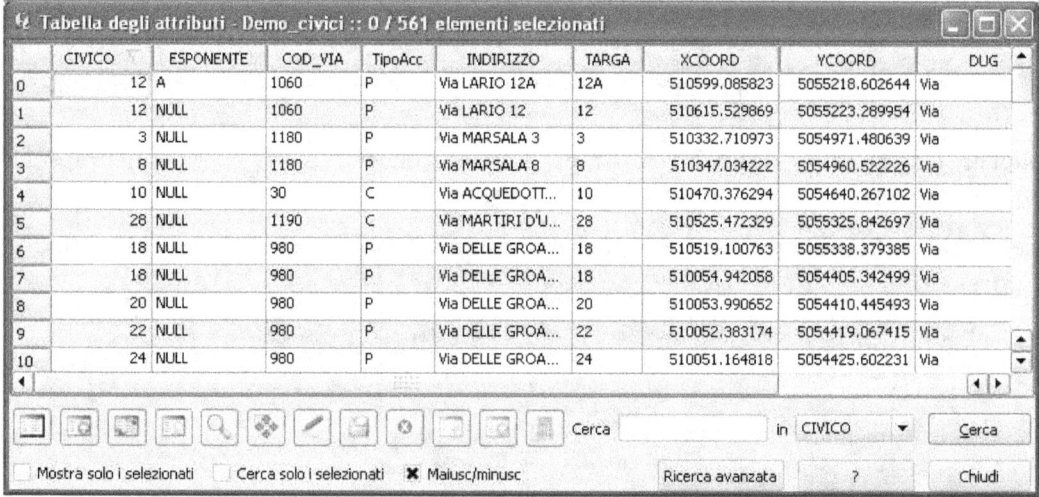

Da **QGIS Browser** selezioniamo e trasciniamo il file **residenti.dbf** nell'*area dei layer* di **QGIS Desktop**.

Al file **residenti.dbf** collegheremo la tabella degli attributi di **Demo_civici**, *accoppiandole (join)* per l'attributo **INDIRIZZO**.

Doppio clic su **residenti.dbf** nell' *area dei layer*, oppure:

- Tasto destro del mouse su **residenti.dbf** sempre nell'*area dei layer*;
- si apre il menù a tendina dove selezioniamo **Proprietà**.

Della finestra **Proprietà vettore**, selezioniamo la scheda **Join**.

- Clicchiamo sul pulsante "+" verde

Sviluppare nuovi tematismi

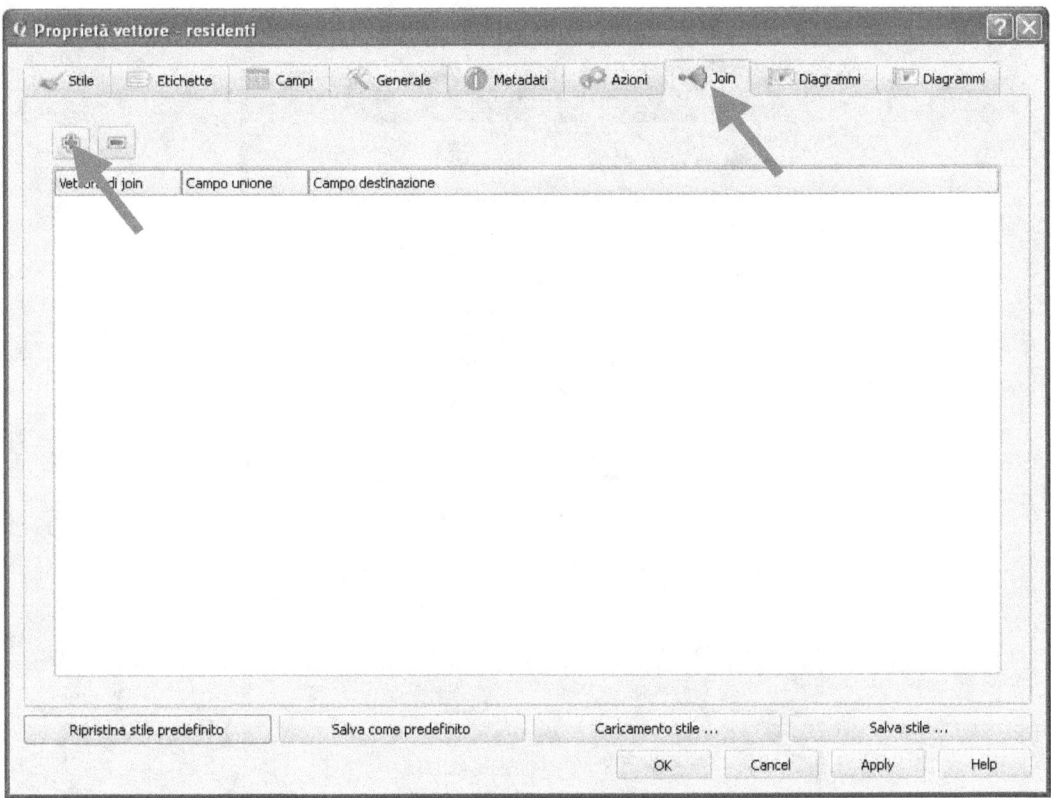

Si apre la finestra **Aggiungi vettore da unire (join)**.

Dalle opzioni dei rispettivi menù a tendina:

- come *Vettore da unire (join)*, selezioniamo **Demo_viario**;

- come *Campo unione*, selezioniamo **COD_VIA**;

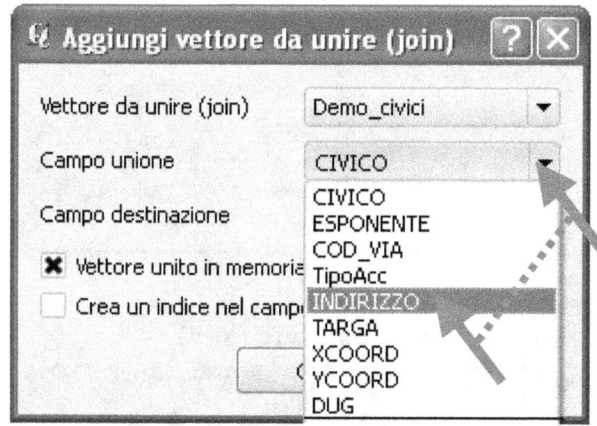

- come *Campo destinazione*, selezioniamo **COD_VIA**;

Assicuriamoci che sia spuntato **Vettore unito in memoria virtuale**

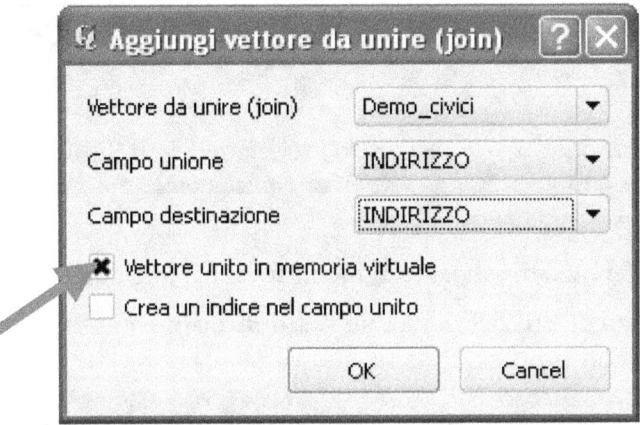

Diamo **OK**.

L'operazione di *join* è stata così aggiunta nella scheda.

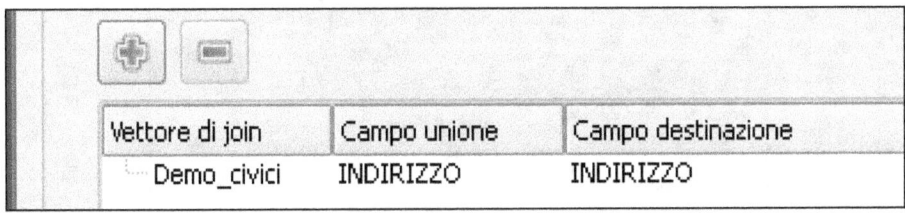

Diamo **OK** alla finestra **Proprietà vettore**.

Con questa operazione abbiamo associato ad ogni residente gli attributi dei numeri civici, tra i quali, per noi di fondamentale importanza, le coordinate geografiche delle geometrie puntiformi, ponendoci di fatto nelle stesse condizioni iniziali di elaborazione dei dati del file **puntiluce.dbf** trattato in precedenza.

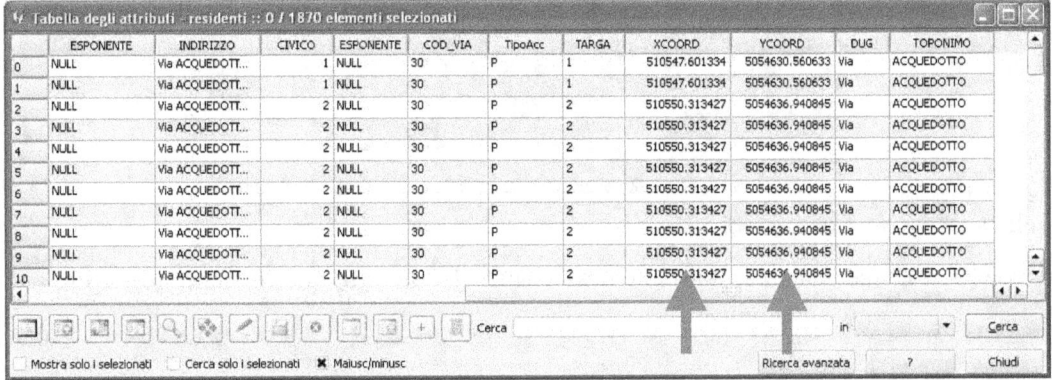

Cap. 4 – Elaborazioni GIS

Salviamo ed usciamo dalla modalità *editing*.

Ora, con dati georeferenziati, salviamo il file in formato testo delimitato.

Nell'*area dei layer*, tasto destro del mouse su **residenti.dbf** e dal menù a tendina selezioniamo **Salva con nome...**

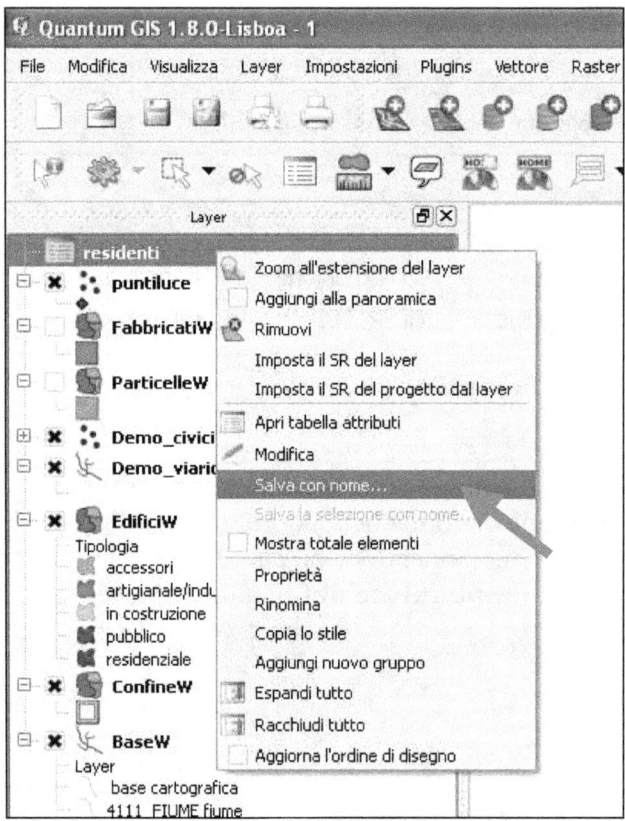

nella successiva finestra:

- come *Formato*, selezioniamo **Testo delimitato** tra le opzioni del relativo menù a tendina.

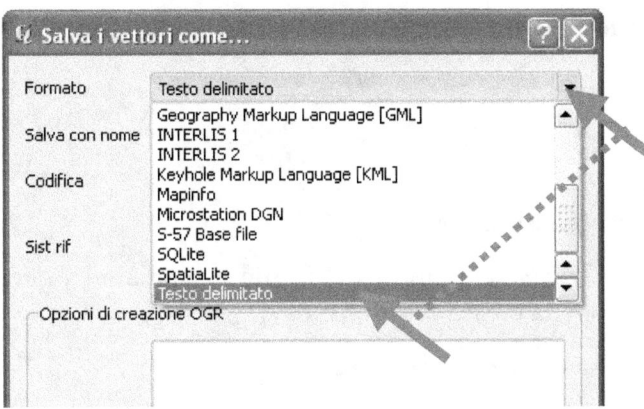

- in *Salva con nome*, cliccando sul tasto **Sfoglia**, creiamo il file **residenti.csv**.

Diamo **OK**.

Dal gruppo **Gestione layer**, clicchiamo sul pulsante **Aggiungi layer testo delimitato**.

e si attiva la relativa finestra, dove:

- come *Nome file*, cliccando su **Sfoglia…**, andiamo a ricercare e selezionare il file appena creato **residenti.csv**;
- come *Nome layer*, lasciamo **residenti**;
- come *Delimitatori selezionati*, spuntiamo **Virgola**;
- come *Campi X Y*, selezioniamo l'attributo **XCOORD** per il *Campo X* e **YCOORD** per il *Campo Y*, nel caso in cui il software non li carichi automaticamente come scelta di default.

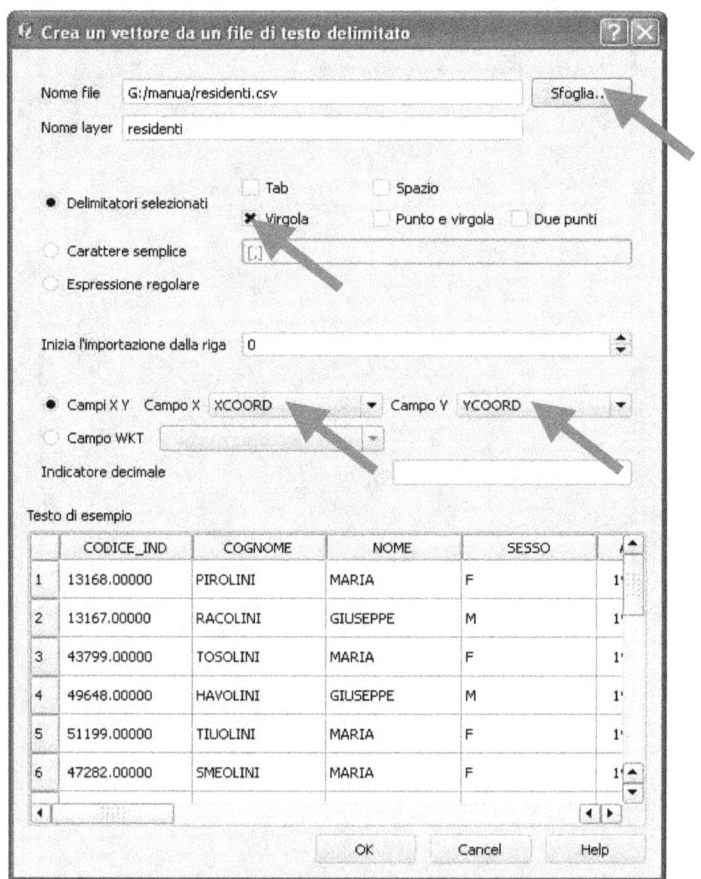

Diamo **OK**, ed il tema **residenti.csv** viene caricato e visualizzato.

Salviamo ora il tema appena creato in formato shapefile:
- Tasto destro del mouse sul tema **residenti.csv** nell'*area dei layer*;
- si apre il menù a tendina dove selezioniamo **Salva con nome...**

Nella nuova finestra:
- selezioniamo come formato **ESRI shapefile**;
- spuntiamo l'opzione **Aggiungi il file salvato sulla mappa**;
- impostiamo il SR come **WGS 84 / UTM zone 32N**;
- salviamo come **residenti.shp**.

Rimuoviamo il file **residenti.dbf** ed il tema **residenti.csv**, che non serviranno più:
- Singolarmente, tasto destro del mouse sul file e sul tema nell'*area dei layer*;
- si apre il menù a tendina dove selezioniamo **Rimuovi**

suggerimento!   Salviamo *il progetto* ;   dal gruppo dei pulsanti **File**:

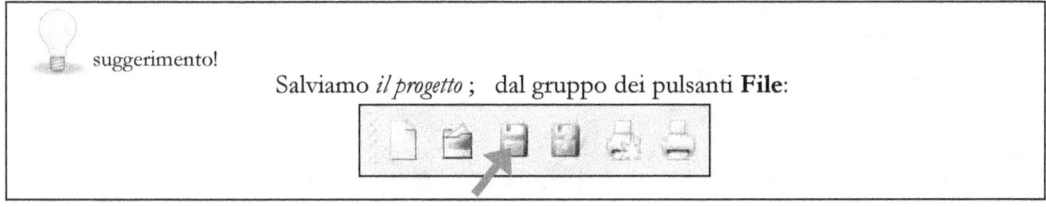

[Creare uno stile di visualizzazione personalizzato di un tema di punti]

Per lo stile del tema residenti, creeremo una simbologia diversificata in base al sesso.

Doppio clic su **residenti** nell'*area dei layer*, oppure:
- Tasto destro del mouse su **residenti** sempre nell'*area dei layer*;
- si apre il menù a tendina dove selezioniamo **Proprietà**

ed accediamo alla finestra delle proprietà.

Nella scheda **Stile**, selezioniamo **Nuova simbologia** e confermiamo con **Yes** sull'avviso successivo..

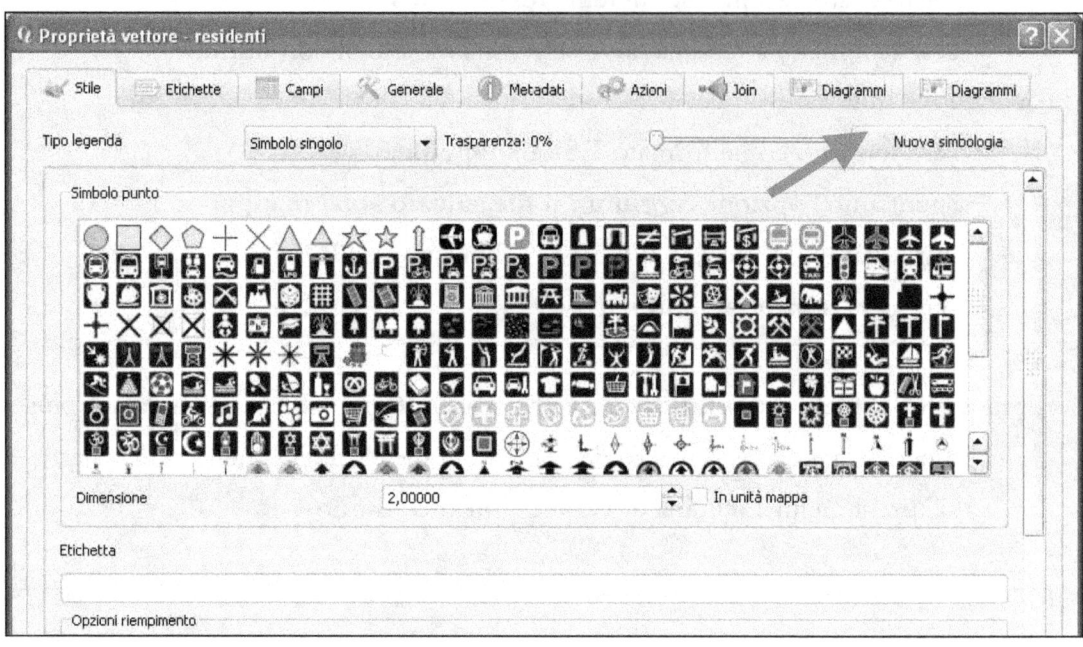

La scheda **Stile** cambia configurazione.

Selezioniamo dalle opzioni a tendina il simbolo **Categorizzato**.

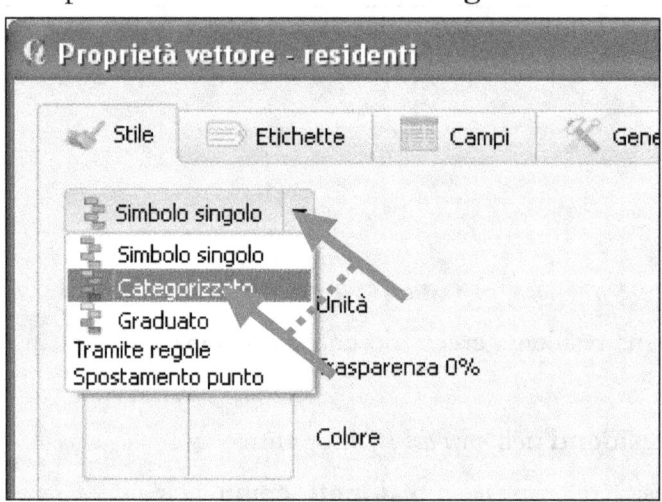

Altra configurazione della finestra, dove per *Colonna* selezioniamo **SESSO** accedendo al relativo menù a tendina; successivamente clicchiamo sul pulsante **Classifica**.

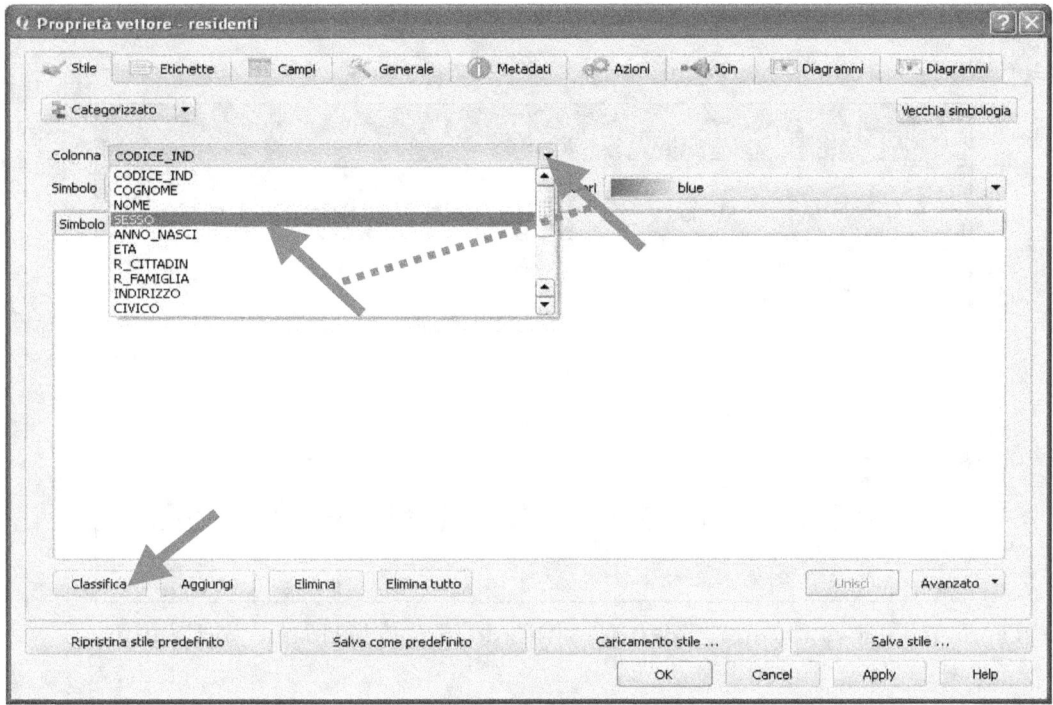

Eliminiamo il simbolo predefinito generato di default perché non serve: selezioniamolo e successivamente clicchiamo su **Elimina**.

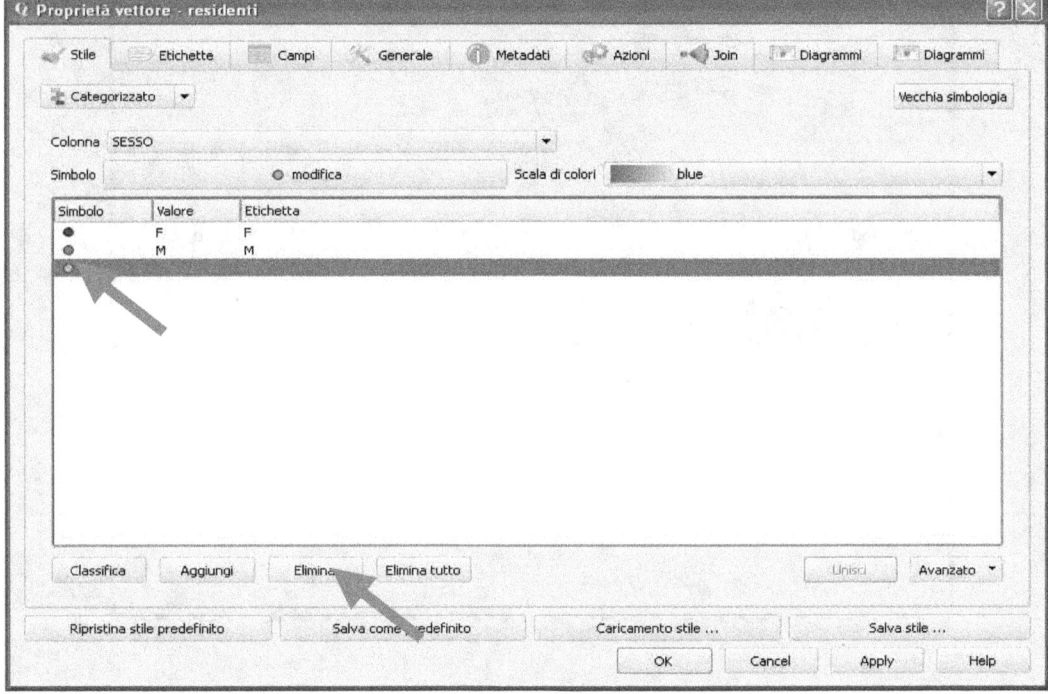

Doppio clic sul simbolo con valore **F**

e si apre una nuova finestra, **Selettore simbolo**, dove clicchiamo su **Cambia...**

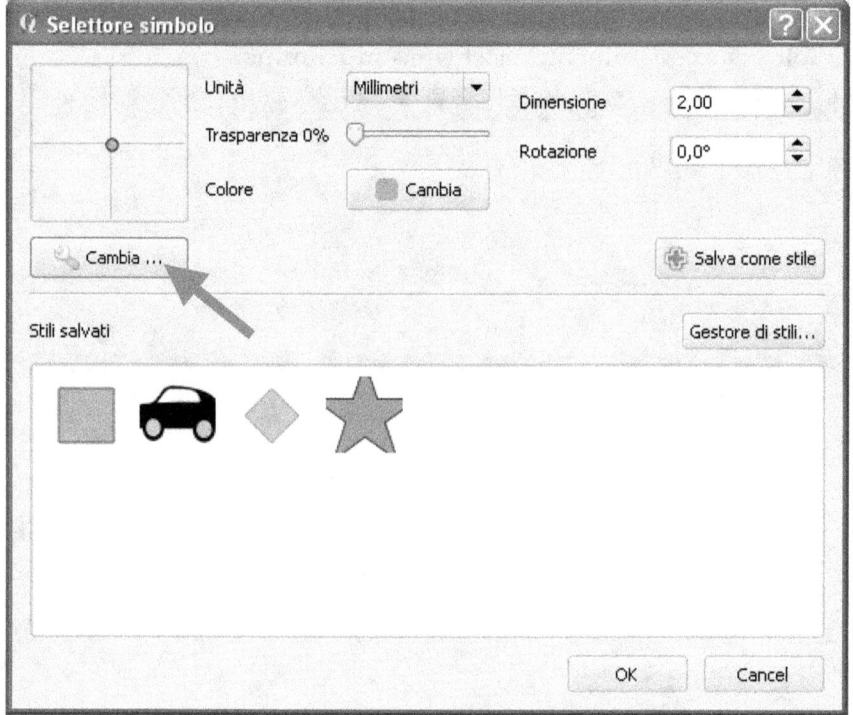

Si apre un'ulteriore finestra, **Proprietà simbolo**, dove:

1. in *Tipo layer del simbolo* l'opzione **Indicatore carattere**;
2. in *Famiglia del carattere*, scegliano **Webdings**;
3. come *Colore* impostiamo il **rosa**;
4. come *Dimensione* impostiamo il valore **6**;
5. in *Offset X,Y*, impostiamo entrambi i valori a **-1**
6. tra i simboli del carattere Webdings ricerchiamo e selezioniamo

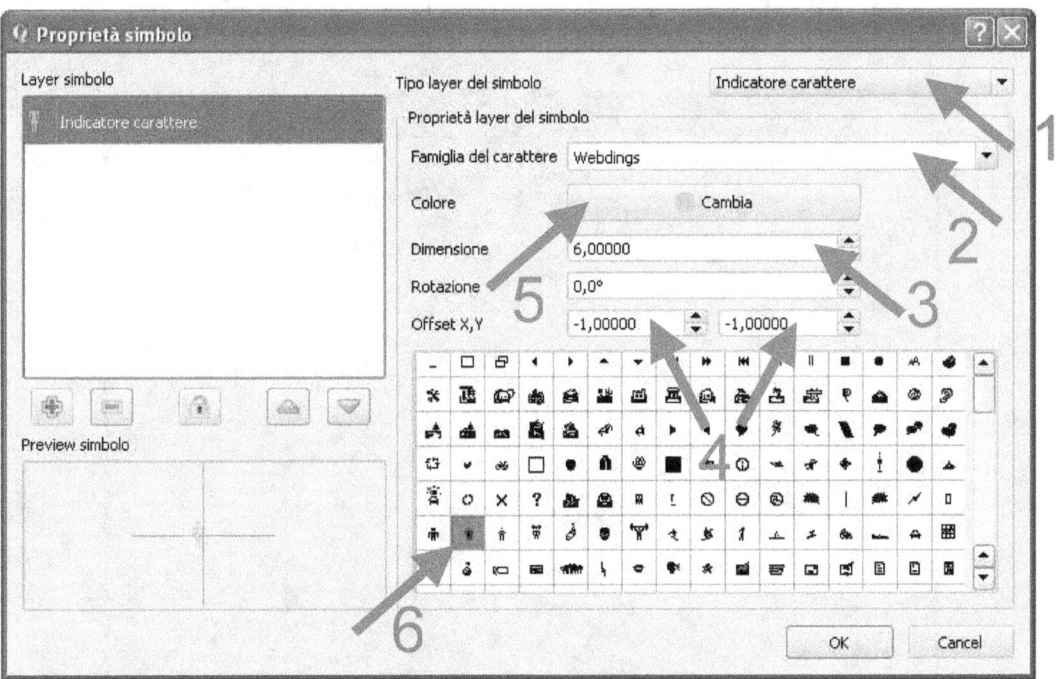

Diamo **OK** a questa finestra e a quella sottostante **Selettore simbolo**.

Tornati nella finestra **Proprietà vettore** ripetiamo per l'altro simbolo.
Doppio clic sul simbolo con valore **M**

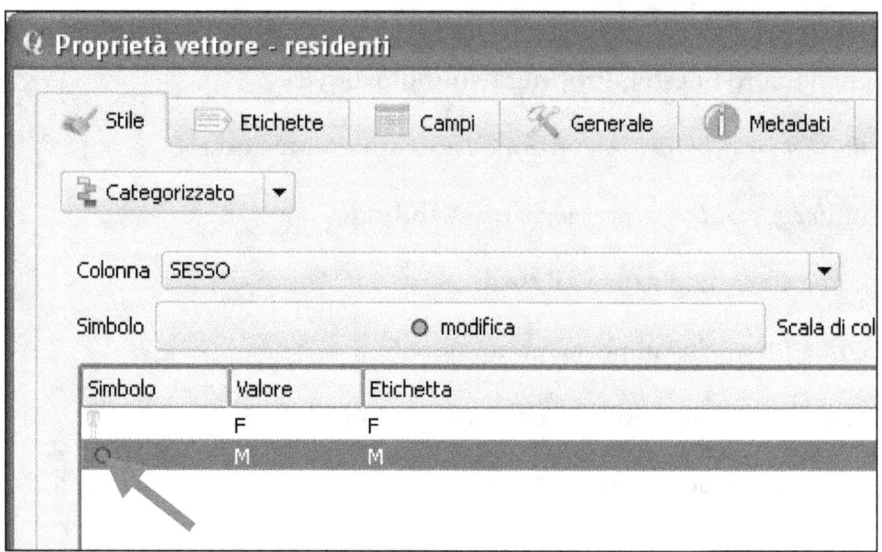

e si apre la finestra **Selettore simbolo**, dove clicchiamo su **Cambia...**

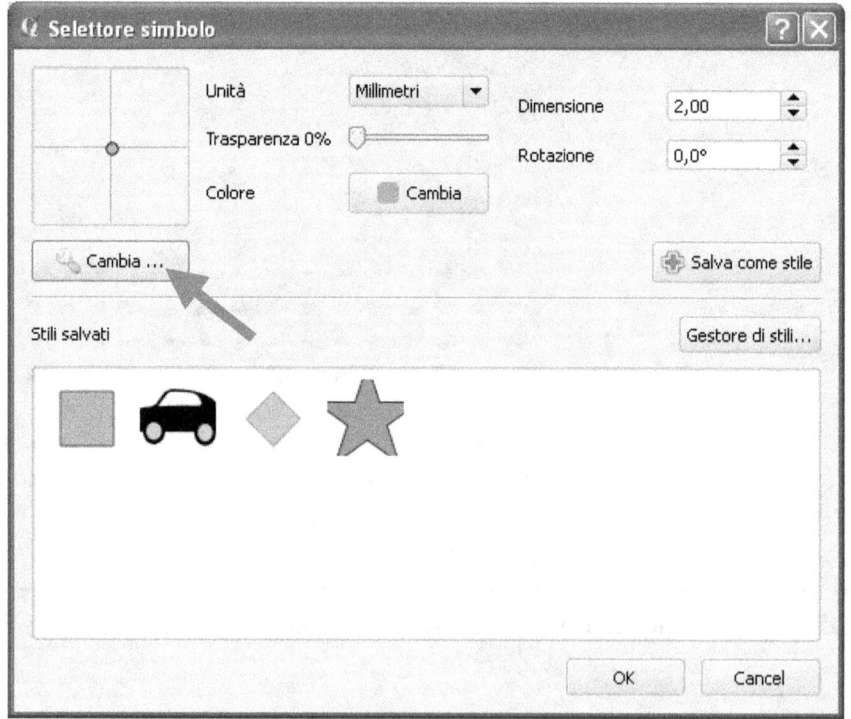

Si apre la finestra **Proprietà simbolo**, dove:

1. in *Tipo layer del simbolo* l'opzione **Indicatore carattere**;
2. in *Famiglia del carattere*, scegliano **Webdings**;
3. come *Colore* impostiamo il **azzurro**;
4. come *Dimensione* impostiamo il valore **6**;
5. in *Offset X,Y*, per X impostiamo il valore a **1** e per Y il valore a **-1**;
6. tra i simboli del carattere Webdings ricerchiamo e selezioniamo

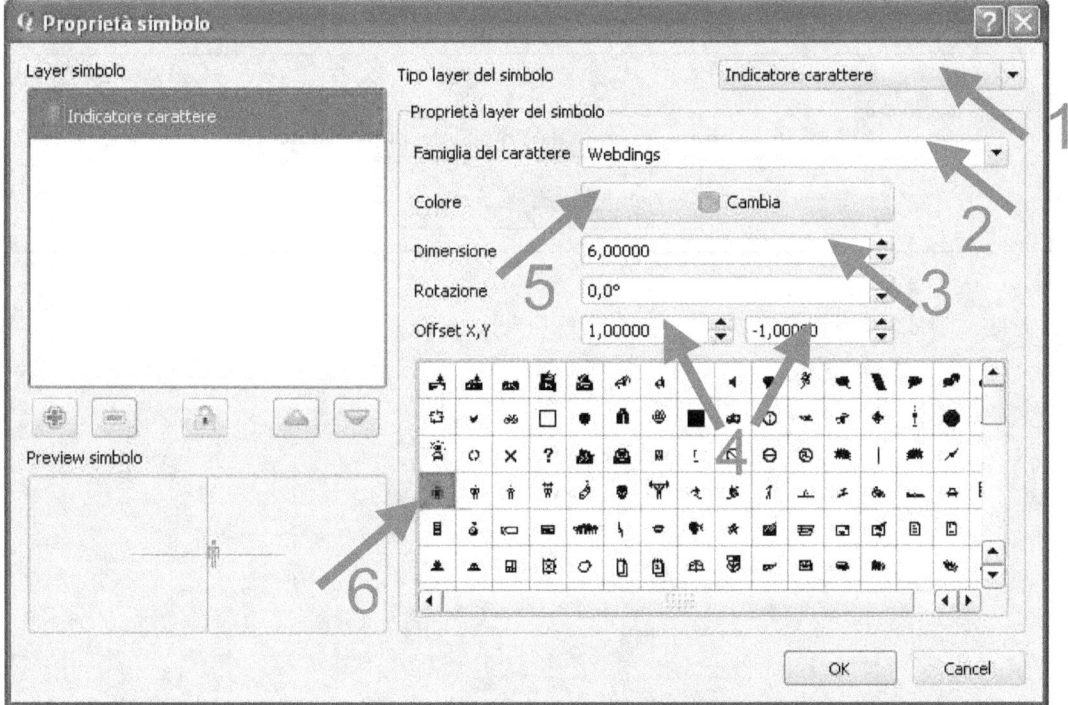

Diamo **OK** a questa finestra e a quella sottostante **Selettore simbolo**.

Nella finestra **Proprietà vettore** modifichiamo l'etichette dei due simboli facendo un doppio clic sull'etichette preimpostate **F** e **M**, cambiandole, rispettivamente in **femmine** e **maschi**.

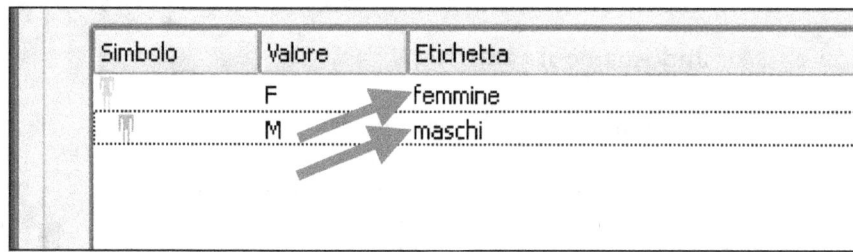

Diamo **OK**.

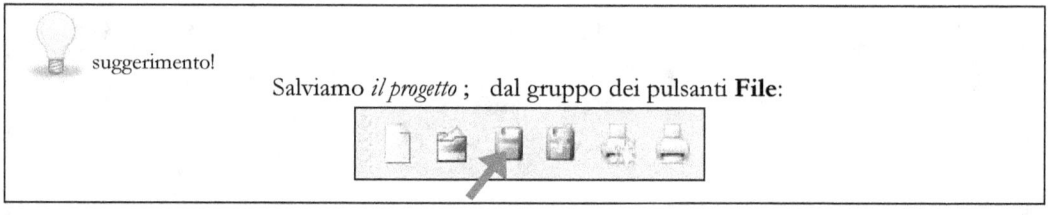

Cap. 5 – SIT: condivisione del progetto

Preparazione al SIT

Il numero dei temi che si possono creare ed inserire nel progetto sono illimitati; l'unico limite è ovviamente la disponibilità dei dati e la loro versatilità ad essere rappresentati in forme geometriche semplici quali punti, linee o poligoni. Le esigenze e le procedure di gestione, a cui siam chiamati a far fronte quotidianamente, fanno inoltre si che la definizione, lo sviluppo, e l'implementazione di un tema siano prioritari o meno all'interno di un progetto SIT.

Sempre che ce ne fosse bisogno, come ulteriore esempio sulle potenzialità di rappresentazione e gestione di dati in ambiente GIS, nella cartella demotemi vi sono altri tre temi classici presenti in un SIT comunale che andremo a caricare nel nostro progetto. Essi sono:

Demo_camerette ;

Demo_fognatura ;

Demo_prg .

I primi due rappresentano lo schema fognario con le relative camerette di ispezione; l'altro è la rappresentazione in mappa del piano regolatore (o di qualsiasi altro piano di governo territoriale).

Con **QGIS Browser**, carichiamo nel progetto i tre temi, selezionandoli e trascinandoli, uno ad uno, nell'*area dei layer* di **QGIS Desktop**.

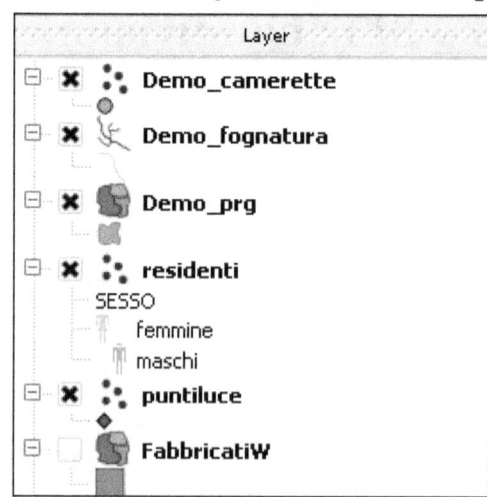

Assegnamo uno *stile* al tema delle camerette fognarie.

Doppio clic su **Demo_camerette** nell'*area dei layer*, oppure:
- Tasto destro del mouse su **Demo_camerette** sempre nell' *area dei layer*;
- si apre il menù a tendina dove selezioniamo **Proprietà**

ed accediamo alla finestra delle proprietà.

Nella scheda **Stile:**
- selezioniamo in *Simbolo punto*, il quadrato;
- come *Dimensione*, impostiamo il valore **2,5**;
- come *Opzione di riempimento*, impostiamo il colore **blu**.

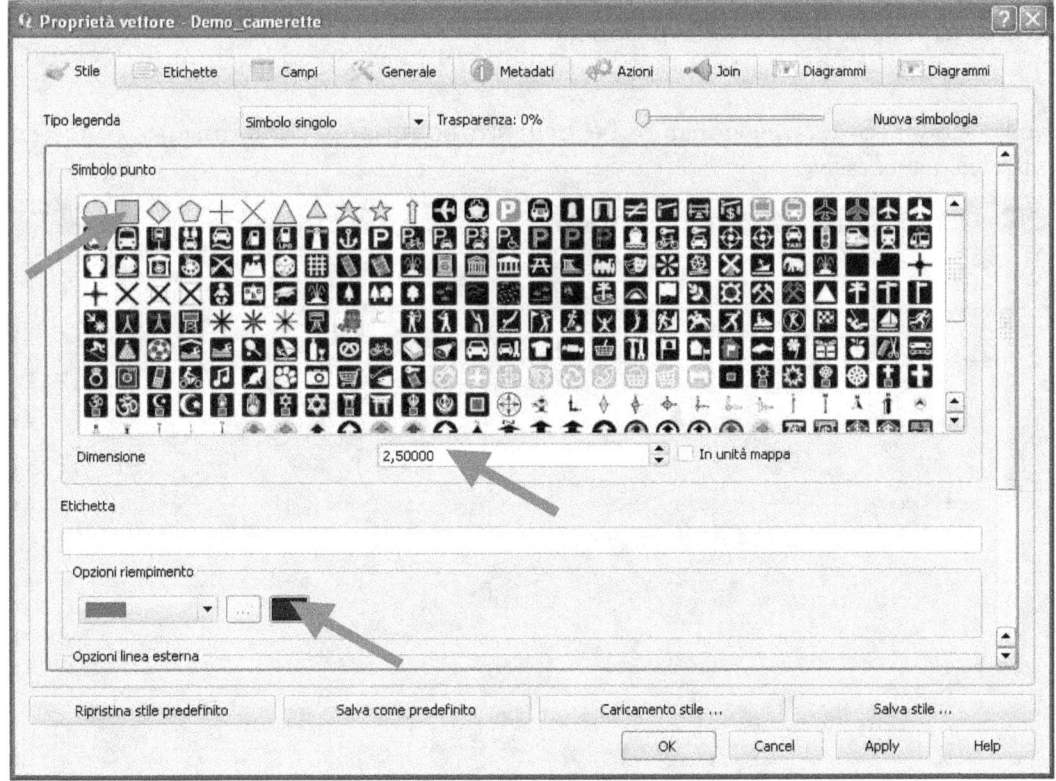

Diamo **OK**.

[Creare uno stile di visualizzazione personalizzato di un tema di linee]

Vestiamo **Demo_fognature**.

Anche qui, doppio clic sul tema nell'*area dei layer*, oppure:
- Tasto destro del mouse sul **tema** sempre nell' *area dei layer*;
- si apre il menù a tendina dove selezioniamo **Proprietà**

ed accediamo alla finestra delle proprietà.

Nella scheda **Stile**, selezioniamo **Nuova simbologia** e confermiamo con **Yes** sull'avviso successivo..

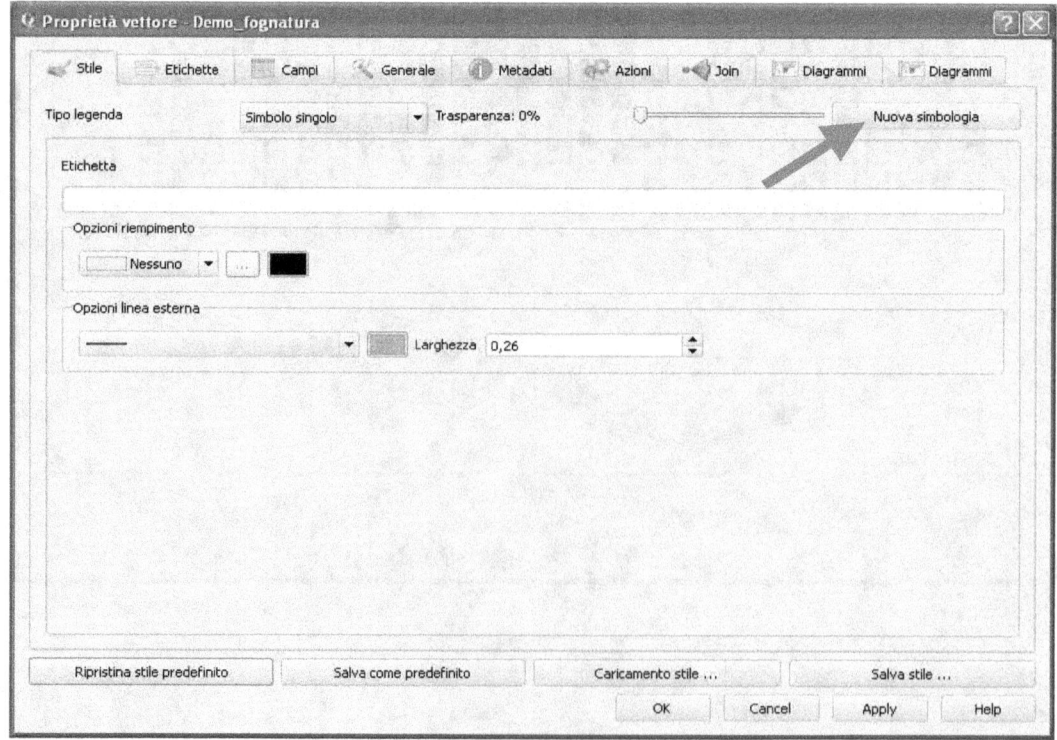

Nella nuova configurazione della scheda di *Stile*, clicchiamo su **Cambia...**

Si apre la finestra **Proprietà simbolo**, dove in *Tipo layer del simbolo*, selezioniamo, accedendo al relativo menù a tendina, la tipologia **Linea di evidenziazione**.

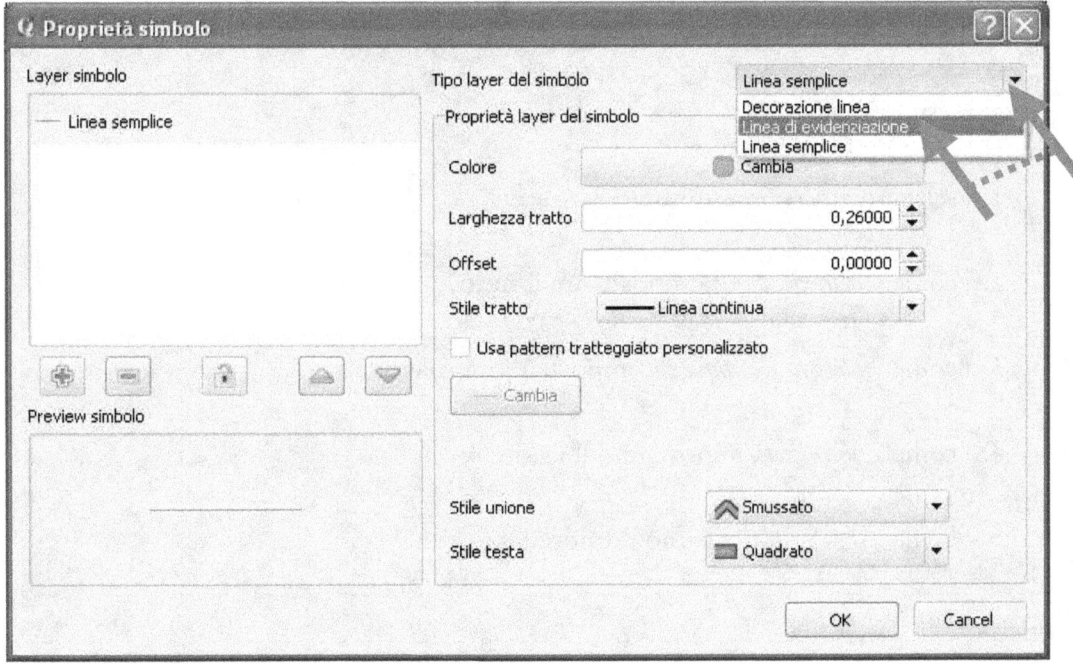

Si aggiorna la schermata. Clicchiamo su **Cambia** *Indicatore*.

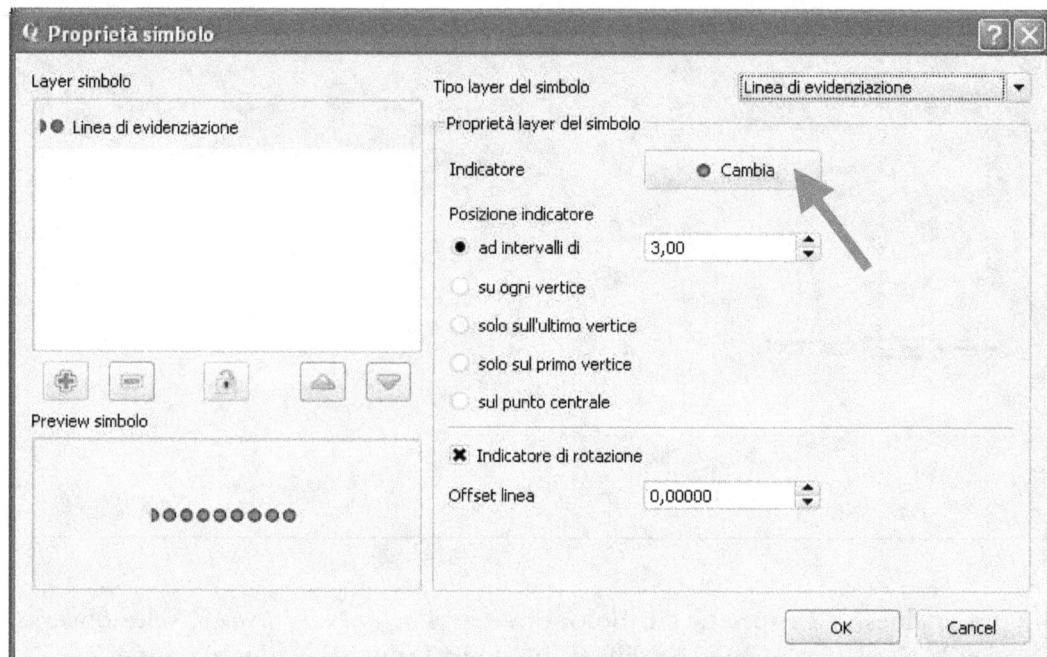

Altra finestra dove:

1. selezioniamo come simbolo, la freccia;

2. come *Colore del bordo*, impostiamo il **nero**;

3. come *Colore di riempimento*, impostiamo il **rosso**;

4. come *Dimensione*, impostiamo il valore **4**;

5. come *Angolo*, impostiamo il valore **90** .

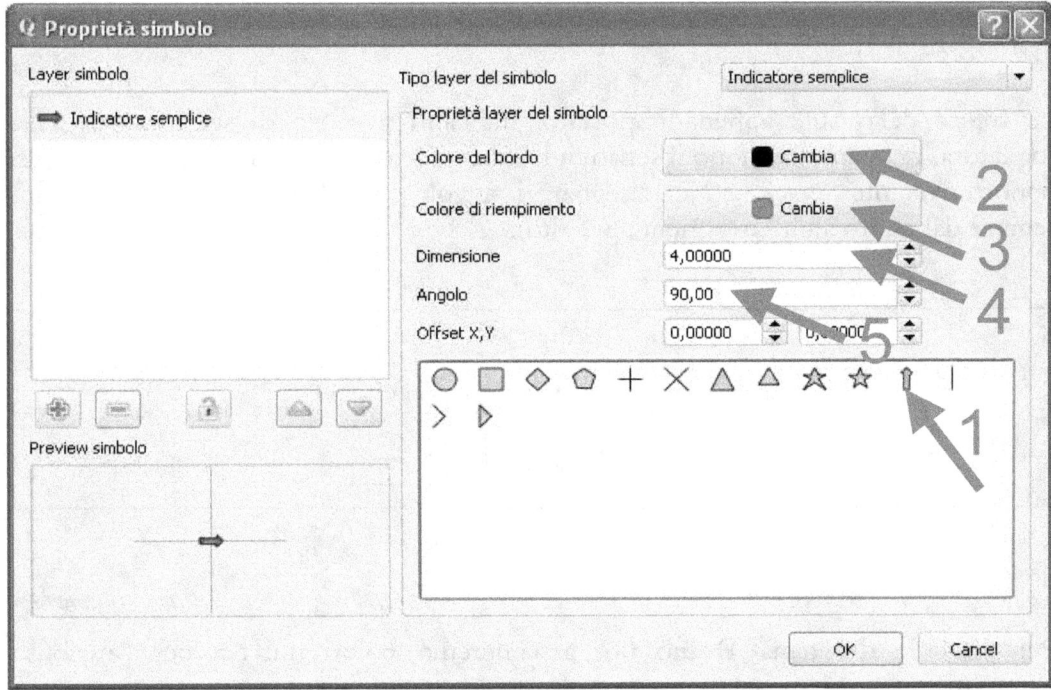

Diamo **OK**.

Tornati nella finestra precedente, modifichiamo il valore di *ad intervalli di*, in **5**.

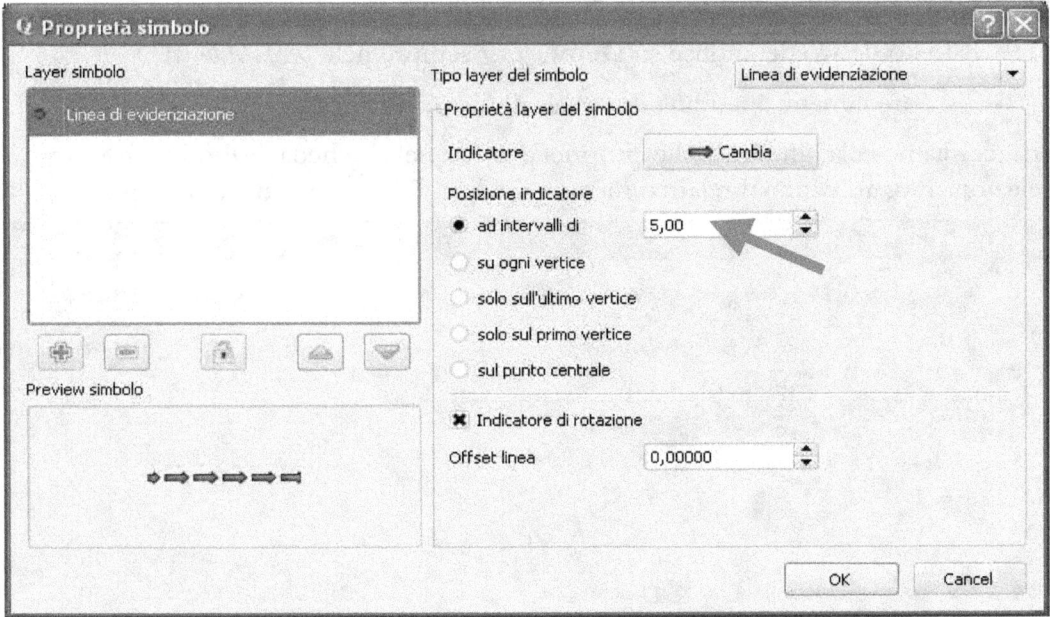

Diamo **OK**.

Diamo **OK** anche alla finestra **Proprietà vettore**.

Le frecce dello stile appena impostato, indicano il senso di scorrimento della fognatura, in quanto seguono il senso di tracciamento dell'elemento geometrico così opportunamente *disegnato*. (Nel disegnare i singoli tratti di fognatura, si è iniziato sempre dal punto altimetricamente più alto).

suggerimento!

Salviamo *il progetto* ;   dal gruppo dei pulsanti **File**:

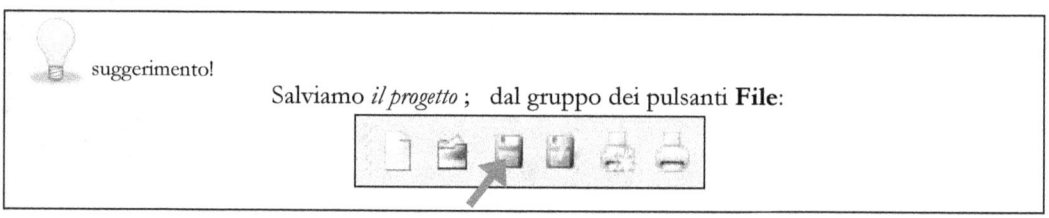

[Creare uno stile di visualizzazione multiplo di un tema di poligoni]

Per lo stile del tema **Demo_prg**, assegneremo colori univoci per l'attributo **Zona_urban**, con visualizzazione semitrasparente per poter permettere la sovrapposizione con la base fotogrammetrica.

Doppio clic su **Demo_prg** nell'*area dei layer*, oppure:

- Tasto destro del mouse su **Demo_prg** sempre nell' *area dei layer*;
- si apre il menù a tendina dove selezioniamo **Proprietà**

ed accediamo alla finestra delle proprietà, dove nella scheda **Stile**, in *Tipo legenda*, selezioniamo, attivando il relativo menù a tendina, l'opzione **Valore univoco**.

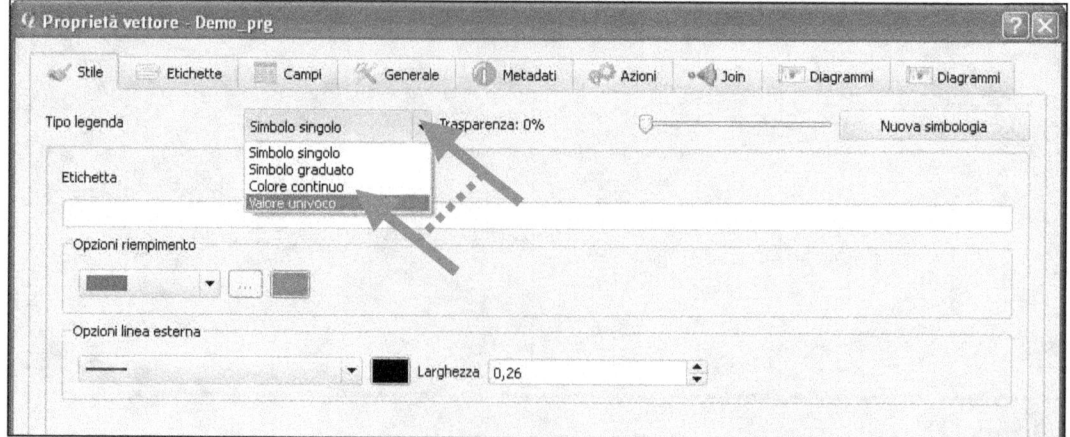

In *Campo di classificazione* selezioniamo, accedendo al relativo menù a tendina, l'opzione **Zona_urban**, dopodiché clicchiamo sul pulsante **Classificazione**

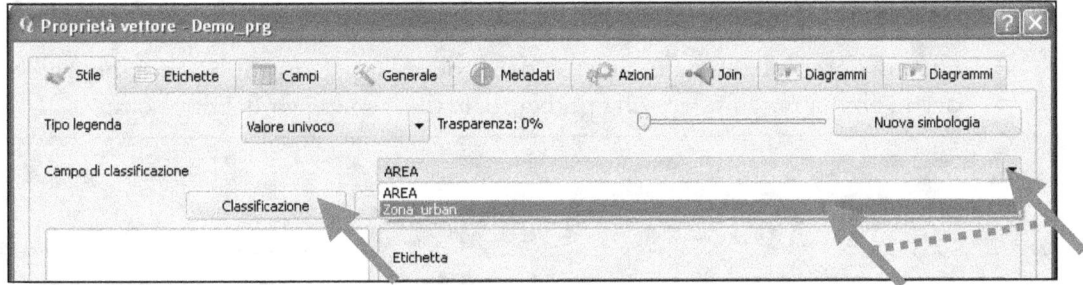

Verranno così caricati, in ordine crescente, tutti i valori univoci contenuti nella colonna **Layer** a cui il software assegnerà ad ognuno colori casuali che all'occorrenza, potremmo cambiare personalizzandoli, come abbiamo fatto in precedenza per lo stile del tema **BaseW**.

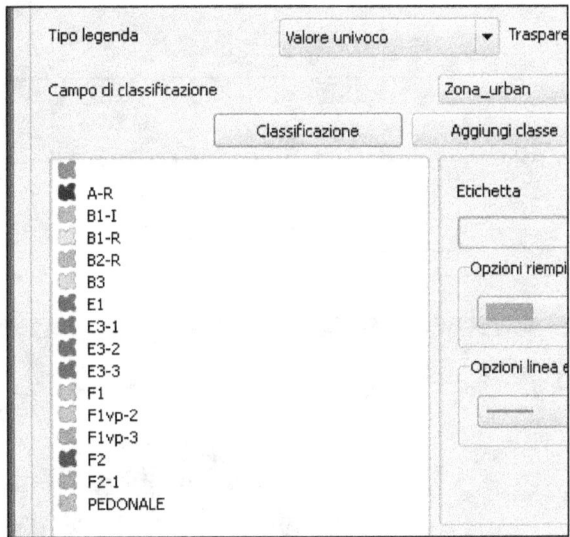

Eliminiamo il valore predefinito di *default* posizionato in cima alla lista.

- selezioniamolo;
- clicchiamo su **Cancella classe**.

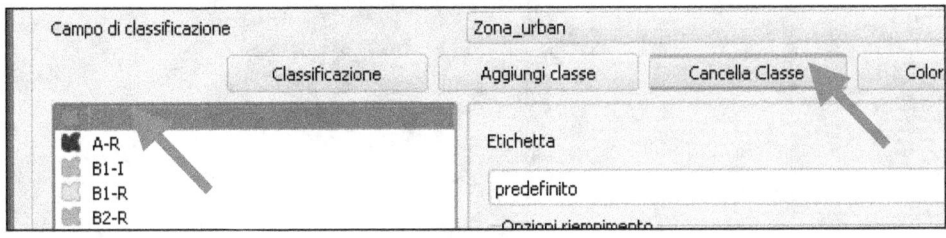

Per la *trasparenza*:

1. puntiamo, col tasto sinistro del mouse, il bottoncino posizionato sulla sinistra della barra del livello;
2. tenendo premuto il tasto sinistro del mouse, spostiamo il bottoncino verso destra sino a raggiungere una percentuale di trasparenza del **30%** circa

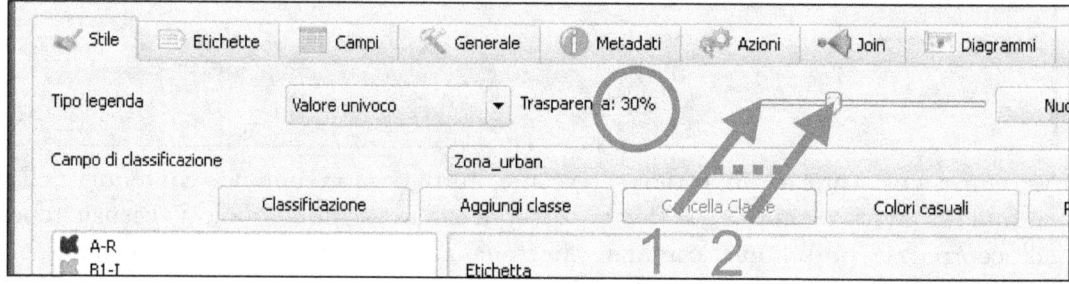

Diamo **OK**.

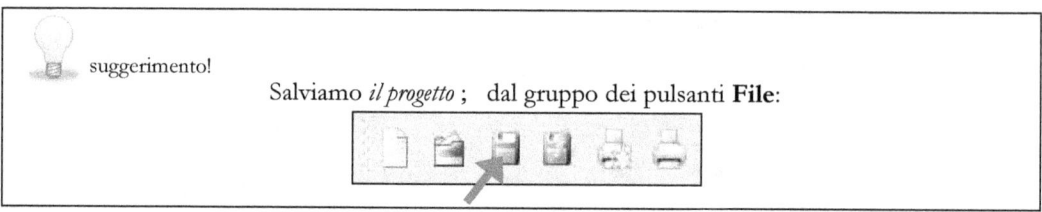

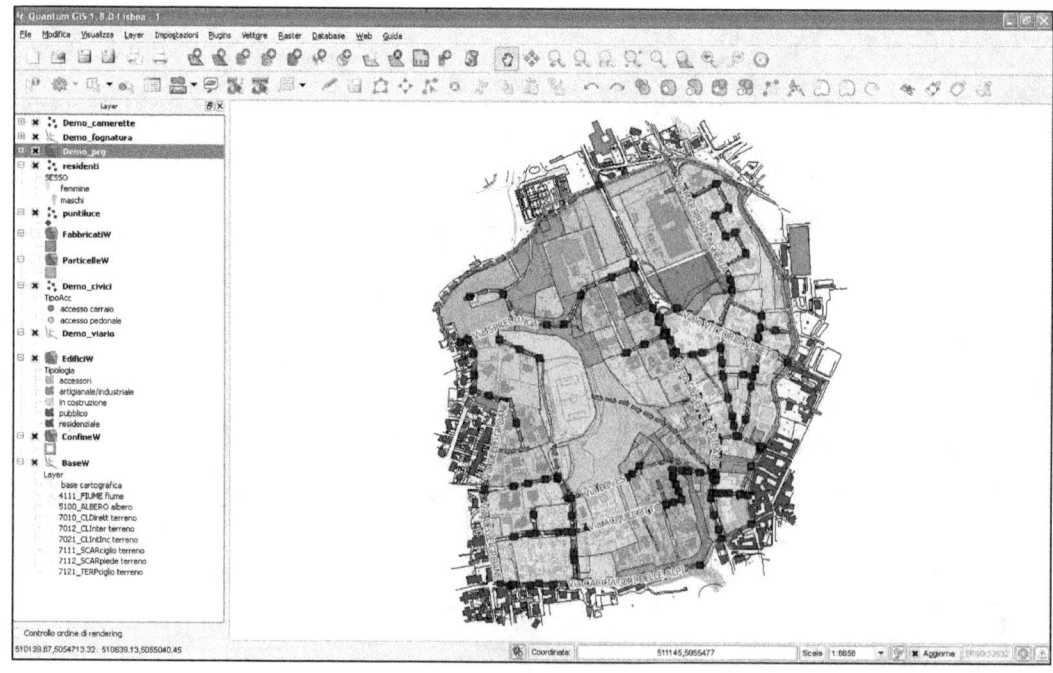

[Creare un collegamento esterno a QGIS: opzione Azioni]

Nella cartella **demotemi**, vi è una sottocartella denominata **STRALCI_PRG**.

In esso vi sono contenuti, in formato *.pdf*, gli stralci delle norme tecniche di attuazione riferite alle zone urbanistiche del nostro piano, opportunamente nominate con i medesimi valori contenuti nell'attributo **Zona_urban** del tema **Demo_prg**.

Name	Size	Date	Permissions
A-R.pdf	6.0 KiB	08/09/2010 15.10.14	rw-rw-rw-
A.pdf	19.4 KiB	08/09/2010 14.56.16	rw-rw-rw-
B1-I.pdf	12.0 KiB	08/09/2010 15.12.46	rw-rw-rw-
B1-R.pdf	18.3 KiB	08/09/2010 15.11.26	rw-rw-rw-
B2-R.pdf	17.7 KiB	08/09/2010 15.14.04	rw-rw-rw-
B3-SU.pdf	9.4 KiB	08/09/2010 15.15.54	rw-rw-rw-
B3.pdf	9.4 KiB	08/09/2010 15.15.20	rw-rw-rw-
C-EC.pdf	5.7 KiB	08/09/2010 15.17.32	rw-rw-rw-
C-EEP.pdf	5.7 KiB	08/09/2010 15.17.54	rw-rw-rw-
C.pdf	5.7 KiB	08/09/2010 15.16.56	rw-rw-rw-
D.pdf	5.4 KiB	08/09/2010 15.19.04	rw-rw-rw-
E1.pdf	7.8 KiB	08/09/2010 15.19.52	rw-rw-rw-
E2.pdf	4.4 KiB	08/09/2010 15.20.24	rw-rw-rw-

Con le prossime operazioni, assoceremo questi stralci alle relative zone urbanistiche del tema **Demo_prg**.

L'installazione del visualizzatore *.pdf*, **SumatraPDF.exe**, che abbiamo scaricato in precedenza, deve aver parcheggiato il programma nella cartella **C:\programmi\SumatraPDF**.

Cap. 5 – SIT: Condivisione del progetto

Riapriamo la finestra **Proprietà del vettore** di **Demo_prg** .

Doppio clic sul tema nell'*area dei layer*, oppure:

- Tasto destro del mouse sul tema sempre nell' *area dei layer*;
- si apre il menù a tendina dove selezioniamo **Proprietà**

ed accediamo alla finestra delle proprietà, dove ci portiamo nella scheda **Azioni.**

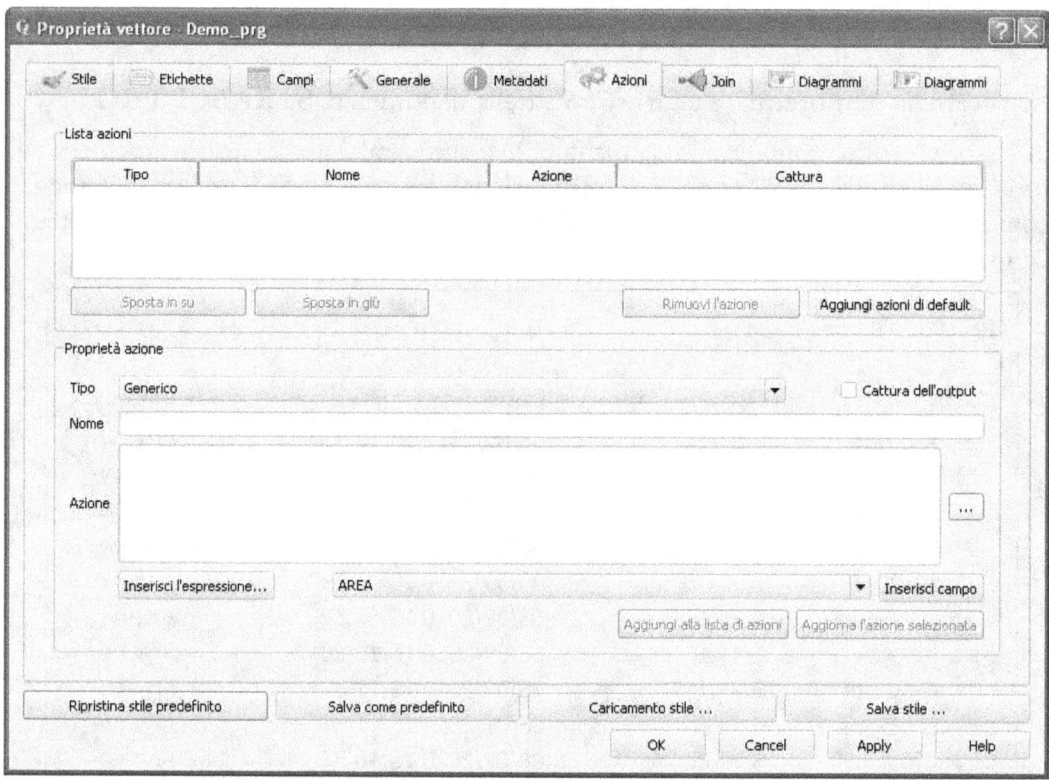

Nell'area *Azione* dobbiamo inserire il comando da eseguire.

Per primo, tra una coppia di virgolette " " , inseriamo il comando .EXE

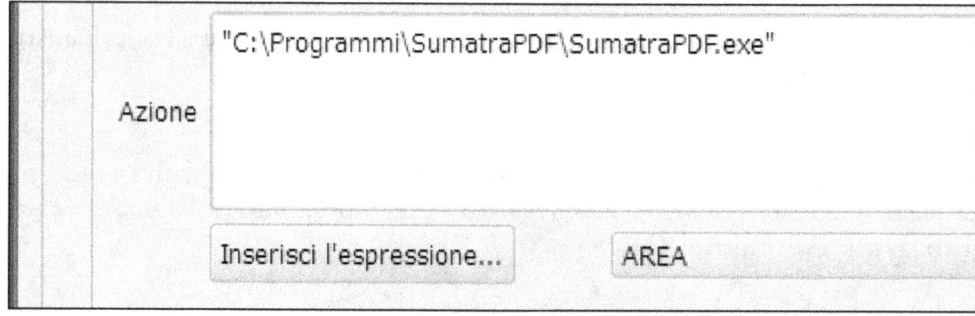

In coda al comando, lasciando uno spazio, inseriamo la cartella dove si trovano i nostri documenti.

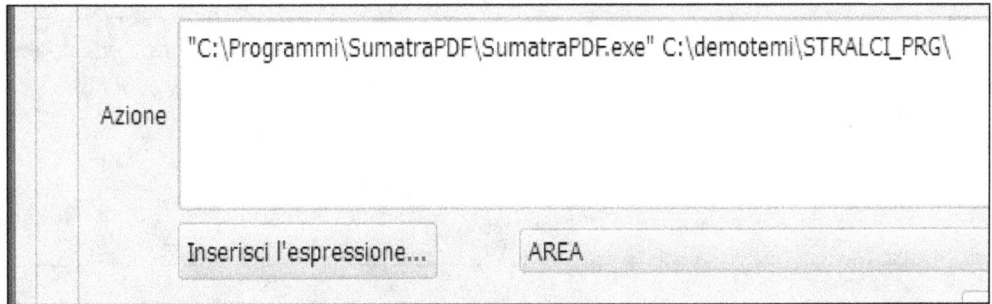

Dobbiamo ora inserire il nome del file che il comando .EXE dovrà eseguire.

Ovviamente, non essendo unico il documento per le varie zone urbanistiche ma diversificato per le stesse,

1. selezioniamo il campo **Zone_urban**, accedendo al relativo menù a tendina;
2. clicchiamo su **Inserisci campo**.

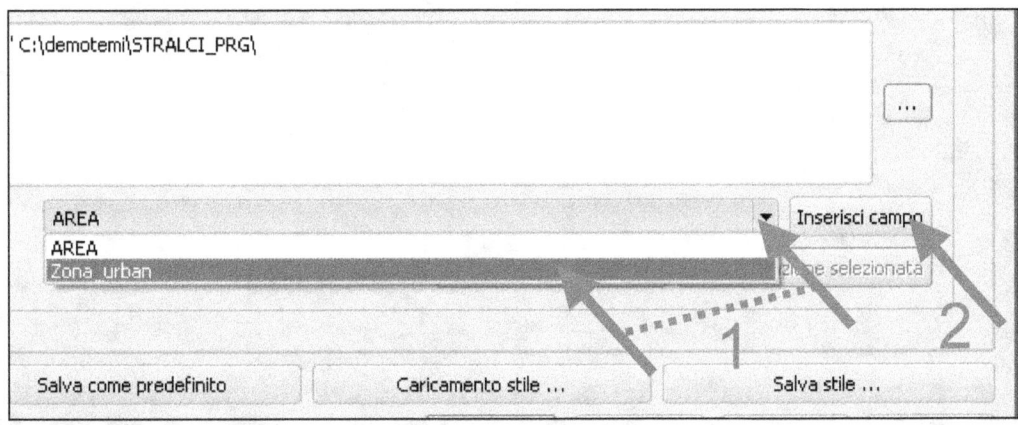

cosicché, in coda al comando, si autoinserisce il valore generico del nome del file,

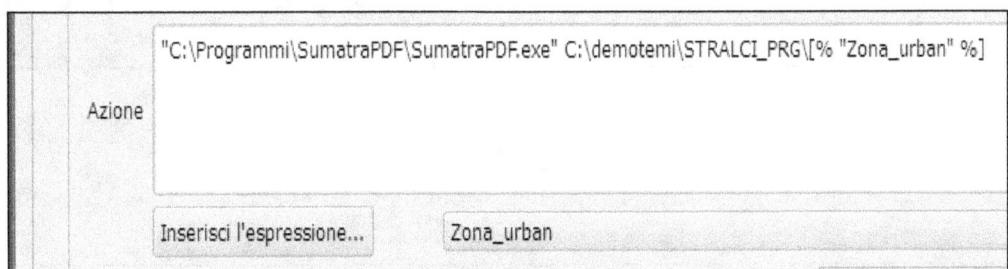

a cui noi accodiamo la relativa estensione **.pdf**

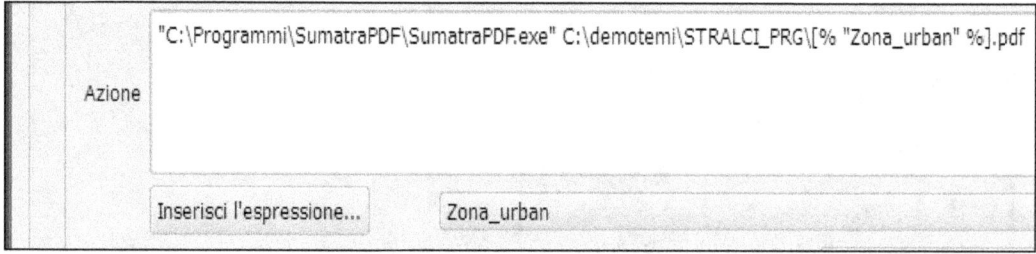

Inseriamo, come nome dell'azione, **NTA** dopodiché clicchiamo su **Aggiungi alla lista di azioni**.

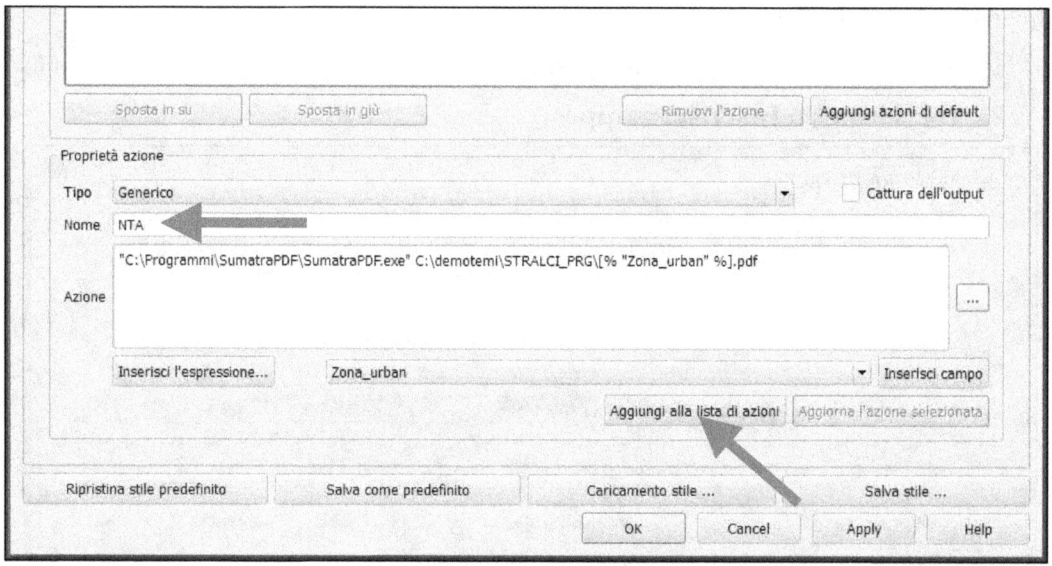

Diamo **OK**.

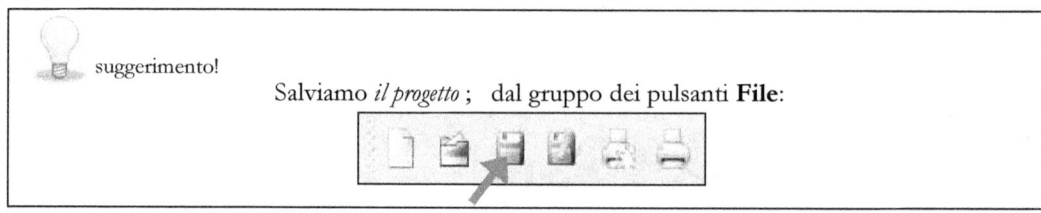

Vediamo ora l'utilizzo, dell'opzione **Azioni**.

Dal gruppo **Attributi**, clicchiamo sul pulsante **Informazione elementi**

- selezioniamo **Demo_prg** nell'*area dei Layer*;
- clicchiamo nell'*area di Visualizzazione* su un elemento **poligonale**.

Si apre la finestra con i risultati dell'interrogazione dell'elemento, dove vengono mostrati subito i valori degli attributi, in questo caso **AREA** e **Zona_urban**.

Espandiamo la voce **(Azioni)** cliccando sul "**+**" alla sua sinistra:

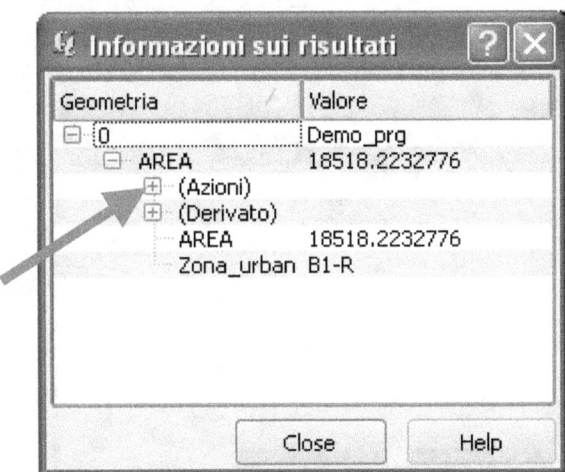

Compare, elencata, l'unica azione per questo tema che abbiamo creato: **NTA**.

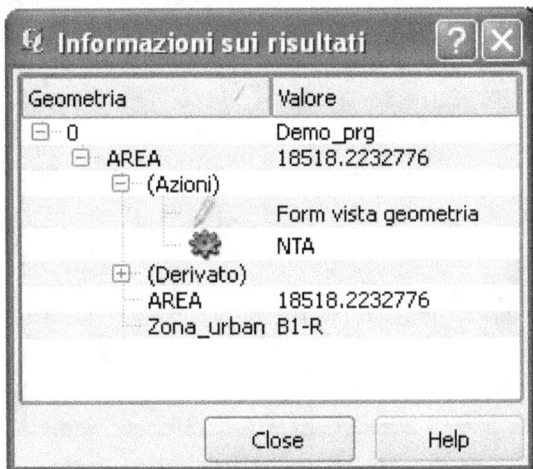

Selezionando l'azione

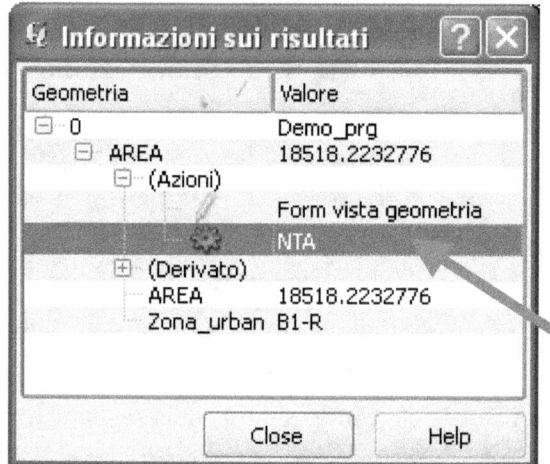

parte il comando inserito, visualizzandoci il *.pdf* associato al valore dell'attributo dell'elemento interrogato.

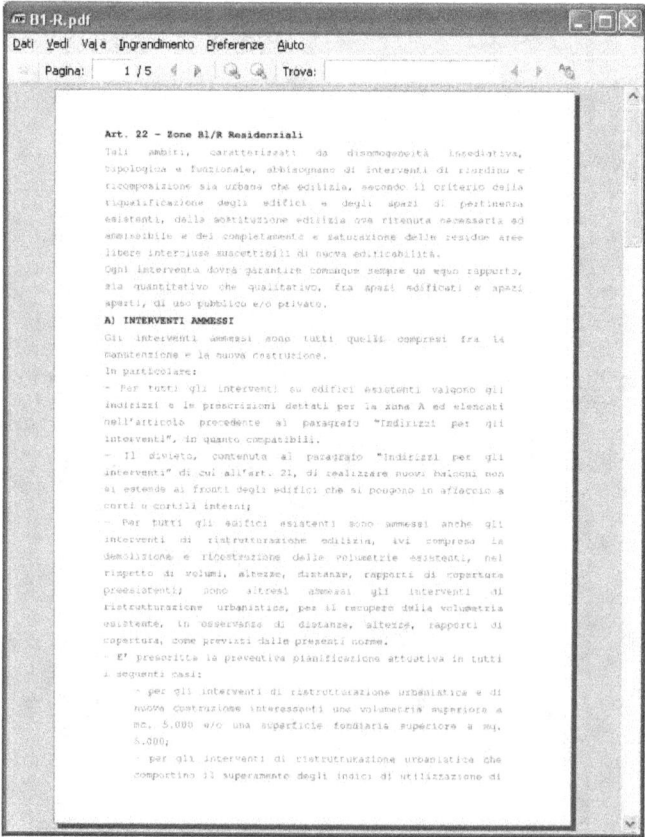

nota!

Il lancio di un'*azione*, può avvenire anche cliccando sull'apposito pulsante del gruppo **Attributi**

che attiva il cursore alla selezione di un elemento.

[Creare un collegamento con street view di Google]

Con l'opzione Azioni si possono creare qualsiasi tipo di collegamento con comandi, e quindi software, esterni a QGIS. Oltre a documenti di testo, come abbiamo appena realizzato, si possono creare collegamenti con immagini, video, indirizzi internet, ecc., con l'unica acortezza di avere un attributo i cui valori rappresentino le opzioni o i nome dei files o indirizzi che si vuole collegare.

Un utilizzo particolare che si può fare con l'opzione Azioni, è quella di collegare un punto, tramite le sue coordinate, alla visualizzazione di **street view** di Google.

Se apriamo in internet una visualizzazione di **street view**, nella barra degli indirizzi, troveremo:

http://maps.google.it/maps?ie=UTF8&layer=c&cbll=**LAT,LON**&cbp= 12,0,,0,5&ll=**LAT,LON**&CBP=12,0,,0,5&11=**LAT,LON**&t=h&z=17

dove, come **LAT** e **LON**, troveremo i valori rispettivamente di **latitudine** e **longitudine** del luogo fotografato.

Creeremo ora un'azione al tema **Demo_civici**, di coollegamento a **street view**.

Apriamo la **tabelle degli attributi** di **Demo_civici**.

- Tasto destro del mouse sul tema nell'*area dei layer*;
- dalla tendina, selezioniamo **Apri tabella degli attributi**

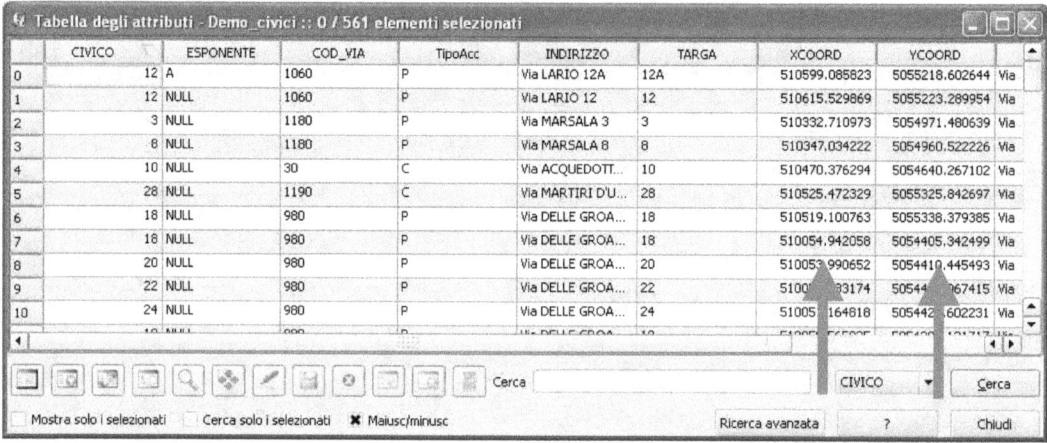

In precedenza, per creare il tema **residenti,** per i civici avevamo calcolato le coordinate geometriche **XCOORD** e **YCOORD**. Tali coordinate sono espresse in metri lineari, mentre per l'azione che vogliamo creare, necessitano valori in gradi decimali rappresentanti latitudine e longitudine.

Calcoliamo pertanto le coordinate di Demo_civici come **latitudine** e **longitudine**.

Operiamo un piccolo escamotage.

Dal menù **Impostazioni**, selezioniamo **Proprietà progetto...**

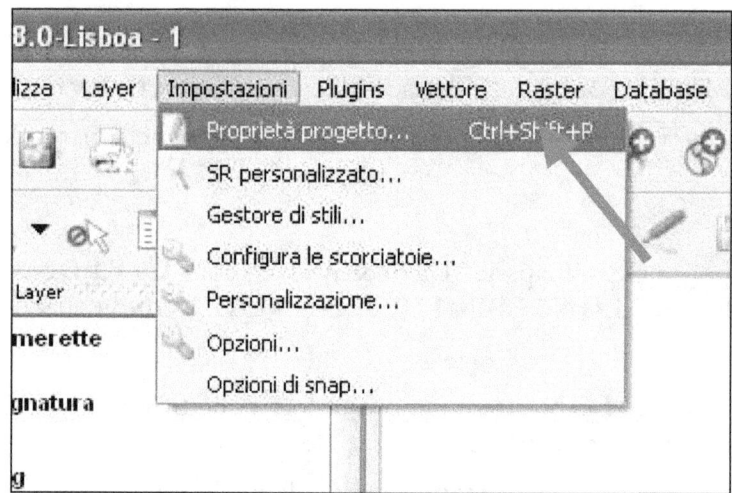

dalla scheda **Sistema di Riferimento (SR)**:

- spuntiamo **Abilita la riproiezione al volo**;

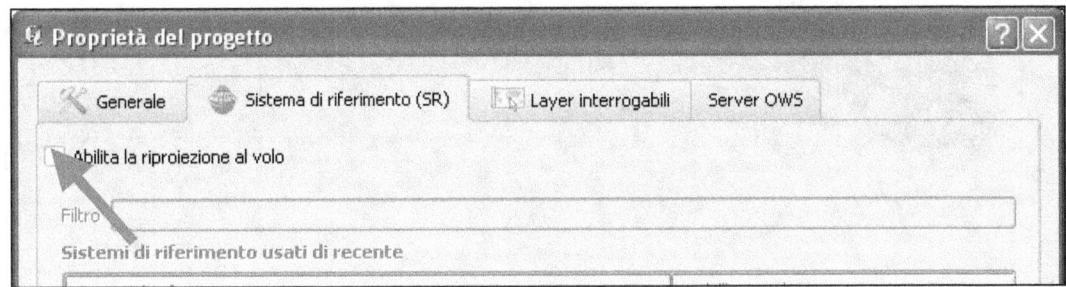

- come sistema di riferimento, selezioniamo **WGS84 (EPSG:4326)**.

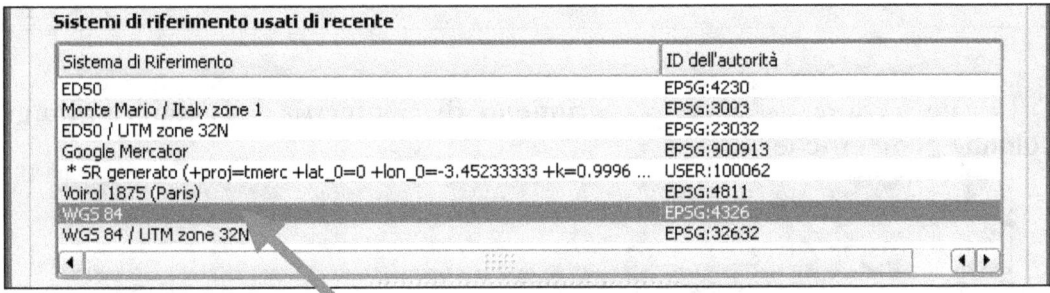

Diamo **OK**.

La mappa visualizzata ci sembrerà deformata a causa della diversa proiezione che abbiamo attivato,

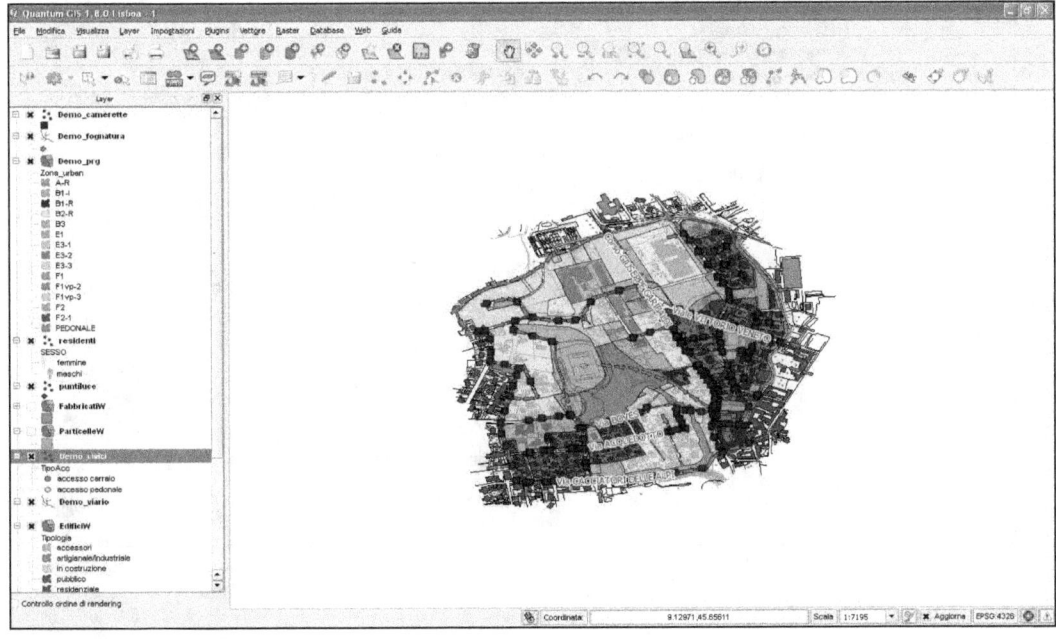

ma quello che per ora a noi interessa, è il sistema di coordinate che abbiamo attivato con la riproiezione in WGS84 generico, che è passata da valori in metri lineari a valori in gradi decimali.

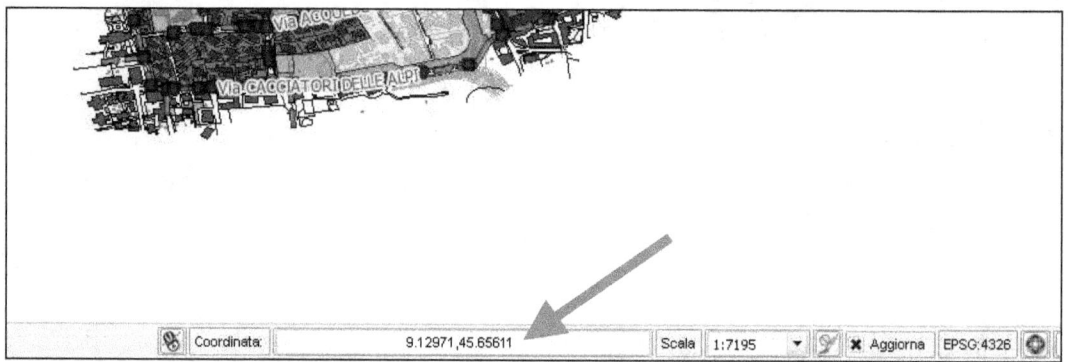

Dal menù **Vettore**, selezioniamo **Strumenti di Geometria – Estrai/Aggiungi colonne geometriche**

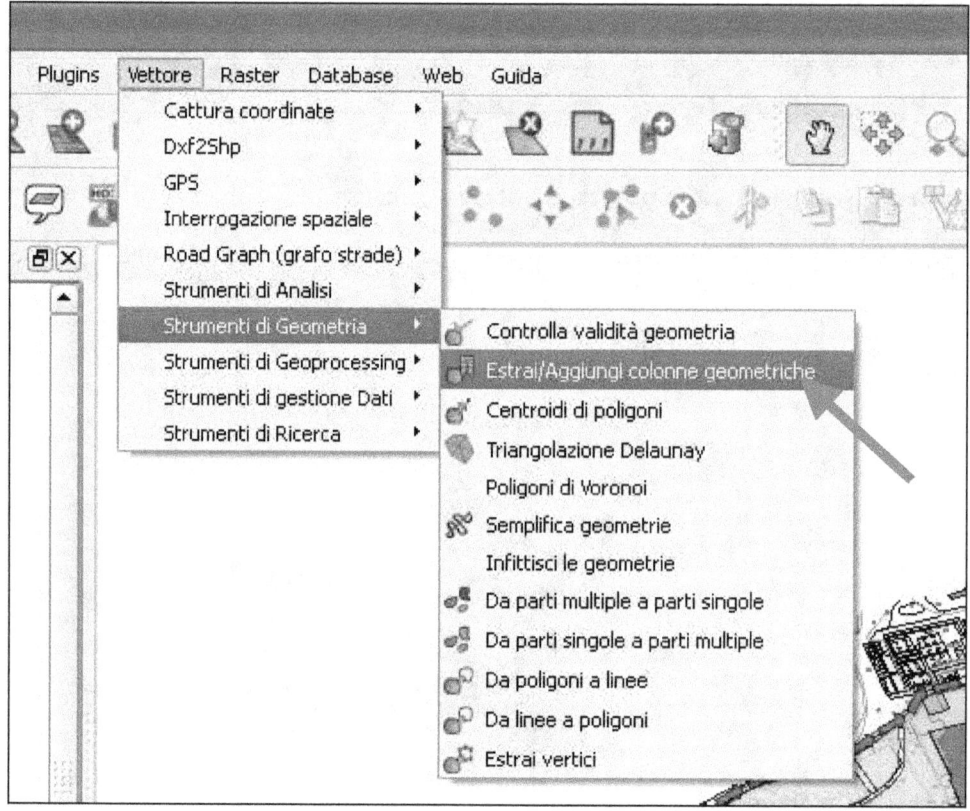

Si apre la relativa finestra

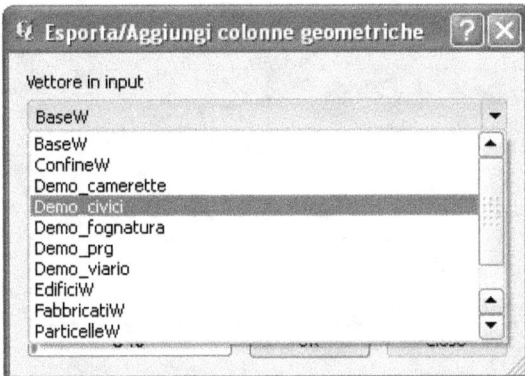

dove:

- in *Vettore in input*, selezioniamo, accedendo al relativo menù a tendina, il tema **Demo_civici**;

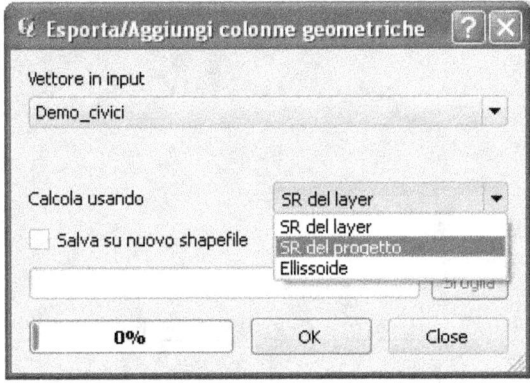

- in *Calcola usando*, selezioniamo, accedendo al relativo menù a tendina, l'opzione **SR del progetto**

Diamo **OK**.

Un avviso ci chiede se vogliamo continuare, clicchiamo su **Yes**.

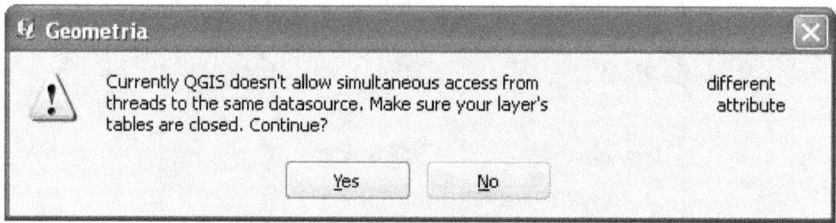

Verranno così aggiornate le colonne **XCOORD** e **YCOORD** con i valori in gradi decimali.

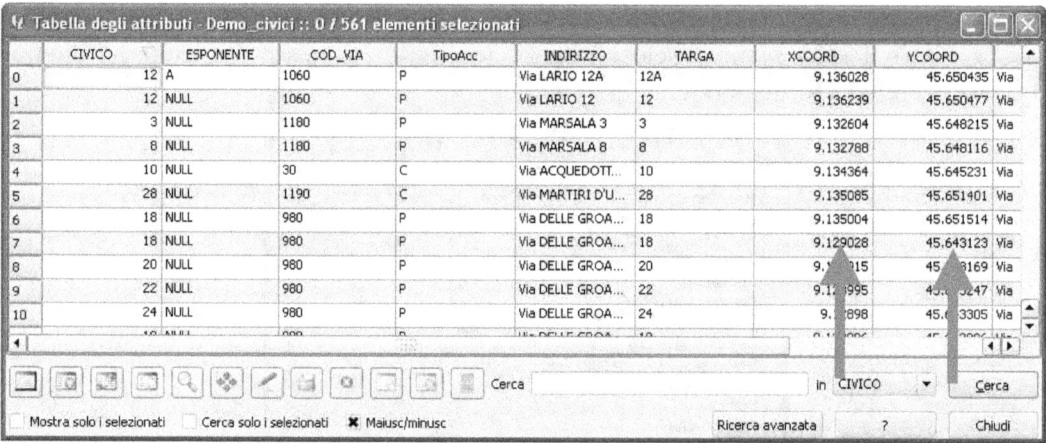

Ultimato il ricalcolo, disabilitiamo la riproiezione del volo col SR WGS84.

Dal menù **Impostazioni**, selezioniamo **Proprietà progetto...**

Dalla scheda **Sistema di Riferimento (SR)**, rimuoviamo la spunta a **Abilita la riproiezione al volo**.

Diamo **OK**.

Creiamo ora l'*azione*. Doppio clic su **Demo_civici** nell'*area dei layer*, oppure:

- Tasto destro del mouse su **Demo_civici** sempre nell' *area dei layer*;
- si apre il menù a tendina dove selezioniamo **Proprietà**

ed accediamo alla finestra delle proprietà, dove ci portiamo nella scheda **Azioni**.

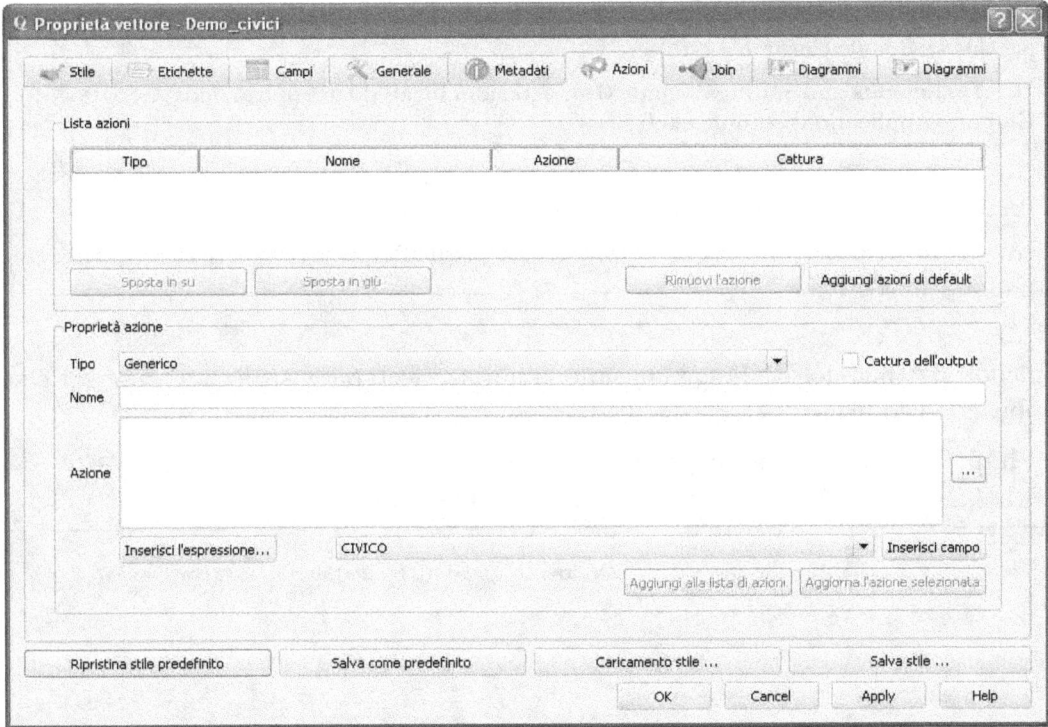

Nell'area *Azione* dobbiamo inserire la stringa di comando da eseguire.

Dovendo accedere ad una pagina web, il comando .EXE da inserire per primo, tra una coppia di virgolette " " , è quello del browser internet che usiamo. Nella nostra azione useremo IEXPLORE , che è il browser preinstallato in tutti i sistemi operativi Windows.

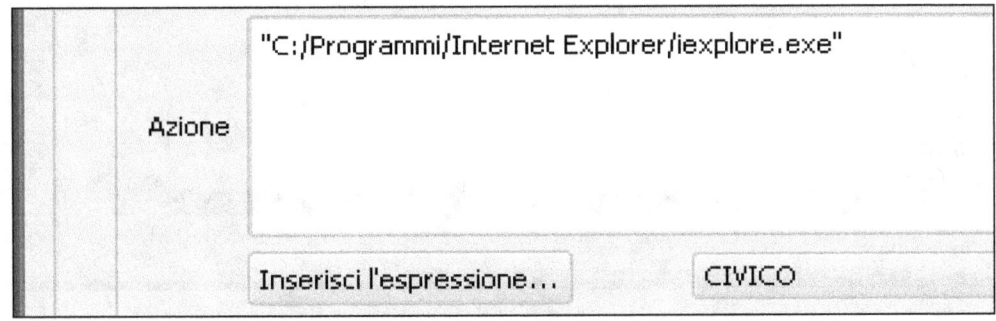

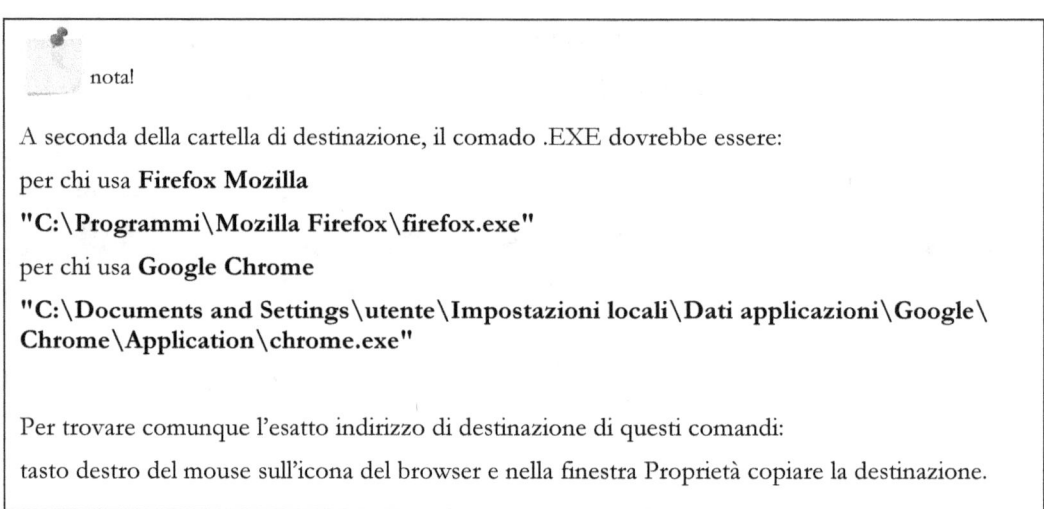

In coda al comando .EXE aggiungiamo l'indirizzo web per visualizzare *street view* che abbiamo visto prima:

http://maps.google.it/maps?ie=UTF8&layer=c&cbll=**LAT,LON**&cbp= 12,0,,0,5&ll=**LAT,LON**&CBP=12,0,,0,5&11=**LAT,LON**&t=h&z=17

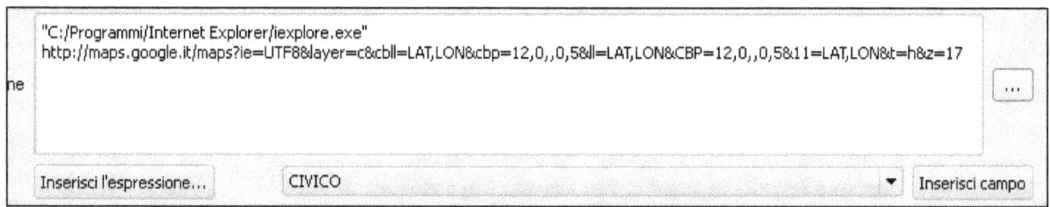

Dobbiamo ora sostituire nel testo inserito, i valori **LAT** e **LON** con quelli del campo attributi, rispettivamente, **YCOORD** e **XCOORD**.

Selezioniamo come campo da inserire, accedendo al relativo menù a tendina, **YCOORD**.

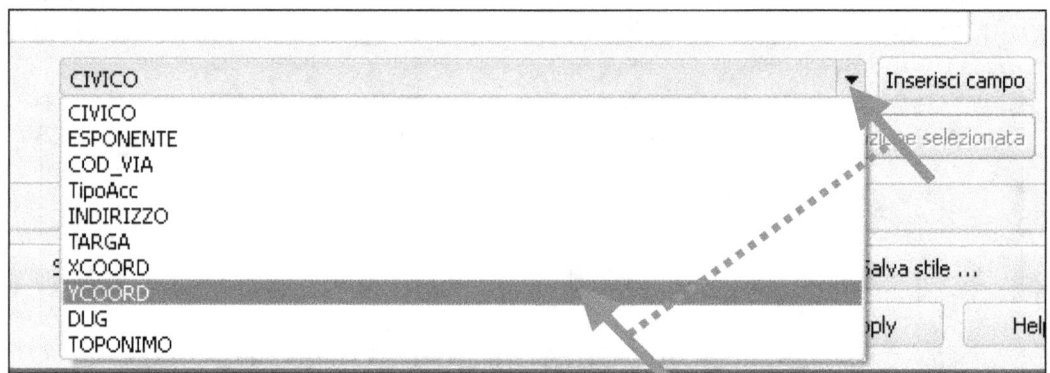

Selezioniamo, nel testo inserito nell'area A*zione*, la parola **LAT** eseguendo un doppio clic sulla stessa; clicchiamo poi sul pulsante **Inserisci campo**,

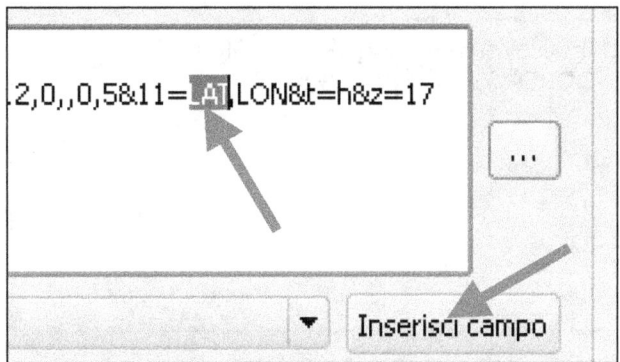

per sostituire la selezione con il valore del campo:

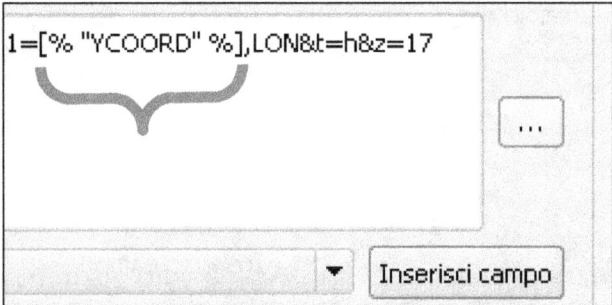

Una alla volta, ripetiamo, selezionando con un doppio clic, le altre due parole **LAT** presenti nel testo e cliccando successivamente sul pulsante **Inserisci campo** per sostituire il valore.

In modo analogo, sostituiamo la parola **LON** con il valore del campo **XCOORD**.

Selezioniamo come campo da inserire, accedendo al relativo menù a tendina, **XCOORD**.

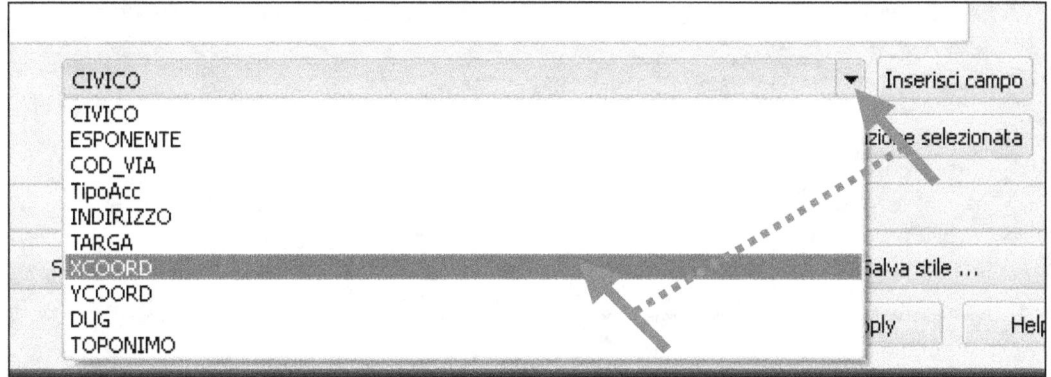

Selezioniamo, nel testo inserito nell'area A*zione*, la parola **LON** eseguendo un doppio clic sulla stessa; clicchiamo poi sul pulsante **Inserisci campo**,

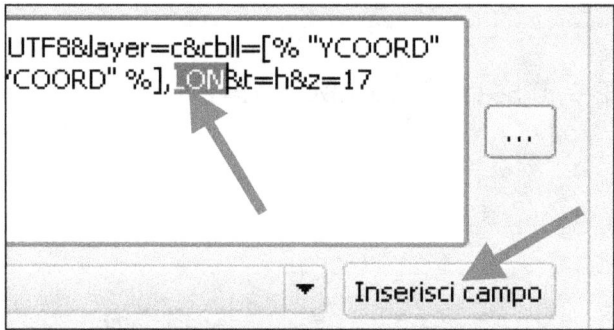

per sostituire la selezione con il valore del campo:

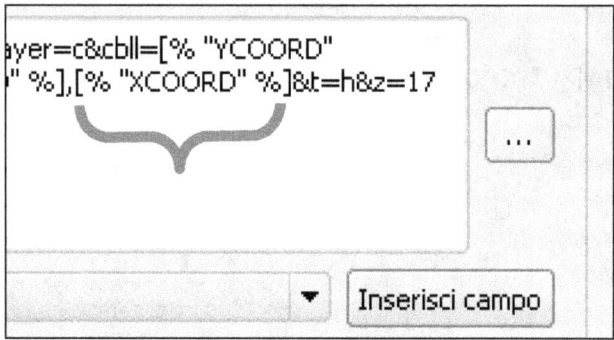

Anche qui, una alla volta, ripetiamo, selezionando con un doppio clic, le altre due parole **LON** presenti nel testo e cliccando successivamente sul pulsante **Inserisci campo** per sostituire il valore.

Inseriamo, come nome dell'azione, **street view** dopodiché clicchiamo su **Aggiungi alla lista di azioni**.

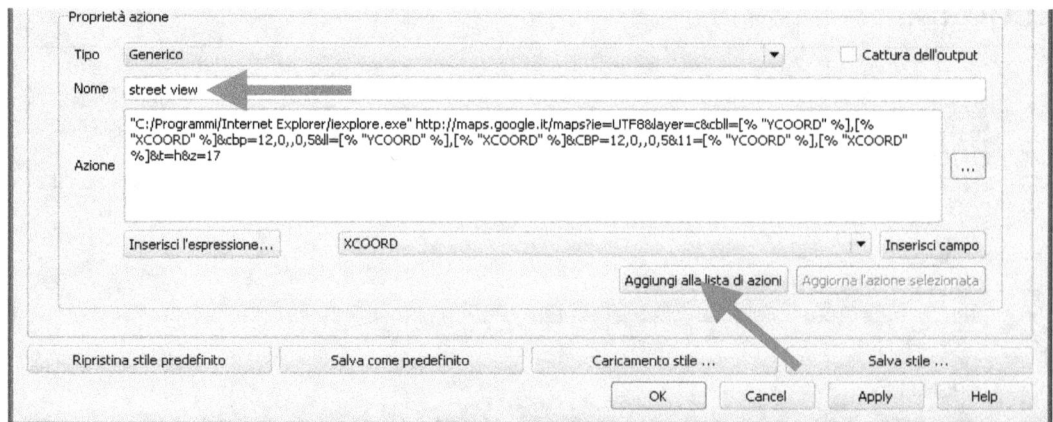

Diamo **OK**.

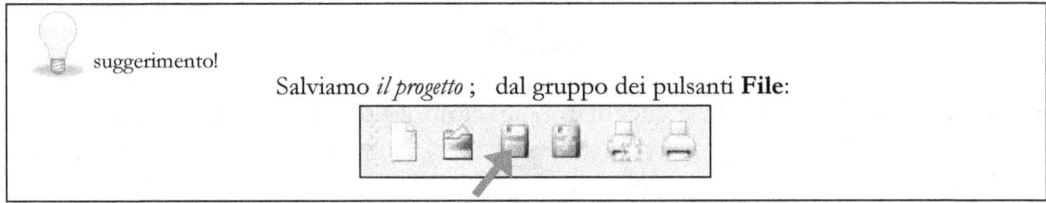

suggerimento!   Salviamo *il progetto* ;   dal gruppo dei pulsanti **File**:

Vediamo l'utilizzo questa *azione*.

Disattiviamo prima i temi che ostacolano la visualizzazione di **Demo_civici**.
Togliendo la spunta alla loro sinistra, nell'*area dei layer*, disattiviamo:

- **Demo_camerette**;
- **Demo_fognatura**;
- **Demo_prg**;
- **residenti**;
- **puntiluce**.

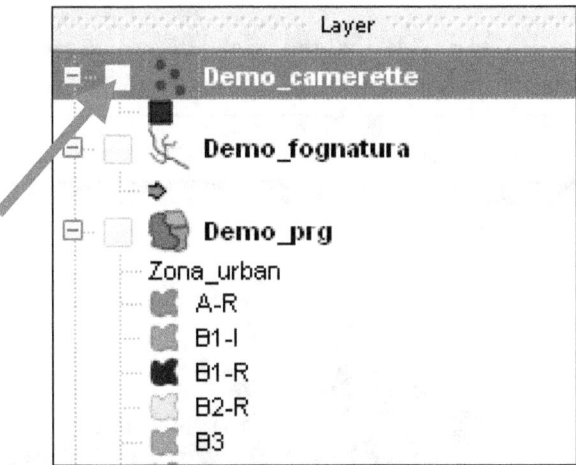

Selezioniamo nell'*area dei Layer* il tema **Demo_civici** e nell'*area di Visualizzazione*, operando con zoom e spostamenti della mappa, aiutandoci con la rotellina del mouse, portiamoci sul **civico 10** di **Via Martiri d'Ungheria** con cui abbiamo iniziato la costruzione del tema.

Senza passare dalla finestra delle interrogazioni, per le **Azioni**, clicchiamo sull'apposito pulsante del gruppo **Attributi**

In questa modalità puntiamo e clicchiamo sul simbolo del civico individuato.

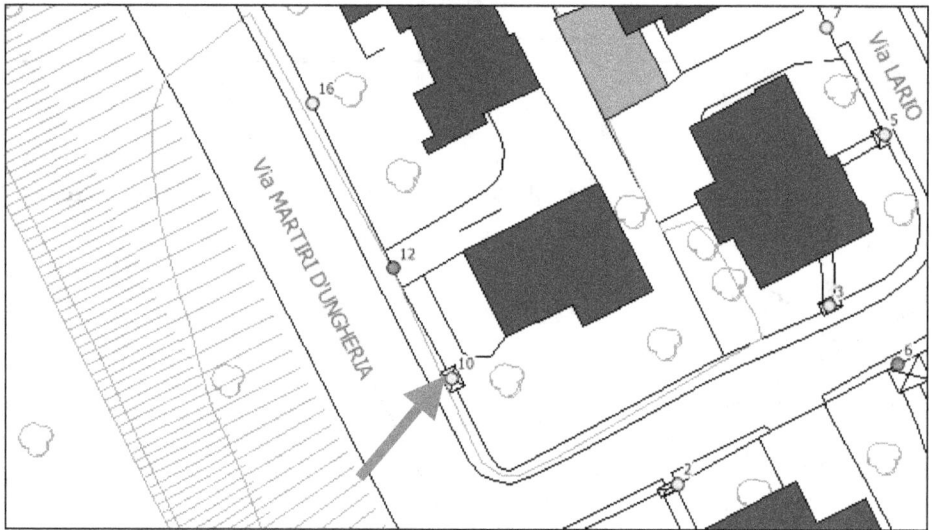

Dopo qualche istante, si aprirà la pagina web di street view di Google con l'immagine dell'accesso pedonale che abbiamo puntato.

Preparazione al SIT

[Aggiungere collegamenti con mappe online: uso dei Plugins]

Un punto di forza di QGIS, sono dei piccoli applicativi, realizzati dalla comunità virtuale e poi distribuiti, che permettono funzionalità aggiuntive al software. Questi applicativi sono denominati *plugins* e tra questi ne utilizzeremo uno chiamato **OpenLayers Plugin** che risulterà utile e funzionale al nostro progetto.

Dal menù **Plugins**, selezioniamo **Recupero Plugin Python...**

Partirà il recupero in rete, tra diversi siti di sviluppo, la ricerca dei *plugins* disponibili.

Tra questi selezioniamo ed installiamo, cliccando su **Installa plugin**, l'applicativo **OpenLayers Plugin**.

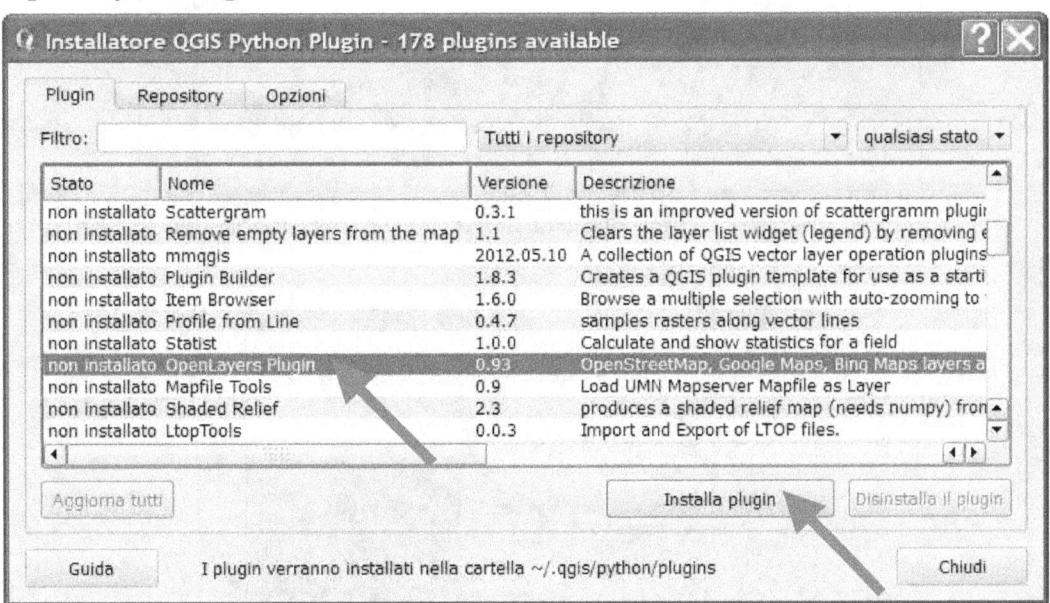

367

Una volta installato, clicchiamo su **Chiudi** della finestra **Installatore**.

Nel menù **Plugins** si è aggiunto il nuovo applicativo dal quale si possono selezionare diverse opzioni di layer da aggiungere tra i temi.

- Selezioniamo **Add Google Satellite Layer** (che tradotto significa: Aggiungi la mappa satellitare di Google)

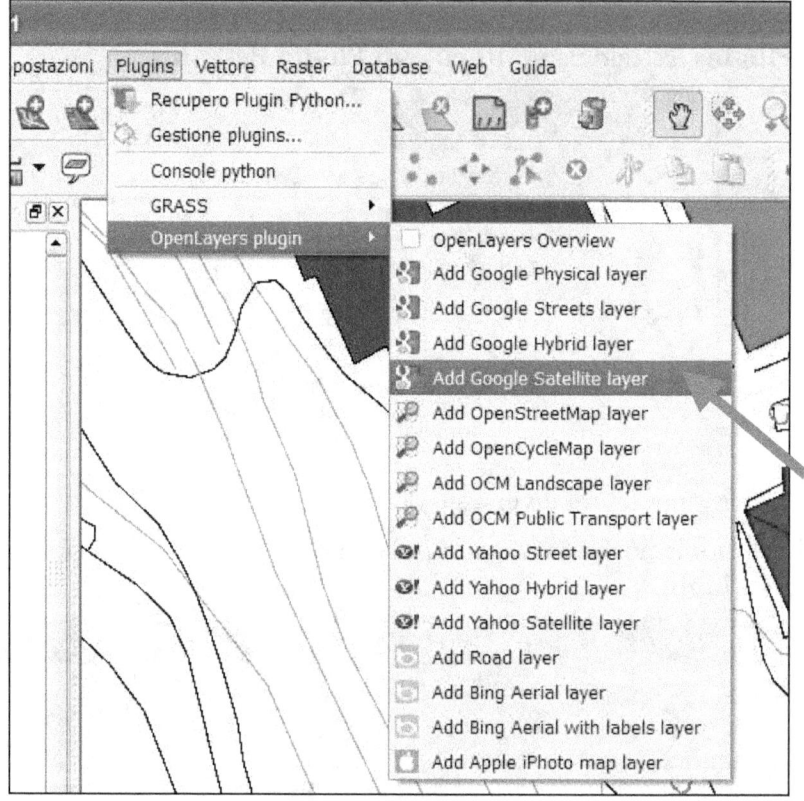

Il tema *online* si è inserito in cima alla lista nell'*area dei Layer*, nascondendo in mappa gli altri temi sottostanti.

Portiamolo in coda alla lista, selezionandolo e, tenendo premuto il tasto sinistro del mouse, trascinandolo in fondo all'elenco.

Effettuiamo uno zoom esteso rispetto un singolo tema, ad es. **BaseW** (un zoom esteso in generale, si estenderebbe a tutto il pianeta, visto il layer Google Satellite presente tra i temi):

- tasto destro del mouse sul tema **BaseW** nell'*area dei Layer*;
- selezioniamo **Zoom all'estensione del layer**.

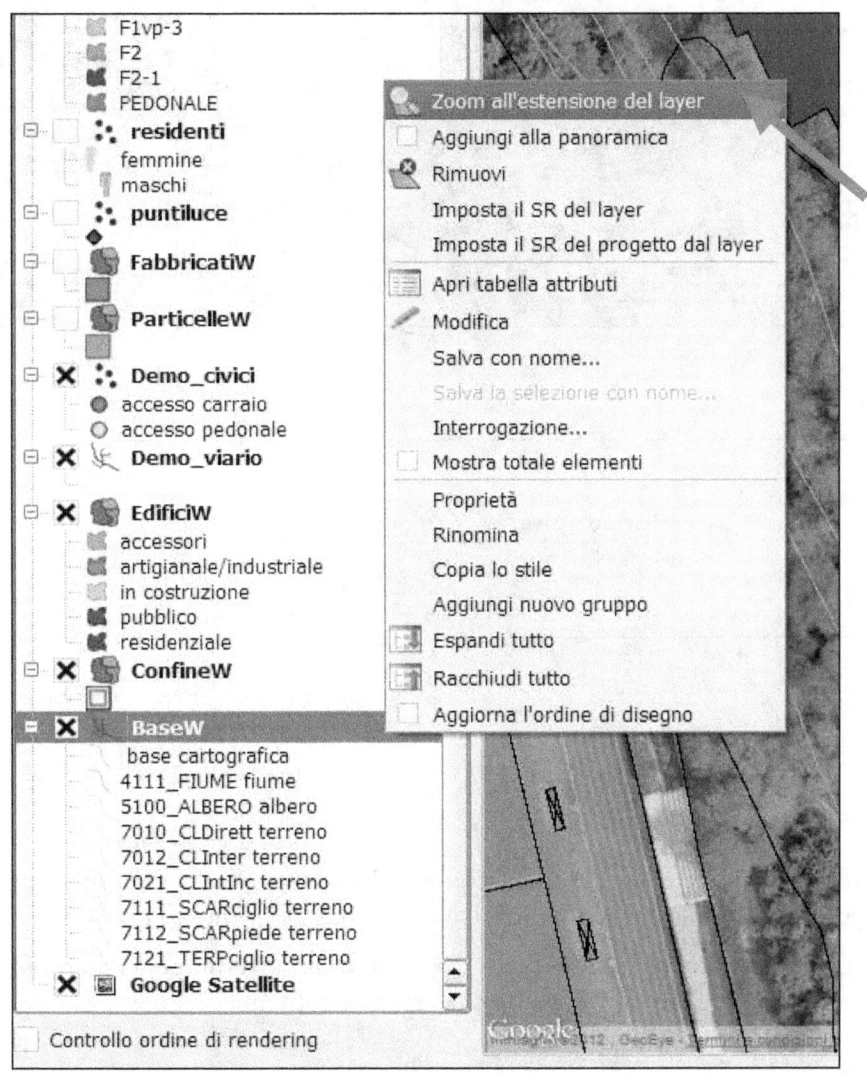

Cap. 5 – SIT: Condivisione del progetto

L'immagine satellitare farà da sfondo ai nostri temi.

suggerimento!   Salviamo *il progetto* ;   dal gruppo dei pulsanti **File**:

[Ordinare l'elenco dei temi nell'area Layer]

Come possiamo vedere, dopo una serie di elaborazioni, l'area dei Layer è diventata un crogiuolo di temi, attivi o non attivi, e di legende più o meno corpose e colorate.

Prima di fare ordine in quest'area, raggruppando i temi per macro-argomenti, aggiungiamo una piccola funzionalità alla legenda del tema residenti.

- Tasto destro del mouse sul tema;
- spuntiamo la voce **Mostra totale elementi**.

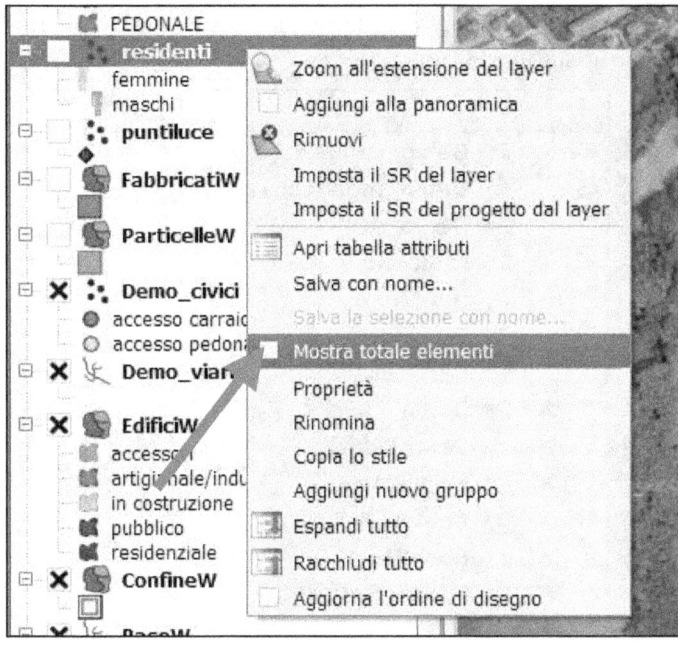

Nella legenda del tema, verrà visualizzato il numero di elementi, che nel caso rappreentano: 893 femmine e 844 maschi.

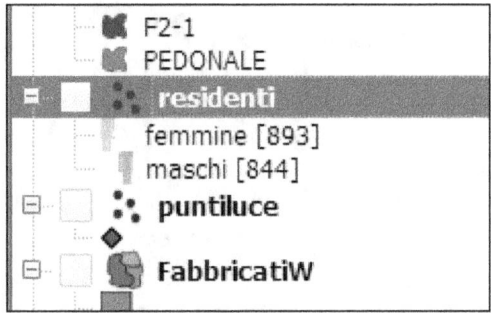

Passiamo ad ordinare i temi.

Nascondiamo tutte le legende dei temi, cliccando sul |-| alla loro sinistra.

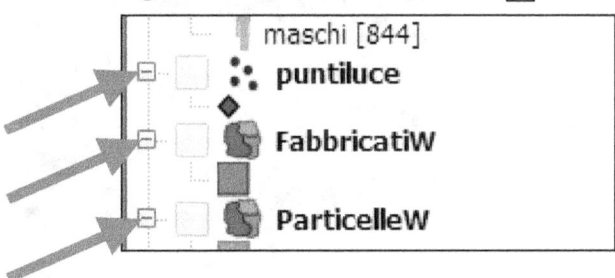

Con i temi così raggruppati, provvediamo a rinominarli in modo da renderli immediatamente riconoscibili.

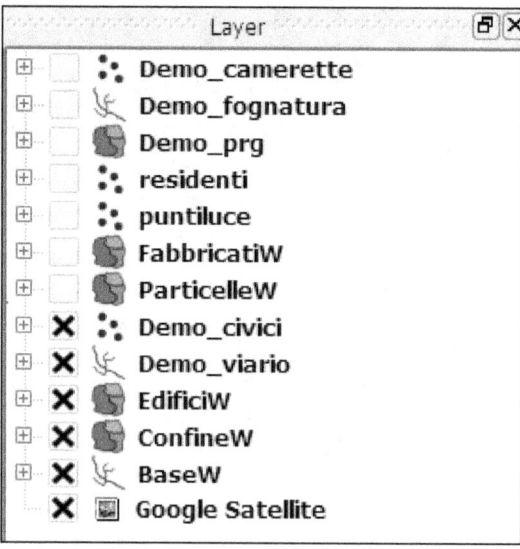

Cliccando col tasto destro su ognuno di loro, dal menù a tendina che compare, selezioniamo **Rinomina**

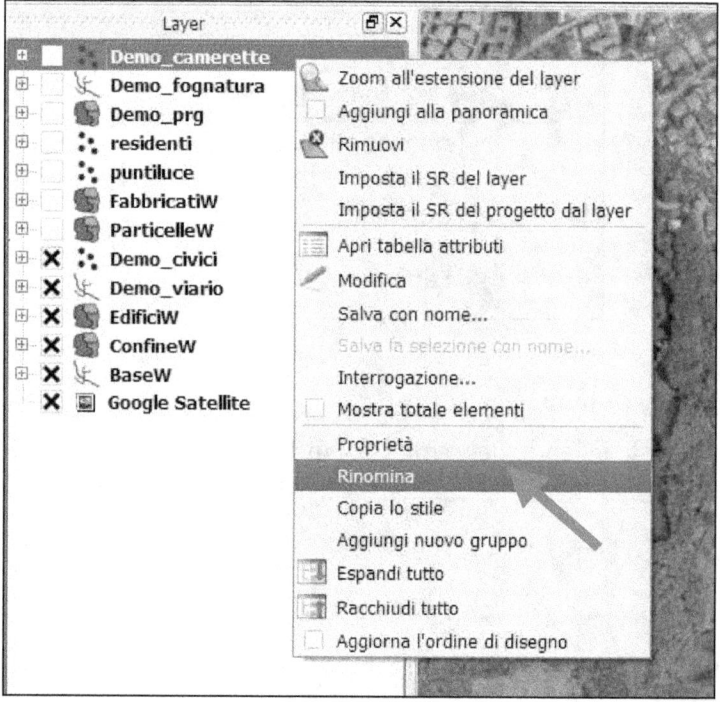

Rinominiamo il nome dei temi, come nella seguente immagine:

 nota!

La rinomina del tema nell'*area dei Layer*, NON comporta la rinomina dei files costituenti lo shapefile. L'operazione incide unicamente sulla visualizzazione nell'elenco layer.

Cliccando il tasto destro del mouse in una zona bianca dell'*area dei Layer*, si attiva un menù dove selezioniamo **Aggiungi nuovo gruppo**.

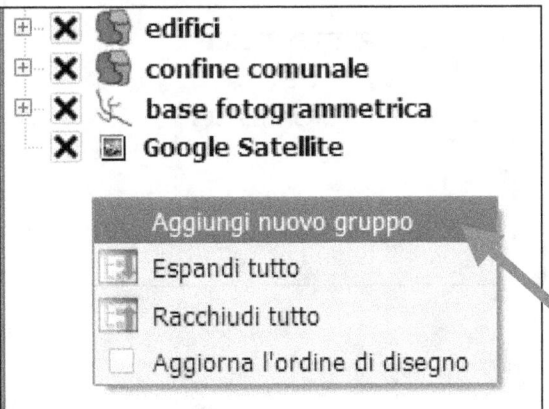

che nomineremo **BASE CARTOGRAFICA**.

Ripetiamo quest'ultima operazione aggiungendo altri quattro gruppi che nomineremo:

- **CATASTO**

- **SERVIZI PUBBLICI**

- **ANAGRAFE**

- **PIANI URBANISTICI**

Selezioniamo e, tenendo premuto il tasto sinistro del mouse, trasciniamo i temi nei gruppi (come si fa con i files e le cartelle), con questo ordine:

nel gruppo **BASE CARTOGRAFICA**:

- **stradario, edifici, confine comunale e base fotogrammetrica**;

nel gruppo **CATASTO**:

- **fabbricati catastali e particelle catastali**;

nel gruppo **SERVIZI PUBBLICI**:

- **illuminazione pubblica, camerette di ispezione e tratti fognari**;

nel gruppo **ANAGRAFE**:

- **residenti**;

nel gruppo **PIANI URBANISTICI**:

- **azzonamenti Piano Regolatore**.

Con le opportune compressioni di ramificazione, cliccando sui pulsanti [-] alla sinistra dei gruppi, otteniamo questo risultato:

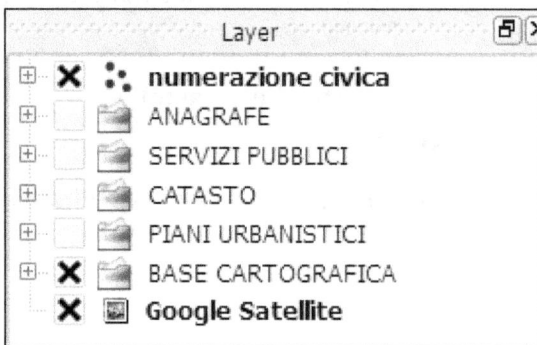

Al termine di tutte le operazioni di trasformazione, di elaborazione, di preparazione, otteniamo finalmente il nostro SIT.

Ora, più che mai, salviamo *il progetto* cliccando sull'apposito pulsante dal gruppo **File**:

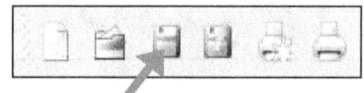

Avendo a disposizione una rete interna *(intranet)*, parcheggiamo tutti i files del progetto in una cartella condivisa alla sola lettura con altri utenti;

installato QGIS su altri PC collegati in intranet, da questi potremmo così caricare il progetto **primolavoro.qgs** per la sola consultazione.

 nota!

Il file **primolavoro.qgs** contiene tutte le informazioni di proprietà di visualizzazione dei temi nonché il loro indirizzo di archiviazione. Nel caso vengano spostati i fileshapes dei temi in altre posizioni o cartelle sul PC, all'apertura del progetto **primolavoro**, QGIS non trovando il tema nella l'ultima posizione memorizzata, chiederà dello stesso la nuova ubicazione; il successivo salvataggio del progetto memorizzerà la nuova posizione.

Gestione del SIT

Invitando sin da subito a procurarsi la guida ufficiale in lingua inglese di QuantumGis – disponibile sul sito ufficiale http://www.qgis.org/ (la versione italiana è comunque facilmente reperibile in rete) – al fine di conoscere tutti i comandi del software, procederemo ora ad illustrare, a titolo esemplificativo, un'operazione gestionale statistica e di ricerca che ci permette di apprezzare le potenzialità di QGIS.

Poniamo di voler determinare quanti bambini in età scolastica primaria usufruiscono del servizio scuolabus nel raggio di 200 metri dalle due fermate programmate all'altezza dei civici 33 di Via Acquedotto e 18 di Viale Vittorio Veneto.

[Visualizzazione parziale degli elementi di un tema]

Visualizzeremo del tema **residenti**, unicamente gli elementi che hanno l'attributo **ETA** compreso tra i valori 6 e 10, valori inclusi

Doppio clic sul tema nell'*Area dei Layer* e si attiva la finestra **Proprietà del vettore**, dove, dalla scheda *Generale*, clicchiamo su **Costruttore di interrogazioni**.

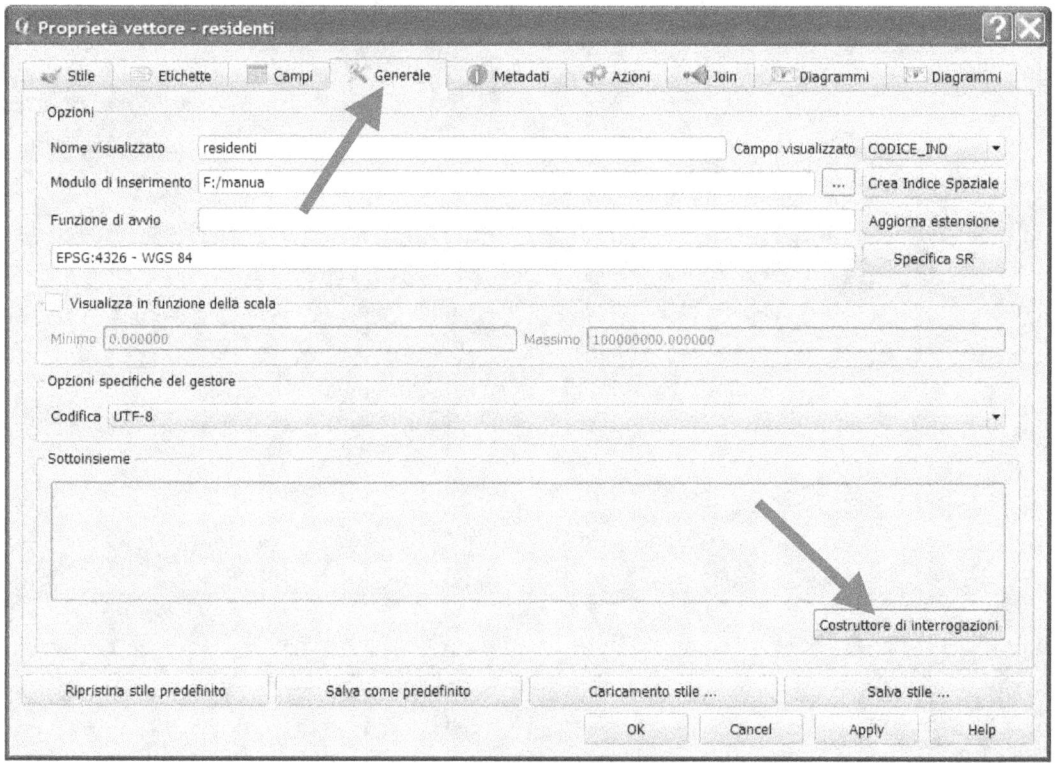

Si apre la relativa finestra, dove costruiremo la formula di filtro:

1. doppio clic su **ETA** nell'area *Campi*;
2. selezionare il pulsante " **>=** " tra gli *Operatori*;
3. selezionare il pulsante **Tutto** nell'area *Valori*;
4. doppio clic sul valore **6** nell'area *Valori*;
5. selezionare il pulsante **AND** tra gli *Operatori*;
6. doppio clic su **ETA** nell'area *Campi*;
7. selezionare il pulsante " **=>** " tra gli *Operatori*;
8. doppio clic sul valore **10** nell'area *Valori*.

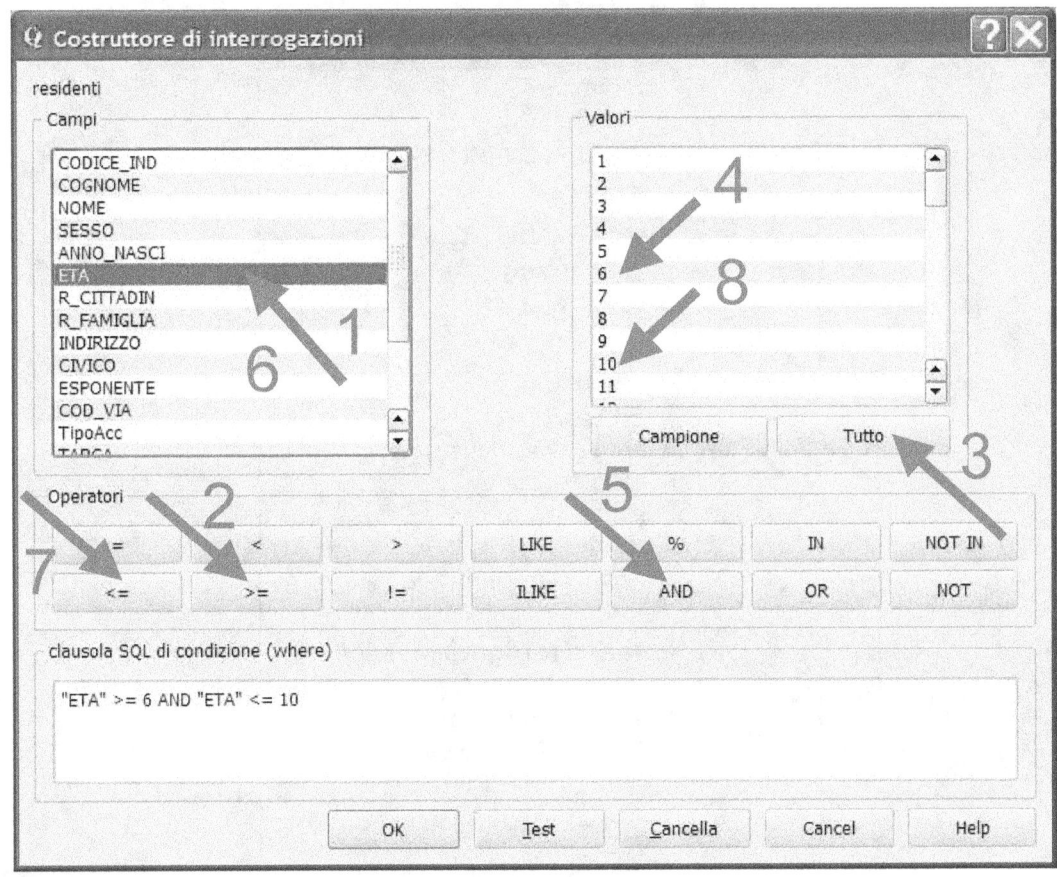

Tali operazioni compongono la forma di filtro nell'area **clausola SQL di condizione**.

Diamo **OK**.

Diamo **OK** anche alla finestra **Proprietà del vettore**.

Attiviamo alla visualizzazione il tema **residenti** e disattiviamo dalla visualizzazione i temi:

- **stradario**;
- **edifici**;
- **base fotogrammetrica**.

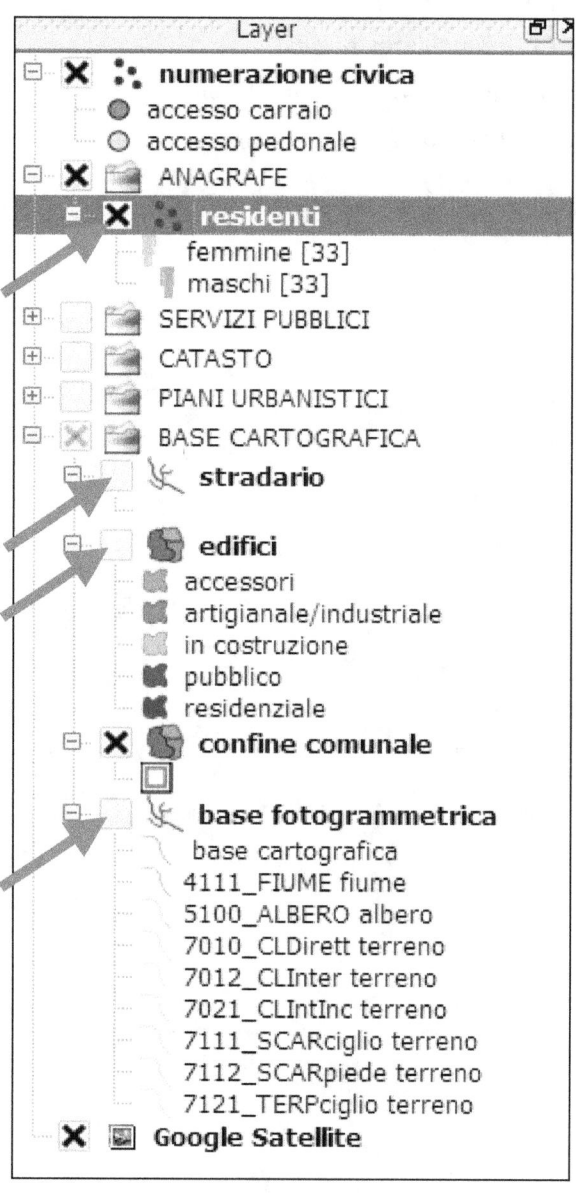

Visualizzeremo così la localizzazione dei 66 elementi filtrati, rappresentanti i bambini di età compresa tra i 6 e i 10 anni, equamente divisi tra maschi e femmine.

[Creare un'area equidistante da un elemento: opzione buffer]

Apriamo la *Tabella degli attributi* di **numerazione civica**.

- Tasto destro sul tema e dalla finestra a tendina selezioniamo **Apri tabella attributi**.

Nella tabella ordiniamo in modo crescente l'attributo **INDIRIZZO** cliccando una volta sul titolo della colonna.

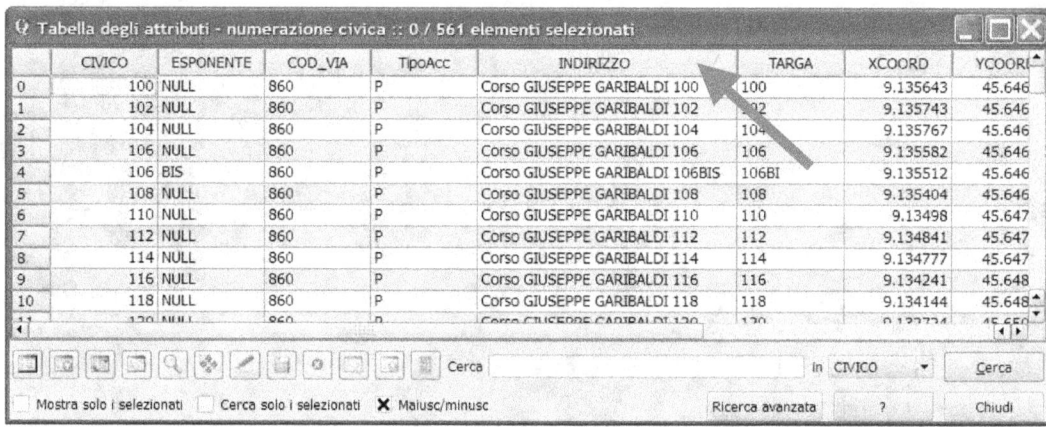

Facciamo scorrere i dati e, tenendo premuto il tasto Ctrl della tastiera, selezioniamo le righe **80** e **546** che rappresentano rispettivamente gli indirizzi Via Acquedotto 33 e Viale Vittorio Veneto 18.

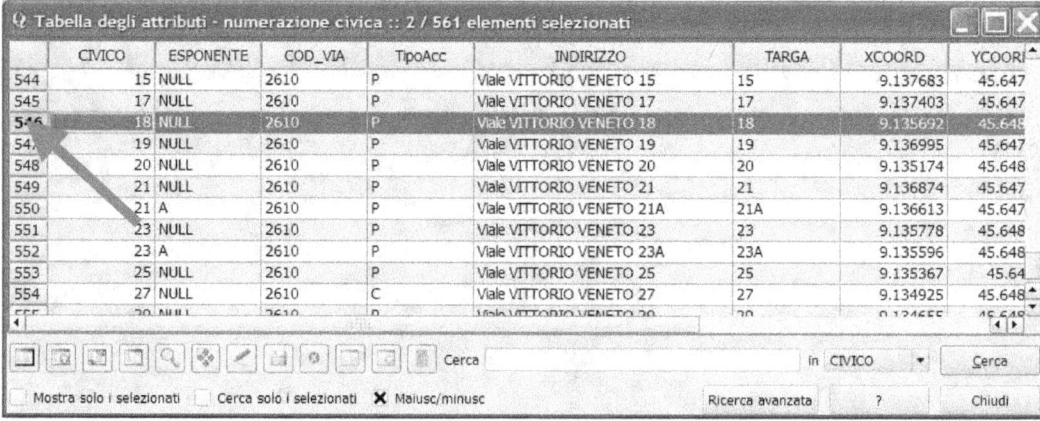

Dal menù **Vettore**, selezioniamo **Strumenti di Geoprocessing - Buffer**

Si apre una finestra dove:

- come *Vettore input*, selezioniamo **numerazione civica**;
- spuntiamo **Usa solo le geometrie selezionate**;
- impostiamo come *Distanza buffer* il valore **200**;
- salviamo lo *Shapefile in output* col nome **buffer.shp**.

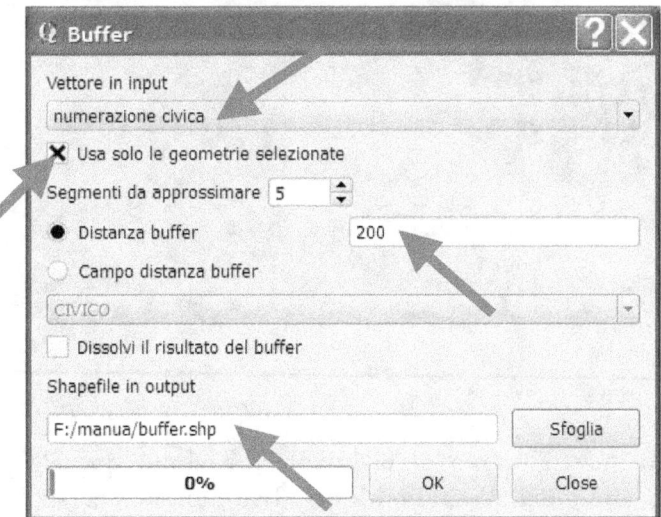

Diamo **OK**; alla richiesta successiva di aggiungere il tema nella leggenda, diamo **Yes**.

[Selezionare elementi in modo spaziale]

Effettueremo con questo nuovo tema un'interrogazione spaziale per selezionare tutti gli elementi attivi del tema **residenti** (bambini in età scolastica primaria) ricadenti nelle due aree di buffer (raggio di 200 m dalle fermate dello scuolabus).

Dal menù **Vettore**, selezioniamo **Interrogazione spaziale – Interrogazione spaziale**

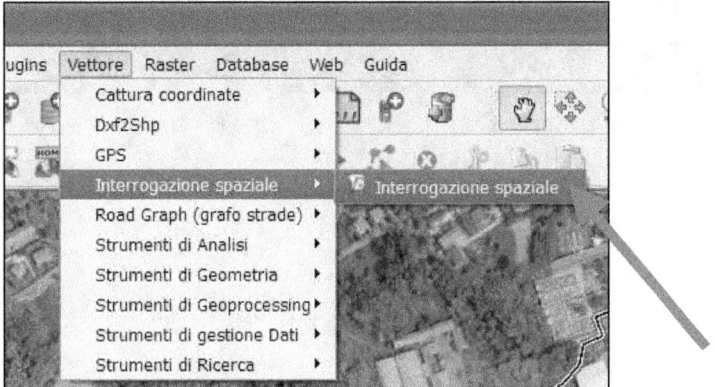

Si apre una finestra dove:

- come *Seleziona la sorgente degli oggetti da*, selezioniamo **residenti**;
- come *Dove l'oggetto*, selezioniamo **Contenuto**;
- come *Riferimento oggetto di*, selezioniamo **buffer**.

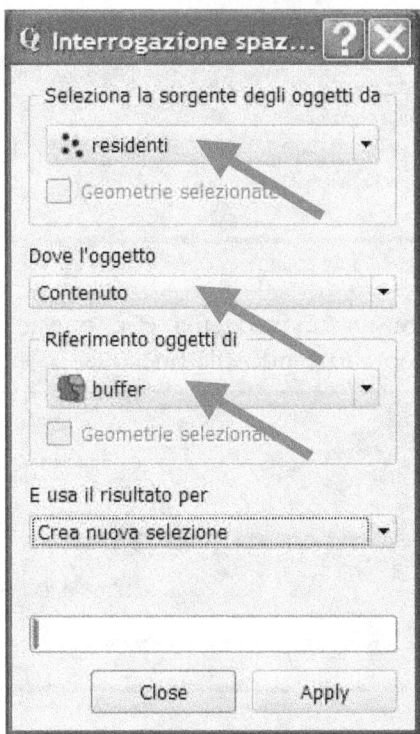

Diamo **Apply**.

Si apre un'altra finestra dove viene riportato il risultato dell'interrogazione. Nel nostro caso, 43 bambini su 66 risultano serviti dalle fermate dello scuolabus nel raggio di 200 metri.

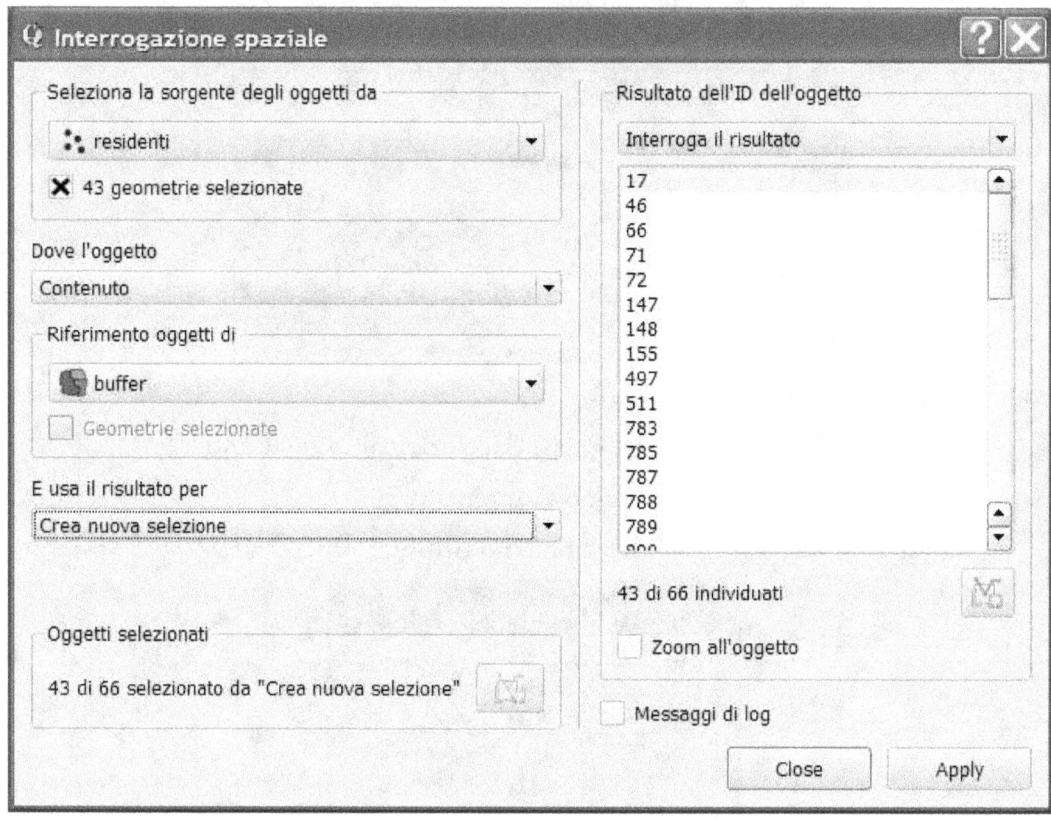

Nel caso volessimo creare un nuovo tema con questa selezione, basta cliccare sull'apposito pulsante presente in fondo alla finestra.

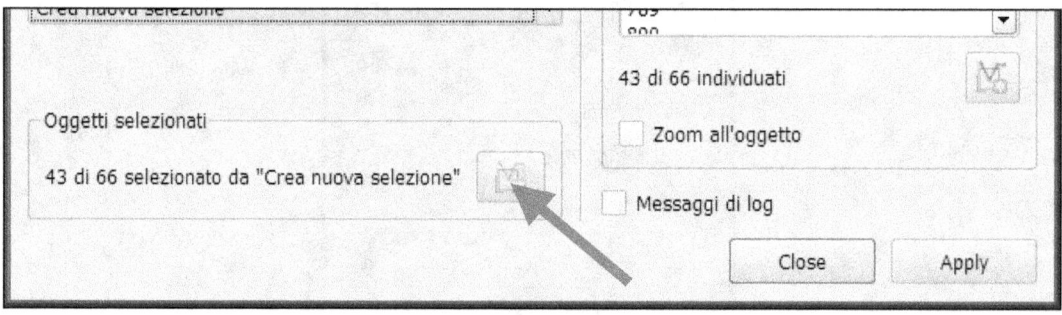

Diamo **Close** per chiudere la finestra.

[Creare una stampa]

Come la maggior parte dei software costruttori di progetti, anche QGIS permette di creare stampe del lavoro svolto grazie ad un compositore che permette la realizzazione di una semplice impaginazione.

Da dal gruppo **File**, clicchiamo il pulsante **Nuova composizione di stampa**.

Si apre la relativa finestra.

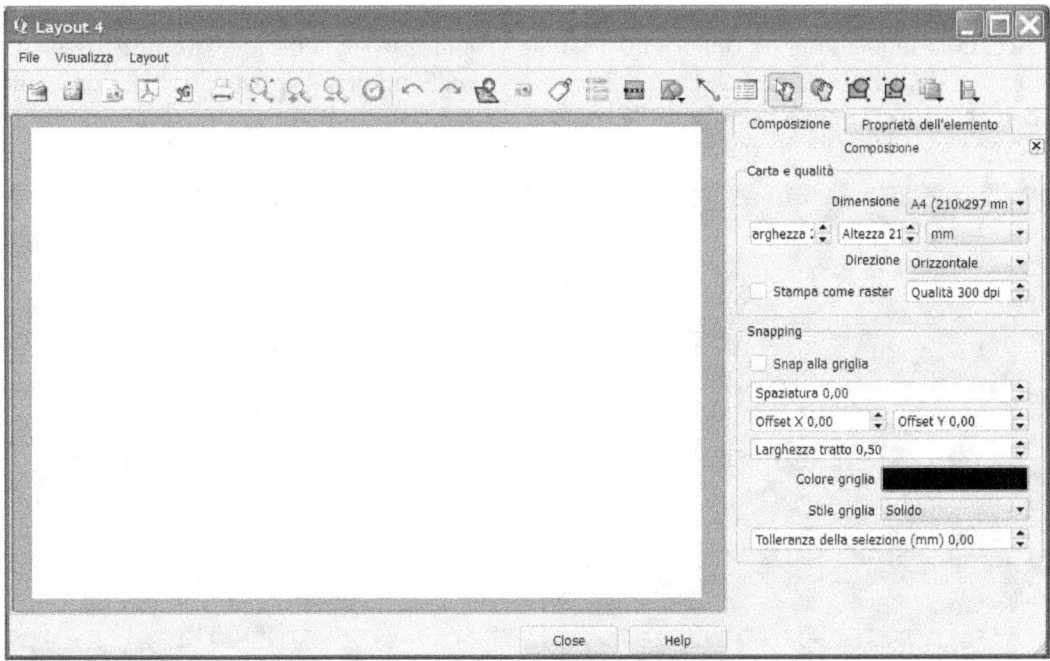

Sul lato destro, nella scheda *Composizione*, possiamo impostare le dimensioni della pagina di stampa, l'orientamento e la qualità di stampa.

Per il nostro esempio, possiamo tener buono il formato A4 di default.

Tra i pulsanti posti nella parte alta della finestra, clicchiamo su **Aggiungi mappa**.

Cliccando in un angolo del foglio bianco visualizzato e tenendo premuto il tasto sinistro del mouse, trasciniamo il cursore nell'angolo opposto cotruendo una cornice entro la quale comparirà la mappa visualizzata nell'*Area di Visualizzazione* di QGIS.

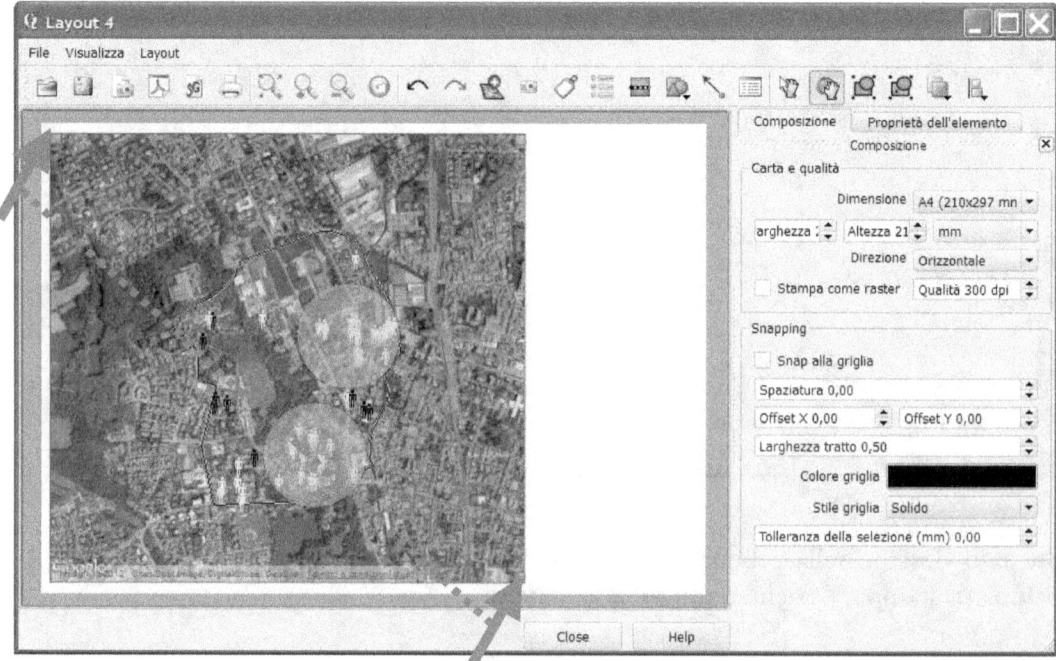

Attivando il pulsante **Scegli/Sposta oggetto**

possiamo spostare la mappa incorniciata, in un altro punto del foglio, tenendo premuto su di essa il tasto sinistro del mouse. Per allargare o restringere la cornice della mappa, posizionarsi col mouse in un angolo della cornice stessa e, tenendo premuto il tasto sinistro del mouse, spostarne la posizione.

Attivando il pulsante **Sposta contenuto elemento**

possiamo spostare la mappa all'interno della cornice che la riquadra, tenendo premuto su di essa il tasto sinistro del mouse; roteando la rotellina del mouse possiamo ingrandire o rimpicciolire la mappa a nostro piacimento.

Inseriamo la legenda: clicchiamo sull'apposito pulsante

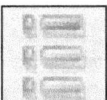

e puntando col mouse una posizione del foglio visualizzato, inseriremo la legenda.

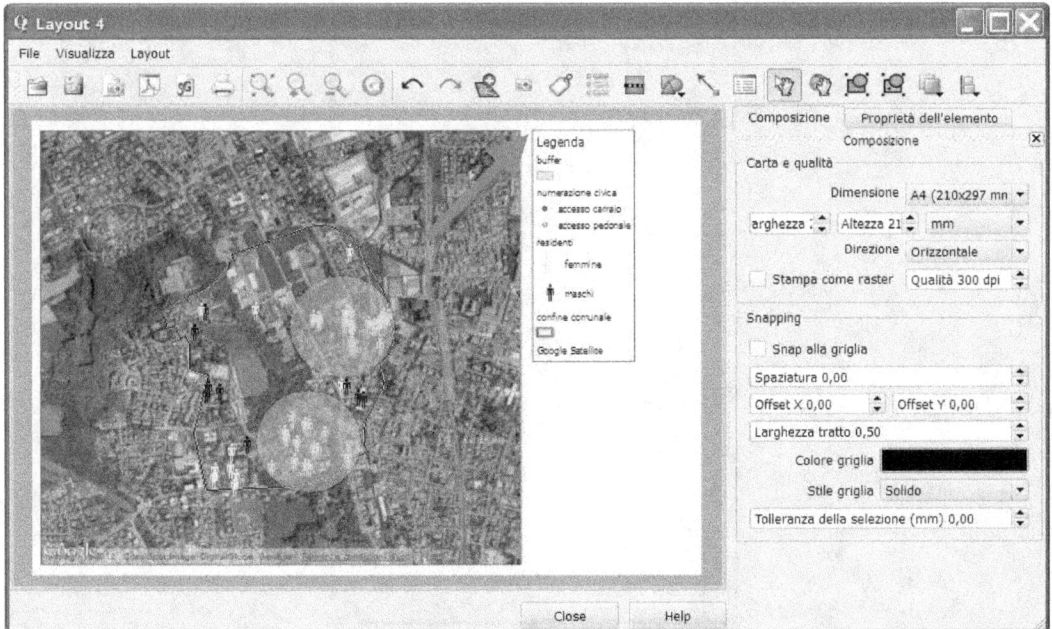

Selezioniamo quest'ultimo oggetto inserito e posizioniamolo dove meglio ci aggrada, tenendo premuto il tasto sinistro del mouse.

Con la legenda ancora selezionata, attiviamo la scheda **Proprietà dell'elemento**

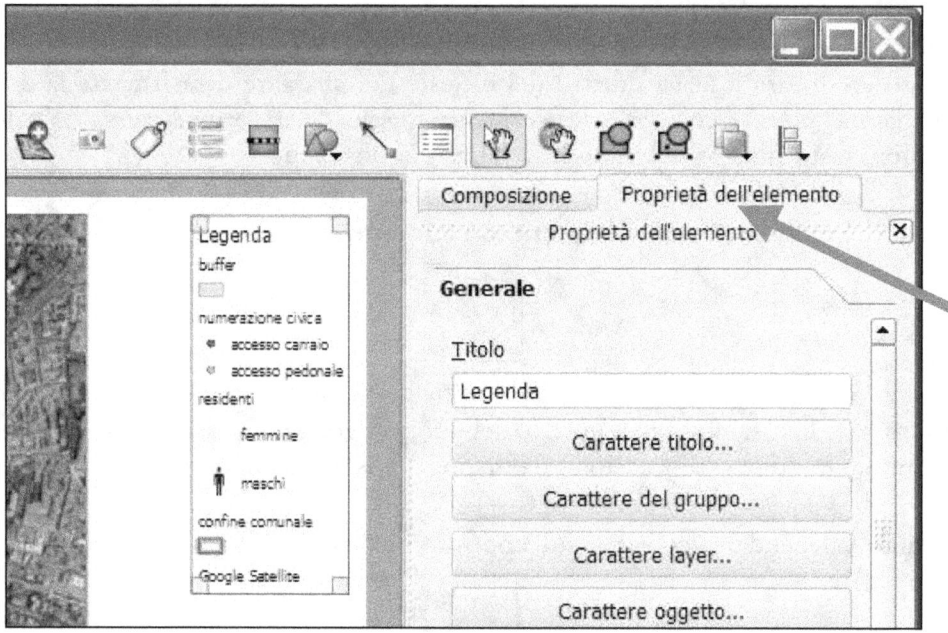

in questa scheda, clicchiamo su **Oggetto legenda**

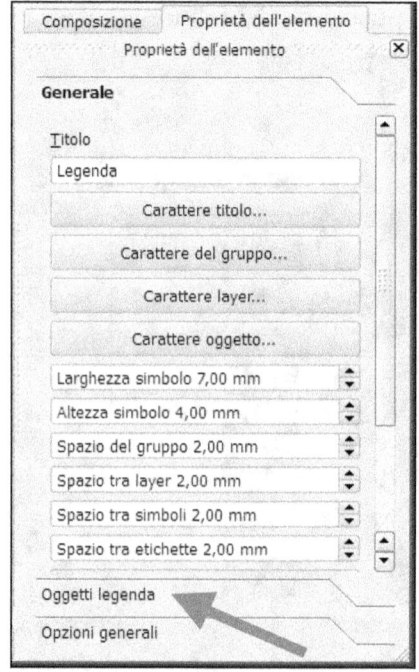

accedendo alla composizione della legenda dove, espandendo e selezionando le voci presenti, possiamo eliminare le voci che non interessano.

Eliminiamo **numerazione civica** e **Google Satellite**.

- Selezioniamo, una alla volta, le voci da eliminare;
- clicchiamo sul pulsante "-" verde.

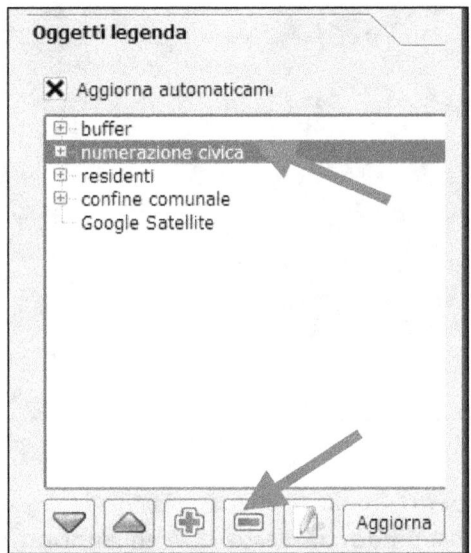

Selezioniamo la voce **buffer** e, dopo aver cliccato sul tasto di modifica,

la rinomiamo in: **raggio di 200 m dalla fermata scuolabus**.

Inseriamo un'etichetta: clicchiamo sull'apposito pulsante

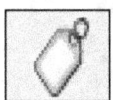

e puntando col mouse una posizione del foglio visualizzato, inseriremo la legenda.

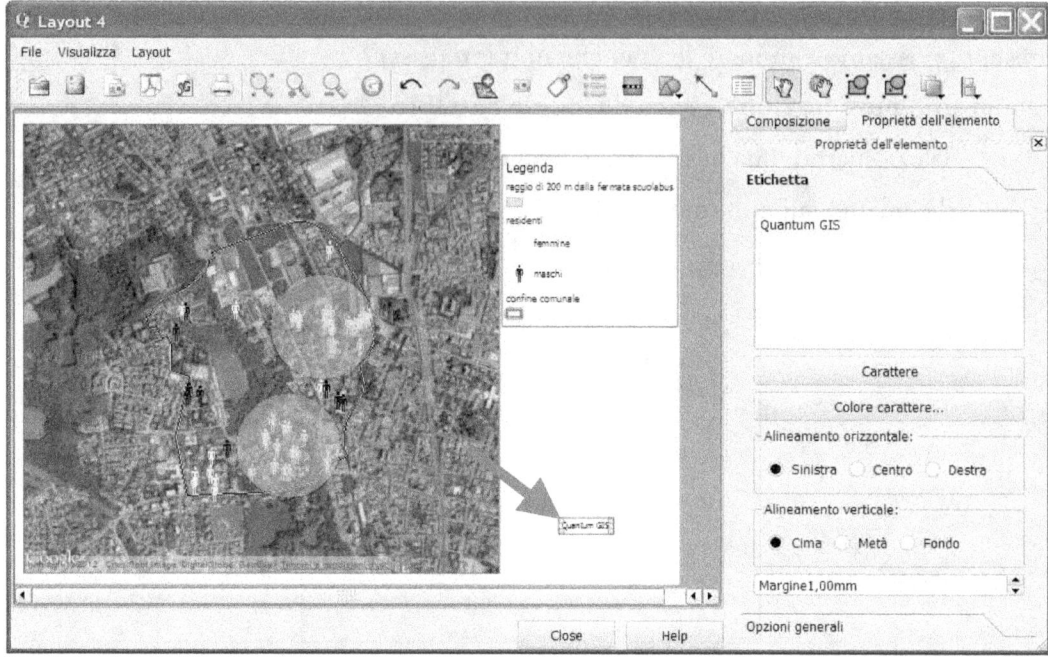

Anche per questo oggetto, nella scheda *Proprietà dell'elemento*, apportiamo le opportune modifiche, inserendo un testo e scegliendone carattere e dimensione accedendo alle apposite funzioni presenti.

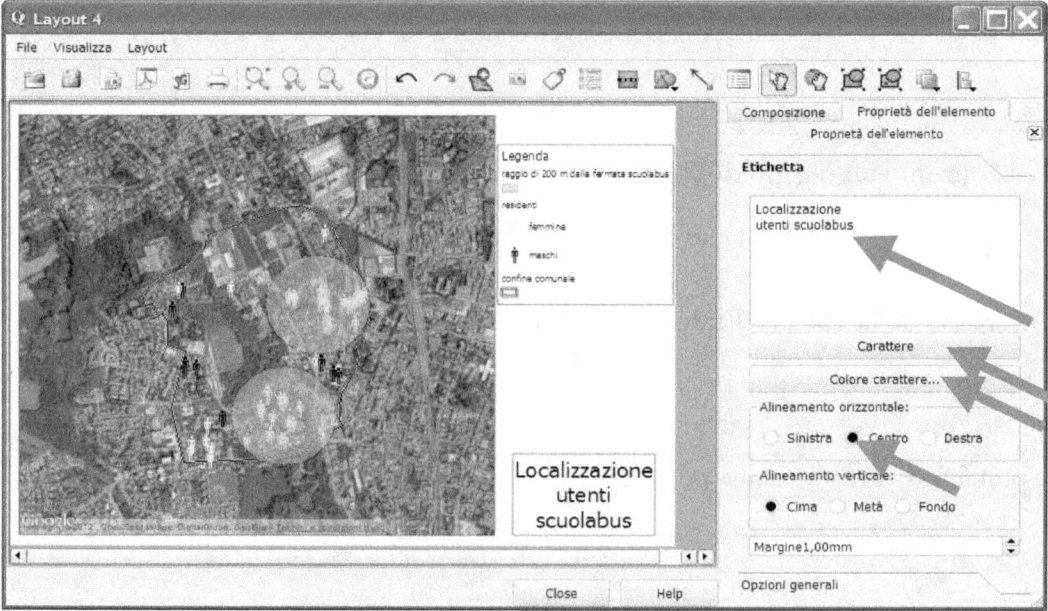

Prima di procedere alla stampa, selezioniamo nuovamente la mappa. La scheda *Proprietà dell'elemento* si conformerà alle impostazioni di quest'oggetto da dove potremmo impostare una scala di rappresentazione corretta e non semplicemente affidata ad ingrandimenti e zoom generici effettuati con la rotellina del mouse.

Impostiamo ad esempio la scala 1:10000

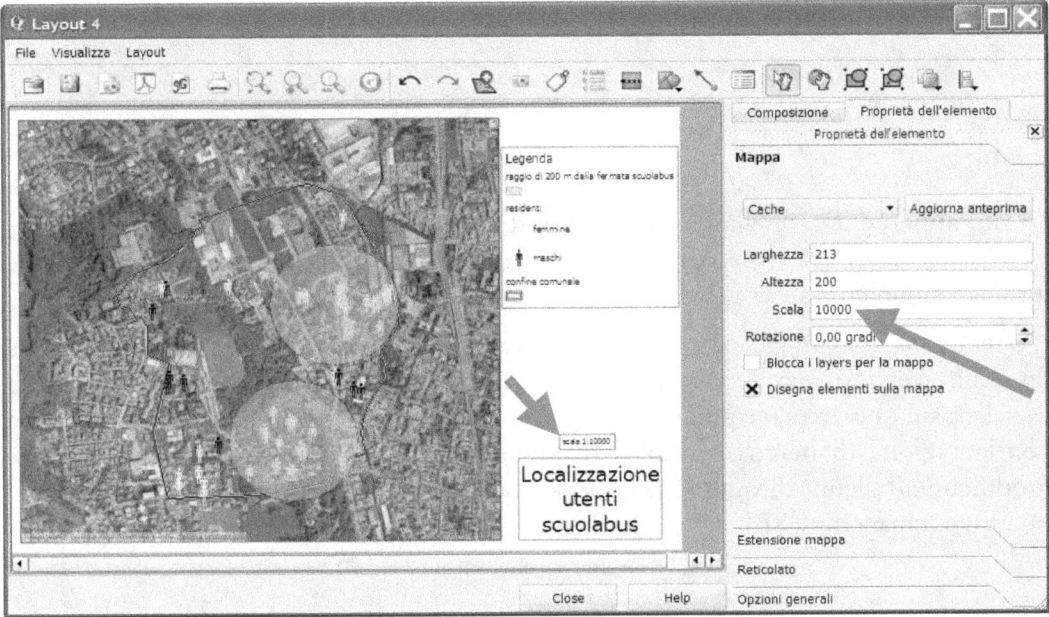

Selezionando infine uno dei seguenti pulsanti:

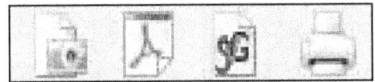

sarà possibile per la composizione, rispettivamente,

- esportarla come immagine;
- esportarla come PDF;
- esportarla come SVG;
- stamparla.

Cap. 5 – SIT: Condivisione del progetto

Importare il progetto SIT su una pendrive

QGIS, appartiene a quella categoria di software definiti *standalone* (dall'inglese *stand alone*, stare in piedi da solo) ossia software che non hanno necessità di essere installati su un computer o PC.

L'operazione di installazione che abbiamo provveduto ad eseguire inizialmente, di fatto ha eseguito una scompattazione di file, che sono stati parcheggiati in una cartella sul nostro terminale. Questa operazione, inoltre, ha generato una configurazione di percorsi in files di comando del software; apportando piccole modifiche ad alcuni di questi files, possiamo importare l'intero programma su una pendrive (chiavetta USB), avviando dalla stessa il nostro progetto SIT.

Sul PC, l'installazione-scompattazione di QGIS 1.8.0, crea queste due cartelle:

`C:\Programmi\Quantum`

`C:\Documents and Settings\<user>\.qgis`

Sulla pendrive creare la cartella

`..\QGIS`

e copiare all'interno di essa, l'intera cartella Quantum con tutte le sue sottocartelle; sempre sulla pendrive, creare la cartella

`..\DBQGIS`

e copiare all'interno di essa tutti gli shapefiles del progetto, compreso il file di progetto **primolavoro.qgs** .

Modificare il file:

`..\QGIS\Quantum\bin\`**`qgis.bat`**

394

da:

```
@echo off

SET OSGEO4W_ROOT=C:\PROGRA~1\QUANTU~1
call "%OSGEO4W_ROOT%"\bin\o4w_env.bat
call "%OSGEO4W_ROOT%"\apps\grass\grass-6.4.2\etc\env.bat
@echo off
path %PATH%;%OSGEO4W_ROOT%\apps\qgis\bin;%OSGEO4W_ROOT%\apps\grass\grass-6.4.2\lib
start "Quantum GIS" /B "%OSGEO4W_ROOT%"\apps\qgis\bin\qgis.exe %*
```

a:

```
@echo off

SET OSGEO4W_ROOT=%~d0\QGIS\Quantum
call "%OSGEO4W_ROOT%"\bin\o4w_env.bat
call "%OSGEO4W_ROOT%"\apps\grass\grass-6.4.2\etc\env.bat
@echo off
path %PATH%;%OSGEO4W_ROOT%\apps\qgis\bin;%OSGEO4W_ROOT%\apps\grass\grass-6.4.2\lib
start "Quantum GIS" /B "%OSGEO4W_ROOT%"\apps\qgis\bin\qgis.exe %~d0\DBQGIS\primolavoro.qgs %*
```

Creare con notepad, il seguente file batch:

```
@echo off
Set USBDrive=%~d0
echo %USBdrive%
%~d0\QGIS\Quantum\bin\qgis.bat
@echo on
```

Salvarlo come:

```
..\avvio.bat
```

Lanciando quest'ultimo file, si caricherà il nostro progetto SIT.

Avremo così il nostro territorio, il mondo, a portata di mano.

www.ingramcontent.com/pod-product-compliance
Lightning Source LLC
Chambersburg PA
CBHW080902170526
45158CB00008B/1966